KB151457

다문화교육의
이론과 실제

● ● ●

김민호 | 염미경 | 변종헌 | 전영준 | 권상철
황석규 | 오고운 | 장승심 | 홍주희 | 류현종

박영story

P 머리말
reface

다문화교육은 다양성과 사회통합을 지향한다. 다문화교육을 통해 인종, 민족, 언어, 종교, 계층, 성, 장애 등의 다양성을 인정하고 차별 대우를 폐지하고자 한다. 모든 학생들에게 평등한 교육 기회를 보장하기 위해 학교와 대학을 재구조화하고, '다양성 속의 일치'를 추구한다. 다문화교육에서 다양성만을 추구하고 사회통합에 기여하지 못하거나 사회통합만을 강조한 나머지 다양성을 잃어버린다면 다문화교육다운 다문화교육이라 말할 수 없다.

최근 우리나라에서 다문화교육 담론과 정책, 그리고 프로그램들이 확산되고 있으나 진정한 의미에서 다양성과 사회통합을 달성하고 있지 못하다는 지적이 적지 않다. 우리나라로 이주한 외국인 노동자나 결혼이주여성, 유학생 그리고 이들 가족들을 온정주의와 동화주의의 입장에서 사회통합, '국민형성'의 대상으로만 간주할 뿐, 이주민의 인권을 바탕으로 이들의 문화적 다양성을 인정하고 이들의 시민권적 역량을 개발하는데 소홀했다는 것이다. 또한 이주민과 정주민을 대등한 시민의 입장에서 상호 존중하고 배려하며, 소통할 뿐만 아니라 이들 간의 불평등을 완화하는데도 큰 관심을 보이지 못했다.

이주민의 시민적 권리를 존중하고 이들의 역량을 개발해 정주민과의 불평등을 완화하려면, 무엇보다 정주민이 이주민을 지역사회의 '이방인'이나 '손님'이 아니라 지역사회의 온전한 구성원으로 인정하는 데서 출발해야 한다. 이주민이 지역사회를 '별장'이나 '호텔'이 아닌 자신의 '고향'처럼 느낄 수 있어야 한다.

그러나 우리나라의 지역사회는 현재 이주민만이 아니라 정주민들에게도 더 이상 온전한 의미의 '고향'으로 '생활공동체'로서 다가서지 못하고 있다. 지난 50년 간 산업화와 탈산업화, 근대화와 탈근대화, 그리고 최근 세계화와 정보화 등의 과 정을 거치면서 전통적 의미의 지역사회 공동체가 붕괴되어 도시건 농촌이건 간에 이웃과 전인격적으로 상호 대면하거나 서로의 이름을 기억하는 일이 거의 없어졌 기 때문이다. 또 1990년대 중반 지방자치제의 도입 이후 지역사회 안에 민주화의 바람이 불긴 했으나, 여전히 토착 세력이 지역을 지배함으로써 풀뿌리 시민들이 지 역의 정치, 경제, 사회, 문화 등 전 부분에서 자신의 주체적 역량을 발휘해 지역을 변화시켜 나가기가 쉽지 않다. 게다가 중앙정부가 지방정부에 상당 부분 행정적 권 한을 위임하는 듯 해도 재정적으로는 국가 예산을 갖고 지방정부를 적지 않게 통제 관리하고 있어 지역사회의 자율성이 자라지 못하고 있다. 특히 지난 50여 년간 수 도권 중심의 지역 불균형 성장 정책의 결과, 지역경제 간 불평등, 지방정부의 낮은 재정자립도, 수도권 인구 과밀화 및 농어촌 공동화 등 지역사회 자체의 자생력이 크게 약화된 점을 지적하지 않을 수 없다.

익명화된 지역사회, 지역토호가 전횡하는 지역사회, 중앙정부에 대해 자율성 을 상실한 지역사회, 지역 간 불평등이 심화되고 두뇌유출 등으로 자생력이 약화된 지역사회의 문제들을 바라볼 때, 이 문제들이 지역사회가 당면한 일시적 현상인지 아니면 본질적 특성인지를 유의할 필요가 있다.

본래 지역사회라는 장소(place)는 인간의 존재의 근원이다. 지역사회는 자본이 나 민족국가 혹은 지구촌처럼 위로부터 추상적으로 주어진 것이 아니다. 인간이 능 동적으로 활동하는 구체적 공간이다. 장소에서는 인간성을 추상적이지 않은, 살아 있는 '구체적 보편(concrete universal)'으로 인식한다. 근대성처럼 인간과 인간 사이에, 그리고 사회와 자연 사이에 커다란 분열이 존재하지 않는다. 지역사회라는 장소는 그 경계가 고정돼 있지 않고 늘 열려 있다. 인간과 인간, 인간과 자연이 서로 만나 는 일상의 공간이다.

그러므로 우리 사회의 이주민과 정주민 모두를 성숙한 인간으로 성장시키려 면, 현재 지역사회가 일정 부분 문제를 지니고 있다 하더라도, 국가 차원의 다문화 교육 정책이나 전국 단위의 이주민 인권 운동만이 아니라, 지역사회 안에서 지역사 회의 맥락에 걸맞게 다문화교육을 실천하는 노력이 필요하다. 이주민과 정주민의 지역사회 내 구체적 삶을 바탕으로, 지역사회의 특수한 맥락을 반영하며, 지역사회 내 다양한 자원의 연계를 통해, '지역사회기반 다문화교육'을 실시해야 할 것이다. 그리하여 이주민을 우리 사회에 통합시키는 데 그치지 않고 이주민의 다양성을 인정하고 이들의 시민적 권리와 주체적 역량을 강화하며 나아가 이주민과 정주민 사이의 문화적 소통을 활성화하고 사회경제적 불평등을 완화할 수 있을 것이다.

　최근 몇 년간 다문화교육 관련 수많은 책들이 쏟아져 나왔다. 이에 저자들은 다문화교육에 관한 기존의 서적들과 차별화하기 위해 '지역사회'라는 관점을 다문화교육과 연계하고자 애썼다. 다문화교육의 지역화 논리를 개발하기 위해 다문화교육이 지역사회에 기반을 두어야 하는 이유, 곧 지역사회가 지닌 다문화교육 환경으로서의 장점을 부각시키고자 했다. 이를 위해 우선 다문화주의를 지역사회에서 어떻게 구현할 수 있는지를 다뤘다. 교육학뿐만 아니나 지역사회학, 정치학, 역사학, 인문지리학 등의 배경을 지닌 교수들이 협업하였다. 김민호 교수는 제1장에서 다문화교육 일반을 소개하고 교육학자의 입장에서 다문화교육을 지역화해야 하는 이유와 다문화교육의 지역화 모델을 제시했다. 염미경 교수는 제2장에서 왜 오늘날 지역사회를 다문화공간의 관점에서 바라봐야 하는지, 그리고 다문화사회에서 지역사회의 정체성을 어떻게 유지할 것인지를 논의했다. 제3장은 변종헌 교수가 집필했는데, 민주주의의 발전과 세계화의 맥락에서 세계시민성과 지역정체성의 긴장과 조화의 문제를 다뤘다. 제4장에서는 전영준 교수가 문화교류를 통해 다문화 현상이 오래 전부터 우리나라 그리고 제주의 역사 안에 존재해 왔음을 실증적 사료를 통해 제시하고 있다. 권상철 교수는 제5장에서 사회와 자연, 인간과 환경 간의 이원론적 관점을 지양하고 다문화 생태주의의 관점에서 환경윤리와 지역 지식의 중요성에 주목했다.

　다음으로는 다문화교육과 지역사회를 연계한 국내외의 구체적 현황들을 검토하고 우리나라에서 적용 가능한 방법들을 모색하였다. 교육학, 사회학, 교과교육학 및 민족음악학 전공의 교수와 박사과정 학생, 그리고 초등학교 현직 교원이 참여했다. 황석규 박사는 제6장에서 영국, 독일, 미국, 캐나다 및 일본 등 외국의 다문화 정책과 다문화교육 현황을 소개했고 우리나라에 주는 시사점을 논의했다. 또 제7장에서는 우리나라와 제주지역 다문화교육의 전달체계와 현황을 분석하여 제주 지역사회 다문화교육의 향후 과제를 도출했다. 제8장은 교육과정 전공으로 박사과정을 수료한 오고운 선생이 집필했다. 다문화주의를 학교 교육과정에 어떻게 접목할 것인지, 특히 지역사회의 특성을 반영한 교육과정 편성 방안을 고찰했다. 제9장은 다문화교육 전공으로 박사학위를 취득한 장승심 교장이 '문화반응교수' 이론에 바탕을 두고 제주지역 초등학교에서 다문화수업을 어떻게 할 수 있는지를 소개했다. 제10장에서는 김민호 교수가 '다문화주의' 이념에 근거한 우리나라 다문화교육의 한계를 지적하고, 그 대안으로 '상호문화주의'에 입각한 교육 활동을 소개했다. 제11장에서는 홍주희 교수가 세계 여러 나라 음악이 지닌 문화적 특성을 바탕으로 다문화음악 수업을 통한 다문화감수성 함양 방안을 제시했다. 제12장에서는 류현종 교수가 '고려 사람들의 삶'에 대한 역사수업을 통해 초등학생들이 생활 속에서 다양성을 발견할 수 있는 실천 방안을 제시했다.

끝으로 이 책이 나오기까지 많은 분의 지원과 노고가 있었음을 밝히고 감사의 뜻을 전하고자 한다. 무엇보다 제주특별자치도의 제주대학교 교육대학 학생들에 대한 '2014년 다문화교육 강좌 개설 지원 사업'과 제주대학교의 대응 투자에 큰 도움을 받았다. 이 책의 필자 대부분은 당시 다문화교육 강의에 참여했던 분들이다. 제주특별자치도와 제주대학교 당국 및 관계 공무원에 감사의 뜻을 전한다. 아울러 공동 저자들의 원고를 흔쾌히 받아주고 말끔한 책으로 편집하는 데 애써 주신 박영사 노 현 부장을 비롯한 관계 직원들의 노고에도 감사드린다.

2015. 8.

저자들을 대표하여 김 민 호

Contents 차 례

Chapter 01 다문화교육의 개념과 지역화 동향

1. 다문화교육의 개념 ·· 2
   (1) 다문화교육의 목적 _ 3
   (2) 다문화교육에 대한 오개념 _ 4
   (3) 다문화교육의 유사 개념 _ 5
2. 다문화교육의 맥락적 다양성 ··· 7
   (1) 다문화교육의 다양성 _ 7
   (2) 다문화교육의 유형 _ 8
3. 다문화교육의 지역화 동향 ··· 13
   (1) 다문화교육의 지역화 필요성 _ 13
   (2) 다문화교육의 지역화 모형 _ 21
   (3) 다문화교육의 지역화 추진전략 _ 23

Chapter 02 다문화현상과 지역사회

1. 다문화현실과 다문화공간의 형성 ··· 28
2. 다문화사회와 다문화주의 ··· 33
   (1) 전통적인 문화 개념의 한계 _ 33
   (2) 다문화주의의 성립 배경 _ 35
   (3) 다문화주의의 개념적 구조와 한계 _ 37
   (4) 한국에서의 다문화주의 _ 42
3. 다문화사회, 다문화주의, 그리고 다문화공간에서 정체성 ·········· 46

Chapter 03 다문화사회와 시민

1. 시티즌십의 의미와 내용 ································· 50
   (1) 시민과 시티즌십 _ 50
   (2) 시티즌십의 내용 _ 52
2. 다문화사회의 정체성 ································· 55
3. 세계화와 세계시민성, 지역정체성 ················· 59
   (1) 세계시민성의 의미와 내용 _ 61
   (2) 제주인과 지역정체성 _ 65

Chapter 04 우리 역사 속의 다문화양상

1. 머리말 ·· 70
2. 한국 고대사회의 다문화요소와 문화적 교류 ·········· 72
3. 한국 중세사회의 다문화유형과 국가 정책 ············ 84
   (1) 고려시대 팔관회의 설행과 문화교류 _ 84
   (2) 고려시대 異民族의 귀화 유형과 諸정책 _ 100
   (3) 고려후기 제주 移居 元이주민과 通婚 _ 119
4. 맺음말 ·· 137

Chapter 05 다문화 생태주의와 지역 지식

1. 머리말 ·· 142
2. 자연-사회의 관계와 자연구성주의 ················· 143
   (1) 자연-사회 관계의 변화 _ 143
   (2) 자연구성주의 _ 144
3. 환경윤리 ·· 146
   (1) 보전과 보존 _ 147
   (2) 동물의 해방과 심층 생태학 _ 148
   (3) 사례 _ 150
4. 환경 지역 지식과 지속가능한 공동재 관리 ··········· 156
   (1) 과학 대비 지역 지식 _ 156

(2) 지속가능한 공동재 관리 _ 159

5. 제주 세계평화의 섬: 인간 간 그리고 인간-자연 간 평화 ·················· 162
   (1) 제주 평화 관광: 역사·문화 _ 163
   (2) 제주 평화 관광: 자연생태 _ 165
6. 다원적 관점 보론: 후기식민주의 ································· 167

Chapter 06 외국 다문화교육 현황과 과제

1. 들어가기 ··· 174
2. 외국의 다문화교육 현황 ····································· 175
   (1) 유럽의 다문화교육 _ 175
   (2) 미주의 다문화교육 _ 183
   (3) 아시아 일본의 다문화교육 _ 192
3. 외국과 한국 다문화교육의 과제 ··························· 195

Chapter 07 제주 다문화교육 현황과 과제

1. 머리말 ·· 200
2. 한국 다문화교육 전달체계 ································· 201
3. 제주특별자치도 다문화현황 ······························· 205
4. 제주 다문화교육 전달체계 ································· 208
5. 제주 다문화교육 프로그램 실천 현황 ··················· 210
   (1) 제주다문화교육센터 _ 210
   (2) 중점학교 _ 211
   (3) 정책연구학교 _ 217
6. 제주 다문화교육의 의미와 과제 ·························· 219
   (1) 제주 다문화교육의 의미 _ 219
   (2) 제주 다문화교육의 과제 _ 220
   (3) 제주 다문화교육의 미래를 위하여 _ 220

Chapter 08 다문화교육과 지역교육과정 운영

1. 교육과정과 다문화교육 ·· 224
   (1) 교육과정이란 무엇인가? _ 224
   (2) 우리나라의 다문화교육은 어떻게 실현되고 있는가? _ 226
2. 다문화교육과정: 베넷의 의사결정 모델 ·· 231
3. 다문화교육과정의 편성 원리 ··· 235
   (1) 다문화교육의 목적 선정 _ 235
   (2) 다문화교육 내용의 선정과 조직 _ 238
4. 다문화교육과정의 실행 ··· 241
5. 다문화관점과 지역교육과정 편성 ·· 244
   (1) 다문화교육과 지역사회 _ 244
   (2) 다문화교육과정 편성의 기대효과 _ 245

Chapter 09 문화반응교수를 적용한 초등 다문화교육

1. 문화반응교수 ··· 248
   (1) 문화반응교수의 특징과 개념 _ 249
   (2) 문화반응교수의 필요성 _ 251
   (3) 문화반응교수의 주요 요소 _ 254
2. 다문화교육의 목적과 문화반응교수 ··· 257
   (1) 다문화교육의 목적 _ 257
   (2) 다문화교육과 문화반응교수 _ 258
3. 다문화가정 학생의 이해 ··· 260
   (1) 다문화교육에서 교사의 역할 _ 260
   (2) 다문화가정 학생의 문화 이해 _ 263
4. 문화반응교수를 적용한 다문화교실 수업 사례 ································· 265
   (1) CRT 교사의 기본 신념 적용 수업 사례 _ 266
   (2) CRT 내용선정원리(IE) 적용 수업 사례 _ 273
   (3) CRT 학생참여원리(SE) 적용 수업 사례 _ 282
   (4) CRT 학습평가원리(LA) 적용 수업 사례 _ 287

Chapter 10 학급 내 상호문화교육 탐색

1. 다문화주의 교수방법의 이론적 근거 ································· 294
2. 다문화주의 교수방법 개선의 현실적 근거 ························· 296
   (1) 결혼이주민 자녀에 대한 사회적 분리 _ 296
   (2) 결혼이주민 자녀의 학습 부진 _ 297
   (3) 정주민 학생 대상의 상호문화교육 소홀 _ 298
   (4) 학교 안팎의 자민족중심주의적 풍토 _ 299
3. 다문화주의에 대한 대안으로서 '상호문화주의' ··················· 303
4. 상호문화교육의 특징과 등장과정 ·································· 305
5. 상호문화교육 모형 ·· 308
   (1) 상호문화적 접근을 적용한 주요한 교육 분야 _ 308
   (2) 상호문화교육에서 주요한 교수법 _ 312

Chapter 11 세계의 음악과 다문화교육

1. 개 관 ··· 316
2. 제주지역 초등학교의 다문화학급 현황 ···························· 317
3. 다문화음악수업의 실제: 문화의 '다름'과 '같음' 그리고
   '다문화감수성 함양' ·· 319
   (1) 베트남 음악의 이해 _ 319
   (2) 몽골음악의 이해 _ 321
4. 다른 나라의 음악체험활동을 통한 다문화감수성 함양 ············ 322
   (1) 풍가 알라피아: 나이지리아 동요 _ 322
   (2) 시마마 카: 탄자니아 동요 _ 323
5. 다문화사회의 상호 '소통' 방법 모색 ····························· 325

Chapter 12 다문화수업 구성 및 비평

1. '다양성'과 역사학습 ·· 328
2. 역사 수업 실행: 고려 사람들은 어떻게 살았을까? ··············· 332
   (1) 신분에 따라 사람들의 생각과 행동이 다름을 알기 _ 332

(2) 시와 이야기를 읽으며 고려 사람들의 삶을 느껴보기 _ 335
(3) 신분제도의 계층 속에서 다양한 사람들을 바라보기 _ 341
(4) 학생들의 생각을 매개로 '고려 사람들의 삶' 생각하기 _ 350
3. 역사 수업 성찰: '다양성'을 가르친다는 것 ·· 356
(1) 역사학습 내용의 다양성 _ 356
(2) 역사 해석의 다양성 _ 359
(3) 역사학습 방법의 다양성 _ 361
4. 맺음말 ··· 364

참고문헌 ··· 366
찾아보기 ··· 367

Chapter 1
다문화교육의 개념과 지역화 동향

1. 다문화교육의 개념
2. 다문화교육의 맥락적 다양성
3. 다문화교육의 지역화 동향

Chapter 01

다문화교육의 개념과 지역화 동향

김 민 호

1. 다문화교육의 개념

다문화교육은 교육자, 학자, 정책입안자, 시민운동가, 그리고 일반 대중 사이에 다양한 의미로 존재한다. 그러나 이들 사이에 동의가 이루어지고 있는 것은 다문화교육의 중요한 목표가 "남녀학생 모두와 다양한 인종과 문화적 배경을 가지고 있는 학생들, 그리고 특수한 학습자들에게 평등한 교육의 기회를 보장하는 것(Sleeter & Grant, 1987)"이다. 그리고 모든 학생에게 평등한 교육기회를 제공하도록 학교를 재구조화하는 것이다. 즉 수준별 학급편성, 지능검사의 해석과 활용, 학생들의 학습방식·능력·지식의 본질 등에 대한 새로운 패러다임을 확립하는 것이다. 교사는 모든 학생이 사회계층이나 소수 민족집단과 무관하게 학습할 수 있는 능력을 지니며, 지식은 사회적, 정치적, 규범적 가정을 지닌 사회적 구성물임을 유념해야 한다. 그만큼 다문화교육은 장기간에 걸친 학교 개선과 재구조화에 대한 헌신으로 가능하다.

또한 다문화교육은 주류 백인 학생을 포함해 모든 학생이 효과적으로 생존하고 활동할 수 있는 지식, 기능 및 태도를 길러주는 것이다. 이를 위해서는 국경을 넘어 다양한 문화에서 기능할 수 있는 간문화적(cross-cultural) 역량을 기르고, 지구상에서 살고 있는 모든 사람이 상호 연관된 운명을 갖고 있음을 이해하도록 돕는 세계시민교육도 필요하다. 그러나 다문화교육은 세계시민교육과 달리 자국의 민족적, 문화적 다양성에도 관심을 지닌다(Banks, 2008).

베넷(Bennett, 2007)은 다문화교육이 필수불가결한 이유를 다음 네 가지로 정리한 바 있다. 첫째, 교육적 수월성과 평등에 대한 요구, 둘째, 다민족사회의 존재, 셋째, 상호 연계된 세계의 존재, 넷째, 평등과 민주주의의 가치 실현 등이다.

(1) 다문화교육의 목적

뱅크스(Banks, 2008)는 다문화교육의 목적을 다음 몇 가지로 정리하였다.

첫째, 다문화교육은 개인들로 하여금 다른 문화의 관점을 통해 자신의 문화를 바라보게 함으로써 자기이해를 증진시킨다. 다문화교육은 이해와 지식을 통해 각 문화에 대한 존중을 추구한다.

둘째, 다문화교육은 학생들에게 문화적, 민족적, 언어적 대안들을 가르친다. 종래 백인 중심 교육과정이 유색인종 학생들에게 학교문화를 적대적이고 이질적으로 느끼게 했고 유색인종 학생들로 하여금 자신의 문화에 대해 부정적 경험을 하게 함으로써 지식기반사회에서 성공하는 데 필요한 기능 습득에 어려움을 주었다면, 다문화교육은 소수 민족의 다양한 음악, 문화, 가치관, 생활방식 및 관점의 풍부함을 가르친다.

셋째, 다문화교육은 모든 학생이 자문화, 주류문화, 그리고 다문화가 공존하는 다문화사회에서 요구되는 지식, 기능 및 태도를 습득하게 한다. 백인 학생이 흑인 영어(Ebonics)의 독특함과 풍부함을 배우고 흑인 학생들이 주류사회에서 성공할 수 있도록 표준 영어로 말하고 쓸 수 있어야 한다.

넷째, 다문화교육은 소수 인종·민족 집단이 그들의 인종적, 신체적, 문화적 특성 때문에 겪는 고통과 차별을 감소시키고자 한다. 소수 집단이 주류사회에서 겪는 주변화, 심리적 스트레스, 정체성의 혼란을 넘어서서 자신의 민족적, 문화적 집단에 대한 충성심(allegiance)을 유지하도록 하고 이것이 국민국가에 대한 충성심과 충돌하지 않게 한다.

다섯째, 다문화교육은 학생들이 전 지구적이고 평평한 테크놀로지 세계에서 살아가는 데 필요한 읽기, 쓰기, 그리고 수리적 능력을 습득하도록 돕는다. 다문화교육은 회사들이 재화와 용역의 비용을 줄이기 위해 개발도상국에서 일자리를 아웃소싱하는 것을 가능하도록 학생들이 필요한 기본적 테크놀로지를 습득하게 하고, 학생들이 자신의 가정과 지역사회의 문화를 긍정하고 이해하게 할 뿐만 아니라 자신의 문화적 한계로부터 벗어날 수 있도록 도와주어야 한다. 즉 공동선을 구현하는 시민공동체의 창조와 유지에 필요한 지식, 기능 및 태도를 가르쳐야 한다.

여섯째, 다문화교육은 다양한 인종, 문화, 언어, 종교 집단의 학생들이 자신이 속한 문화공동체, 국가적 시민공동체, 지역 문화 그리고 전 지국적 공동체에서 제 구실을 하는 데 필요한 지식, 기능 및 태도를 습득하도록 돕는다. 과거 국민국가가 동화주의적 관점에서 시민들이 공동체 문화를 버리고 오직 국가 문화에 동화되기를 요구했던 잘못을 비판하고, 다문화주의 관점에서 다양한 문화적 배경의 학생들이 자신의 문화공동체와 국가, 지역 나아가 세계공동체 시민으로 살아갈 수 있는 지식, 기술 및 가치를 가르치고자 한다. 오직 국가에 충성하는 전통적 의미의 시민성을 벗어나 정의와 평등을 지향하는 세계시민적 관점의 변혁적이고 비판적인 시민성 교육을 지향한다.

베넷(Bennett, 2007)은 미국 다문화교육의 핵심적 가치를 첫째, 문화적 다양성의 수용과 인정, 둘째, 인간의 존엄성과 보편적 인권에 대한 존중, 셋째, 세계공동체에 대한 책임, 넷째, 지구상에 존재하는 모든 사람들에 대한 존중으로 요약했다. 그리고 이 핵심적 가치는 '민주주의 이론'과 '아메리카 인디언의 철학'에 뿌리를 두고, 다문화교육에 강력한 윤리적 기반을 제공한다고 보았다.

(2) 다문화교육에 대한 오개념

알드리지 등(Aldridge, Calhoun & Aman, 2000)이 제시한 다문화교육에 대한 15가지 오해들을 4가지로 분류하여 제시하면 다음과 같다(구정화·박윤경·설규주, 2009). 아래 내용 중에는 다문화교육에 대한 오개념에서 비롯한 것도 있으나 입장의 차이를 반영한 것들도 있다.

1) 문화 다양성에 대한 오개념

• 같은 국가 및 지역 출신, 혹은 같은 언어를 사용하는 사람들은 같은 문화를

공유한다.
- 같은 문화 집단의 가족들은 같은 가치를 공유한다.
- 대부분의 사람들은 단지 단일한 문화 정체성을 갖는다.

2) 다문화교육의 필요성 및 현황에 대한 잘못된 인식

- 단일문화 또는 이중문화 사회에서는 다른 문화를 학습할 필요가 없다.
- 우리 사회는 이미 사회의 다양성을 인정하고 있기 때문에 다문화교육을 할 필요가 없다.
- 기존 교육과정 속에 이미 다문화교육이 수용되어 있다.

3) 다문화교육 대상, 주체, 교수전략, 교육자료에 대한 오해

- 다문화교육은 종족이나 인종적 이슈를 다룬다.
- 다문화교육은 하나의 독립된 교과로 가르쳐야 한다.
- 다문화교육은 어린 학생들에게는 적합하지 않으며, 좀 더 나은 든 학생들을 대상으로 시행되어야 한다.
- 다문화교육 전략으로 여행자 접근법이 적합하다.
- 다른 문화를 다룬 어린이 책들은 일반적으로 그 문화를 정확하게 기술하고 있다.
- 다문화교육과 관련하여 쓸 만한 교육자료가 충분하지 않다.

4) 다문화주의 및 다문화교육의 사회적 영향에 대한 비판

- 다문화주의는 분열을 일으키는 것이다.
- 다문화교육이 실행되면 한 사회의 공통성이 상실된다.
- 다문화교육에서는 역사적 정확성이 훼손된다.

(3) 다문화교육의 유사 개념

다문화교육은 국제이해교육, 반편견교육 등과 유사하면서도 다른 특징을 지니고 있다.

1) 국제이해교육

국제이해교육(EIU: Education for International Understanding)은 제2차 세계대전 이후 창설된 유네스코가 세계평화와 인류 복지를 향상시키기 위해 도입한 개념이다. 시대 환경의 변화에 따라 국제이해교육은 그 강조점이 인권교육, 환경교육, 평화교육, 다문화이해교육 등으로 발전돼 왔다(이삼열, 2005). 국제이해교육과 다문화교육 모두 다 문화 다양성의 가치를 인정하고 문화다원주의를 바탕으로 한다는 점에서 동일하나, 교육의 초점이 다르다. 국제이해교육은 "국경 너머에 존재하는 타문화에 대한 이해"를 증진시키고자 서로 독립적인 국가 및 정치공동체들 사이의 교류 및 관계 개선에 일차적 초점이 있다. 그리고 주로 선진국의 백인 학자들에 의해 주도되었다. 반면에 다문화교육은 "한 사회 및 국가 내부에 존재하는 다른 집단의 문화에 대한 이해와 공존"을 위해 도입된 것이다. 국가공동체 내부의 문화적 이질성에 기반하여 하위 집단 간 형평성 증진에 초점을 둔다. 미국 내 유색인 학자들에 의해 주도되었다. 그러나 최근 세계화의 진전, 생태계의 위기, 핵문제, 테러리즘 등 지구적 차원의 현안이 등장하고, 국경 밖의 문화나 구성원이 국경 내로 편입하는 현상이 나타나면서 다문화교육의 범위가 전 지구적 관점을 포함할 만큼 확장되고 있다. 국제이해교육과 다문화교육의 접합점을 찾거나 이 두 교육이 상응하는 것으로 파악하는 입장이 제시되고 있다(Merryfield, 2001, 구정화·박윤경·설규주, 2009에서 재인용; Bennett, 2007).

2) 반편견교육

반편견교육(Anti-Bias Education)은 학생들이 성, 문화, 인종, 민족, 장애, 사회계층, 종교 등에 상관없이 모든 사람들에 대해 편견을 갖지 않고 존중하며, 편견에 적극적으로 대응하는 능력을 길러주기 위한 교육이다. 반편견교육을 강조하는 학자들은 기존의 다문화교육의 교육과정이 '관광적 교육과정(tourist curriculum)'으로 전락하는 것을 우려한다. 즉 학생들에게 음식문화, 전통의상, 가구와 공예품 등을 통해 다른 문화를 가르치면서 학생들이 다른 문화를 잠깐 '방문'했다가 다시 주류문화만을 반영하는 일상의 교실로 '돌아가는' 다문화교육을 비판한다. 반편견교육에서는 인권 및 사회정의의 입장에서 학생들이 비판적 사고와 적극적인 사회행동에 참여할 것을 요청한다. 즉 반편견교육은 다문화교육의 다양한 양상 중 편견 및 정체성의 문제에 주목했다고 볼 수 있다. 뱅크스가 말한 다문화교육의 교육과정 개혁 중 제1수준의 '기여적 접근(the contribution approach)'을 넘어서서 제3수준의 변혁적 접근(the transformation approach) 혹은 제4수준의 '사회운동 접근법(the decision-making and social action approach)'을 가리킨다 할 수 있다(구정화·박윤경·설규주, 2009).

2. 다문화교육의 맥락적 다양성

(1) 다문화교육의 다양성

다문화교육은 시공간적 특성에 따라 그 의미와 범주가 다르게 나타났다. 먼저, 이주민을 중심으로 국가를 세운 미국, 캐나다, 호주 등에서는 다문화교육이 '건국' 내지 '국민형성'의 과정과 그 맥을 같이 한다. 이들 국가에서는 다문화주의가 이주민 간 분열을 막고 국가에 대한 소속감을 강화시키기 위한 정치 수단의 성격이 강했다. 캐나다는 퀘벡지역 프랑스어 사용자들의 분리주의 주장을 무마하기 위해 다문화주의를 채택했고, 호주도 1978년 백호주의 정책을 포기한 후 아시아인들을 '새로운 호주인'으로 명명하며 호주의 민주적 체계로 동화시키기 위해 다문화주의를 공식적으로 채택했다. 그러나 이 과정에서 토착민들은 '내부의 이주자 소수집단'으로 전락하고 민족국가의 헤게모니는 '이방인 정복자'들의 몫이 되었다. 다문화교육은 정복자들의 정체성(백인, 앵글로색슨, 프로테스탄트 문화: WASP)을 표준적으로 공인하고 제도적으로 정당화하는 정치적 과정이라 해도 과언이 아니었다(김희정, 2007; 오경석, 2007).

반면에, 종래 식민국가들을 중심으로 이주노동자들과 그 가족들을 받아들였던 영국, 프랑스, 독일 등의 유럽 국가들에서는 '민주주의와 인권'이라는 자유민주주의적 가치를 강조하면서 다문화교육을 전개하였다. 그러나 타민족국가를 폭력적으로 정복했던 제국주의적 경험을 갖고 있던 이들 국가들의 다문화주의는 '제국의 국민'과 '식민지 신민'을 구별하는 근본적 한계를 갖는다. 그 결과 시민사회 내 극렬한 인종주의적 폭력과 유럽 외부에 대한 뿌리 깊은 배타주의를 초래했다. 이들 국가에서 다문화주의자 제대로 자리 잡으려면 문화적 다양성과 국가사회의 통합을 이루면서 동시에 이주민을 제2의 시민으로 푸대접하는 일을 넘어서는 '민권적 다문화주의'와 '상호문화적 접근방식'이 요구된다(Abdallah—Pretceille, 1999; Martiniello, 2002; 오경석, 2007).

다른 한편 다문화국가 중에는 인도네시아, 말레이시아처럼 식민지 지배를 받기 이전에 이미 다종족·다문화 환경을 경험했던 나라들이 식민정부의 자의적 행정구역 편제와 종족 분할통치, 강제 이주 등에 의해 종족 문화생활권의 격리와 중복이 일어나 종족 간 분규를 강요받은 아시아 국가들이 있다. 이들에겐 다문화교육이 식민통치 이전의 다종족·다문화 환경을 복원하는 '탈식민'의 과정이고, 전통적 반인권적 가부장적 요소들을 '탈전통화'하는 것이며, 현 통치체제를 '민주화'하는 일과 중첩된다(오경석, 2007).

우리나라는 북미와 오세아니아, 서구유럽 혹은 아시아 다종족 국가들과는 다른 맥락에서 다문화사회를 형성하고 있다. 북미처럼 다문화주의가 국가 건국이념도 아니요, 유럽처럼 이주민의 다문화시민권이 부각할 만큼 자유민주주의가 성숙한 상황도 아니며, 몇 아시아 국가들처럼 다종족의 역사적 배경을 갖고 있지도 않다. 다만 세계화의 흐름 속에서 산업연수생(1993년)과 고용허가제 정책(2004년), 한·칠레 FTA 발효(2004년), 한·EU FTA 발효(2011년), 한·미 FTA 발효(2012년)에 이은 한·중간 FTA 협상 진행 등 국가 주도로 국가의 탈중심화 정책을 추진 중일 뿐이고, 재외동포특별법에서 '조선족'과 '고려인'을 민족적 고려에서 철회하면서 분열적이긴 하나 탈민족주의적 지향성을 드러내고 있으며, 순혈주의와 단일민족주의의 관행에도 불구하고 매우 미약하나마 소수 문화에 대해 인정과 관용을 보인다. 우리나라로 이주해 온 외국인 노동자나 결혼이주여성, 유학생 그리고 이들 가족들을 '온정주의'와 '동화주의'의 입장에서 사회통합의 대상으로 간주하여(김혜순, 2007; 윤인진, 2007; 오경석, 2009) 소수 문화주체들의 재서열화, 재인종화를 이루고 있다. 요컨대 한국에서의 다문화주의는 국가의 탈중심화 경향에 조응해서 탄력 받고 있으나, 분열적인 민족주의 탓에 이주민을 인정, 포용하는 데는 한계를 보인다고 평가할 수 있다.

(2) 다문화교육의 유형

앞서 지적했듯이, 다문화교육은 지역의 여건과 역사적 전통에 따라 그 강조점

이 다르다. 전 세계 다문화교육의 실질적 특성을 단지 하나의 개념만으로 드러내는
데는 한계가 있다. 게다가 세계화의 흐름 속에서 국제이주의 증가가 가속화하고 있
고, 인종만이 아니라 사회계층, 성 등의 사회적 변인이 국제이주민의 삶에 크게 영
향을 미치고 있기에 다문화교육을 단지 문화적 관점으로만 파악하는 데도 역시 한
계가 있다. 슬리터(Sleeter, 2010)는 지구적 맥락에서 전개되는 다문화교육 현상을 두
개의 준거를 교차시켜 네 가지로 유형화하고 각 유형의 특징을 소개한 바 있다. 우
리나라를 포함해 전 세계 다문화교육이 슬리터가 분류한 다문화교육의 지형 중 어
디에 위치하는지를 살펴보는 일은 해당 국가의 다문화교육을 이해하는 데 도움이
될 것이다.

　　슬리터는 다문화교육의 분류 준거의 하나로 문화를 강조하는지 아니면 평등
과 사회정의를 강조하는지를 설정했다. 문화를 강조하는 입장의 다문화교육은 그
것이 국가수준이든 국제수준이든 문화적 차이에 대한 이해를 도모하는 데 초점을
둔다. 반면에 평등과 사회정의를 강조하는 다문화교육은 집단 간 불평등한 권력관
계에 주목한다. 다문화교육을 분류하는 다른 하나의 준거는 그것이 국가 수준인지
아니면 지구적 수준인지에 대한 강조점의 차이다. 국가 수준의 다문화교육에서는
국가 간 경계를 고정된 것으로 보고 국가 내 다양한 집단들을 상대적으로 독립적인

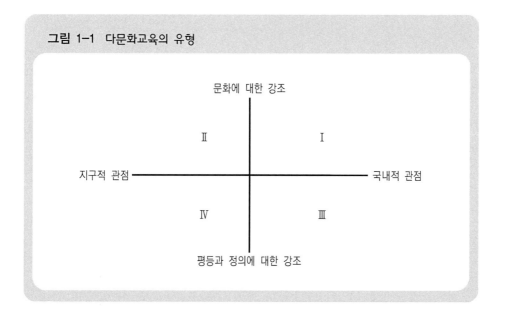

그림 1-1 다문화교육의 유형

것으로 간주한다. 반면에 지구적 수준을 강조하는 이들은 국제적 맥락 속에서 국가의 문화적 다양성을 파악하고 국가 영역 내에서만큼 국가 영역 밖에서도 다양성에 주목해야 한다고 본다. 이 두 가지 분류 기준을 교차시키면 네 가지의 다문화교육 이념형(ideal type)이 만들어진다.

1) 유형 Ⅰ: 국가 내 문화적 차이에 대한 이해

첫 번째 유형의 다문화교육은 특히 이주민을 받아들인 입장에서 국가적 사회 통합의 틀 안에서 문화 간 이해를 증진시키는 데 초점을 둔다. 이 입장에서는 학교가 국가적 통합을 이루는 데 기여해야 하고, 문화적 집단 내 차이를 보다 큰 통일성이란 틀 안에서 수용하고 인정해야 한다고 본다. 국가적 정체성을 배양하는 것과 국가 내 여러 집단의 문화적 정체성을 존중하는 것은 상호 보완적이라고 본다. 소수집단 학생들의 학업성취도 문제는 학교문화가 가정문화 간 갈등에서 비롯한다고 보고 교사는 소수집단의 문화와 학교 교육과정 간 중개역할을 해야 한다. 우리나라의 다문화교육이 주로 여기에 해당한다.

문화 간 이해를 증진시키기 위해 학교 교육과정은 문화적 유사성과 차이점을 가르쳐야 하고, 다양한 배경의 학생들이 상호 이해를 돕도록 교환학습, 협동학습 등의 교수법을 활용해야 한다. 문화적 차이는 단지 인종이나 민족 간 차이만이 아니라 종교, 성, 장애 및 지역에도 적용할 수 있다.

그러나 이 유형은 몇 가지 한계를 지닌다. 첫째, 학교는 소수 학생들이 성공하는 데 필요한 학문적 도구들을 익히는 데 관심을 보이지 않는다. 다만 소수자들의 전통문화 습득을 강조할 뿐이다. 둘째, 다문화주의의 '다양성 안에서의 일치(unity in diversity)' 개념은 특정한 한 민족문화의 지배력을 최소화하는 반면에 민족적 다양성을 관리하는 방식으로 채택되었을 뿐이다. 민족국가 그 자체와 민족국가의 제도, 국가 내 집단 간 권력관계 등을 비판하지 못한다. 국가적 정체성을 의심하거나 국가적 정체성에 앞서 소수집단의 문화적 정체성을 우선하지도 못한다.

2) 유형 Ⅱ: 국제적 수준에서 문화적 차이에 대한 이해

이 두 번째 유형은 국제적 수준의 다문화교육으로서 국가 내 다양성보다는 다른 나라들에 관심을 보인다는 점에서 '세계주의(cosmopolitanism)'로 불린다. 최근 국제이주, 국제여행, 유학, 전문가 집단의 가족 단위 이주 증가에서 비롯한다. 이 유형에 따르면 학교는 학생들이 세계인의 문화적 차이를 인식하고 수용하도록 가르침으로써 보다 평화로운 지구촌을 만들어야 하며 또 만들 수 있음을 가정한다. 세계주의적 지구적 정체성이 지역적 민족적 정체성을 대체한다. 외국어 및 다양한 국가의 문화, 역사, 경제 및 정치체계에 대한 비교를 통해 미래 시민의 '건전한 태도'를 촉진한다. 국가적 우위성을 가르치는 데서 벗어나 보다 가까운 관계를 유지해야 할 필요가 있는 나라들에 대해 학생들이 개방적 자세를 갖도록 가르친다.

그러나 세계주의 다문화교육은 첫째, 엘리트주의, 특권주의의 표현이다. 인간성에 대한 세계주의적 접근은 자신이 원하는 것을 얻을 수 있는 능력을 갖춘 개인들에게만 제시될 뿐이다. 다른 사람들이 자신들의 삶에서 실제적 문제들을 해결하기 위해 민족적, 국가적, 지역공동체적 연대에 의존하는 것을 저평가한다. 둘째, 세계주의 다문화교육은 세계평화를 옹호하는 사람들, 지구적 시장에 관심을 갖는 세계은행(World Bank)과 같은 강력한 국제조직이 선호한다. 세계주의적 다문화교육의 담론 속에서 이주노동자와 국제결혼이주자들이 직면한 실제적 문제들―국제이주에 따른 정치적 경제적 조건들의 해결 혹은 체류라는 그들의 생활조건과 상태에 관한 문제들―이 감춰지고 만다.

3) 유형 III: 반차별과 사회정의

차별에 도전하는 이 세 번째 유형의 다문화교육은 사람들의 정체성과 배경을 충분히 수용하면서 사람들을 평등하게 대우하고자 한다. 여성, 장애인, 빈민의 차별에 대한 관심이 이주민과 외국인노동자의 증가에 따라 이제 인종차별에 주목하기 시작했다. 이들이 언급하려는 것은 제2의 계급적 지위를 유지하는 차별과 인종주의이다. 이 유형의 다문화교육은 집단을 연구하기보다 성, 인종, 민족, 국적, 장애 및 기타 요인들에 의해 차별되는 집단 내, 집단 간 권력관계에 주목한다. 차별과 착취를 제도화하는 지배집단의 권력이 중심적 관심사이다. 그래서 반차별과 사회정의를 지향하는 이 유형의 다문화교육은 힘없는 집단의 집합적 권력을 강화하고 지배집단과의 유대를 키우는 데 그 목적이 있다. 학교 내 제도화된 불평등 체제―예컨대 계열화와 주변부 집단의 사람들을 낮은 수준의 교육에 가두어 두는 특수교육 프로그램 등―를 거두어 내고자 하고, 젊은 학생들이 평등을 위해 일하는 시민으로 성장하도록 준비시킨다.

이 유형의 다문화교육은 지역사회가 지닌 억압의 체험을 명시적으로 인정하고 지역사회의 역사와 지식을 권력의 자원으로 삼는 민중지향적 프로젝트이다. 이 제껏 지배 사회로부터 부정적 이미지를 받아왔던 젊은이들의 마음을 탈식민화 하고자 한다. 예컨대 멕시코계 미국인 교육자가 개발한 고등학교 사회과 교과의 4학기 프로그램에서는 인종적 불평등에 대한 비판적 의식을 함양하고자 했다. 한국에서는 유교적, 생물학적 그리고 경제학적 담론에 내포된 성차별 정당화 담론을 분석하려는 교육과정이 제안되기도 했다.

그러나 이 유형의 다문화교육은 국내 영역에 머무는 한계로 말미암아 국가의 영역을 넘어서는 보다 넓은 사회에 주목하지 않는다. 예컨대 미국 내 인종주의와 식민주의에 주목한 많은 교육자들조차 중동에서 미국의 공격적 행위, 라틴아메리카와 아시아 사람들의 삶의 질을 떨어뜨리는 미국의 초국적 기업을 비판하는 데 소극적이었다.

4) 유형 IV: 반차별과 지구적 정의

지구적 자본주의는 경제적 시장의 확장을 통해 인류가 진보한다고 믿는다. 그러나 이 신념은 권력관계와 함께 사적 자산에 대한 존중, 공공성과 정치적 행동주의에 앞서 시장을 내세우는 이데올로기를 은폐한다. 반면에 인종, 성 및 기타 영역에서의 차별이 권력과 자원의 지구적 분배와 관련되었고, 어떤 국가도 지구적 자본주의에서 벗어날 수 없기에, 이 유형의 다문화주의는 반차별주의를 지구적 정의를 향한 작업과 혼합시킨다.

반차별과 지구적 정의의 다문화교육에서는 엘리트가 자신의 이해관계만을 반영한다고 본다. 엘리트는 점점 더 노동, 자원 및 시장에 대한 접근을 확대하기 위해 전 지구적으로 권력과 교섭하는 초국적 기업에 휩싸이기 때문이다. 따라서 이 유형의 다문화교육에서는 사회정의를 외치는 엘리트보다 민중의 행동조직이 더 올바른 인식을 한다고 본다. '밑으로부터의 지식'이 '위로부터의 지식'보다 사회 불의의 문제에 대해 보다 민감하다고 본다. 닌스(Ninnes, 2000)는 캐나다와 호주에서 인종주의와 제국주의를 비판하는 교육과정을 구성하고자 할 때, 교육과정 집필자들이 내부 토착민 및 다른 주변부 집단 공동체와 파트너십을 형성할 것을 제안했다. 또한 이

유형의 다문화교육에서는 공동체를 생각할 때 민족국가가 한정적이라 간주한다. 왜냐하면 국가적 경계를 넘어 이주하는 사람들이 과거 유대인들이 그러했듯이, 여러 나라로 흩어졌다 하더라도 문화, 정체성, 종교, 언어를 공유하는 디아스포라(diaspora)를 만들기 때문이다.

비글로우와 페터슨(Bieglow & Peterson, 2002)은 '세계화 다시 생각하기(rethinking globalization)'란 프로그램을 갖고, 인간의 요구가 신자유주의적 세계화에 의해 이윤 추구에 어떻게 종속되어지는가를 보여주었다. 하비(Harvey, 2005) 역시 지구자본주의 하의 신자유주의가 엘리트 권력의 복원과 사적 자본 축적의 도구가 되었다고 지적했다. 이같은 지적을 받아들인다면, 다문화교육이 현재의 권력에 도전하기보다 현재의 권력 관계 안에서 안주할 가능성에 대해서도 비판적으로 성찰해야 할 것이다.

3. 다문화교육의 지역화 동향

(1) 다문화교육의 지역화 필요성

1) 교육적 이유

▌지역사회는 학습자의 구체적 삶, 경험적 지식을 품고 있다

모든 교육활동은 학습자의 '구체적인 삶'을 바탕으로 이뤄져야 한다. 인간은 일시적으로 구체적인 삶의 현장을 떠나 특정한 시공간 속에서 학습에 임할 수 있으나, 언젠가는 다시 구체적인 삶의 현장으로 돌아올 수밖에 없음을 고려할 때, 모든 교육이 인간의 구체적 삶[1]과 무관하다 할 수 없다. 남미의 문해교육 운동가이자 세계적인 교육이론가인 파울로 프레이리(P. Freire, 1996)는 학습자의 경험적 지식, 민중 지식의 교육학적 중요성을 다음과 같이 제시했다.

---

1 세계화가 국제이주에 어떤 영향을 미쳤고, 또 국제이주가 송출국과 유입국에 미친 경제적, 정치적, 사회문화적 영향을 분석한 캐슬(S. Castles, 2000: 129)에 따르면, "국제이주는 일반적으로 국가적 수준에서 분석되나, 그것의 가장 큰 영향은 지역에서 느낄 수 있다. 송출국에서는 지역사회 내 농업 및 수공업의 붕괴, 성 관계와 가족구조의 극단적인 변화가 초래되고, 유입국에서는 거시경제적 시각으로 이주민 정책을 추진하는 국가와 사회적 비용과 긴장을 보다 잘 인식하는 지방 당국 간 갈등이 생겨났다."

경험적 지식을 과소평가하는 것은 한편으로는 객관적 현실을 못 보게 만들고, 다른 한편으로는 민중 지식은 과학적 오류라는 이유로 이를 거부하는 근시안적 태도를 부추기는 은밀히 감추어진 이데올로기적 토대이다(p. 133).

민중 지식에 대한 존중은 필연적으로 문화적 맥락에 대한 존중을 포함한다. 피교육자의 구체적인 지역성은 세계에 관한 그들의 지식이 생성되는 출발점이다. 결국 '그들의' 세계는 세계 그 자체에 대한 일차적이고 회피할 수 없는 국면이다(p. 135).

다문화교육을 통해 이주민과 정주민의 다문화적 감수성을 증진시키려면, 이주민이 출발국에서 학습했던 민중지식과 도착국에서 일상적 삶을 통해 새롭게 경험한 지식, 그리고 정주민이 과거에 몸담았고 지금 현재 살아가고 있는 지역사회가 정주민의 의식의 형성에 어떤 영향을 미치고 있는지에 대한 분석 등이 필요하다.

> ✳ 제주 속담 속에 나타난 양육 관련 교훈(고재환, 제주 속담 총론, 2001)
> ① 애기 한 게와시, 말 한 장제.
> ② 똘은 어멍 피 물엉난다.
> ③ 장항광 어린 아인 실려사 좋나.
> ④ 좀년 애기 낭 사을이민 물에 든다.
> ⑤ 좀녀 애긴 일뉘 만에 아귀것 멕인다.
> ⑥ 글 배우렌 호난 개 잡는 걸 뵙나.
> ⑦ 말 테우리보다 사름 테우리가 더 어렵다.

▍지역사회는 교수자와 학습자 간 자유로운 의사소통이 이뤄지는 학습공간이다

학습자의 구체적인 삶의 현장에서 교육활동이 이뤄지려면 학습자 간, 학습자와 교수자 간 '자유로운 의사소통', '공론의 장'이 요구된다. 모든 교육활동이 일상생활을 전제로 하되 정치나 경제 등, 힘의 지배로부터 벗어나 학습자 개인의 인간적 성장과 학습자가 속한 공동체의 성장을 동시에 추구하려면 '생활세계'를 확보해야 한다. 지역사회는 정치나 경제의 논리로부터 상대적으로 자유로운 공간이다. 지역사회 안에도 정치나 경제의 논리가 침투해 있으나 정치나 경제의 논리에 좌우되지 않고 이들에 저항하여 지역사회 내 생활세계를 확보할 수 있는 여지가 존재한다.

하버마스(Habermas, 1990)에 의하면 국가와 자본은 국민통제와 이윤축적을 목적으로 형성된 '체계'로서 기능적 합리성 또는 도구적 합리성의 논리를 따른다. 반면에 '생활세계(Lebenswelt)'는 의사소통적 합리성을 바탕으로 왜곡 없는 자연스런 의사소통을 추구한다. 근대 서구의 시민사회의 전통은 바로 생활세계 혹은 공공영역(Öffentlichkeit)을 바탕으로 형성되었다. 그러나 생활세계가 자본과 권력의 논리에 의해 침식당하면서 곧 '생활세계의 식민화'가 전개되면서 서구의 공공영역이 변형되기 시작했다. 그러므로 오늘날 서구 시민사회의 최대 과제는 개인들의 정치적 자유를 보장하거나 계급모순을 해결하는 데만 있지 않다. 보다 근본적으로는 시민사회를 뒷받침하는 생활세계를 부활시키는 것이다.

다문화교육에서도 이주민과 정주민 간, 이주민 상호 간 자유로운 의사소통의 공간이 필요하다. 그러나 국가가 주도하는 다문화교육에서는 동화주의에 입각한 일방적 사회통합의 원칙에 따라 자유로운 의사소통에 장애가 초래될 수 있다. 국가의 재정적 지원을 받아 운영되는 우리나라 각 지역센터들의 다문화교육 프로그램에서도 이같은 현상이 똑같이 나타난다. 지역사회는 국가나 자본의 영향력으로부터 상대적으로 자유로운 생활세계를 제공한다.

▎지역사회는 중간집단을 매개로 학습자의 자율성을 보장할 수 있다

시민사회에서 학습자의 자유로운 의사소통, 나아가 인간의 창조적 성장은 학습자의 '자율성'을 보장할 때 가능하다. 국가 권력이나 시장이 전면에 나서서 개인의 선택을 일방적으로 강요하거나 개인에게 시혜적으로 접근해서는 안 된다. 국가나 시장은 개인의 자율적 선택을 지원하는 보조적 역할에 머물러야 한다. 학습자의 자율성을 보장하고 국가의 역할을 보조 수준으로 제한하려면 국가의 공권력이나 시장은 그 거대한 힘을 가정, 학교, 노동조합, 지역사회 등 '중간집단'에 위임할 필요가 있다.

보조성은 무엇보다 중간 단체들의 자율성을 통하여 인간에게 도움을 주는 형태입니다. 그러한 도움은 개인이나 집단이 자력으로 무언가를 이룰 수 없을 때 제공되고, 언제나 그들의 해방을 목표로 합니다. 책임을 맡음으로써 자유와 참여를 촉진하기 때문입니다. 보조성은 인간존엄을 존중하는데, 인간을 언제나 다른 사람에게 무언가를 줄 수 있는 주체로 인식하기 때문입니다. 보조성은 상호 관계를, 인간을 이루는 핵심으로 간주하므로 모든 형태의 온정적 지원에 맞선 가장 효과적인 대책입니다(Pope Benedict ⅩⅥ, 2009: 90).

다문화교육에서 학습자의 자율성을 보장하려면 국가의 공권력이나 시장의 자본력은 다문화교육기관을 보조하는 그 역할을 한정해야 한다. 지역사회 내 학교나 시민단체가 자율적으로 다문화교육 프로그램을 운영하도록 국가나 시장은 통제나 감독 등 지나친 개입을 지양해야 할 것이다.

▌**지역사회 참여를 통해 공동체적 연대성을 배울 수 있다**

학습자 개개인의 자율적이고 창의적이며 자유로운 의사소통에 근거한 학습활동의 결과가 개인에 한정되어서도 곤란하다. 인간은 본디 남과 여, 부모와 자녀, 부자와 가난한 자, 다양한 인종, 민족, 종교, 직업 등 집단 안에서 살아갈 수밖에 없고 또 집단 안에서 자신의 인격적 성숙을 꾀해야 하는 '사회적 존재'이기 때문이다. 인간은 필연적으로 서로 다른 가치관, 문화, 감정, 피부와 종교를 지닌 이들과 하나되어 살아가야 한다. '다양성 속에서 하나 되기' 위한 노력이 필요하다. 더욱이 나와 다른 이들이 고통에 빠져있을 때, 인간으로서 품위를 잃거나 잃을 위험에 있을 때 이들을 돕는 연대의 정신을 발휘해야 한다.

연대성의 원리에 따라, 인간은 그 형제들과 더불어 모든 차원에서 사회의 공동선에 공헌해야 할 의무가 있다(Ratzinger, 1986: 114).

지역사회는 '다양성'과 '연대성'의 정신이 살아있는 사회이다. 특히 국제 노동이주 및 결혼이주의 결과 한국의 지역사회는 최근 10년간 다양한 인종, 다양한 민족 출신들이 자리 잡게 되어, 다문화교육의 이념인 다양성과 연대성을 배울 수 있는 학습의 터전이 되었다.[2]

---

2 2014년 2월 현재 한국 거주 체류외국인 수는 1,560,365명이고, 중국, 미국, 베트남, 타이, 필리핀, 일본, 우즈베키스탄, 인도네시아, 캄보디아, 타이완, 몽골, 스리랑카, 캐나다, 네팔, 방글라데시, 러시아, 미얀마, 인도, 오스트레일리아, 영국, 홍콩, 뉴질랜드 순으로 많다(법무부 출입국·외국인 정책본부, 2014).

2) 사회적 이유

▎지역사회를 고려할 때 개인의 변화만이 아니라 사회의 변화가 가능하다

현상유지가 하나의 덕으로 간주되는 사회에서는 지역사회(community)보다 개인이 더 강조된다. 또한 어떤 형태의 지역사회 조직이든 급진적이라 생각한다. 그러나 권력, 자원, 지위 및 기회 등의 재분배를 추구한다면 어떤 형태든 공통의 문제를 해결하기 위한 지역사회 조직, 집단적 동원이 중요한 이슈로 등장한다(Reich, 2005).

▎지역사회의 고유성을 바탕으로 전체 사회의 다양성을 확보할 수 있다

지역사회가 살아 있을 때 국가 및 지구촌 차원에서도 다양성을 확보할 수 있다. 그리고 지역사회가 저마다의 고유한 색깔과 맛을 지닐 때 국가 및 인류의 문화는 더욱 발전할 수 있다. 인류가 자연의 세계에서 생물다양성을 보존해야 하는 것처럼 인간 세계에서도 문화다양성, 언어다양성 등을 지켜가야 할 것이다.

다원주의 모형(the pluralist model)은 모든 문화에는 다른 문화로 환원할 수 없는 자신만의 고유한 가치, 제도, 실천 등이 있음을 인정한다. 문화 간 대화와 논쟁은 미리 결정된 보편적 가치를 전제로 하지 않는다. 이 모형에 따르면 모든 문화는 '자신만의 고유한 목소리와 권리'를 갖고 있다. 그리고 대화의 가치를 소중하게 생각하기에, 다양한 문화와 문명에도 불구하고 문화 간 균형적 교환과 의사소통을 통해 세계화에 이를 수 있다고 기대한다(TMFUN, 2000).

다문화교육은 문화에 대한 다원주의 모형에서 문화적 다양성을 지켜가야 할 것이다. 그렇다고 해서 문화적 다양성에만 머물고 사회경제적 불평등을 간과해도 좋다는 뜻은 아니다. 앞서 공동체적 연대성과 관련하여 지적했듯이, 최소한 인간의 품위를 유지할 수 있도록, 그리고 사회의 공동선을 구현하기 위한 연대의 노력을 기울임으로써 문화적 게토화(cultural ghetto)의 위험에서 벗어나야 할 것이다.

▎지역사회는 풀뿌리 운동의 개방적 장소를 제공한다

지역사회는 민주성의 원리를 관철시켜야 한다. 지역사회가 혈연, 지연, 학연 등의 폐쇄성에 갇혀 지역 토착세력의 힘에 지배당할 수 있기 때문이다. 터키 태생의 중국 현대사 연구가인 아리프 딜릭(Arif Dirlik)은 전 지구화를 유럽중심주의가 주도하는 근대성 형성이라는 맥락에서 비판하였다. 그는 세계사의 서술이 다양한 공간에서 다양한 결과물을 산출할 '로컬(local)'을 무시하는 것을 우려하고, 세계화를 추동하는 전 지구적 자본주의에 대한 대항 전략으로서 '로컬'의 전략적 가치를 강조했다. 그러나 동시에 로컬을 자명한 공동체 공간으로 보는 관점을 비판하면서, 초국가적 경계넘기 논의가 기본적으로 한 국민국가의 로컬과 다른 국민국가 로컬의 연대(translocal)에 집착하고, 다중(multitude)으로 불리는 민중의 연대를 강조하는 것에 대해도 부정적인 시각을 드러냈다. 그것 역시 세계화의 한 극단적 형식으로 그런 경계넘기를 관리 감독할 국민국가를 파괴하는 데 일조할 뿐이라는 비판이다.

그리하여 딜릭은 전 지구화에 대항하는 정치공간으로서 '장소'라는 개념을 사용했다. '로컬공간'은 폐쇄적 경계긋기로 로컬 바깥을 배제하거나 시간적 안정성이나 사회적 헤게모니를 추구하는 경향이 강한 반면에, '장소'는 오직 부단한 상호 협조 공간으로 개방돼 있기 때문이다. 또한 장소는 자본주의의 근대성이 침투하지 못한 잔여 영역이나 과거의 불평등과 압박의 장소가 아니라, 자본주의 근대성의 작동 공간에 위치하면서도 전 지구화의 장밋빛 전망에 맞서 일상적 삶의 우선권을 재확인하는 민주적 공간이기 때문이다. 딜릭은 풀뿌리 운동이 가능하고, 생태문제에 대한 관심을 불러일으킬 수 있는 '장소에 기반한 정치(placed-based politics)'의 실천, '장소에 기반한 사회운동', '아래로부터의 전 지구화'라는 실천적 저항을 강조했다(장세룡, 2011; Dirlik, 1999). 예컨대 한국의 제주 강정마을과 일본 오키나와의 군사기지 반대운동 사례를 들 수 있다.

지역사회기반 다문화교육에서는 지역사회 내 기득권 세력, 설령 시민사회단체라 할지라도, 그 어떤 폐쇄적 시도에도 저항해야 한다. 항상 개방적 태도로 이주민과 정주민 간의 자유로운 의사소통을 통해 다문화적 감수성을 증진시키고 평등한 삶의 구조를 마련하는 데 기여해야 할 것이다.

3) 다문화교육 지역화의 장애요인

우리나라 다문화교육이 지역사회의 특징을 반영하지 못한 데는 이제까지 지역사회를 홀대해 온 결과라 할 수 있다(김민호, 2010a; 2010b). 무엇보다 중앙정부는 지역사회의 가치를 존중하지 않고 '수도권 중심의 불균형 성장' 정책을 추진해 왔다.

그 결과 지난 20여년간 수도권과 지방 간의 불평등은 더욱 확대되었다(현대경제연구원 2010년 보고서). 1인당 GRDP로 계산한 지역 간 소득의 불균등도(지니계수)는 1997년 0.085에서 2008년 0.194로 2배 이상으로 벌어졌다. 2008년 기준 어음부도율을 보면 비수도권이 0.64%로 수도권 0.12%에 비해 5배 이상 높다. 지역경제 침체의 직접적 원인은 일자리 감소, 교육여건 후퇴, 인구 감소 및 지방분권 미흡 등이나(김동열, 2010), 보다 거시적인 요인은 인구의 수도권 집중을 야기 시킨 중앙정부의 각종 정책이다.

둘째, 세계화의 세력에 앞에 중앙정부는 '자발적 개방'의 태도를 취함으로써 지역 경제의 자생력 약화를 초래했다. 1990년대 중반 문민정부가 들어서서 지방자치단체장을 지역주민의 손으로 직접 선출하는 등 지역민주주의가 진화하였다. 그러나 세계무역기구(WTO, 1995년 결성)의 결정에 순응했고 칠레 나아가 미국, 중국 등과 자유무역협정(FTA)을 체결했거나 혹은 체결 준비를 하고 있다. 그 결과 농어업 등 지역의 1차 산업은 크게 약화되었고, 대형 쇼핑센터, 대형 서점의 등장으로 지역의 영세 자영업자들의 삶의 터전 역시 크게 축소되고 말았다.

일례로 제주도의 경우 2001년 국민의 정부 당시 '제주국제자유도시특별법'을 제정해 국내 자본만이 아니라 해외 자본이 제주 사회에 특별한 제재 조치 없이 자유롭게 상륙할 수 있게 함으로써 토착 자본에 의한 자생적 경제의 구축 가능성은 상대적으로 후퇴하고 말았다. 또 제주도에서는 2006년 7월 1일부터 효율적으로 행정을 처리하여 기업하기 좋은 환경을 조성한다는 취지의 '제주특별자치도 설치 및 국제자유도시 조성을 위한 특별법'을 시행했다. 제주지역주민들은 기초자치제를 포기함으로써 풀뿌리 민주주의보다 빵을 선택했다. 이같은 경제우선주의의 논리는 이번 2010년 6·10 지방선거에서도 위력을 발휘했다. '제주도의 수출 1조 원', '도민소득 4만 달러'를 공약한 후보가 제주도지사로 선출되었다.

한편 지역사회의 자발적 개방은 경제만이 아니라 군사 분야에서도 진행되었다. 일례로 제주 강정마을 앞 바다를 매립하고 지역주민에게 피해보상을 하며 대규모 군함이 정박할 수 있는 제주해군기지건설을 둘러싸고 국가안보 우선주의와 평화 및 환경보전의 논리가 첨예하게 대립했으나, 일부 강정주민, 제주도지사, 그리고 해군당국이 보여 준 일방적 자발적 개방의 행태는 제주의 자연환경 보전과 제주지역주민의 삶의 질은 물론이고 절차적 민주주의마저 무시하고 말았다.

셋째, 지역사회에 대한 홀대는 우리 사회가 지역주민의 의식을 고려하지 않은 채 민주주의 제도를 일방적으로 이식하는 과정에서도 찾아 볼 수 있다. 사실 민주주의 제도가 제대로 정착하려면 민주주의 제도와 지역주민들 사이에 일치를 이루어야 하고, 그 일치를 이루기 위해서는 지역주민을 민주주의 제도에 일방적으로 꿰맞추려만 해서는 안 되고, 민주주의 제도에 대한 해당 주민의 문화를 존중해야 한다(Stevick & Levinson, 2007). "어떤 제도든 그 제도를 작동시키는 지역의 지식(local knowledge)이 존재"하기 때문이다. 따라서 "외국의 특정 제도를 적용하고자 할 때 지역사회에 대한 충분한 인식을 바탕으로 맥락적 판단을 해야 한다(Francis Fukuyama, 2004)". "공적 영역에서 누가 말할 수 있는 자격을 갖고 있으며, 어떤 종류의 문화적 속성들이 가장 가치있는 것으로 간주되고 있는가, 민주주의에서 누가 중요한가" 등에 대한 문화적 가정을 중시해야 한다(Rosaldo, 1997).

일례로 2010년 6·10 제주지역 광역단체장 선거를 살펴보면, 서울에서 대재벌의 사장 경력이 있던 한나라당 후보나 중앙 언론사에서 잔뼈가 굵고 1980년대 민주화 이후 등장한 신문사에서 사장까지 지냈고 도덕적으로 흠결 없던 민주당 후보는 패배하고, 성희롱 문제가 불거져 민주당으로부터 공천후보자에서 제외되었던 무소속 후보가 제주도지사로 당선되었다. 물론 도지사의 당락이 각 후보자가 선거운동에 얼마나 많은 자원을 동원하고 조직해 냈느냐에 좌우되는 면이 있기도 하지만, 제주지역주민들이 생각하는 도지사의 자격기준이 재벌이나 중앙 정당이 생각하는 도지사의 일반적 자격기준과 달랐고 오히려 제주지역주민의 생각이 재벌이나 중앙 정당보다 더 큰 힘을 발휘한 결과라 판단할 수 있다. 이는 비단 제주도만이 아니라 다른 지역 지방자치단체장 선거에서 확인할 수 있는 부분이다.

넷째, 이주민의 시민적 권리를 존중하고 이들의 역량을 개발해 정주민과의 불평등을 완화하려면, 그리고 이주민과 정주민이 함께 더불어 살아가려면, 무엇보다 이주민을 지역사회의 '이방인'이나 손님'이 아니라 지역사회의 인격적 구성원으로 인정하는 데서 출발해야 한다. 이주민이 지역사회를 '별장'이나 '호텔'이 아닌 자신의 '고향'처럼 느낄 수 있어야 한다(Sacks, 2007). 그러나 우리 지역사회의 현실을 살펴볼 때, 지역사회가 이주민만이 아니라 정주민들에게도 더 이상 온전한 의미의 '고향'이나 '생활공동체'로서 다가서지 못하고 있다. 지난 50년간 산업화와 탈산업화, 근대화와 탈근대화, 그리고 최근 세계화와 정보화 등의 과정을 거치면서 전통적 의미의 지역사회 공동체가 붕괴되어 도시건 농촌이건 간에 이웃과 전인격적으로 상호 대면하거나 서로의 이름을 기억하는 일이 거의 없는 익명사회가 되버렸다.

국가가 지역사회를 행정 공간, 지방자치의 공간, 경제발전의 장으로 인식함으로써 지역사회를 지역주민의 생활공간으로 인식하지 못했다(오혁진, 2006). 우리 정부는 지역사회 교육을 행정적, 정치적, 경제적 목적으로 이용하려 했고, 지역의 네트워크 구축은 선언에 그쳤다. 지역을 행정 공간으로서 바라보는 시각은 '지역평생교육정보센터'의 설치에서 확인할 수 있고, 지역을 지방자치의 장으로 바라보는 시도는 '평생학습도시' 정책에서 알 수 있으며, 지역을 경제발전의 장으로서 인식하는 것은 '지역혁신', '세방화' 등의 구호에서 확인할 수 있다.

(2) 다문화교육의 지역화 모형

시민사회가 주도하며 지역사회에 기반을 둔 다문화교육은 종래 국가 주도, 관 주도 다문화교육과 비교할 때 〈표 1-1〉과 같이 몇 가지 조건들을 지닌다(Longo, 2007 참조).

첫째, 다문화교육의 지역화는 지역주민 개개인의 인권과 삶을 중심에 두고 정치와 경제의 힘에 의해 예속된 생활세계를 탈식민화하고, 지역사회 내 공동선의 실현을 지향한다. 이에 비해 국가 및 관 주도 다문화교육은 사회적 약자에 대한 인도주의적 배려, 소수자의 사회적 일탈을 사전 예방하거나 사후 치료하는 사회통합, 글로벌 시장의 요구에 따른 인적자원 개발 등의 논리로 기득권 세력의 이해관계를 재생산하는 데 관심을 보인다.

둘째, 다문화교육의 지역화는 관이나 국가 주도가 아닌 지역의 시민사회가 주도한다. 지역 내 기관, 단체들을 전문성이 부족한 결핍된 존재로 보기(community deficits model)보다, 다문화교육에 활용할 수 있는 자기 나름의 역량을 보유하고 있다고 믿고(community assets mapping) 이들 간의 네트워킹을 통해 지역사회 다문화교육의 역량을 배가시킨다. 특히 다문화가정 자신들의 주도 하에 구체적이고 실질적인 다문화교육을 추진하기도 한다. 누구든지 배우고 누구든지 가르칠 수 있다는 신념을 지닌다.

셋째, 다문화교육의 지역화는 다문화가정, 이주노동자, 북한이탈주민과 같은

표 1-1   국가 주도 다문화교육 모형과 지역시민사회기반 다문화교육 모형 비교

구분	국가주도 모형	지역시민사회기반 모형
가치체계	• 국가의 사회통합 요구 • 시장의 노동력 확보	• 공동선 • 생활세계의 탈식민화
추진주체	• 국가와 시장 중심 • 각 기관의 부족한 역량 보충	• 시민사회 중심 • 각 단체의 잠재 역량 결집
교육대상	• 다문화관련 특정 집단	• 지역사회 구성원 모두
교육내용	• 동화주의, 경직된 문화집단주의 • 국민, 추상적 세계시민의 정체성	• 보편적 가치 구현 • 구체적인 지역주민의 정체성과 역할
교육방법	• 교실 내 전달식 수업	• 교실 안팎 참여식 학습

특정 정책집단만이 아니라 지역사회 구성원 모두를 교육의 대상으로 삼아 다문화
주의적 가치와 지식 체계를 전달한다. 변화해야 할 대상은 지역사회 내의 이주민만
이 아니라 정주민이기도 함을 잘 알고 있다. 왜냐하면 다문화사회란 서로 다른 문
화와 전통을 지닌 이주민과 정주민이 다양성 속에 하나 되어 살아가는 공동체이고,
정주민 전체의 인식 변화 없이 소수집단의 이주민만을 돕는 교육적 활동은 피상적
수준의 도움에 그칠 수밖에 없기 때문이다.[3] 뿐만 아니라 다문화교육의 지역화는
다문화교육 프로그램을 기획, 실행 및 평가하는 민간단체 실무자와 자원봉사자의
역량을 강화하는 지역 활동가 양성도 중요하게 생각한다.

넷째, 다문화교육의 내용은 이주민, 정주민 및 활동가 등 교육대상에 따라 다
를 수밖에 없다. 또한 다문화교육을 실시하는 해당 단체의 지향점에 따라 다르기도
하다. 우리나라의 다문화교육에서는 주로 이주민을 대상으로 이들 이주민이 주류
문화에 적응하도록 돕는 '동화주의적 성격'이 매우 강했다. 혹은 이와 반대로 이중
언어 교육 프로그램처럼 이주민의 문화적 특수성을 인정하고 이주민의 문화적 전
통을 보존하는 데 관심을 보이긴 하나, 소수집단의 문화내용과 집단정체성을 지나
치게 강조하여 주류문화로부터 소외를 초래하고, 조화로운 사회통합과 유대감 형
성을 저해하며, 중첩적이고 유동적인 개인의 정체성을 부정하는 '경직된 문화적 집

---

3 중앙다문화교육지원센터 분석에 따르면 우리나라 다문화교육 정책 44개 가운데 결혼이민자와 이
  주노동자를 위한 정책이 각각 97.7%, 79.5%인 반면에 한국 가정을 대상으로 하는 정책은 20.5%
  에 불과했다(성상환·김명정, 2009).

단주의'를 보여주기도 한다(차윤경, 2009). 다문화교육의 지역화는 동화주의나 경직된 문화적 집단주의를 지양하고, 이질적 문화를 관통하는 민주주의와 인권, 평화, 세계시민의식 등의 보편적 가치 구현에 초점을 둔다. 이울러 지역사회의 언어, 문화적 전통을 비롯하여 지역사회의 정치, 경제 및 사회적 특성에 대한 이해와 실천을 강조한다. 다시 말해 추상적인 세계시민이기 이전에 구체적인 지역사회 주민으로서의 정체성 확립과 역할 수행의 중요성을 강조한다.

다섯째, 다문화교육의 방법은 크게 교실형태의 수업과 교실을 떠난 무형식적 교육으로 구분 가능하다. 그리고 교실형태의 수업은 교실공간과 관련할 때 이주민을 불러 모으는 집합교육과 이주민을 찾아가는 방문교육으로 구분할 수 있다. 또 교육대상자 학급 구성에서 이주민과 정주민이 함께 하는 이질적 혼합집단인지 아니면 이주민과 정주민을 구별하고, 이주민의 경우도 능력에 따른 수준별 반편성을 하는지 아니면 출신 국적별로 반편성을 하는지 등을 살펴볼 수 있다. 한편 교수자의 전문 역량에 따라 유급 전문강사의 교육인지 아니면 무급 자원봉사자의 교육인지, 교수자와 학습자의 관계 양상에 따라 강의전달식 교육과 학습자 참여식 교육 등으로 구분할 수 있다. 다문화교육의 지역화는 단지 교실 형태의 학습에 머물지 않는다. 지역사회 전체가 배움터이다. 생활 장면 곳곳에서 다문화학습을 전개한다. 나만이 아니라 타인의 관점에서 세상과 자신을 바라보고 서로 다르면서도 함께 공존하는 방법을 몸으로 배운다.

(3) 다문화교육의 지역화 추진전략

제주라는 지역사회 단위에서 시민사회 주도의 다문화교육을 활성화하기 위한 전략을 제시하면 다음과 같다(Longo, 2007; 김민호, 2010a; 2010b 참조).

첫째, 시민사회 주도 다문화교육의 '헤게모니를 구축'하는 일이다. 다문화교육에서 국가나 시장이 주도하기보다 시민사회가 주도하는 게 어떤 이점이 있는지를 보여주어야 한다. 시민사회가 주도하는 다문화교육을 통해 개인이나 집단의 사적 가치에 앞서 공적 가치를 만들 수 있고, 지역사회에 대한 소속감을 지니고 지역사회에 봉사하게 되며, 지역사회를 조직해 내적 응집력을 강화할 수 있고, 정부의 정책 이해 등 시민으로서 지녀야 할 지식을 습득하며, 투표와 캠페인 및 입법 청원 등의 정치적 행위, 그리고 공적 이슈에 대한 대화 등을 할 수 있다.

둘째, 시민사회 주도 다문화교육을 추진할 주체세력으로 민주적 습관을 지닌 다문화교육 '실천가를 육성'하는 일이다. 여기서 민주적 습관이란 다문화교육 관련 활동을 전문가의 이론이나 기법 등 외적 잣대가 아니라 실무자 자신 스스로 기준에 비추어 내적으로 반성하는 것이며, 다문화교육의 목적 달성을 위해 지역사회의 다양한 조직들을 연결하는 것이며, 다문화교육을 단지 교실에 가두어 두지 않고 지역사회의 일상적 삶의 터전으로 확대하는 것이다. 지역사회 내 커피숍, 세탁소, 식당, 회사, 도서관이나 박물관 등의 공공기관, 레크레이션 센터, 운동장, 주민센터, 종교기관, 지역사회 조직, 그리고 문화적 예술적 행사 조차 다문화교육의 장으로 활용하는 것이다.

셋째, 지역사회 안에서 재정적으로 풍족하지 못한 시민사회단체들이 다문화교육을 추진한다 할지라도, 지역사회 내 인적, 물적 자원이 부족하다고 인식하기 (community deficits model)보다는 지역사회 내 다문화교육에 활용할 수 있는 잠재 능력을 지닌 '인적, 물적 자원들이 많다(community assets mapping)'고 생각해야 한다. 전자는 전문가의 입장, 외부자의 입장에서 지역사회의 폐허가 된 건물, 약물 남용, 조직폭력 등의 문제를 강조하는 반면에, 후자는 지역사회 내부 개개인의 능력 목록(예: 기술, 재능 등), 시민사회(예: 교회, 클럽 등), 지역의 기관(예: 학교, 기업체 등) 등에 주목한다. 전자는 사람을 문제가 있어 교정해야 할 대상으로 바라보나, 후자는 사람을 능력이 있고 창조적인 시민으로 인식한다. 게다가 사람들의 잠재 역량을 모으는 일은 지역사회 내 새로운 관계의 네트워크를 만드는 일이며, 궁극적으로 교육적 지역사회를 개발하는 것을 돕게 된다.

넷째, 시민사회 주도 다문화교육이 지역사회 안에서 자리 잡으려면 지역사회의 다문화교육 대상자들과 '상호 교육적 관계'를 형성해야 한다. 주민들을 무능함과 무지함을 전제로 교육받아야 할 대상으로만 파악하던 방식(education for people)에서 벗어나, 이들의 내적 잠재력과 감수성을 믿고 이것을 한 차원 높이기 위해 이들과 함께 하는 교육(education with people)으로 나가는 것이다. 그러려면 지역주민들을 수동적 '고객'이나 '소비자'가 아니라 자신의 삶과 지역사회의 '생산자', '창조자'로 믿어야 한다. '인식하지만' 이해하거나 느끼지 못하는 다문화교육 실천가가 '느끼지만' 항상 인식하거나 이해하지 못한 다문화관련 주민들과 유기적 결속을 이루는 것이다. 예컨대 폭력, 십대 임신, 인종주의, 교육불평등 등의 공적 주제들에 대해 지역 주민 스스로 주도권을 갖고 학습에 참여하게 하는 것이다. 지역주민들이 팀을 구성해 선택한 주제들을 다루면서 지역사회 내부의 권력, 집단 간 연계 및 다양한 이해 관계 등을 분석하고 핵심 관계자와 공적 관계를 맺게 된다.

다섯째, 다문화교육에서 지역적 맥락을 중시해야 한다. 지역사회의 자원들을 동원하고 지역사회 내 권력을 형성하는 일은 필연적으로 '지역성(localness)'의 입장에서 지역사회 내 관계를 재설정하고 지역사회의 상황을 다른 시각으로 보게 한다. 여기서 지역성이란 그들 지역주민 자신의 때와 장소에 맞게 사람들을 이끄는 것이고, 지역주민이 있는 곳에서 프로젝트를 시작하는 것이다. 그러려면 다문화교육의 실천가는 지역주민들의 삶, 그들의 역사, 그들의 관계, 가족·이웃·지역사회·문화 등의 특징, 그들을 둘러싼 물리적 세계 등 참여자들에 대해서 자세하게 학습해야 한다. 또한 지역사회 내 주변을 둘러보기, 지역의 세탁소, 가게, 술집, 학교 등을 방문하기 등을 통해 지역사회와 지역사회의 조직들에 대해 귀 기울이고 관심을 두어야 한다. 이와 비슷하게 미국의 Adelphi University 총장 Robert Scott은 대학 내 '지역'에 위치한 학생의 시각과 경험에 비추어 대학을 바라보고자 했다. 잠시지만 학생 기숙사에 살아보았고, 대학생활을 안내하는 신입생 세미나에 참석했으며, 윤리학 강좌에서 협력 교수로 참가해 학생들과 대화할 기회를 갖기도 했다. 종래 총장들과 다른 시각에서 대학의 행정에 참여한 셈이다.

여섯째, 다문화교육 관련 시민사회 단체나 기관들이 '국가나 시장과 협력적 관계를 형성'하는 일이다. 사실 시민사회는 국가나 시장의 행정적, 재정적 지원과 무관하게 독자적 노선을 걸을 수 있다. 그만큼 자신의 철학에 따라 자유롭게 다문화교육 활동을 전개하게 된다. 그러려면 시민사회를 지원해 주는 다수의 후원회원을 확보해야 한다. 든든한 기층조직으로 자리 잡는 것이다. 그러나 이런 시민단체나 기관은 매우 적다. 대부분의 시민단체나 기관은 시민 후원자들이 전혀 없거나 턱없이 부족한 상황이다. 따라서 시민사회 단체나 기관은 국가나 시장으로부터 재정적 지원을 받지 않을 수 없다. 다만 이때 시민사회 단체나 기관이 자신의 정체성을 훼손하지 않는 범위 내에서 국가나 시장과 협력해야 할 것이다. 자칫 국가나 시장의 재정적 지원 때문에 시민사회 단체나 기관이 고유의 정신을 잃고 국가나 시장의 팔다리로 전락할 수 있기 때문이다.

다문화교육은 다양성과 사회통합을 지향한다. 단지 다양성만을 추구하고 사회
통합에 기여하지 못하거나 아니면 사회통합만을 강조한 나머지 다양성을 잃어버린
다면 다문화교육 다운 다문화교육을 한다고 말할 수 없다. 본 장에서 시민사회 주
도 다문화교육의 중요성과 추진 전략을 강조한 것은 국가주도 다문화교육 정책과
담론 속에서 시민으로서의 책임과 사회통합만 강조되고 시민의 권리와 문화적 다
양성을 소홀히 한 것에 대한 문제제기였다. 뿐만 아니라 본 글은 다문화교육이 추
상적 담론이나 피상적 실천에 머물지 않고 사람들의 삶에 피부로 다가가기 위해서
는 다문화교육의 지역화에 대한 성찰이 필요함을 강조했다. 국가 주도 다문화교육
정책 혹은 대기업 주도 다문화교육에 대한 후원 속에서 우리나라 다문화교육이 표
준화, 획일화 조짐이 보인 것에 대한 또 다른 문제제기였다.

물론 다문화교육이 국가나 시장의 지배로부터 독립하여 시민사회 영역으로
자리 잡을 뿐 아니라, 국가 중심의 정책 차원을 넘어서 지역주민의 삶에 바탕을 두
고 지역사회의 특수성을 반영하는 일은, 우리나라 그리고 지역사회 다문화교육의
현실에 비추어 매우 이상적인 발상으로 여겨질 수 있다. 그러나 산업화, 세계화의
흐름 속에서 지역사회가 하나의 공동체로서 지닌 근접성, 동질성, 친밀감 등이 점
차 사라지고, 그 결과 지역사회 내 인간관계가 피폐해지고 지역사회에 대한 소속감
과 정체성이 사라지며 지역사회가 지닌 인간형성 기능이 급격하게 쇠퇴하는 상황
을 더 이상 간과할 수만은 없다. 또한 지역간 불균형이 심화되어 지역의 젊은 사람,
인재들이 수도권으로 집중하는 현실 속에서 지역의 자생력과 자부심을 유지하는
일 역시 우리 사회의 중요한 과제가 아닐 수 없다.

이 장에서는 시민사회 주도 다문화교육 지역화 모형과 추진 전략을 제시하였
다. 그러나 이 장에서 제시한 다문화교육의 지역화 모형과 추진 전략은 완성본이
아니다. 이 모형과 전략은 지역사회 다문화교육의 현장에서 실천을 통해 검증하고
수정 보완하는 과정을 거쳐야 할 것이다. 필자는 다문화교육의 연구자이자 실천가
로서 또 지역사회 다문화교육 정책의 자문가로서 이 작업에 참여할 것이다. 연구-
정책의 형성-실천-반성(연구)의 순환 과정을 거친다면, 시민사회 주도 다문화교
육의 지역화 모형과 추진 전략은 한 단계 발전할 것이다.

Chapter 2

다문화현상과 지역사회

1. 다문화현실과 다문화공간의 형성
2. 다문화사회와 다문화주의
3. 다문화사회, 다문화주의, 그리고
   다문화공간에서 정체성

Chapter 02

다문화현상과 지역사회

염 미 경

1. 다문화현실과 다문화공간의 형성

20세기 중반 이후 세계 각 지역의 경제는 급속히 하나의 세계경제체계로 통합
되고 있고, 이를 배경으로 해 전 세계의 사회·문화 간 상호 교류도 가속화되고 있
다.[1] 이는 국가는 물론 이에 속한 도시와 지역 또한 다른 사회와의 통합 내지는 공
존을 위해 밖으로 뻗어나가게 됨을 의미한다(김은미·김지현, 2008: 5). 세계화와 더불어
전개되고 있는 사회변동의 핵심에는 문화 영역의 재정립이라는 과제가 놓여 있으
며, 이것은 일반적으로 '다문화주의'[2]라는 개념이나 이념들을 바탕으로 전개되고

---

1 세계화를 통한 경제권의 상호 통합과 정보통신기술의 급속한 발달은 다양한 행위자들의 자유로운
  이동의 증가와 이를 통한 전 지구적 차원에서의 상호 의존을 심화시키고 있다. 로버트슨
  (Robertson, 1992)은 이같이 증폭된 상호교류를 '세계의 압축'이라고 불렀고, 하비(Harvey, 1978)도
  이제 공간은 더 이상 고정된 장소가 아니며 정보통신 및 교통의 발달로 물리적인 공간이 축소되
  면서 사람과 물류의 활발한 이동을 가져왔다고 분석하였다. 또한 카스텔(Castells, 1996)은 이러
  한 상호연관성 및 상호의존성을 바탕으로 우리가 '네트워크사회'에 살고 있다고 주장하면서 이러
  한 네트워크가 그간 문화적, 경제적으로 자족·자급하던 각 국가의 국경을 허물고 있다고 보았다.
2 '다문화적'이라는 표현은 사회에 다양한 문화적·인종적·종교적 집단들이 공존하고 있다는 '사회
  학적 사실'을 가리키는 반면, '다문화주의'는 그런 사회학적 사실에 대한 규범적인 접근방식을 일
  컫는 개념이다(김비환, 2007: 323).

있다.

　우리 사회는 최근 이주의 급격한 증가와 국가 간 경계를 초월한 다양하고 이질적인 문화권 간 접촉이 증가하고 있고, 이러한 현상은 우리 사회 안에서 다인종·다문화가 평화적으로 공존할 수 있는 방안 마련에 대한 관심을 고조시키고 있다. 좀 더 구체적으로 설명하면, 한국사회에서 1995년 27만 명에 불과하던 체류외국인 수는 2007년 8월 24일 단기체류외국인을 포함해 1,000,254명으로 사상 처음 100만 명을 돌파했다. 출입국·외국인정책본부의 자료에 의하면, 2014년 5월 31일 기준 한국사회에 거주하는 외국인주민[3]은 160만 명을 넘어 정확히 1,676,715명에 달한다. 통계적으로 전체 인구의 3.2%를 차지한다. 법무부 출입국·외국인정책본부 통계에 따르면, 2015년 3월 말 현재 한국사회에 거주하는 외국인주민은 전년 대비 12.6% 증가한 1,813,037명에 이른다. 이를 유형별로 보면, 90일 이상 체류하고자 하는 등록 외국인주민이 1,099,955명, 외국 국적의 동포가 294,732명, 90일 이내 체류하고 있는 단기체류자가 418,350명으로 조사되고 있다(법무부 출입국·외국인정책본부, 2015: 12). 저출산·고령화 사회라는 새로운 변화 속에서 외국인주민은 꾸준히 증가하고 있기 때문에 다문화현상이 한국사회에 미치는 영향은 더욱 지속될 전망이다.

　한편, 안전행정부의 『2014년 지방자치단체 외국인주민 현황』에 따르면, 한국사회에 거주하는 외국인주민을 유형별로 보면, 한국국적을 가지지 않은 사람이 1,219,188명(전체 외국인주민의 77.7%), 한국국적을 갖고 있는 사람은 146,078명(9.3%), 외국인주민 자녀는 204,204명(13%)으로 나타났다. 한국국적을 갖지 않은 사람 중 외국인노동자는 538,587명으로 전체 외국인주민의 34.3%를 차지하였으며, 결혼이민자는 149,764명(9.5%), 유학생은 80,570명(5.1%), 외국국적 동포는 233,265명(14.9%), 기업투자자 등 기타는 217,002명(13.8%)으로 조사되었다. 국적별로는 한국계중국인을 포함한 중국국적자가 843,655명(53.7%)으로 절반 이상을 차지하고 이어서 베트남 11.8%, 파키스탄·스리랑카 등 남부아시아 4.8%, 미국 4.5%, 필리핀 4.1% 순이었다.

---

3 혼인이나 기타 이유로 한국국적을 취득한 외국인, 합법 여부에 관계없이 근로, 유학, 결혼 등의 이유로 90일 이상 체류하고 있는 외국인을 종전에는 '이민자' 혹은 '이주민'이라고 하였으나 2008년 5월 이후부터 '외국인주민' 혹은 '외국계주민'으로 명칭 변경해 사용하고 있다. 정부는 외국인주민의 범주에 90일 이상 장기체류 외국인, 한국국적 취득자, 그 자녀, 한국인 부모 사이에서 태어났으나 이혼 뒤 부모 중 한쪽이 외국인과 결혼한 가정의 자녀도 외국인주민에 포함시켰다. 이 글에서는 가장 일반적으로 사용되고 있는 '이민자'를 기본적으로 사용하며, 정부나 지방자치단체 관련 통계나 자료를 인용하는 경우 해당 자료에 충실해 용어를 사용하고자 한다.

거주 지역별로는 경기도(31.4%), 서울(26.4%), 경상남도(6.2%) 순으로 기업체와 대학 등이 많이 소재하고 있는 수도권(서울·경기·인천)에 63.1%가 집중 거주하고 있고, 읍면동별 조사결과에서는 경기도 안산시 원곡본동(29,726명, 주민등록인구 대비 89.4%)에 외국인주민이 가장 많이 거주하는 것으로 나타났다(안전행정부, 2014).

다른 한편, 2014년 1월 1일 기준 제주도 내 외국인주민 현황은 지난해 12,656명보다 23% 증가한 15,568명[4]으로 제주도 주민등록인구(593,806명)의 2.6%에 해당한다. 국적별로는 한국계 중국인을 포함한 중국국적자가 6,407명(41.2%)으로 나타났으며, 베트남 2,908명(18.7%), 인도네시아 1,054명(6.8%), 필리핀 987명(6.3%), 미국 719명(4.6%), 캄보디아 467명(3.0%) 순으로 조사되었다. 외국인주민 유형별로 보면 총 15,568명 중 한국국적을 가지지 않은 자는 11,935명(76.7%), 한국국적 취득자는 1,033명(6.6%), 외국인주민 자녀는 2,600명(16.7%)이다. 한국국적을 가지지 않은 자 중 외국인노동자는 5,214명으로 전체 외국인주민의 33.5%로 가장 많고, 결혼이민자는 1,945명(12.5%), 유학생은 851명(5.5%), 재외동포는 1,071명(6.9%), 기타(기업투자자 등) 2,854명(18.3%)이었다. 한국국적 취득자는 혼인귀화자 751명(4.8%), 기타 사유 취득자 282명(1.8%)이었으며, 외국인주민 자녀는 2,600명(16.7%)으로 지난해(2,358명) 대비 10.3% 증가했고, 연령별 현황은 0~4세가 1,408명으로 외국인주민 자녀 중 54.2%를 차지하여 가장 많았다. 특히, 결혼이민자와 혼인귀화자 등 다문화인구는 2,696명으로 지난해(2,423명) 대비 11.3% 증가하였다. 국적별로 보면 중국(한국계 포함)이 885명으로 가장 많으며 베트남 824명, 필리핀 390명, 일본 157명 순이었다.

이처럼 지역사회 수준에서도 장기거주 외국인의 수적 증가라는 인구학적 변화가 나타나고 있다. 이러한 인구학적 변화가 곧 다문화사회를 의미하는 것은 아닐지라도 이들의 유입을 통해 우리 사회가 다종족(multi-ethnic)·다민족(multi-national) 사회로 변화하고 있다는 것은 분명하다. 특히, 국제결혼으로 인한 결혼이민자의 증가[5]는

---

4 이 중 외국인노동자가 5,214명으로 전체 외국인주민의 33.5%로 가장 많았으며, 결혼이민자는 1,945명으로 전체 외국인주민의 12.5%, 유학생은 851명으로 전체 외국인주민의 5.5%, 재외동포는 1,071명으로 전체 외국인주민의 6.9%, 기타(기업투자자 등)는 2,854명으로 전체 외국인주민의 18.3% 등이었다. 또한 외국인주민 자녀는 2,600명으로 지난해 2,358명 대비 10.3% 증가했다. 이 중 한국사회에서 다문화인구로 분류되는 결혼이민자·혼인귀화자는 2,696명으로 지난해(2,423명) 대비 11.3% 증가한 것으로 나타났다(안전행정부, 2014).

5 1960년대부터 지속된 가족계획과 남아선호사상으로 인해 적령기 여성이 절대적으로 부족한 것이 우리의 상황, 게다가 교육수준이 높은 한국여성들이 농어촌에서 생활하기를 꺼려하면서 여성결혼이민자들의 존재는 이제 부인할 수 없는 현실이 되었다. 이들의 존재와 더불어 가족과 지역사

다문화가족 자녀[6]의 교육 및 사회적 통합대책의 필요성을 사회 전면에 부각시켰다. 이에, 지방자치단체 차원에서 외국인주민 및 다문화가족이 지속적으로 증가하고 있음에 따라 이들이 지역사회 구성원으로서 안정적인 생활을 할 수 있도록 지원시책을 강화해 나가고 있다. 특히, 매년 다문화가정 학생 수가 증가하고 있는데, 통계청이 발표한 2013년 기준 다문화가정 학생 현황 자료를 보면, 2013년 다문화가정 학생 수는 2012년에 비해 18.8% 증가한 55,580명이었다. 2013년 기준 제주도의 다문화가정 학생 수는 537명으로 2012년 427명에 비해 25.8% 증가하였으며, 이중 410명이 초등학생인데다 취학 전 어린이 등을 감안하면 해당 숫자는 계속해 늘어날 것이므로, 제주도당국과 제주도교육청은 이들에 대한 교육지원사업을 확대해나갈 계획이다(제주특별자치도 여성가족정책과 내부 자료).

　이러한 현실에서 이 장에서는 전통적인 문화 개념과 그 한계를 고찰하고, 전통적인 문화 개념의 한계를 넘어서서 성립된 다문화주의 구상의 특징과 문제점을 살펴봄으로써 우리 사회의 방향성을 모색해보고자 한다. 이때 우리나라의 다문화현상의 전개과정에서 성립된 다문화주의 개념의 형성과 그것의 한계에 주목하며, 특히 지역사회 수준에서 일어나고 있는 다문화사회로의 변화 상황을 파악하고 그것이 지역사회와 정체성에 갖는 함의를 논의해보고자 한다.

　다른 한편으로, 이 장은 지역사회 수준에서 일어나고 있는 일련의 다문화현상[7]을 다문화공간의 등장이라는 관점에서 접근한다. 이러한 지역사회 변화와 관련

회, 학교, 직장 등 다양한 장에서 민족국가를 넘어선 문화 주체들 사이의 일상적인 대면이 현실화되었다는 것이야말로 이전에는 찾아보기 힘든 우리 사회의 새로운 현상이다(염미경·김규리, 2008).

6　다문화가족 자녀는 한국인과 결혼한 외국인 배우자 사이에서 출생한 자녀가 전체의 약 88%를 차지하는데, 이들은 〈국적법〉 제2조 제1항에 따라 출생과 동시에 한국 국민이 되므로 〈헌법〉 제31조에 의한 교육권을 보장받는다. 그 외 외국인노동자 부부 사이에서 출생한 자녀도 헌법 제6조 2항 및 〈이주노동자와 그 가족의 권리 보호에 관한 국제협약〉(UN, 1991)에 의거해 교육기본권을 가진다. 국제결혼에 의한 다문화가족 자녀는 2007년 394명, 2008년 734명이었는데, 2009년 1,180명으로 증가한 것이다.

7　외국인 이주자들이 도시·지역의 성장과 발전에 밀접하게 연관되어 있음에 주목한 연구들은 우리 사회에 외국인이 증가하면서 국가별로 자생적인 외국인공동체가 형성되면서 지역의 사회와 공간이 원주민과 이민자로 이원화되고 있는 현실을 보여준다. 지역별 특성에 따라 '서래마을(프랑스인 마을, 서울 반포4동)', '리틀도쿄(일본인 마을, 서울 동부이촌동)', 서울 이태원과 해방촌의 아프리카인 거주 지역, '화교마을(차이나타운)' 등이 생성되어 공동체 활동을 전개해왔고, 동대문시장 근처(러시아·중앙아시아·몽골인)나 대학로(필리핀인)처럼 특정 국가 출신의 이민자들이 자주 모이는 지역도 생겨났다. 이와 맞물려 외국인을 위한 안정적 정착 지원, 지역사회 통합, 다문화주의에 대한 시민이해 확대, 외국문화자원의 활용, 관광프로그램 활성화 등의 정책 과제들이

해 사용되는 개념이 이산(離散)마을이다. 이산이라는 뜻의 디아스포라(Diaspora)는 특정 민족이 어떠한 이유로 그들의 고향땅을 떠나 다른 지역이나 국가로 흩어지는 것을 말하며, 디아스포라집단은 근본적으로 경계인 집단으로 고향에 대해 소속감을 갖고 있으나 여전히 타향에 머물고 있다는 점에서 고향과 타향의 중간지대인 경계에 머무르고 있는 집단으로, 이중의 민족정체성을 갖는다고도 볼 수 있지만 다른 면으로 보면 어느 한쪽에 전적으로 소속될 수 없다는 점으로 인해 민족정체성이 없는 존재라고도 할 수 있다(임채완, 2007: 474). 신성희(2009)에 의하면, 이 개념은 이민자들의 주거공간을 전제하는 개념으로 정주기능이 없는 한시적 이민자 공간을 아우르지 못하는 한계가 있다고 본다. 또 다른 개념으로 이민족 구역(ethnic enclave)이 있다. 이것은 대도시 내부에 소수의 이문화(異文化), 이민족(異民族) 집단의 거주지라는 뜻으로 이민족 구역에서는 가시적으로 고정된 주변과 대비되는 이국적, 이색적 경관의 확연한 차이가 중요하다. 이 개념은 특정 민족이 특정 영토를 전유한다는 전제를 갖고 있기 때문에 다양한 소수집단들의 한 영토 내의 공존을 설명하지 못하는 한계가 있다(신성희, 2009: 16). 또 다른 개념으로 트랜스-로컬리티(trans locality)가 있는데, 이 개념은 국경지대, 경제특구와 같은 개념으로 민족국가(nation-state)[8] 간의 경계를 넘나드는 네트워크와 상호작용에 주목하며 이민자 공간의 속성 및 과정을 전달하는 개념으로서 특정 민족집단에 국한되지 않는 다양한 집단들의 공존 가능성을 표현한다(Appadurai, 1996). 그럼에도 불구하고 이 개념 또한 특정한 지리적 위치에서 본국과 정착국을 매개하여 이주자들이 착근하는 공간성에 그다지 주목하지는 않는데, 이때 다문화공간 개념은 국가경계를 넘어 고향과 정착지를 연결하면서 양쪽 로컬을 바탕으로 이민자와 정착사회의 상호작용을 통해 빚어지는 융합적, 혼종적 문화와 환경이 형성되는 과정 자체를 포착해줄 수 있다고 본다(신성희, 2009: 18). 이 장도 기본적으로 다문화공간이라는 틀로 지역사회의 다문화현상을 바라보려는 관점을 취하고 있음을 밝혀둔다.

수행되었다(신성희, 2009). 이같은 흐름 속에서 무시할 수 없는 규모의 초국적(超國的) 이주사회가 지역 내에 형성되고 있고 이러한 흐름이 추동하는 변화들에 대한 지역사회 차원의 대응과 대비가 필요하다.

8 민족국가는 민족을 전제로 하고, 혈연적 근친(近親) 의식에 바탕을 두고 공동의 사회·경제생활을 영위하며 동일한 언어를 사용하고 동일한 문화와 전통적 심리를 바탕으로 하여 형성된 인간 공동체를 지칭한다. 역사적 관점에서 볼 때 근대 유럽에서 시민혁명을 거쳐 형성된 근대 국가를 지칭하는 의미로 많이 사용되며, 국민국가와 유사한 의미로 사용되기도 한다.

2. 다문화사회와 다문화주의

(1) 전통적인 문화 개념의 한계

문화(culture)란 후천적으로 배워서 유형화되고 사회적으로 전수받은 사고방식과 행위양식 및 감정적 반응 등에 관한 모든 것을 지칭하는 개념이다. 어느 한 사회의 모든 사람들의 아이디어, 가치관, 관습 및 이들이 사용하는 물질적 측면 모두가 문화에 포함되어 있다(김선웅, 2006: 65). 개개인은 다양한 관계 속에서 여러 가지 감정, 정서, 행동양식, 가치, 규범, 이념을 습득하면서 사회의 구성원으로 자라나는데, 이것은 개인이 한 사회가 공유하는 행위양식이나 사고방식을 습득하고 이를 통해 문화가 세대 간에 전승되는 과정이기도 하다. 따라서 인간의 행위를 이해하려면 개인들이 문화의 내용을 습득해가는 과정을 이해해야 한다(비판사회학회, 2012: 144).

영어에서 'culture'는 '문화'라는 의미 외에도 '경작하다'라는 의미가 있는데, 그 어원은 라틴어의 'colere'이다. 이것을 17~18세기에 '토지를 경작한다(cultivate)'라는 의미로 사용되었는데, 이후 정신을 경작한다는 뜻에서 '정신의 계발'을 의미하게 되었다. 현실적으로 문화는 다양한 사회적 현상과 관련되어 있다. 그런데 현대사회에서 국가와 시민사회가 분리되고 경제와 정치의 상대적 자율성이 커지면서 문화를 '부분적·특수적 의미'로 사용하려는 시각이 형성되었다(비판사회학회: 2012: 145-147).

대체로 서구를 중심으로 통용되고 있는 전통적 문화 개념은 단일문화 또는 단일민족이라는 관념이 강했는데, 이러한 전통적 문화 개념은 18세기 말 독일의 철학자 헤르더(J. G. Herder, 1744~1803)에 의해 정식화되었다. 헤르더의 문화 개념은 오늘날까지 줄기차게 강조해온 단일민족(문화)이라는 관념에 매우 근접하는 것이다.

단일문화로서의 전통적 문화 개념의 구상은 크게 사회적인 동질화, 인종적인 기반 그리고 상호 문화적 경계 설정이다. 먼저, 이 구상은 하나의 문화는 연관된 민족의 삶을 전체에서 뿐만 아니라 개인적인 영역에서도 영향을 끼쳐야 하고, 모든 행위와 모든 대상을 바로 '이' 문화의 혼동할 수 없는 구성 요소로 만들어야만 한다. 그리고 이 구상은 문화는 항상 한 민족의 문화여야만 한다. 즉 문화는 한 민족의 현존의 '정수'를 나타낸다는 것이다. 또한 이 구상은 한 민족의 문화로서 각각의 문화는 다른 민족들의 문화로부터 특수하게 구별되고 경계를 설정해야만 한다(최성환, 2008: 291; Herder, 1989).

이와 관련해, 민족국가에 있어서 문화가 차지하는 위치에 주목할 필요가 있다. 역사적으로 민족국가 형성과정은 단순히 통치의 확립과 제도적 통합에 의해 이루어진 것이 아니라, 특정한 영토 내에 거주하는 이들이 '민족'을 발견하고 본래 주권을 가진 정치공동체를 상상하며, 스스로를 공동체의 성원으로, 공동체 내에서 동일한 권리와 의무를 부여받는 존재로 규정하고 공동체의 다른 성원들과 동료로서의 연대감 내지 민족정체성을 형성, 확인하는 과정이기도 했다. 이러한 과정이 진전될 수 있었던 데에는 해당 공동체의 성원들이 외부와는 구분되는 '특정한 자질을 공유하고 있다'는 신념을 형성하고 확인할 수 있도록 하는 의사소통의 틀이 무엇보다 주효했다. 이러한 점에서 민족국가의 요체인 민족의식은 정치공동체의 의도적 산물이라기보다는 문화를 매개로 한 의사소통을 통해 '민족'을 상상할 수 있게 한 역사적 환경 속에서 자연스럽게 형성된 것이라고 할 수 있다(앤더슨, 1991). 여기에는 언어와 교육제도는 물론이고 유·무형의 문화유산과 민족을 표상하는 각종 상징물 ─국기, 국가, 선언문 등─이 상징의 의미를 형성하고 확인할 수 있는 공공 의례 등이 중요한 위치를 차지했다. 이러한 작업을 통해 생산되고 강조되는 민족과 그 기반이 되는 민족문화의 요체는 고유성과 단일성, 지속성에 있다(김이선, 2010: 170-171).

이처럼 다양한 장치의 보호 하에 견고하게 유지될 것으로 기대되던 민족의 절대성과 민족문화의 단일성에 대한 신념은 20세기 중반 이후부터 국경을 넘은 인간과 자본, 상품, 문화, 정보의 이동이 본격화되면서 단일성으로 포섭되기 힘든 국가 내부의 차이와 다양성이 가시화되기 시작하면서 전면적인 도전에 직면하게 되었다(김이선, 2010: 171). 현대사회는 통일성이 더 이상 기초적이지 않고 결코 도달할 수 없을 정도로 극도로 다양화되었고, 이에 따라 전통적인 문화 개념의 요소들은 모두 더 이상 지탱할 수 없는 것으로 드러났다.

이러한 단일문화로서의 전통적 문화 개념의 구상, 즉 문화일원론에 대한 대안적 관점으로 문화상대주의가 있다. 서로 다른 경험을 공유하는 집단들 또는 나라들은 서로 다른 문화, 즉 서로 다른 가치와 행위양식을 형성하기 마련이다. 지역이나 나라에 따라 다양한 문화가 존재할 수 있으며, 각각의 문화는 나름대로 독특한 가치를 지니고 있는데, 이러한 상대성을 인정하는 관점을 문화상대주의라고 한다. 문화상대주의에 의하면, 지리와 합리성, 가치는 개별 문화 내부에서 결정되기 때문에 개별 문화들 간의 장점과 빼어남은 서로 비교될 수 없다. 이것은 각 문화의 장점이나 합리성을 비교하는 기준이 없기 때문에, 각 문화는 동등하게 서로 받아들일만하고, 서로 존중할 수 있다는 좋은 점을 가지고 있는 것처럼 보인다. 이러한 문화상대주의가 관용적인 태도를 보여주기는 하지만, 각 문화가 모두 자신의 권리, 합리성과 가치가 옳다고 주장할 때 딜레마에 빠질 수 있고, 이러한 딜레마를 해결할 수 있는 보편적 규범과 기준들을 발견할 수 없기 때문에 강자의 주장이 정당화될 수도 있다. 더욱이 문화상대주의는 합리성이나 진리, 의미가 개별 문화들에 의해 결정되기 때문에 문화들 간의 소통 문제가 발생한다(비판사회학회, 2012: 149-150; 김유신·윤상근, 2011: 161). 따라서 이러한 두 관점을 극복할 수 있는 새로운 관점이 필요하다. 이러한 새로운 관점은 각 문화의 다양성과 독자성을 인정하고, 그러면서 서로 대화하고 소통할 수 있는 방안을 제시할 수 있어야 한다. 이러한 상황에서 그 대안으로 대두하게 된 것이 다문화주의다.

(2) 다문화주의의 성립 배경

다문화주의는 문화다원주의에 근거를 두고 현실적으로는 한 민족국가 안에 서로 다른 인종, 문화공동체가 존재하는 현실을 의미한다. 미쉘(Mitchell)에 의하면, 원래 다문화주의 개념은 1970년대 다문화주의를 통치이념으로 내세운 이민의 국가 캐나다에서 처음 등장하였다(Mitchell, 2003). 그 후 이민자의 증가라는 공통된 현안에 부딪힌 서구의 여러 나라들이 이를 수용하였고 아시아에서는 싱가포르가 대표적으로 다문화주의를 공식적인 국가통치이념으로 확립하였다(오경석, 2007). 이들 나라에서 다문화주의는 급증하는 이민자들을 수용하는 이데올로기인 동시에 정치적, 제도적 변화를 이끌어 낸 실질적인 사회변동의 촉매제였다(정현주, 2010; 신성희, 2009: 13).

다문화주의는 먼저 서구사회가 다양한 관점과 인종, 언어, 종교, 계급·계층, 젠더, 이데올로기, 민족성, 국가 등의 요소에 있어서의 현저한 문화적 차이를 가진 집단들로 구성되어 있다는 사실을 반영한다. 이러한 기술적 차원을 넘어서서 다문화주의가 비교적 새로운 현상으로 부각된 것은 그것이 하나의 강력한 규범적 성격을 가지는 윤리·정치적 원리로서 제시된 데 있다. 즉 다문화주의는 정치원리 또는 정책의 구상이 다양한 문화집단들의 목소리를 반영해야할 뿐만 아니라, 나아가서 행정과 법, 교육과 고용, 가족, 이민 등 모든 사회문제에 관련된 정부정책의 기본목표로서 문화적 다양성의 추구가 설정되어야 한다는 규범적 주장을 내포한다(김비환, 1996: 206).

오늘날 전 지구적 현상이 되고 있는 다문화사회의 유형은 크게 두 가지로 구분할 수 있다. 첫째는 유럽국가(영국, 독일 그리고 프랑스)처럼 비교적 동질적인 문화를 가졌던 전통적인 국민국가들이 식민지 경영과 산업화 과정에서 자본과 노동의 세계화를 겪게 되고, 그 결과 이주노동자와 낯선 문화 그리고 새로운 종교의 유입과 함께 다문화사회의 도전에 직면한 경우다. 둘째는 국가의 출범 초기부터 다양한 인종과 문화로 구성된 이민자의 나라였던 캐나다, 미국 등의 경우로서 이들은 상대적으로 다문화사회의 도전에 익숙하지만 여전히 이들 나라에서 사회통합의 문제는 매우 심각한 수준에 도달해 있다. 단일 문화를 강조하는 우리나라는 첫 번째 유형에 가깝지만 최근 급격하게 이루어지는 변화에 따라 점점 다양하게 분화되는 인종과 문화, 지역과 종교 등의 도전으로부터 자유롭지 못한 상황이 되었다(최성환, 2008: 294-295).

어쨌든 최근의 급격한 변화에 직면하여 많은 이들은 다문화주의가 이러한 변화에서 비롯되는 갈등과 문제들을 해결해주리라는 기대를 가진다. 다문화주의라는 슬로건은 그 자체로 매우 긍정적인 것은 사실이지만 그것의 실제적인 적용과 실현의 측면에 대해서는 회의적인 시선이 적지 않다. 초기에 다문화주의는 정치적으로 배제와 동화에 대한 도덕적·사회적·정치적 저항, 사회적으로 세계화가 초래한 새로운 갈등의 해소를 위한 대안, 인식론적으로는 근대의 획일성에 대한 비판이라는 다양한 측면에서 규범적 당위성을 부여받았다. 반면 오늘날 다문화주의는 집단이기주의와 학문적 유행의 결합으로까지 간주되고 있다. 문제는 다양한 문화와 집단의 평화적인 공존의 필요성은 인정하지만 다문화주의가 이러한 다문화공존의 틀을 제공할 수 있는 유일한 정치적 원칙인가에 대해서 이견이 존재한다는 사실이다.

실제로 다문화주의의 등장은 개인주의의 극복과 공동체 복원으로 환영했던 시민적 공화주의(civic republicanism) 또는 공동체주의(communitarianism)[9]를 주장하는 사

---

9 이러한 입장에서는 대체로 공적 영역에서 동료 시민들과 함께 심의하고 행위 하는 가운데 인간의 진정한 본성을 실현할 수 있다고 보며, 평등한 시민들 사이의 자유로운 토의와 심의를 뒷받침

람들은 시민적 덕성(civic virtue)의 추락이라는 점에서 비판하고 있고 소외된 계층의 목소리를 대변한다는 의미에서 다문화주의를 지지했던 사회민주주의자들은 부의 재분배라는 보다 본질적인 정치·사회적 과제를 도외시한 채 문화라는 추상적이고 심리적인 안정에만 주력한다고 지적하고 있다(곽준혁, 2007b: 25). 다문화주의를 표방했던 대표적인 국가인 호주가 최근 그 정책의 공식 폐기 입장을 발표했는데, 이러한 선회의 배경에는 최근 계속해서 불거지고 있는 인종 갈등의 문제가 놓여있는 것으로 보인다. 이것은 다문화주의가 더 이상 사회통합의 원리로서 기능하지 못하고 있음을 보여준다(이상길·안지현, 2007: 59). 따라서 다문화주의에 대한 접근에서 신중한 태도가 필요하며, 그런 배경에서 다문화주의의 개념과 그 구조를 면밀히 검토할 필요가 있다.

(3) 다문화주의의 개념적 구조와 한계

이상적인 의미에서 다문화주의는 문화가 특정한 집단의 고정된 속성이라기보다는 다양한 집단들이 역동적으로 상호작용함으로써 생겨난 산물로 이해되지만 융합적 특성, 개방성 그리고 비결정성 등에 의해 특징지어지는 다문화주의는 이념을 넘어 실제적인 정착에서 난관에 직면하고 있다. 벨쉬(W. Welsch)는 다문화주의가 상이한 문화들을 계속해서 독립적인 그 자체로 동질적인 형성체로서 이해함으로써 개념적으로 여전히 단일문화라는 관습적인 문화이해의 계열에 놓여 있다고 본다. 다문화주의의 구상은 하나의 그리고 동일한 사회 안에서의 상이한 문화의 공존에 대한 물을 제기하지만 이 구상은 한 사회 내부에서의 이러한 문화적 복수성에서 비롯되는 문제를 해결할 수 없다. 그 이유는 이 다문화주의 구상이 여전히 예전의 동질화하는 문화 개념을 통해 만들어졌기 때문이다(최성환, 2008: 297-298). 다시 말해 다문화주의의 구상이 그 긍정적인 의도에도 불구하고, 개념적으로 여전히 전통적인 문화 개념의 전제들, 즉 일정한 종류의 문화체제를 지속하고 있다는 것이 문제이다. 이러한 전제에 동의하는 한 그러한 종류의 문화들 사이의 갈등은 해결될 수 없는 것이다. 바로 그러한 전제들로부터 갈등이 생겨나기 때문이다. 문화의 공존과

해줄 수 있는 민주적 권리의 보장을 강조한다. 이에 대한 자세한 논의는 곽준혁(2009)을 참조 바란다.

협력이라는 문제는 적어도 다문화주의가 단일문화라는 전통적 문화 개념의 전제들을 내세우는 한 해결할 수 없는 것이다.

다른 한편, 다문화주의가 이론적 근거로 내세우는 문화상대주의(cultural relativism)[10]도 상당한 문제를 안고 있다. 단순히 상호 문화 존중에만 주목한다면 상대주의의 굴레에서 궁극적으로 벗어날 수 없을 것이다. 문화 사이의 우열을 거부하는 입장은 그럴듯해 보이지만 실상은 '모든 것이 가능하다'는 극단적 상대주의로 전락할 수 있다. 따라서 개별적인 문화의 위상을 보증하기 위해서는 문화의 보편적 가치의 설정이 적어도 하나의 규제적 이념으로서 불가피하다는 주장도 충분히 제기될 수 있다(김욱동, 1998). 따라서 진정한 의미의 '융합적 다문화주의'가 성립되기 위해서는 타 문화의 인정을 넘어서서 실제로 이런 문화들이 문화공동체의 구성원들의 삶의 실현에 기여할 수 있어야 한다. 즉 구성원의 정체성 형성에 기여하지 못하는 문화는 그 본래적인 의미를 상실하게 된다는 것이다. 문화의 진정한 가치는 문화가 인간의 정신적인 발전을 촉진시키기 위해 새로운 것을 끊임없이 창조해내는 가운데 형성되기 때문이다(최성환, 2008: 301).[11]

이상의 논의를 전제로 하여, 다음에서는 다문화주의와 관련된 몇 가지 논의를 좀 더 구체적으로 살펴보기로 한다. 다문화주의는 정치철학이냐 정부의 정책이냐 혹은 사회운동이냐에 따라 달리 접근되고 있으며, 또한 주체 설정과 문화에 대한 이해, 적용범위와 방식에 따라 상이한 내용을 담게 된다(김영옥, 2007: 137). 대체로 차별이나 불평등을 시정하고 정의를 실현하기 위한 다양한 논의가 전개되었는데, 이러한 논의는 크게 세 가지로 구분할 수 있다.

먼저 1970년대 미국, 캐나다, 스웨덴 등 전형적인 다인종국가들에서 활발히 논의된 다문화주의는 민주주의와 인권의 측면을 강조하는데, '동일한 국적, 단일한 국민정체성, 배타적인 시민권, 영토 내부에 대한 포괄적인 통치권'으로 설명되는

---

10 많은 인류학자들은 다른 문화를 이해하기 위해서는 문화상대주의의 입장을 견지해야 한다고 주장한다. 문화상대주의란 다른 사람들의 행동과 신념 따위를 그들의 전통과 경험의 맥락에서 판단하고 분석하는 것이다. 따라서 한 문화전통에서 옳은 것이 다른 문화에서 옳을 수도 그릇된 것일 수도 있다고 보는 입장이다(노길명 외, 2002: 88).

11 이에 대한 대안으로 최성환(2008)은 다양한 문화의 상호병존이라는 단순한 차원을 넘어서서 정신의 변화를 촉진시키는 '문화화'가 이루어져야 한다고 주장하고, 이를 위해서는 병존적인 다문화주의의 한계를 넘어서는 새로운 문화 작용의 틀이 요구되는데, 이를 융합적 다문화주의 혹은 초문화주의로 보고 있다. 이에 대한 자세한 논의는 최성환(2008)을 참조 바란다.

근대 민족국가의 경계를 넘어 보편적 인권의 관점에서 비국적자, 체류자격이 없는 사람까지 포함하는 방식으로 성원권(post-national membership)을 규정하려는 시도이다. 이와 관련해, 프레이저(Fraser)는 지구화시대에는 상호작용의 범위가 국민국가를 넘어서기 때문에 전 지구적 차원에서 영향을 받는 모든 사람들을 고려하는 성원권이 필요하다고 주장하는데, 이러한 정치적 차원의 활동을 시민권 정치[12]라고 하기도 한다(손철성, 2008: 2-3).

둘째는 경제적 차원에서 위계를 설명하는 재분배(redistribution)의 관점에서 차별과 정의의 문제를 다루는 다문화주의 입장이다. 여기서 차별이나 정의에 대한 논의는 주로 재화의 분배 또는 재분배 문제와 관련되는데, 사회적 상호작용의 과정에 동등한 참여를 가로막는 경제적 자원의 불균등 분배나 경제적 차별의 문제를 다룬다. 재분배 관점의 다문화주의 옹호자들은 주류 제도가 다수자에게 이익이 되는 방식으로 편향적이며 이러한 편향의 결과로 소수자들의 행위와 정체성에 해를 입힌다는 주장에서 출발하며 경제적 위계구조에 내재하는 불평등을 제거하려고 한다. 이를 해결하기 위해서는 소득재분배, 노동분업의 재편성, 투자결정의 규제 등 경제적 재구조화가 요청된다고 본다. 이러한 관점에서 공공정책의 대상은 시장이나 생산수단과의 특수한 관계에 의해 경제적으로 결정되는 계급 혹은 계급과 유사한 집단들이며 그 목표는 기회와 문화에 있어 집단 간에 존재하는 계급적 차이를 축소하는 것이다(손철성, 2008; 김영옥, 2007: 141-142).

셋째는 문화적 차원으로, 신분적 위계구조에 내재하는 불평등을 제거하려고 하는 인정(recognition)의 정치를 강조하는 다문화주의 관점이다. 여기서 차별이나 정의의 문제는 주로 문화적 정체성이나 문화적 권리와 관련된다. 즉 인정의 정치라는 관점에서는 표현, 해석, 의사소통의 사회적 양식에 뿌리내린 문화적 부정의에 초점을 맞추는데 문화적 지배, 인정하지 않음, 경멸 등이 이러한 부정의에 해당되는 것으로, 사회적 상호작용의 과정에 동등한 참여를 가로막는 문화적 차별이나 문화적 정체성의 불인정 문제를 다룬다. 이것을 해결하기 위해서는 비천하게 여겨진 집단의 손상된 정체성과 문화적 산물들을 상향적으로 재평가할 수 있도록 문화적 다양성에 긍정적 의미를 부여하거나 문화적 편견과 차별을 생산하는 재현, 해석, 소통

---

12 다문화사회에서 인권 및 시민권 문제에 대해서는 김민호 외(2011)의 3장을 참조 바란다.

등 상징적 체계의 사회적 패턴 자체를 변화시켜야 한다고 본다. 서구 국가들에서는 대체적으로 이슬람교도보다는 기독교도가, 흑인보다 백인이, 여성보다는 남성이, 동성애자보다는 이성애자가 신분적으로 더 우월한 지위를 차지하고 있고 이로 인해 하층집단은 신분적, 문화적으로 차별을 받는데, 대중매체나 학교교육 등에서 무시나 경멸의 대상으로 간주되어 차별을 받는다는 것이다. 따라서 인정의 정치에서는 이러한 신분적 위계구조나 문화적 차별을 타파하는 투쟁에 초점을 맞추어 소수자들의 문화적 정체성과 문화적 권리의 인정을 통해 문제를 해결하려고 하며 이를 위해 국가의 정책적 지원이나 소수자들의 조직적 활동, 차별화된 시민권 등이 필요하다고 주장한다(손철성, 2008: 3-4).

이상의 차별이나 정의와 관련된 이러한 세 가지 차원의 정치는 상호작용을 하면서도 각각 자율성을 지닌 영역이다. 예를 들어 계급, 젠더, 인종 등 3개의 유형을 살펴보면 이 중에서 계급은 비교적 가장 재분배에, 젠더와 인종은 재분배와 인정의 차원 모두에 유사한 정도로 관련되어 있다. 따라서 사회적 차별이나 불평등의 문제를 해결하기 위해서는 이러한 세 가지 차원에서의 통합적 접근이 요구된다.

이처럼 다문화주의 담론은 다양한 문제들이 얽혀있는 주제이다. 이는 다문화주의(multiculturalism) 개념이 원주민이나 퀘벡인과 같이 인종, 민족, 종교 등에서 다수자 집단과 차이가 있는 문화적 소수집단이 존재해 발생하는 문화적 갈등 문제를 해결하기 위해 1970년대 캐나다에서 처음 사용된 것과 관련이 있다.[13] 대체로 민족적, 인종적, 종교적 대립과 갈등이 존재해 소수자들의 문화적 정체성과 문화적 권리를 인정하는 문제가 사회적 문제로 대두하면서 등장한 다문화주의 개념은 그 영역을 확장하여 인종적, 민족적, 종교적 문제뿐만 아니라 여성, 동성애자, 장애인 문제까지 포괄하고 있다. 이는 다문화주의가 소수자들에 대한 문화적 차별을 제거하고 그들의 문화적 정체성과 문화적 권리를 인정하는 데 기본 이념과 목적이 있다는 것을 의미한다(손철성, 2008: 7).

이와 관련해, 우리 사회에서 다문화 또는 다문화주의 담론이 확산되면서 문화적 소수자 집단이 문화적 다수자 집단에 대해 어떤 태도를 취하느냐를 기준으로

---

13 우리 학계에서 다문화주의 담론은 1990년대 초반에 문학비평의 한 영역으로 처음 소개되었고, 1990년대 후반에는 정치철학적인 관점에서 다문화주의에 대한 접근들이 시도된 바 있다(오경석, 2007: 36).

한 다문화 모델의 유형을 살펴보고자 한다. 여기에는 동화 모델과 정체성 모델이 있는데, 동화 모델은 소수자집단이 다수자집단의 문화에 동화되거나 통합되기를 원하는 경우이며,14 정체성 모델은 소수자집단이 다수자집단의 문화에 동화되는 것을 거부하면서 문화적 정체성을 유지하려고 하는 경우15이다(손철성, 2008: 5-6). 다문화주의 관점에서는 정체성 모델에 관심을 둔다.

이와 유사하게 설동훈(2005)은 다문화모델을 문화다원주의(cultural pluralism)와 다문화주의(multi-culturalism)로 세분화한다(설동훈, 2005: 3). 문화다원주의와 다문화주의의 개념은 다양성을 인정하고 사회적 통합을 추구한다는 점에서는 유사하지만 문화다원주의가 문화의 다양성과 다원성을 인정하면서도 주류사회가 존재함을 분명히 하고 여러 다양한 소수민족이 존재함을 인정하는 정도의 소극적인 다문화모델이라면, 거기서 보다 발달된 개념인 다문화주의는 주류사회의 중요성을 부각하기보다는 다양한 문화가 평등하게 인정되어야 함을 강조한다.

이처럼 다문화주의는 종족집단(ethnic groups)이 갖고 있는 문화적 이질성에도 불구하고 사회전체에 평등하게 참여하는 것을 인정하고 이를 위해 노력하는 다문화공존을 위한 정책을 의미한다. 따라서 다문화주의는 민족마다 다른 다양한 문화나 언어를 하나로 동화시키지 않고 공존시켜 서로 승인, 존중하는 것을 목적으로 하는 정책으로, 기본적으로 문화의 다양성과 복수성이 포함되어 있다. 따라서 국가가 적극적으로 개입하여 소수민족과 이민자의 고유문화를 발전시키는 데 도움을 주는 다문화주의가 보다 바람직하다.16

---

14 이 경우 이민자들의 주요 관심은 자신들의 문화적 정체성 유지보다는 인종적, 민족적, 문화적, 종교적 차이로 인해서 시민권이나 경제적 권리에서 차별을 받지 않는 것에 둔다.

15 예를 들면, 캐나다의 원주민이나 퀘벡인들이 이에 해당되는데, 가톨릭을 믿는 프랑스계 퀘벡인들은 주류인 영국문화에 통합되는 것을 거부하고 프랑스어를 사용하면서 자신들의 독특한 문화공동체를 유지하기를 원한다. 퀘벡인들은 주류 집단의 시민들에 비해 시민권이나 경제적 권리에서 특별한 차별을 받고 있는 것은 아니지만 독자적인 문화공동체의 존속에 많은 관심을 기울인다(손철성, 2008).

16 이에 대한 자세한 내용은 설동훈(2005)을 참조 바란다. 김은미·김지현(2008)도 특정 사회에서 외국인의 정착을 받아들이는 정책에서 바람직한 유형이 다문화모델이라고 지적한다(김은미·김지현, 2008: 9).

(4) 한국에서의 다문화주의

개인들은 시간적 경험의 한계로 자신이 살아가는 현재의 생활방식을 당연하고 자연스러운 것으로 생각하고, 또 그 변화에 대한 전망도 지니지 못하는 경향이 있다. 한국사회에서 단일민족의식은 많은 이들이 당연하게 받아들이는 일종의 몰역사적 의식이라고 할 수 있다. 역사적으로 한반도에는 여러 민족이 혼재해왔는데, 일반적으로 한민족은 예맥족을 근간으로 하면서도 역사적 과정에서 고아시아족, 남방계, 중국계, 일본계 민족이 조금씩 혼성되면서 형성되어 왔다. 그러다가 조선시대부터 지금과 유사한 국경이 정해지고 외세와 대결하는 과정에서 한민족의 단일민족의식이 생겨났다. 특히 현대적 국민국가가 형성되고 국가에 의한 교육과 홍보를 통해 '백의민족' 등 단일민족의식이 적극적으로 확산되면서 국민들이 단일민족이라는 의식을 자연스럽게 내면화했다. 외형적 유사성, 동일한 언어의 사용 등이 민족적 동일성을 주장하는 물리적 조건이었다면, 일본을 비롯한 다른 나라와의 대결의식, 스포츠를 통한 국가 간 경쟁 등은 단일민족의식을 강화하는 정신적 요인이었다고 할 수 있다. 따라서 단일민족의식이 결코 초역사적인 것이 아니라 역사적 과정에서 사회적으로 구성된 측면이 있다는 점을 이해하고, 따라서 다문화·다인종 사회와 같이 사회적 조건이 변화하면 그에 맞추어 변할 수 있는 의식이라는 점을 인식할 필요가 있다(비판사회학회, 2012: 37).

이제 '단일민족'으로서 하나의 언어, 문화 그리고 전통을 유지해왔다고 여기는 우리 사회는 이제 더 이상 하나의 민족, 인종, 문화와 언어를 가지고 있다고 말하기 어렵게 되었다. 이주노동자, 결혼이민자, 북한이탈주민과 같이 다양한 배경을 지니고 살아왔던 이민자와의 공존은 우리 사회에서 다양한 문화와 인종의 공존 시대를 열었다. 이처럼 다양한 문화와 인종적 배경을 지닌 사람들이 한 사회나 국가에 공존하면서 발생하는 여러 가지 현상이나 문제를 해결하기 위해서 출현한 개념이 다문화주의이다.

다문화주의 개념에 대해서는 다양한 논의와 해석이 존재하고 있어 쉽게 정의하기 어렵다. 기본적으로 다문화라는 개념은 사회·문화의 내재적 변화를 지칭하는 개념으로 외국인이 한국에 장기적으로 체류하며 사회의 구성원이 되어가고 있는 객관적 현상을 지칭하는 다인종·다민족 사회 개념과 구분해 사용하기도 한다(김은

미·김지현 2008). 이는 한국에서 외국인의 증가라는 객관적인 현상은 '다인종·다민족 사회'의 현상이며, 이러한 현상에 따라 여러 나라로부터 유입된 외국인에 대한 포용적이며 상호존중적인 정책이나 태도, 문화로 변화할 때 '다문화'라고 지칭할 수 있기 때문이다. 어쨌든 우리 사회에서 다문화사회 혹은 다문화주의 논의를 통해 소수민족, 인종, 문화에 대한 관심을 부각시킨 점은 일단 긍정적이다(박흥순, 2007).

우리나라에서 다문화사회에 대한 논의들이 개진되기 시작한 것은 2005년 무렵부터이다. 2005년 5월, 외국인 문제의 위상이 '대통령 지시과제'로 격상되면서 본격화되기 시작하여, 2006년 4월 국정회의에서 '다인종·다문화사회로의 진전은 거스를 수 없는 대세'라는 대통령의 발언이 있은 후, 정부의 각 부처는 '이주자를 통합하려는 다문화주의 정책' 개발과 입안을 위한 경쟁에 적극적으로 나서게 된다.

이처럼 '다문화·다종족 사회로의 전환'이라는 문제의식이 공식적으로 선언되면서 〈혼혈인 및 이주자 사회통합 지원방안〉과 〈결혼이민자 사회통합안〉의 정책이 부처 회의에서 채택되었고, 보건복지부, 법무부, 여성가족부, 교육인적자원부 등 여러 정부부처에서 다문화가족을 위한 다양한 지원정책을 추진해오게 된다. 2008년 3월에는 〈다문화가족지원법〉[17]이 제정되어 다문화가족 지원정책의 근거 법도 마련되게 되었으며, 기능이 조정된 보건복지가족부에 다문화가족과가 신설되어 결혼이주여성에 대해 단계별로 지원하는 정책 및 서비스를 시행해오고 있다(이혜경, 2009: 1). 2006년에는 '다문화 열린사회'와 '사단법인 국경 없는 마을' 등 다문화주의를 공식적으로 표방하는 NGO가 만들어지기도 하였다.

이와 같이 우리 사회에서는 다문화 혹은 다문화주의와 관련된 담론이 크게 늘어나고 있고, 정부나 교육계에서도 '다문화'정책이나 '다문화'교육에 관심을 기울이고 있다. 그러면, 한국에서 다문화 혹은 다문화주의 담론은 어떻게 전개되어 왔는가? 다음에서는 이에 대해 살펴본다.

---

17 2008년 3월 21일 제정되어 9월 22일부터 시행된 〈다문화가족지원법〉은 결혼이민자와 자녀들에 대한 전면적이고 총체적인 사회서비스를 제공하는 것을 목표로 이주의 전 단계와 과정에서 체계적인 서비스를 제공하기 위한 기본틀을 만들었다는 점에서 정책적 의의가 있다. 이 법안은 기존의 다문화가족 지원정책이 결혼이민자 본인에게 치중되어 자녀 및 배우자 등 가족 전체를 대상으로 한 통합적 정책이 미흡하다는 점과 초기 적응을 위한 한국어교육 등 일부 사업에 집중되어 지역별, 출신국가별 다양한 욕구 반영이 부족하다는 점이 문제점으로 지적되면서 이를 수정, 보완한 결과물이라 할 수 있다. 그럼에도 불구하고 이 법안은 국제결혼에 의한 결혼이민자가족 지원에 국한되어 있어 '결혼이민자가족지원법'일 뿐이라는 한계를 지닌다.

앞에서 언급한 바와 같이, 2006년 정부는 한국사회의 '다문화·다민족 사회로의 전환'이라는 문제의식을 급작스레 선언하는 방식으로 소위 '관주도형 다문화주의'[18]가 이민자정책 담론의 새로운 키워드로 부상한다. 이는 다문화주의 정책을 통해 단기적인 방문노동의 문제를 이민(정주)의 문제로, 노동력 관리의 문제를 사회·문화 통합의 문제로 새롭게 자리매김하겠다는 정부의 의도였다. 그러나 이주노동자들의 노동권 및 시민권에 대해서는 철저하게 배타적인 입장을 견지해온 정부[19]가 문화적 권리와 관련해서만 적극적으로 개방적 입장을 취하게 된다. 더욱이 정부가 고려하는 다문화정책의 대상 범주는 외국인주민 중 결혼이민자로 구성된 다문화가족이었다. 정부의 다문화정책에서 국내 이민자 문제의 핵심이라고 할 수 있는 미등록 이주노동자들의 문제는 범주적으로 배제시켜버린 것이다(오경석, 2007: 31-32). 따라서 우리나라에서 다문화가족은 우리와 다른 민족·문화적 배경을 가진 사람들로 구성된 가정을 통칭하는 말로, 〈다문화가족지원법〉의 정의에 따르면 '한국 국민과 혼인한 적이 있거나 혼인관계에 있는 재한외국인이나 이미 귀화허가를 받은 내국인과 한국인의 결합으로 이루어진 가족'을 의미한다.

이처럼 우리나라의 다문화가족의 범주는 결혼이민자 가정에 초점을 맞춤으로써 이주노동자 범주는 배제되었다.[20] 즉 정부의 다문화정책은 주로 결혼이민자의 가족을 대상으로 하고 있고, 한국 남성과 결혼한 외국인 여성들은 가부장적이며 순혈주의적인 한국사회 및 문화에 일방적으로 적응 내지 통합되어야 할 대상이지 결코 다문화사회의 대응한 주체로 평가되지 않는 기본적으로 순혈주의에 근거한 동화주의 원칙을 고수하고 있는 것이다(김희정, 2007; 정혜실, 2007). 다른 한편으로 이 점은 우리 정부의 다문화정책이 진정한 의미의 다문화사회 통합보다는 인구대책으로

---

18 다문화주의는 전 지구화로 인한 인구구성의 다양성에 대해 학자, 정부, 소수자들이 각자 대응하는 방식에 따라 다른 의미를 지니는데, 관주도형 다문화주의는 정부의 적극적인 개입이 있는 다문화주의를 지칭하는 개념이다. 관주도형 다문화주의에 대한 자세한 내용은 오경석(2007)과 김희정(2007)을 참조 바란다.

19 정부는 15년 이상 '산업연수제'라는 이주노동 '불허' 정책을 고수했으며, '노동허가 불허'와 함께 '가족 동반 불허'라는 정책을 펴왔다. '고용허가'라는 제한적인 방문노동 허가정책을 본격적으로 실시한 것은 2007년부터이다. 즉 한국 정부는 지난 20여 년간 일관되게 이주노동자의 정주화를 방지하기 위한 목적으로 국내 체류기간을 3년으로 제한하고 가족동반은 불허하는 단기 로테이션 정책을 고수해왔다.

20 예를 들어, 1997년 〈국적법〉이 개정되기 전까지 한국인 여성과 결혼한 외국인 남성은 시민권자의 자격을 부여받지 못했으며 〈다문화가족지원법〉에서 주요대상으로 삼는 다문화가족은 한국남성과 외국여성으로 구성된 가족이라는 점이다(김영옥, 2007: 133-134)

서의 성격이 강하다는 것을 시사해주기도 한다.

최근 한국 정부가 시행하고 있는 다문화정책은 기본적으로 결혼이민자를 중심으로 한 다문화가족과 그 자녀들을 대상으로 하고 있는데, 한글교육, 문화적응교육, 전통예절교육, 요리교육, 송년한마당 행사, 가족한마당 페스티벌, 다문화교과서 개발, 교사 대상 다문화교육 실시 등 수많은 프로그램이 운영되고 있다. 이들 정부의 다문화정책이 문화에 초점을 맞추고 있다고 해도 적응과 동화의 관점에서 시행되고 있으며[21] 문화적 다양성이나 문화적 정체성의 관점과는 거리가 있다.

결국 정부의 다문화주의 이민자정책은 '다문화주의'라는 포용적인 슬로건에도 불구하고 우리 사회의 전체 이민자들을 대상으로 하지 않는다는 점에서 근본적인 한계를 지닌다. 더욱이 정부의 다문화정책의 주요 대상인 결혼이민자들은 앞에서 언급한 다문화모델 중에서 정체성 모델보다 동화 모델을 추구하고 있다. 결혼이민자들도 대체로 차별을 받지 않고 한국 사회에 통합되기를 원하며 문화적 정체성의 유지보다는 인권이나 경제적 권리에서 다른 한국인들과 동등한 대우를 받는 데 더 많은 관심을 기울이는 경향이 있다(손철성, 2008: 8). 실제 소수집단들이 내적으로는 문화적 정체성의 유지나 강화를 바라지만 억압적인 사회적 분위기 때문에 이를 공개적으로 드러내지 않을 수도 있다.[22] 우리 사회에서도 여성, 동성애자, 장애인과 같은 소수자집단이 존재하기 때문에, 이와 관련해 소수자들의 문화적 차별과 문화적 정체성의 문제가 제기될 수밖에 없다. 이러한 맥락에서 다문화주의 담론은 일정한 의미를 지닐 수 있다.

---

21 한국정부가 실질적인 동화정책을 '다문화정책'이라고 이름붙이는 이유로 김희정(2007)은 국제적 요인과 국내적 요인을 들고 있다. 국제적 요인으로는 정부가 다문화주의가 새로운 소수자 통합의 국제적 기준이 되고 있는 상황에서 이민자를 '다문화'라는 이름으로 통합함으로써 국제적으로 한국의 이미지를 제고할 수 있다는 측면을 고려해서이며, 국내적 요인으로는 초창기 인권·노동권을 강조하는 경향이 강했던 이주노동자 지원세력이 최근에 세분화되면서 일부 단체들이 시민권 및 다문화담론을 사용하기 시작했기 때문에 한국정부도 소수자문제를 다문화문제로 규정하기 시작한 것임을 든다(김희정, 2007: 75-76).

22 미국에서 소수집단이 사회적 편견, 종속, 공포 등의 이유로 집단의 차이를 공개적으로 드러내기 어려웠던 풍토가 오랫동안 지속되었음을 지적할 수 있다. 이와 관련해, 왈쩌(Walzer, 2004)는 소수집단들이 자신들의 정체성을 드러내는데 있어서 소심하고 조심스러운 태도를 취했다는 것을 1940년대 뉴딜정책에 대한 유대인의 지지 사례를 들어 설명하였다.

3. 다문화사회, 다문화주의, 그리고 다문화공간에서 정체성

앞에서 살펴본 바와 같이, 우리 사회는 외국인주민을 포함하여 소수자집단이 정체성 모델보다는 동화 모델을 추구하고 문화적 정체성보다는 인권이나 시민권, 평등한 경제권에 더 많은 관심을 갖고 있기 때문에 캐나다와 호주처럼 다문화주의가 사회의 주요 의제로 부각되는 데는 일정한 한계가 있다. 따라서 우리 사회에서 다문화주의 담론이 활성화될 수 있는 사회적, 실천적 토대는 상대적으로 약하다. 소수문화 주체들 그리고 그들의 문화적인 차이에 대한 인정과 관용의 정도는 정부나 시민사회 두 차원 모두 매우 척박한 상황인 것이다. 예를 들어 국내 유일의 종족집단인 화교공동체는 철저하게 비시민권자로서의 삶을 강요받아야 했고[23] 내국인 혼혈인들 역시 비시민권자로서의 삶을 강요받아왔기는 마찬가지다.

이제 다문화사회의 실질적인 주체들의 삶의 현장을 기반으로 그들의 주도로 전개될 수 있는 새로운 방식의 다문화사회에 대한 논의가 필요하다. 다문화주의는 정부정책 및 그와 관련된 담론 생산자들에 의해 조직적으로 배제되고 있는 다문화 주체들을 중심으로 다문화주의가 새롭게 논의될 수 있어야 한다. 또한 정부의 다문화주의의 초점에서 문화도 중요하지만 생존에 맞춰져야 하는데, 언제 닥칠지 모르는 단속, 추방의 공포 속에 살아가는 사람들에게 문화적 공존이라는 슬로건은 공허할 따름이며, '공존'을 위해 문화에 앞서 필요한 것은 최소한의 삶의 지속성을 보장받을 수 있는 생존할 수 있는 자유이다(오경석, 2007).

우리 사회가 궁극적으로 지향하는 것이 동화주의가 아닌 다문화주의라고 한다면, 이를 우리 사회에 정착시키기 위해서는 다문화주의에 대한 이론적 논의와 함께 오랜 실험과 실천의 과정이 필요하며, 무엇보다도 이민자들을 시민주체의 관점

---

23 화교가 한국으로 이주하기 시작한 것은 1882년 고종 19년으로 추정된다. 임오군란 때 청나라 군대를 따라 40여 명의 상인들이 입국했는데, 이들이 한국 화교의 기원이 되었다. 이후 청나라는 조선에 통상조약을 강요하여 화교 상인들이 유입되는 길을 텄다. 해방 이후 한국의 화교는 중국과의 무역을 거의 독점하면서 일시적으로 번영을 누렸으나 박정희 정권 하에 화교를 비롯한 국내 거주 외국인에 대한 권리를 대폭 제한하는 각종 조치가 취해짐으로써 화교의 시련은 시작되었다. 이들에 대한 권리제한 중 중요한 것으로 법적으로 이들의 체류자격이 매우 불안정한 것이었으며, 화교에 대한 경제활동의 권리제한은 훨씬 더 심각했는데, 국내의 화교들에게 가장 큰 타격이 된 것은 역대 정권에서 외국인의 부동산 소유를 엄격히 금지했다는 것이다. 이에 대한 자세한 내용은 박철현(2010: 406-412)을 참조 바란다.

에서 이해하는 것이 필요하다. 구체적으로, 재분배와 인정을 둘러싼 정의의 문제, 지구촌시대에 사회변동에 조응하는 시민권의 이해, 시민권으로서의 문화권24과 젠더권의 문제 등이 보다 포괄적으로 논의되어야 할 것이다(김영옥, 2007: 153).

　이와 관련해, 지역사회 차원에서도 중앙정부의 정책을 보완하는 수준을 넘어서 다문화주체들이 자유와 권리를 전유하는 문제에 초점을 맞춘 아래로부터의 진정한 다문화주의를 지향하는 논의의 활성화와 구체적인 정책들이 만들어져야 할 것이다. 이와 함께 다문화를 수용하는 지역사회 수준의 변화와 이를 위한 문화수용성 교육이 이루어져야 한다. 한국인들의 주거지 이동을 보더라도 이제는 태어나서 성인이 될 때까지 자라온 장소인 고향에 사는 사람들은 적다. 한국인 대다수는 학업과 취업 등의 이유로 태어난 곳을 떠나 여러 곳으로 이동하고 있다. 더욱이 전 지구화 과정 속에서 한국인들이 한국 내에서 뿐만 아니라 주거지를 계속 바꾸고 있는 것이다. 즉 주거이동률이 낮았던 산업화 이전 시기에서 지역정체성이란 태어나면서 자연스럽게 가지게 되는 귀속지위(ascribed status)에 속했지만 주거이동률이 높은 현대 한국의 일상생활에서 지역정체성은 개인이 추구하고 만들어가는 획득지위(achieved status)에 속하게 되었다.

　현재 한국인들은 태어난 곳과 자라난 곳, 교육받은 곳, 취업한 곳, 결혼하여 사는 곳, 은퇴하여 사는 곳이 모두 다를 수 있지만, 정치적으로 사회적으로 지역정체성은 하나의 단일한 개념으로 확고하고 강력하게 작동하고 있는 것이다. 이제 이러한 확고한 개념으로서의 지역정체성은 전 지구화와 지방화시대의 다문화공간에서 현실적인 필요에 의하여 만들어가야 하는 것으로 인식되고 있다. 실제로 많은 연구들(추명희, 2002; 김준, 2002; 홍석준, 2003; 이윤희, 2002 등)이 지역정체성은 고유하고 특수한 문화적 전통에 기초한 것이 아니라 현실적 필요에 의해 만들어져왔다는 것을 보여준다. 즉 지방화의 흐름 속에서 지방이 중앙과 그리고 다른 지방과 차별성을 가지기 위한 필요조건이기 때문에 지역정체성을 확립하기 위한 다양한 전략들이 필요하였다. 정치적으로 항상 거론되는 지역성, 지역구도, 지역정체성은 긴 전통과

---

24 다문화주의가 기반하고 있는 문화권을 논의하는데 있어 중요한 것이 문화에 대한 이해임을 고려하면, 우선 문화는 고정적인 실체가 아니라 창조적이고 변화하며, 혼종적이고 침투성이 강한 것이라는 것 그리고 관계성과 행위성, 권력이 작동되면서 정체성을 구성하는 장이라는 것에 대해 고찰해야 한다. 그래야만 다문화주의는 '주의'의 경직된 관리체계가 아닌 변화와 창의성을 지닌 변증법적 과정이 될 수 있다(김영옥, 140-141).

역사에 기초한 확고하고 고정적인 개념이 아니라 하나의 신화이며 이데올로기로서 한국 정치구도에서 작동하고 있는 것이다. 이제 지역정체성은 더 이상 고정적인 것이 아니다.

전 지구화, 정보화, 지방화시대에 정체성은 고정되고 본질적인 것이 아니라, 항상 진행되고 있는 형성과정 속에 있으며, 그 지역의 경제구조나 정치체계의 변동에 따라 그 성격이 달라질 수도 있고, 시민들의 적극적인 개입에 의하여 변화될 수도 있는 역동적인 개념으로 바라보아야 한다(윤택림, 2008: 313-315; 현택수, 2001: 19). 즉 지역의 정체성도 어떤 지역을 만들어갈 것인가, 주민들이 어떤 지역이길 원하는가에 따라서 다양한 욕구와 이해관계와 접합되어 상황에 따라서 응집되고 분산되는 역동적인 개념으로 이해되어야 한다. 또한 지역정체성은 단일한 것이 아니라 다수의 것으로 상황과 맥락에 따라서 주민들이 동원할 수 있는 문화적 기제로서 이해되어야 한다(윤택림, 2008: 340).

지역사회는 장소의 공유와 경험의 공유를 통해 자신의 고유하고 독자적인 이미지와 정체성을 형성, 유지시킨다. 그동안 지배적이었던 정치적으로, 사회적으로 통용되고 있는 지역과 우리의 일상적 생활에서의 지역 차이를 어떻게 이해할 것인가라는 물음에서부터 시작해야 한다. 전 지구화시대 다문화공간에서는 긴 전통과 역사에 기초한 확고하고 고정적인 단일의 지역정체성이 형성되기보다는 혼성문화, 혼성적이고 분산적인 정체성[25]이 형성될 것이다(Hall, 1992). 따라서 우리는 세계성과 지역성 간의 새로운 접합 경향에 주목하는 것이 필요하며, 이를 위해 다양한 문화를 수용하는 지역사회 기반의 조성은 아무리 강조해도 지나치지 않을 것이다. 이를 위해 다문화사회론이 한국에 수용될 수 있는 가능성과 한계에 대한 심층연구와 이를 토대로 한 사회적 합의 구축이 절실하며, 이주노동자 밀집지역이나 결혼이민자와 그 가족들이 살고 있는 지역에 대한 심층연구가 필요하다. 이를 토대로 한국의 현실에서 지역민이 합의할 수 있는 다문화현실을 가늠해야 할 것이다.

---

25 다문화사회에서의 정체성 문제는 이 책의 3장을 참조 바란다.

Chapter **3**

다문화사회와 시민

1. 시티즌십의 의미와 내용
2. 다문화사회의 정체성
3. 세계화와 세계시민성, 지역정체성

변 종 헌

1. 시티즌십의 의미와 내용

(1) 시민과 시티즌십

오늘날 우리가 사용하는 시민(citizen)이라는 개념은 본래 도시(city)라는 공동체 안에서 살아가는 사람이라는 뜻을 가지고 있다. 따라서 시민은 인간이나 개인과는 달리 특정 공동체 구성원으로서의 의미를 강하게 내포하고 있다. 역사적으로 이러한 시민 개념은 서구 민주주의의 등장 및 발달 과정과 밀접하게 관련되어 있다. 고대 아테네의 민주정치는 왕이나 소수의 귀족이 아닌 다수에 의한 통치를 특징으로 하는데, 이러한 민주정치의 주체가 바로 시민 개념의 출발점이다.

아테네에서는 민회와 평의회는 물론 정치공동체인 폴리스의 운영과 재판 과정에 참여할 수 있는 지위와 권리를 지닌 사람들을 데모스(demos)라고 하였는데, 이들이 오늘날 우리가 지칭하는 시민 개념의 기원이라고 할 수 있다. 데모스는 아테네 도시국가의 성인 남성들로서 통치 과정에 직접적으로 참여할 수 있는 동등한 자격을 지닌 존재였다. 하지만 여기에는 여자, 노예, 외국인 등은 포함되지 않았다.

이렇듯 여성에 대한 차별과 노예제에 근거한 아테네의 민주주의는 오늘날의 기준으로 볼 때 일정한 한계를 지니고 있다. 그럼에도 불구하고 한 개인이나 소수가 아닌 다수의 평등한 참여에 의한 통치를 실현했다는 점에서 의의를 찾을 수 있다.

이와 같은 아테네 민주주의와 시민 관념은 중세를 지나 근대에 다시 등장하게 된다. 근대 서구에서는 상공업이 발달하면서 기존의 왕, 귀족, 평민 등과는 다른 새로운 계층이 도시를 중심으로 등장하였다. 이들 새로운 상공업 계층은 성곽(bourg)으로 둘러싸인 도시 안에 사는 사람들이라는 뜻으로 부르주아(bourgeois)라고 불리었는데, 이들이 바로 근대적 의미의 시민이다. 이들은 상공업을 중심으로 부를 축적하였고, 이것을 바탕으로 경제 활동 및 재산 소유의 자유, 평등, 봉건적 특권의 폐지와 정치 사회적 개혁 등을 요구하면서 봉건체제에 맞서기 시작하였다. 부르주아들이 주도한 이와 같은 요구에 노동자와 농민 등이 가세함으로써 부르주아 혁명이 성공을 거두게 되었고, 그 결과 봉건체제가 막을 내리면서 근대 민주주의가 등장하게 되었다(김영인 외, 2009: 5). 하지만 근대의 민주주의는 경제력을 지닌 시민들만이 투표권과 참정권을 지닐 수 있었고, 여성이나 노동자, 농민 등과 같은 빈민층은 시민으로서의 권리를 누릴 수 없었다. 엄밀히 말하자면 근대적 의미의 시민은 경제력을 지닌 부르주아에 한정된 것이었다.

그 이후 시민권의 제약으로 정치 과정에 참여할 수 없었던 사람들이 국가의 구성원으로서 법이 정하는 바에 따라 동등한 시민으로서의 지위와 권리를 부여받게 된 것은 20세기의 일이다. 그 결과 오늘날의 시민 개념은 형식적으로는 국가의 구성원을 의미하는 것으로 받아들여지게 되었다. 물론 엄밀한 의미에서 볼 때, 현대적 의미의 시민은 지역사회와 특정 국가를 초월하여 인류의 오랜 역사 속에서 인권 개념과 함께 발전해 온 보편적 개념이다(배한동, 2006: 5). 이러한 맥락에서 보자면, 시민은 국가를 전제로 하는 국민과는 달리 인간으로서의 보편적 권리와 의무를 자각할 수 있는 주체적 의식을 지닌 존재라고 할 수 있다. 하지만 오늘날 시민은 사실상 국가공동체 구성원으로서의 지위와 권한을 보장받는 가운데 국가의 통치 과정에 참여할 수 있는 자격과 권리를 지닌다는 점에서 국민이라는 개념과 크게 다르지 않다고 볼 수 있다(김영인 외, 2009: 5; 박용헌, 1996: 135).

한편 시민과 정치공동체 사이의 관계를 규정짓는 핵심적 개념 가운데 하나가 바로 시티즌십(citizenship)이다. 우리 사회에서 시티즌십은 흔히 시민권, 시민성 등으로 번역되어 이해되고 있다. 하지만 시티즌십은 개인적 차원의 권리 뿐만 아니라 책임과 의무도 포함하고 있기 때문에 '시민권'만으로 이해하는 것은 적절치 않다. 반대로 시티즌십을 '시민성'으로 이해하는 경우에는 개념의 엄밀성이 모호해지거나 그 외연이 지나치게 확장될 수 있다. 이러한 이유에서 시티즌십은 일련의 권리와 의무 관계에 기초한 법적 차원 뿐만 아니라 정치공동체의 멤버십, 시민적 덕성, 사회적 결속을 위한 이념 등 다양한 의미와 가치를 지닌 용어로 폭넓게 사용되어 왔다(Kymlicka and Norman, 2000: 3).

따라서 시민임, 시민됨 또는 시민다움 등을 의미하는 시티즌십 개념을 간명하게 규정하는 것은 결코 간단한 문제가 아니다. 시티즌십의 명확한 의미 그리고 그것과 관련된 내용상의 변화를 분명하게 파악하기 위해서는 서구 민주주의의 전개과정에 대한 통시적이고 포괄적인 이해가 선결되어야 하기 때문이다. 다만 여기서한 가지 주목할 것은 시티즌십에 내포된 시민성 관념은 정치공동체와 시민과의 관계를 반영한 것이라는 점에서 사람다움을 뜻하는 인간성과는 구분된다는 점이다. 인간성이 개개인의 품성과 자질을 의미하는 사적인 성격을 지닌다면, 시민성은 정치공동체 구성원으로서의 역할 수행이나 참여를 위해 필요한 품성이나 자질을 뜻하는 공적인 성격을 지닌다고 할 수 있다. 인간성은 정치공동체나 시민사회 여부를 불문하고 인간으로서 갖추어야 하는 것이지만, 시민성은 정치공동체나 시민사회를 떠나서는 생각할 수 없는 사회적 구성 개념으로서 정치공동체나 시민사회의 성격에 따라 규정된다(김영인 외, 2009: 9). 물론 인간성과 시민성이 상호 배타적인 것은 아닐 것이다. 하지만 좋은 사람과 좋은 시민이 똑같을 수는 없으며, 인간성은 시민성의 기초가 된다고 할 수 있을 것이다. 좋은 인간이 좋은 시민이 될 가능성이 높지만, 좋은 인간이 항상 좋은 시민이 되는 것은 아니기 때문이다.

(2) 시티즌십의 내용

시티즌십(citizenship)은 구체적으로 어떠한 자격이나 조건 또는 자질을 의미하는가? 그리고 어떠한 내용이나 요소들이 시티즌십에 포함되는가? 사실 이 문제에 관해서는 견해가 다양하다. 예를 들어 마샬(T. H. Marshall)은 시티즌십의 다의적 성격을 법적 권리, 정치적 권리, 사회적 권리의 관점에서 파악하였다(Marshall, 1977). 그리고 버츠(R. F. Butts)는 시티즌십을 구성하는 가치들을 통합형(Unum)의 의무 덕목들과 다원형(Pluribus)의 권리 덕목들로 분류하여 제시한 바 있다(Butts, 1988: 133-185). 통합형 영역에 속하는 정의, 평등, 권리, 참여, 진실, 애국심 그리고 다원형 영역에 해당하는 자유, 다양성, 사생활권, 정당한 절차, 재산, 인권 등이 그가 제시한 시민성의 12표법(Twelve Tables of Civism)이다. 히터(D. Heater)는 시티즌십의 내용 요소를 개념화하기 위해서 기존의 평면적 접근에서 벗어나, 공간(세계, 국가, 지역사회 이웃, 학교 가정), 내용(정체성, 가치도덕성, 법률성, 정치성, 사회성), 교육(지식, 행위기능, 태도) 등의 다차원적 관점에서 입체적으로 개념화하기도 하였다(Heater, 1990: 314-347). 한편 한국교육개발원에서는 21세기의 한국인상을 현명하고 책임감 있는 시민으로 설정하고, 이들에게 요청되는 시민적 자질과 덕성을 인간의 존엄성, 기본 질서, 자유 사회의 절차, 합리적 의사결정 능력 등의 4개 영역 18개 덕목으로 제시한 바 있다(곽병선, 1994: 169-176).

시티즌십 개념은 이처럼 시대와 장소에 따라 각기 다르게 정의되면서 그 의미와 내용 또한 차이를 보여 왔다. 시티즌십이라는 말은 다양한 의미와 내용 요소를 지닌 매우 복잡한 개념이다. 하지만 기존의 수많은 논의 가운데 주목할 수 있는 것은 시티즌십의 의미가 지위(status)와 활동(activity)이라는 두 가지 측면에서 주로 다루어져 왔다는 점이다(Kymlicka & Norman 1995; 노영란 2002; 최현 2007).

먼저, 시티즌십은 법적 지위라는 관점에서 파악될 수 있다(citizenship-as-legal-status). 시민은 무엇보다도 특정한 정치공동체의 구성원을 뜻한다는 점에서 다분히 정치적이고 법적인 맥락에서 사용되어 왔다. 따라서 시티즌십이라는 말은 일반적으로 특정한 정치공동체의 구성원으로서 부여받은 법적 지위(legal status)를 지칭하는 것으로 사용되어 왔다. 법적 지위라는 요소에 초점을 맞출 경우, 시티즌십은 특정한 정치공동체의 법에 의해 보장되는 일정한 권리를 말한다. 따라서 시민은 법 아래에서 동등한 권리를 지닌 개인으로 그리고 시티즌십은 국가가 헌법과 법률을 통해 시민들에게 보장하는 권리를 의미하게 된다. 이처럼 지위로서의 시티즌십 개념은 외적으로는 특정 정치공동체에 대한 멤버십으로 나타나며, 내적으로는 그에 수반되는 권리와 의무의 형태로 규정되는 것이 일반적이다.

둘째는 시티즌십을 바람직한 활동으로 보는 입장이다(citizenship-as-desirableactivity). 시티즌십을 법적 지위로 파악하게 되면서 사람들은 점차 공동체의 문제에 대해 무관심하게 되었고, 국가의 복지에 의존하는 경향도 커지게 되었다. 이러한 상황에서 점차 시민은 단순히 특정 정치공동체가 부여하는 일정한 권리를 지닌 존재일 뿐만 아니라 정치공동체에 참여함으로써 비로소 시민이 되는 존재로 인식되기 시작하였다. 즉 수동적인 자격이나 지위를 통해 시티즌십을 파악하는 단계에서 한 발 더 나아가 시민으로서의 바람직한 활동(activity)에 주목하게 된 것이다. 실제로 시티즌십의 어원이 되는 라틴어 civitas는 국가나 공동체를 구성하는 개인이나 제도가 구성원으로서 수행해야 하는 기능적 역할을 의미한다. 즉 공동체의 구성원으로서 요구되는 표준을 의미하는 것이었다.

활동으로서의 시티즌십 관념은 시민으로서 법이 부여하는 권리를 수동적으로 받아들이기 보다는 어떤 능동적 활동이나 적극적 참여를 통해 드러나는 '시민다움'을 의미하는 것으로 볼 수 있다. 따라서 시민으로서의 책임과 덕목(responsibilities and virtues)이 시티즌십을 구성하는데 보다 중요한 요소로 간주된다. 법적 지위로서의 시티즌십이 시민이 되는 것이 무엇인가 하는 문제와 관계가 있다면, 바람직한 활동으로서의 시티즌십은 훌륭한 시민(good citizen)에게 요구되는 것이 무엇인가 하는 물음과 관련이 있다. 이런 의미에서 바람직한 활동으로서의 시티즌십이 강한(thick) 시민성 관념에 해당한다면, 지위로서의 시민성은 약한(thin) 시민성 관념이라고 할 수 있다(Kymlicka & Norman, 1995: 284-285).

하지만 시티즌십의 요소들은 위와 같이 엄격하게 구분되기 보다는 서로 밀접한 관계를 지니고 있다고 보는 것이 타당할 것이다. 실제로 시티즌십이라는 개념 속에는 공동체 구성원으로서의 법적 제도적 지위 뿐만 아니라 구성원들 사이에 요구되는 정서적 유대나 애착의 의미도 동시에 포함되어 있기 때문이다(Proctor, 1988: 164-166). 요컨대 시티즌십은 한편으로는 공동체의 구성원임을 인정하는 지위 내지 권리 그리고 다른 한편으로는 그와 같은 지위나 권리에 상응해 구성원에게 요구되는 자질 내지 의무로 구성되어 있다고 볼 수 있다(Rogers, 1992: 104).

한편 근래에는 점차 시티즌십의 의미나 내용 요소를 정체성의 관점에서 파악하는(citizenship-as-identity) 경향이 확산되고 있다. 이러한 경향은 세계화의 추세, 다인종·다문화사회로의 전환 등과 밀접히 관련되어 있다. 사회가 점차 다원화되고 복잡해짐에 따라 사람들은 그들이 속하는 집단이나 그들이 가지는 종교, 문화 등에 따라 다양한 정체성을 갖게 되었다. 이러한 상황에서 사람들을 하나의 정치공동체로 통합하는 일이 점점 더 어렵고 복잡한 문제가 되고 있다. 더욱이 오늘날처럼 다문화된 사회의 구성원들 가운데는 시민으로서 권리를 소유하고 나아가 시민으로서의 책무를 다함에도 불구하고 여전히 공동체로부터 배제되거나 소외되고 있다는 느낌을 갖는 시민들이 있을 수 있다. 법적, 정치적 지위나 참여만으로는 정치공동체에 대한 소속감과 일체감을 확인하기가 어렵게 된 것이다(노영란, 2002: 191). 이러한 이유에서 특정 정치공동체의 멤버십을 규명하는데 있어서 법적 지위나 바람직한 활동 이외에도 다양한 구성원들이 각기 지니는 문화, 역사, 전통 등과 같은 요인들을 고려하지 않을 수 없게 되었다. 그 결과 오늘날 시티즌십은 점점 정체성의 관점에서 특정 정치공동체의 구성원임을 표현하는 것으로 간주되고 있다(Kymlicka & Norman, 1995: 301).

정체성으로서의 시티즌십 개념은 다양한 문화와 전통을 가진 집단이나 구성원들을 하나의 정치공동체에 통합시켜 주는 것으로서, 공유된 정체성(shared identity) 내지 공통의 정체성(common identity)을 의미한다. 하지만 다양한 사회적 문화적 정체성을 지닌 대상들을 공통된 정체성으로 함께 묶어줄 수 있는 요소가 과연 무엇인가 하는 것을 밝혀내기란 결코 쉬운 일이 아니다. 문화적 통합이나 국민성 등이 그러한 요소로 지적되기도 하지만 이것은 사실 간단한 문제는 아니다(Ichilov, 1998: 11). 더구나 오늘날 정치공동체는 다인종·다문화사회의 특성을 지니고 있을 뿐만 아니라 세계화와 지방화라는 상반되는 시대적 흐름 속에 놓여 있는 것이 현실이기 때문이다.

2. 다문화사회의 정체성

정치공동체의 구성원들이 공동체의 일원으로서 공유하는 정체성이 다문화사회 속에서 어떻게 정의되어야 하는가는 매우 복잡하고 어려운 문제이다. 특히 다문화사회에서 생활하고 있는 구성원들 사이에서 나타날 수 있는 문화적 정체성의 차이를 과연 어떻게 받아들이고 이해해야 할 것인가 하는 것은 매우 중요하고 민감한 문제 가운데 하나다. 이처럼 다문화사회의 시티즌십에 관한 논의의 핵심은 바로 정보화와 세계화의 흐름, 사람들 사이의 교류와 상호작용의 증대, 그리고 문화적 다양성의 확대에 따른 정체성의 변화 가능성을 어떻게 받아들이느냐 하는 것이다.

　정체성 문제의 본질은 나를 어떻게 인식하는가 그리고 다른 사람들과의 관계를 어떻게 설정하는가 하는데 있다. 또한 그것은 자신이 속한 공동체와의 관계 설정의 문제이기도 하다. 특정한 공동체에 속하는 시민들은 타인이나 공동체와의 관계에 기초한 정체성을 공유함으로써 공동체와 자신을 동일시하고 공동체에 대한 소속감을 지니게 된다. 그리고 이러한 심리적 동일시 과정을 통해 다른 공동체와 자신이 속한 공동체를 구분하기도 한다. 그런데 본질적으로 이러한 관계들은 하나의 정체성으로 귀결되기 보다는 다중적인 성격을 지닌다. 더욱이 세계화 시대의 다문화사회에서는 공동체 구성원들의 이와 같은 다중적 정체성에 대한 관심이 더욱 고조될 수밖에 없다.

　오늘날 사람들은 전통적 가족과 지역공동체, 근대 사회의 국가공동체, 탈근대 사회의 초국가적 공동체에 동시에 속하게 되면서 상이한 정체성의 기반을 갖게 되었다. 이러한 상황 속에서 현대인들은 자신이 누구이며, 이러한 공동체와의 관계를 어떻게 설정할 것인가 하는데 있어서 혼란을 느낄 수밖에 없게 되었다. 이것이 바로 정체성의 문제가 세계화된 다문화사회의 화두로 떠오르게 된 배경이기도 하다. 세계화의 추세 속에서 국가 간의 긴밀하고 상호의존적인 관계가 강화됨으로써 정치공동체의 존속과 발전은 다른 공동체와 깊은 관련을 가지게 되었다. 그러나 이와 동시에 공동체 구성원들의 다양성과 차별성도 함께 강화됨으로써 공동체에 대한 적응과 함께 정체성의 문제가 매우 중요한 문제로 부상하고 있다.

　근대 이후 시민들은 국민국가라는 정치공동체의 틀 속에서 국민의 일원으로 자신의 정체성을 확립할 수 있었다. 근대적 의미의 정체성은 개인의 수준에서 볼 때 자신을 드러내는 핵심이며, 이것은 유동적이고 조작할 수 있는 것이기 보다는 깊숙하게 뿌리박힌 실제로 간주되었다(Bendle, 2002: 5). 이처럼 국가공동체의 구성원으로서 개인의 정체성은 불변하는 자아의 관점, 즉 개인을 구성하는 내적이고 본질적인 것으로 받아들여졌다. 국민국가와 국민과의 관계 속에서 시민들의 정체성은 실체, 동일성, 연속성의 관점에서 이해되었을 뿐만 아니라 본질로서 인식되었던 것이다.

　하지만 세계화는 국민국가의 위상에 변화를 초래하게 되면서 정치공동체의 구성원인 시민들의 정체성에도 변화를 가져오고 있다. 정체성은 본래 맥락에 의존하기 때문에 얼마든지 변화될 수 있다. 정체성은 언제든 재구성될 수 있는 유동적인 것이다. 말하자면 국민국가가 등장하던 17세기 유럽의 국민들이 지녔던 정체성이 세계화 시대의 시민들과 같을 수는 없다. 더욱이 정체성은 유동적일 뿐만 아니라 단일하지도 균질적이지도 않다. 이처럼 정체성이 얼마든지 변화될 수 있고 또한 서로 다른 정체성 사이에 충돌이 발생할 수 있다는 사실은 오늘날 시민들이 지니는 정체성이 다양할 수 있다는 것을 의미한다.

크고 작은 여러 공동체들이 하나의 공동체로 완전히 통합되지 않는 한 다문화적 상황은 불가피할 것이다. 그리고 이것은 하나의 정치공동체 내부에서도 마찬가지이다. 특히 국경을 초월해서 사람들 사이의 교류와 이동이 그 어느 때보다 광범위하게 이루어지고 있는 세계화 시대에 단일의 언어나 전통, 문화 등을 지닌 순수하고 통일적인 구성원들을 상상하는 것은 비현실적이다. 정치공동체의 문화적 다양성은 문화의 본질에서 비롯되는 불가피한 속성이며, 세계화는 이와 같은 문화적 다양성을 더욱 촉진하고 있기 때문이다. 따라서 오늘날 다인종·다문화사회에서 공동체 구성원들이 지닌 정체성은 단일하고 균질적인 것이기 보다는 복합적이고 중층적인 성격을 지닐 수밖에 없을 것이다.

나아가 세계화 정보화 시대의 정체성은 더 이상 단순히 주어지는 것이 아니라 선택의 문제가 되고 있다. 이러한 선택을 통해 시민들은 단일한 정체성이 아니라 다양한 정체성을 만들어가고 있는 것이다(고미숙, 2003: 6). 오늘날 시민들은 어떤 하나의 고정된 자아가 아니라 다양한 자아를 만날 수 있다. 그 결과 다원적, 다중적, 복합적 정체성을 지니게 된다. 다문화사회가 다양성과 다원주의를 특징으로 한다면, 다문화사회 구성원들의 정체성은 파편화되고 다양하며 유동적인 경향이 강할 수밖에 없을 것이다(Bendle, 2002: 5). 따라서 다문화사회의 시민적 정체성은 다양한 새로운 관계 속에서 새롭게 창조될 수 있는 복합적인 것이다.

정보사회의 환경 속에서 형성된 자아정체성은 복합성, 불완전성, 불안정성을 특징으로 한다. 정보화 세계화된 사회에서는 근대국가의 시민들이 지녔던 단일하고 동질적인 성격의 정체성을 결여하고 있을 뿐만 아니라 정체성이 파편화된다. 이와 관련해서 들뢰즈(G. Deleuze)는 오늘날 시민들이 직면하고 있는 정체성의 문제를 유목적 정체성과 정착적 정체성 간의 긴장 관계로 묘사하고 있다(김종호, 1993: 66).

그에 따르면 세계화 시대의 정체성은 탈코드화, 탈영역화를 꾀하며, 지배적 권력에 저항하면서 새로운 삶의 질서를 생성하고자 하는 유목적 정체성과 기존의 질서를 유지하고 재생산하며 일정한 규준에 따르려는 정착적 정체성 간의 갈등으로 표현할 수 있다. 코드화와 탈코드화, 영역화와 탈영역화 간의 긴장과 갈등이 세계화 시대 정체성의 특징이라고 할 수 있다.

따라서 세계화된 다문화사회의 정체성은 과거 국민국가의 정태적 정체성과는 구분되어야 한다. 그것은 인종, 종교 그리고 언어가 다른 다양한 집단들이 서로 복잡하게 분포된 상황 속에서 이질적인 것과의 타협을 용인하고 또한 수용하는 역동적인 방식으로 이해되어야 한다. 세계화된 다문화사회에서는 근대의 통합적이며 영구적인 정체성이 탈중심화되고 해체되고 있는 것이다. 이제 정체성은 고정된 것이 아니라 진행 중에 있는 동일시 과정으로 파악된다. 그리고 이렇게 형성된 정체성은 타자와의 상호작용을 통해 부족한 자신을 보완하고 새로운 주체를 완성시켜 나간다.

다문화사회 다중적 정체성의 출발은 공동체 내의 문화적 다양성을 존중하고 인정하는 것이며 이는 타자와 타문화에 대한 배척과는 거리가 멀다. 진정한 의미의 다중적 정체성은 이질적인 문화와 정체성을 지닌 것들이 일률적으로 획일화되지 않는 것을 의미한다. 예컨대 특정 계층의 문화가 이질적인 생활양식에 의해 변화되거나 아니면 새로운 문물을 수용할 수 있는 것이다. 변하지 않는 문화, 즉 고정적이고 정체된 문화란 존재할 수 없다. 따라서 모든 문화는 그 본질상 끊임없이 변화할 수밖에 없다.

세계화는 세계적인 것과 지역적인 것 사이의 긴장과 결합에 의해 새로운 것이 생성되는 과정이기도 하다. 이에 따라 국가 중심의 질서 이외에도 지방 중심의 새로운 질서가 등장하게 되고, 질서 자체가 다층화 다양화된다. 이러한 점에서 오늘날 세계화는 여러 민족이나 국가의 정치, 경제, 문화 등이 하나로 통합되는 세계성과 민족, 국가, 지역 간의 차이가 새롭게 생성되고 강화되는 지역성이 모순적으로 상호작용하는 다중적인 과정으로 이해할 수 있다. 즉 지역과 세계가 연결되고, 개인과 공동체가 만나며, 동질성과 이질성이 혼재하는 오늘날의 상황은 한 개인으로 하여금 새로운 집단적 경계를 구성하게 하며 또 때로는 동시에 혼성적 정체성 (hybrid identity)을 지니게 하기도 한다(권효숙, 2003: 109).

이처럼 세계화에 의해 촉발된 탈중심의 다원적 사회에서 시민들의 정체성은 이질적인 타자와의 동시다발적 상호관계를 통해 형성된다. 개별 주체의 다원적 정체성이 지구적인 상호작용 과정을 통한 세계화와 지방화의 흐름 속에서 형성되는 것이다. 따라서 세계화와 지방화의 추세는 자아정체성의 형성, 확인, 유지에 있어 중대한 변화를 의미하는 것이다.

이러한 변화 속에서 국가는 구성원들에게 국가에 대한 충성만을 고집할 수 없고, 국민들의 충성을 국가 이외의 다양한 다른 권위들과 나누어 가져야 할 운명에 처하게 된다. 따라서 전통적인 국가정체성은 점점 분열되고 유동적으로 되어가고 있다. 다양한 층위의 권위를 인정하는 방식을 통하여 국가정체성도 국가에 대한 충성심과 함께 여러 종류의 권위, 예를 들어 지역적 단위의 권위들과 함께 공존 내지 병존하는 방식으로 변화하고 있다. 이에 따라 세계화에 따른 지역정체성도 점점 그 중요성이 증대되고 있는 것이다. 요컨대 세계화가 진행될수록 국경이 불분명해지고 지방의 자율성은 증대되며 이로 인해 지역정체성은 더욱 중요한 의미를 지니게 된다(한승완, 2001: 250).

현대의 다원화된 세계화 시대에서 시민들의 정체성은 분화되고 분열될 수밖에 없으며, 결국 하나의 중심만을 갖는 정체성이 아니라 복수의 정체성을 중심으로 논의될 수밖에 없다. 즉 다문화사회의 시민정체성은 세계인으로서의 정체성, 국가정체성, 지역정체성이 병립하는 복수성, 중층성, 혼성성을 특징으로 한다. 오늘날 시민은 한 국가의 국민이면서, 세계 시민이며 동시에 지역주민이라는 이중 삼중의 정체감과 소속의식, 말하자면 다중적 정체성을 지니게 된다. 결국 세계화 시대에 형성되는 새로운 자아정체성은 국가정체성이라는 하나의 중심만을 갖는 것이 아니라 복수로서의 자아정체성일 것이다. 예컨대 나는 세계화된 다문화사회 속에서 제주인, 한국인, 아시아인, 세계인으로서의 정체성을 공유하게 되는 것이다.

3. 세계화와 세계시민성, 지역정체성

정보화와 세계화의 심화는 인류의 삶에 있어서 시공간의 압축을 의미한다. 네트워크 세계 속에서 개별 국가의 경계를 넘나드는 교류와 상호작용이 확대되면서 지구공동체를 하나의 전체로 만들고 있다. 그 결과 특정 지역에서 발생한 사안이 국경과 대륙을 넘어 전 지구적 관심사로 부상하고 있으며, 개별 국가의 노력만으로는 해결할 수 없는 인류 공동의 과제들에 대한 논의가 활성화되고 있다. 이러한 상황에서 전통적인 국가정체성의 범주를 뛰어넘는 세계 시민으로서의 정체성에 대한 관심이 제기되는 것은 당연하다.

더욱이 전 지구적인 차원의 세계화와 더불어 지역적 특수성에 주목하는 지방화가 진행되면서 근대 이후 확고한 지위를 차지했던 국민국가의 전통적 위상과 역할이 변화되고 있다. 그리고 이러한 추세는 개별 국가와 국민과의 관계에 기초한 국가정체성의 의미와 내용에도 변화를 수반하게 되었다. 이러한 상황에서 세계화 추세에 조응하는 세계 시민으로서의 정체성 그리고 지방화 과정에서 요청되는 지역주민으로서의 정체성 등 이른바 다중적 정체성에 대한 관심이 커지고 있다.

다중적 정체성은 동일한 개인이 서로 다른 수준의 공동체로부터 중층적으로 부여되는 구성원으로서의 지위와 역할을 갖는 것을 의미한다. 서로 다른 공동체들과의 관계에 따라 각각의 정체성이 형성되고, 그에 맞게 공동체 구성원으로서의 행위의 표준도 달라진다. 그 결과 동일한 개인이 특정 지역의 주민이며 국가의 국민일 뿐만 아니라 여러 국가로 구성된 연합국가의 구성원이자 세계공동체 시민으로서의 지위를 동시에 중첩적으로 지닐 수 있게 되었다. 하버마스(J. Habermas)는 동구 사회주의권의 몰락과 독일 통일, 초국가적 기구의 등장 그리고 이민의 증대 등으로 특수한 권리와 보편적 원리 사이의 갈등이 나타나고 있고, 이로 인해 개별 시민들은 다중적 정체성을 지니게 되었다고 주장한다(Habermas, 1992: 341). 히터(D. Heater) 역시 시민성이 개입되는 공간적인 차원을 지역 수준과 국가 수준 그리고 세계 수준 등으로 구분하여, 시민으로서의 정체성은 다중적일 수밖에 없으며 또한 다중적이어야 한다고 보고 있다(Heater, 1990: 318-319).

이처럼 개인이 상이한 수준에서 시민으로서의 정체성을 지닐 수 있고, 궁극적으로 세계 시민으로 성장할 수 있다는 관점에서는 시민의 지위를 국가에서 부여하는 법률적인 지위로만 한정하지 않는다. 세계 규모의 경제 활동으로 인한 국가 간 지역 간 상호 의존이 심화되는 가운데 환경, 인권, 평화, 빈곤 등 전 지구적 차원의 문제가 인류 공동의 해결 과제로 등장하고 있는 상황에서는 개별 국가와 국민 사이의 관계에 기초한 시티즌십 관념이 다층적이고 복합적인 차원에서 새롭게 조명될 필요가 있다. 세계화와 지방화가 동시에 진행되면서 나타나는 이른바 세계 시민으로서의 정체성과 지역정체성에 대한 관심은 바로 그 전형적인 예라고 할 수 있다.

(1) 세계시민성의 의미와 내용

개별 국가와 그 구성원인 국민 사이의 관계에 기초한 국가정체성과 구별되는 세계 시민으로서의 정체성은 실현가능할까?[1] 국가정체성이 개별 국가의 구성원인 국민들에게 부여된 지위와 권리 또는 그들에게 요구되는 국민으로서의 자질과 태도 등으로 정의된다면, 세계 시민의 정체성은 하나의 세계 정부나 세계 국가의 출현가능성에서 그 근거를 찾을 수 있을 것이다. 그러나 현실적으로 '세계 시민'이라는 관념은 공허하고 추상적인 수사에 불과한 것일 수 있고, 하나의 주권을 지닌 세계 정부의 구상 역시 현재로서는 실현가능성이 크지 않은 것으로 보인다(변종헌, 2001: 78). 따라서 세계 시민으로서의 정체성은 공허한 세계 시민의 관념이나 하나의 주권을 지닌 세계 정부의 시민들에게 요구되는 자질과 태도 혹은 그들에게 부여된 권리가 아닌 다른 차원에서 접근할 필요가 있다.

하나의 세계 정부와 그에 기초한 보편적 세계 시민이라는 아이디어가 공허한 주장에 불과하다는 사실 때문에 국가 간 상호 의존의 가능성과 필요성 그리고 지구촌 공동의 문제 해결을 위한 인류의 노력 등 지구적 의식을 지닌 시민성에 대한 요청을 포기할 이유는 없다. 왜냐하면 개별 국민국가의 주권을 위협하거나 침해하지 않으면서 민주적 정치공동체의 안정과 인류의 보편적 가치를 지향하는 새로운 시민성의 내용을 모색하는 것은 얼마든지 가능할 수 있기 때문이다(변종헌, 1999).

정보화와 세계화의 흐름 속에서 개별 국가의 영향력이 약화되고 있는 현상이

---

1 이에 관한 논의는 변종헌(2006a), 세계시민성 관념과 지구적 시민성의 가능성, 윤리교육연구 10, 150–155의 일부 내용을 수정 보완한 것이다. 이하의 논의에서는 글로벌 시티즌십과 세계시민성 (또는 지구적 시민성) 개념을 엄격하게 구분하여 사용하지 않았다. 이는 글로벌 시티즌십 개념을 세계 시민의 지위와 권리의 문제보다는 세계 시민으로서의 바람직한 활동(세계 시민으로서의 책임과 세계 시민에게 요구되는 덕목)이라는 관점에서 받아들이고 있기 때문이다.

근대적 국민국가의 소멸이나 하나의 주권을 지닌 세계 정부의 출현을 의미하는 것은 아니다. 따라서 단일의 세계공동체와 그 구성원 사이의 관계 속에서 세계 시민으로서의 정체성, 권리와 의무 그리고 자질과 덕성 등을 포함하는 글로벌 시티즌십을 도출하는 것은 현실적으로 한계가 있다. 그럼에도 불구하고 국가 간의 영토적 지리적 경계의 의미가 퇴색되고 있는 가운데 상호 소통과 의존 관계가 심화되고 있고, 인류가 공동으로 해결해야 하는 지구촌 문제들이 많아지고 있다는 것은 지구적 차원에서 생각하고 행동하는 시민성의 중요성을 잘 보여주고 있다. 따라서 개별 국가의 존재를 인정하는 가운데 세계인으로서의 소양과 역량을 지닌 시민성에 대해 관심과 논의는 중요한 의미가 있다.

히터(D. Heater)는 세계 시민의 개념을 다음과 같이 4가지로 구분한다(Heater, 1996: 170-176). 첫째는 아주 막연한 수준에서 인류공동체의 일원으로서의 세계 시민이다. 둘째는 세계 정부를 건설하기 위해 구체적인 실천을 하는 세계 시민이다. 셋째는 개인이 속한 국가보다 높은 수준의 도덕 법칙에 의해 개인이 구속되어야 한다는 생각에 기초한 세계 시민 개념이다. 말하자면 국제법에 의해 규정되는 세계 시민이다. 끝으로 세계 정부의 수립과는 상관없이 지구적 의식과 지구적 책임감을 지닌 존재로서의 세계 시민 개념이 있다. 이 가운데 우리에게 적절한 것은 점차 심화되고 있는 전 인류의 상호 의존 관계를 인식하고 이를 바탕으로 지구적 관심과 요구 및 필요에 따라 지구적 차원에서 생각하고 행동하는 세계 시민일 것이다.

세계 정부도 존재하지 않고 세계 시민의 보편적 지위를 보장하거나 규정하는 국제법규와 규범이 희소한 상황에서, 이를 토대로 한 세계 시민이라는 개념은 무의하다고 할 수 있다. 하지만 핵무기, 빈곤, 지구촌 생태계 위기 등으로 인해 인류의 생존이 위협받는 현실에서 이상적인 세계 시민의 모습에 대한 고민과 요청은 불가피할 것이다. 요컨대 점차 심화되고 있는 전 인류의 상호 의존 관계를 인식하는 가운데 지구적 관심과 요구 및 필요에 따라 지구적 차원에서 생각하고 행동하는 세계 시민의 모습이 그것이다. 21세기에 요청되는 세계 시민의 정체는 인류가 직면한 위기 상황들을 지구적 협동과 실천을 통하여 해결하고자 하는 지구적 책임의식을 가진 시민일 것이다.

이처럼 하나의 세계 정부에 기초한 세계 시민의 관념이 현실과는 거리가 멀다고 할지라도 이것이 소위 지구적 의식과 책임감을 지닌 시민 개념과 상치될 이유는 없다. 요컨대 단일 세계 정부의 구성원이 될 수는 없다고 할지라도 지구적 의식과 책임감을 지닌 시민으로서의 정체성, 지위, 권리와 의무 그리고 소양과 역량을 지니는 것이 불가능한 것은 아니기 때문이다(변종헌, 2006a). 다만 강조할 것은 지구적 의식과 책임감을 지닌 시민이 되기 위해서는 먼저 특정 국가의 국민이 되어야 한다는 점이다. 즉 지구적 시민성은 개별 국가의 역사와 문화에 대한 소속감과 애착, 그리고 이를 이해하고 감사할 줄 아는 것으로부터 출발해야 한다.

지구적 의식과 책임감을 지닌 시민이 된다는 것은 또한 지구상의 어느 한 곳에서 행해진 일들이 국경을 넘어 다른 사람과 다른 국가에 영향을 미칠 수 있다는 것을 깨닫는 것이다(Bowden, 2003: 359). 이것은 세계화와는 다른 차원의 문제다. 예컨대, 대기 오염이나 환경 파괴 행위, 어류의 남획, 불평등 교역, 비윤리적 투자 등이 장단기적으로 국가 간에 심각한 결과를 초래할 수 있다는 것을 인식하는 것이다. 산성비, 지구 온난화 등의 문제가 더 이상 한 국가만의 문제일 수는 없다. 특정 국가의 국민으로서 지구적 의식과 책임감을 지닌 시민은 지구적으로 생각하고 지역적으로 행동하는 존재이다. 이와 같은 시각을 지닐 때 자신과 다른 사람들 그리고 그들의 문화와 특수성을 무시하거나 경시하지 않으며 그 가치를 인정하고 존중하게 될 것이다.

개인과 개별 국가의 행위가 다른 사람들과 다른 국가 그리고 지구공동체에 어떠한 영향을 미칠 수 있는가를 아는 것은 그리 쉬운 일은 아니다. 즉 지역과 국가 그리고 세계 사이의 연관성에 내포된 다양성과 복잡성을 생각한다면, 자기 자신의 행위를 세계적인 맥락에서 전체적으로 파악한다는 것이 그렇게 간단한 문제는 아닐 것이다. 이것은 개인이 경험할 수 있는 세계와의 거리 때문이기도 하다. 따라서 일상의 경험을 뛰어넘는 복합적이고 체계적인 사고가 필요하다. 우리의 일상적인 행위가 우리의 직접적인 경험 세계 밖에 살고 있는 사람들에게 어떤 영향을 미치고 어떤 결과를 가져올 것인가를 예견하고 성찰하기 위해 노력하는 것은 매우 중요하다. 따라서 개인의 사고와 행위가 지구적 혹은 세계적 관점에서 얼마나 적합하고 또한 그럴 만한 타당성이 있는가를 반성적으로 검토할 수 있는 상황과 기회를 마련하는 일이 중요한 과제가 되어야 할 것이다.

더 나아가 세계화 시대의 정체성은 지역적이고 국가적인 차원의 정치적 영역에만 배타적으로 관련된 좁은 의미보다는 훨씬 광범위한 사회적 관심사와 전 지구적인 영역에 관련된 것으로 새롭게 규정되어야 할 것이다. 하지만 대다수 사람들은 자신의 권리만을 주장하고 사적인 영역에 함몰되어 버리는 경향이 강하다. 공동체에 대한 무관심과 국가적 공공 영역 및 국제적 공공 영역에 대한 관심의 결여가 정치적 신뢰감과 효율성의 저하 그리고 지구촌 의식의 상실로 나타나고 있다. 이러한 상황에서 범죄와 폭력의 급증, 인종주의의 만연, 가정의 해체, 사회적 불평등, 환경 파괴, 인권의 침해 등이 개별 국가 뿐만 아니라 전 세계적으로도 매우 중요한 문제가 되고 있다.

이처럼 개별 국가 구성원으로서의 국가시민성 그리고 지구적 의식과 책임감에 기초한 지구적 시민성은 양립할 수 있다. 다만 국가시민성과 지구적 시민성은 건강한 긴장관계를 유지할 필요가 있다. 특정 국가의 국민으로서 요구되는 국가시민성에 매몰되거나 하나의 세계 정부에 기초한 세계시민성만을 강조하게 되는 경우에는 이러한 긴장관계가 깨질 수 있다. 요컨대 특수성이 보편성을 저해하지 않고 반대로 보편성이 특수성을 규정짓지 않는 가운데 보편성이 특수성을 가능하게 하는 상태를 유지하는 것이 중요하다.

보편과 특수의 긴장관계가 완전히 사라질 수는 없을 것이다. 하지만 지금까지 시민성에 관련된 대부분의 논의들은 이러한 긴장관계를 간과한 채 보편성과 보편적 가치의 관점에 경도되어 온 것이 사실이다. 그 결과 시민성의 토대와 방향에 있어서도 보편성에만 주목함으로써 지역 간, 국가 간의 중요한 차이를 제대로 파악할 수 없었다. 이것이 시민성에 관한 얕은 이해의 배경이며, 그 대안으로 제시되고 있는 것이 이른바 깊은 시민성(deep citizenship) 내지 복합적 시민성(complex citizenship) 관념이다(Clarke, 1996: 21; Dauenhauer, 1996: 3).

국가시민성과 지구적 시민성의 조화는 특정공동체나 국가의 특수성과 고유성을 인정하는 가운데 진정한 보편성(the universal)을 찾아 나아갈 때 가능할 것이다. 진정한 보편의 모습은 미리 정해지거나 주어지는 것이 아니다. 특정 국가의 특정한 보편성(a universal), 즉 특수성을 인정하고 그 가치를 존중할 때 찾아질 수 있는 것이다. 21세기 세계는 사회적 격변과 상호 의존성이 심화되면서 더 이상 개별 국가들이 특정한 보편성에만 함몰되어 있을 수 없는 상황으로 치닫고 있다. 더욱이 개별 국가의 특수성을 인정하면서도 우리가 모두 인간으로서의 가치를 지닌다는 보편성을 확인하게 될 때 비로소 인류가 직면한 위기를 나와 우리 그리고 세계의 위기로 인식하고 이를 극복하기 위해 노력할 수 있을 것이다.

(2) 제주인과 지역정체성

그렇다면 세계화 다문화사회의 흐름 속에서 과연 제주인의 정체성은 무엇이며, 그 내용은 어떻게 채워야 할 것인가?[2] 21세기는 폐쇄성과 획일성을 극복하는 사회가 될 것이다. 전 지구적인 차원에서의 다양화 다원화와 함께 서로 다른 사고방식과 문화가 자연스럽게 공존하게 될 것이다. 이러한 상황에서 특정 개인이나 집단의 사고방식과 문화만을 유일하고 절대적인 것으로 고집하는 것은 다문화사회 구성원으로서의 자질 내지 태도와는 거리가 멀다. 따라서 다양한 사고방식과 문화를 인정하는 개방적인 사고와 태도가 필요하다. 다문화사회의 시민은 하나의 가치나 문화만을 절대적인 것으로 고집하지 않고 다양한 사고와 문화적 다양성을 수용할 수 있는 다원주의 및 관용의 정신이 내면화되어야 한다.

다양한 사고방식과 문화에 대한 이해와 포용은 자기와 다른 것들의 존재를 전제로 하고, 둘 사이의 차이를 발견하고 인정하는 것에서부터 시작된다. 자신과 다른 사고방식과 문화의 차이를 인정하고 그것을 발견하며, 더 나아가 서로 공존하고 공유할 수 있는 기반을 창출할 수 있도록 함으로써 공동체의 구성원으로서 요구되는 자질과 태도를 함양하고 발휘하도록 하는 것이 중요하다.

일반적으로 정체성은 개인이 특정공동체의 일원임을 자각하고 구성원으로서의 책임, 의무, 권한 등의 역할을 원만히 수행하는 데 필수적으로 요구되는 특성을 의미한다(박용헌, 1996: 230). 이러한 정체성은 통상 가정, 학교, 지역사회, 직장, 국가 등 개인이 소속된 공동체와의 관계 속에서 형성되고 발달된다. 지방화 과정에 수반되어야 하는 지역주민으로서의 정체성은 지역의 고유성과 특수성이 지닌 의미와 가치를 새롭게 발견하고 평가함으로써 자칫 다양성이 무시되고 획일화로 치달을 수 있는 가능성을 막아줄 수 있다. 다문화사회의 구성원인 지역주민에게 요청되는 것은 이와 같은 지역주민으로서의 정체성과 자발적 참여이다(설규주, 2001: 157).

---

2 이에 관한 논의는 변종헌(2006b), 다중시민성과 시민교육의 과제-제주특별자치도를 중심으로, 초등도덕교육 21, 261-264의 일부 내용을 수정 보완한 것이다.

따라서 지역정체성의 요체 가운데 하나는 지역공동체의 구성원으로서 스스로를 얼마나 공동체와 동일시하고 자긍심을 갖느냐, 나아가 지역공동체를 위해 얼마나 봉사하고 헌신할 수 있는 자세와 태도를 지니고 있는가 하는 것이다. 참여는 시민들의 삶의 터전에서 얼마든지 가능할 수 있다. 여기서 삶의 터전이란 지리적 공간적 의미의 생활 영역 뿐만 아니라 문화, 언어, 직업, 기호 등에 기초한 다양한 공동체까지를 포함하는 것이다. 지역정체성에서 중요한 자발적 참여는 지역의 현안에 대한 관심과 참여 이상의 의미를 지닌다. 여기에는 선거와 투표를 비롯해서 정당 활동에의 참여, 의사결정 과정에의 참여, 여론 형성에의 참여, 사회 운동에의 참여 등 다양한 형태의 참여가 있을 수 있다(박용헌, 1996: 155).

21세기 사회는 지역의 다양성과 특수성을 인정하는 가운데 개별 국가의 정체성을 전제로 한 전 지구적 수준에서의 상호협력을 필요로 하고 있다. 따라서 지역주민은 지역주민으로서의 정체성을 확고히 하고 이를 국가와 세계적 수준으로 고양시켜 나가기 위해 노력해야 한다. 지역공동체에 대한 일체감 그리고 헌신과 애착, 공동체 구성원으로서의 자긍심을 갖는 것 뿐만 아니라 넓게는 인류의 보편적인 가치관과 생활 태도를 함양해야 한다. 다른 공동체와 그 구성원들에 대한 열린 마음과 이해를 바탕으로 상호 신뢰를 다지는 가운데 그들을 상호 협력의 동반자로 인식하는 발상의 전환이 이루어져야 할 것이다.

제주지역의 주민들 역시 제주지역 밖의 사람들에 대한 편견과 거부감, 배타적인 태도를 버리고 그들의 문화를 이해하고 받아들일 수 있는 포용력을 발휘해야 할 것이다. 근대적 의미의 국민국가에 기초한 동질적인 국가정체성의 형성 과정에서 흔히 볼 수 있었던 배타적이고 국수주의적인 소집단주의나 민족주의의 한계를 극복하고, 인류의 보편적 가치와 지역적 특수성을 조화시킬 수 있는 개방적 사고와 통합적 전망을 지닌 시민으로서의 정체성을 확인하고 강조할 필요가 있다.

제주인으로서의 정체성은 제주도의 자연, 인문·사회 환경 속에서 생활해 오는 동안에 형성되어 변화되고 지속되어 온 것이다(김항원, 1998). 따라서 제주인의 정체성이란 제주인으로서의 소속감과 일체감이며, 제주인이라는 집단성에 대한 주관적인 감각과 애착의 정도를 의미한다. 다시 말하면 제주 사람들이 제주의 자연 환경과 독특한 문화 속에서 살아오는 동안 가지게 된 것으로서, 제주인은 누구인가 또는 제주인은 무엇인가에 대한 답이 바로 제주인의 정체성이라고 할 수 있다. 하지만 다른 정체성이 그러하듯, 제주인의 정체성은 불변하는 고정된 실체가 아니며, 새로운 환경의 변화에 따라서 얼마든지 새롭게 형성되고 규정될 수 있다는 점을 상기할 필요가 있다. 이러한 맥락에서 세계화된 다문화사회에서 제주인의 정체성은 편협한 지역적 한계와 역사적·문화적 특수성에만 국한되지 않는 다중적이고 복합적인 것이 되어야 할 것이다.

다중적 정체성의 함양을 위해 요청되는 것 가운데 하나는 다름과의 공존, 즉 이질성의 수용을 통한 공생의 의미를 깨닫고 실천하는 것이다. 상대방에 대한 불신과 적대감을 줄여나가고 서로의 다름을 인정하기 위해서는 단일의 정체성에서 다중적 정체성으로 나아가야 한다. 다중적 정체성을 지닌 제주인은 하나의 가치나 문화 척도만을 절대적인 것으로 고집하지 않고 가치관이나 문화적 다양성을 수용할 수 있는 다원주의 및 관용과 평화의 정신이 내면화된 사람일 것이다. 과거 적대적이었던 갈등당사자들이 직접적으로 대면하여 공동의 목표와 목적을 가지고 교육에 참여함으로써 서로에 대한 적대감과 편견을 줄여나가고 이를 통해 상대방을 인정하고 더불어 살아갈 기반을 형성해야 한다. 이를 위해서는 자신과 타인에 대한 존중과 관계 형성 촉진, 갈등의 평화적 해결, 상호의존성에 대한 자각, 문화적 다양성의 이해 등이 필요하다.

제주도민은 제주인이면서 동시에 한국인, 세계 시민으로서의 삶을 살아가야할 것이다. 제주인, 한국인 그리고 세계인이라는 이중 삼중의 타이틀이 바로 21세기 제주인의 정체성이 되어야 할 것이다. 이렇듯 제주인의 정체성은 개방적 사고를바탕으로 세계 시민으로서의 지구적 정체성과도 잘 조화를 이루어야 한다. 따라서 제주인으로서의 정체를 확인하는 것과 아울러 인류가 지향하고 있는 보편적 가치들을 강조하고 보존하기 위한 노력이 함께 이루어져야 할 것이다. 평화, 인권, 환경보전, 성의 평등 등은 모두 인류가 지향하고 있는 보편적 가치라고 할 수 있으며, 제주인의 정체성은 바로 이러한 가치들을 기저로 하는 것이 되어야 한다.

하나의 주권을 지닌 세계 정부와 세계시민성의 관념은 추상적이며 비현실적이다. 그러나 인류의 보편적 가치에 주목하지 않는 지역적 특수성과 국가정체성 역시 극복되어야 할 것이다. 따라서 오늘날과 같은 다문화사회에서는 서로 다른 지역과 국가들이 서로의 차이를 인정하는 가운데 인류의 공통된 가치를 지향하고 상호협력하는 새로운 시민성의 관념이 요청된다(변종헌, 2001). 세계화와 지방화가 교차하고 있는 시대적 흐름 속에서 제주인의 정체성은 지역, 국가, 세계 차원에서 제기되는 다중적 정체성의 관념을 복합적이고 체계적인 관점에서 조망하는 가운데 정초되어야 할 것이다.

Chapter **4**

우리 역사 속의 다문화양상

1. 머리말
2. 한국 고대사회의 다문화요소와 문화적 교류
3. 한국 중세사회의 다문화유형과 국가 정책
4. 맺음말

우리 역사 속의 다문화양상[1]

전 영 준

1. 머리말

넓은 의미에서 다문화주의는 다문화적 상황 그 자체를 기술하는 용어이나, 좀 더 좁은 의미에서는 문화적 다양성(인종, 사회경제적 계급·성별·언어·문화·성적 성향·신체적 장애 등)에 대하여 각각의 개인과 집단이 어떻게 다르게 반응하며, 어떠한 사회·정치·경제적 이해관계가 얽혀 있는지를 분석하려는 비평 사조라고 할 수 있다.[2]

---

1 본고의 작성을 위하여 참조하였던 자료는 필자가 그동안 학계에 발표했던 다음의 연구들이 기반이 되었다. 전영준,「신라사회에 유입된 서역문물과 多文化的 요소의 검토」,『신라사학보』15, 신라사학회, 2009;「고려시대 팔관회의 설행과 국제문화교류」,『다문화콘텐츠연구』3(통권 8), 중앙대 문화콘텐츠기술연구원, 2010;「현행 중학교 국사교과서의 고·중세시기 문화교류 내용 서술과 분석」,『동국사학』48, 동국사학회, 2010;「11~12세기 전후 麗·宋 양국의 문화인식과『高麗圖經』」,『다문화콘텐츠연구』10, 중앙대 문화콘텐츠기술연구원, 2011;「동아시아의 문화교류와 재현 양상-고려시대를 중심으로-」,『역사와 교육』14, 역사와교육학회, 2012;「高麗時代 '編戶'의 行刑體系 적용과 사회적 활용」,『인문학연구』13, 제주대 인문과학연구소, 2012;「고려시대 異民族의 귀화 유형과 諸정책」,『다문화콘텐츠연구』13, 중앙대 문화콘텐츠기술연구원, 2012; 제주학회 제39차 전국학술대회 '삶의 방식으로 읽는 제주문화콘텐츠' 발표자료집, 2013. 7. 23.;「고려후기 제주 移居 元이주민과 通婚」,『다문화콘텐츠연구』15, 중앙대 문화콘텐츠기술연구원, 2013 등이다.

2 이귀우,「비판적 다문화주의와 문학연구」,『인문논총』6, 2002.

그러나 한국 사회는 오랫동안 '단일민족국가의 신화'에 몰입되어 있었으며,[3] 이러한 사회적 분위기를 개선하려는 노력이 일부 학계와 교육계 및 사회단체 등을 통해 진행되어 왔다. 이는 이미 오래전부터 학계의 각 분야에서 문화 접촉과 융합에 대한 연구가 상당 부분 진척되어 왔음을 의미한다. 특히 다문화 연구와 관련한 전문학술지의 지속적인 발간이라든가, 다문화주의를 주제로 하여 진행되는 전국학술대회는 한국의 다문화주의에 대한 담론과 반성적 성찰이라는 의미에서 더욱 필요한 실정이다. 더욱이 이를 기반으로 하는 다양한 연구 성과의 축적은 다문화 담론에 대한 학계의 경향을 일보 전진하는 기반이 되기에 충분하다고 생각된다.

한편, 역사학 분야에서도 강대국에 둘러싸여 개방을 경험했던 한민족의 과거에 대한 연구를 체계적으로 축적하고 있고, 특히 전근대사의 각 단계에서 나타났던 교류와 교역을 통한 문화의 전파와 정착과정을 밝히는 연구들이 진행되어 왔다.[4] 이들 연구들은 '다문화'라는 특정 주제에 선택적으로 반응하지는 않지만, 역사 전개 과정에 일정한 영향을 끼쳐왔던 다양한 문화상의 재현이라는 시각에서 집중된 연구가 이루어지고 있다. 이와 아울러 최근에는 '탈 민족', '탈 경계'적인 시각으로 민족주의 역사관에 대한 비판도 이루어지고 있다.[5]

본고에서는 사회적 갈등의 해소에 직접적인 영향을 미치는 다문화에 대한 한국 학계의 연구 경향을 살펴본 후, 전근대 한국사에 투영된 다문화상에 대한 적극적인 검토를 시도하겠다. 단일민족주의라는 맹목적 이념에 치우친 우리 내면에 대한 실질적인 파악은 아주 오래 전부터 한국사회와 한국문화에 기반을 이룬 다양한 문화상의 역사적 해석을 통한 '편견 깨기'의 시각임을 밝혀 둔다.

---

3 이러한 경향은 특히 초·중·고 교육과정에서 사회교과서와 역사교과서를 중심으로 전개되어 왔으며, 시대 상황과 맞물려 단일민족사에 대한 교육이 지속적으로 이루어져 왔었던 점은 반성할 필요가 있다.

4 전영준의 앞의 연구와 함께 역사학 분야의 다양한 연구가 축적되어 있으나, 여기에서는 생략하며 부록으로 일괄하여 제시하겠다.

5 박용희 외, 『다민족·다인종 국가의 역사인식』, 동북아역사재단, 2009 참조. 이외에도 동북아역사재단에서는 역사에서 드러나는 갈등과 공존의 주제로 다양한 분석을 시도하고 이를 정리하여 지속적으로 기획물을 발간하고 있다.

2. 한국 고대사회의 다문화요소와 문화적 교류

신라사회의 생활상에 반영된 서역 문물은 주로 威勢品인 장식 보검이나 각종 유리그릇 및 보석류, 악기, 면직물 등이 대종을 이루었다.[6] 아울러 이른 시기에 축조되었던 돌무지덧널무덤[積石木槨墳]의 부장품이나 왕릉을 호위하는 서역풍 무인상의 등장, 알타이 지역에서 유행했던 현악기를 연주하는 土偶, 불교의 수용에 따른 불교음악 및 塔과 浮屠 등의 석조물에 반영된 異國의 악기 부조 등에서도 신라에 전래된 문화의 일단면임을 확인할 수 있다.[7] 이러한 문물들의 적극적인 수용은 한정된 지역의 문화만을 전승하는 것에서 벗어나 문화적 다양성을 사회적으로 적극 활용하였다고 할 수 있다. 그렇다고 이러한 현상이 비단 신라사회에만 한정되었던 것은 아니었으며, 고구려·백제·가야 문화권 내에서도 유사한 문화현상이 나타나고 있음이 확인된다.[8]

현재 확인되는 대부분의 신라 문화는 국가 형성 단계에서부터 영향을 받았다고 여겨지는 가야, 고구려 및 백제와 중국의 문화적 영향력에 기인한다고 해석되고 있다. 더욱이 통일을 완성한 이후의 신라문화는 주변 국가의 문화를 흡수·통합하는 과정에서 재창조된 산물이라고 이해되기도 한다. 이러한 인식의 저변에는 신라가 주체적으로 문화를 선도하고 창조하였다는 시각이 내재되어 있기 때문이며,[9] 그 변화의 양상은 주로 국가 간 교역과 인적·물적 교류의 확대와 현실적 적용이라는 고대 국가의 형성과 발전에 근거를 두는 연구에 기인하기도 한다.[10] 한편, 본격적

---

6 『三國史記』 卷33 雜誌 第2 服色 車騎 器用 屋舍條. 興德王 9年 下敎.

7 김성혜, 「신라토우의 음악사학적 조명(1)·(2)·(3)」, 『韓國學報』 91·92, 95, 101, 일지사, 1998·1999·2000; 「신라의 외래음악 수용양상」, 『韓國音樂史學報』 35, 2005; 「신라의 불교음악 수용에 관한 고찰」, 『韓國音樂研究』 40, 韓國國樂學會, 2006; 「봉암사 지증대사 적조탑의 음악사적 조명」, 『韓國音樂史學報』 39, 2007 등의 연구와 李美香, 「불교도상에 나타난 악기 연구」, 『蓮史洪潤植教授停年退任紀念 韓國文化의 傳統과 佛敎』, 2000; 朴範薰, 「佛典에 記錄된 音樂用語에 관한 研究」, 『蓮史洪潤植教授停年退任紀念 韓國文化의 傳統과 佛敎』, 2000 등에 자세하다.

8 전덕재, 「한국 고대 서역문화의 수용에 대한 고찰」, 『역사와 경계』 58, 부산경남사학회, 2006; 김성혜, 「한국고대음악연구의 검토(Ⅰ)」, 『韓國音樂史學報』 11, 1993, 411-423쪽.

9 李鍾旭, 『新羅國家形成史』, 一潮閣, 1982; 李基白·李基東, 『韓國史講座-古代編』, 一潮閣, 1982; 김상현, 『신라의 사상과 문화』, 일지사, 1999; 백산학회, 『新羅의 建國과 社會史 研究』, 백산자료원, 2000.

10 李龍範, 「處容說話의 一考察-唐代 이슬람商人과 신라-」, 『震檀學報』 32, 1969; 金定慰, 「中

으로 제도와 문물이 정비되는 법흥왕대 이전에 이미 신라는 인접한 고대 중국왕조는 물론 서역의 여러 국가들과 다양한 교류를 진행하였다는 점에 유의한다면, 고대국가 형성 단계에서부터 다양한 유형의 문화를 수용하고 이들을 생활사에 직접 적용하고 있다는 점을 인식할 필요가 있다.

이렇게 볼 때 한국의 고대사회는 형성 단계에서부터 인접한 국가들과의 교역을 통해 다양한 문화를 수용하고 적극적으로 활용하였다는 이해가 가능하고, 사회 전반에 多文化的인 양상의 문화현상이 유포되었음을 이해할 수 있다. 이러한 이해의 저변에는 고대사회 단계에서부터 육상과 해상 교역로를 중심으로 한 고대문화의 전파와 수용이라는 해석이 가능해질 수 있다.

신라의 교역은 그 출발이 중국의 唐 교류에서 비롯된다. 漢代에 서역통로가 개척된 이후 西域은 역사적·지리적 및 문화적 범주를 한정지어 주는 하나의 고유 명칭으로서 중국을 비롯한 한문화권 내에서 근세에 이르기까지 줄곧 사용되어 왔다. 중국 前漢 武帝(BC.1 40~87) 때에 있었던 張騫의 西域使行 후에 생겨난 것으로 후한대에도 지역적 명칭으로 서역이란 용어를 그대로 답습하면서 그 지역적 윤곽도 대체로 확정되었다.[11] 한대에 있어서 서역은 대체로 오늘날의 중국 新疆省 타림분지(동투르키스탄)에 해당하는 지역으로 당시의 西域都護府나 西域長史의 관할이었으며,『漢書』「西域傳」에 기재된 서역 36국이나 50여 국은 모두 이 지역의 범위에 속하였다. 한대 이후 중국의 대외교섭과 교류가 점차 확대됨에 따라 서역이 포괄하

世 中東文獻에 비친 韓國像」,『韓國史研究』16, 1977; 전상운,「한국에 있어서의 이슬람문화」,『한국과학사학회지』14-1, 1992; 무함마드 깐수,『新羅·西域交流史』, 단국대학교 출판부, 1992; 長澤和俊·이재성,『실크로드의 역사와 문화』, 민족사, 1994; 高柄翊,『東아시아文化史論考』, 서울대학교 출판부, 1997; 정예경,『중국 북제·북주 불상연구』, 혜안, 1998; 존 카터 코벨·김유경,『한국문화의 뿌리를 찾아』, 학고재, 1999; 李成市·김창석,『동아시아의 왕권과 교역』, 청년사, 1999; 정수일,『씰크로드학』, 창작과 비평사, 2001; 정수일,『문명의 루트 실크로드』, 효형출판, 2002; 김대식,『처용이 있는 풍경』, 대원사, 2002; 주보돈,『금석문과 신라사』, 지식산업사, 2002; 朴慶植,「新羅 始原期 石塔에 대한 考察」,『문화사학』9, 한국문화사학회, 2003; 정수일,「혜초의 서역기행과『왕오천축국전』,『한국문학연구』27, 동국대학교, 2004; 정수일,『문명교류사연구』, 사계절, 2004; 李漢祥,「三國時代 環頭大刀의 製作과 所有方式」,『한국고대사연구』36, 2004; 전덕재, 앞의 논문, 2006; 李漢祥,「新羅古墳 속 西域系文物의 現況과 解析」,『한국고대사연구』45 한국고대사학회, 2007; 신대현,『옥기공예-옥과 옥리를 통해 본 동양의 정신문화』, 혜안, 2007; 엔닌·신복룡,『입당구법순례행기』, 선인, 2007; 丁載勳,「북아시아 遊牧民族의 移動과 定着」,『동양사학연구』103, 동양사학회, 2008; Virginia Anami,「엔닌의 일기에 나타난 재당신라인 사회와 조우」,『新羅史學報』13, 신라사학회, 2008.

11 무함마드 깐수, 앞의 책, 8-14쪽.

는 지역적 구획도 더 넓어지게 되었다. 그 결과 서역 명칭에 대한 二元的 이해가 이루어져 좁은 의미의 서역은 한대에 있어서의 경계를 말하고, 넓은 의미의 서역은 그 후 확장된 경계를 뜻하게 되었다.[12]

서역과의 교통로가 형성된 이후 서역인들의 중국 진출은 唐代에 특히 활발하였다. 北周 이후 돌궐을 평정한 이후 장안에는 돌궐인을 비롯한 만여 호에 이르는 서역인들이 상주하고 있었을 정도로 당시의 장안은 아시아에서 가장 번영하고 화려한 국제도시였다. 아랍·이슬람 제국을 비롯한 아시아 각국의 朝貢使들의 발길이 끊이지 않았고, 고구려·신라·백제·일본·吐藩·高昌 등 인근 각국에서 온 구법승과 유학생만도 8천여 명을 헤아렸다.[13]

이처럼 唐이 지닌 국제문화적 성격은 인근 각국에도 영향을 끼쳐 당시 신라에는 장안에서 들여 온 서역의 문물이 유통되고 있었다. 물론 이와는 달리 신라의 물품도 당에 소개되어 이를 일본이 수입하는 중계무역도 이루어졌다.[14] 또한 신라와 아랍·이슬람제국 간의 직접 무역의 사례도 보이는데, 아라비아[大食] 상인들이 고려에 집단적으로 내왕한 사실을 본다면[15] 당시 중동문헌에 황금의 나라로 소개된

❘ 그림 4-1 ❘ 경주 괘릉 무인석 1쌍(左·右)

---

12 무함마드 깐수, 위의 책, 15쪽.
13 무함마드 깐수, 위의 책, 236-238쪽.
14 李成市·김창석, 앞의 책, 65-87쪽.
15 『高麗史』권5, 顯宗 15년 5월 조;『高麗史』권6, 靖宗 6년 11월조.

신라에 대한 상업활동의 전개는 이른 시기에 있었
을 것으로 생각된다. 신라가 중동과의 상업활동을
기록한 직접적인 문헌 근거는 찾아지지 않지만,
이미 신라에는 많은 양의 서역 물품과 문물 등이
유포되어 있은 상황이라는 점으로 미루어 볼 때
이러한 추론이 가능해진다.[16] 신라사회에 반영되
었을 당시의 문물로는 경주 괘릉의 外護石物인 무
인상과 흥덕왕릉 外護石像을 우선 들 수 있겠다
(〈그림 4-1, 4-2〉 참조).

〈그림 4-1〉과 〈그림 4-2〉는 경주 괘릉[17]과
흥덕왕릉에 있는 1쌍의 무인석상이다. 봉분 바로
앞에는 사각형의 석상인 혼유석을 설치하였고, 봉
분의 중심에서 남쪽으로 약 80m 떨어진 지점부터
동서로 약 25m의 간격을 두고 봉분쪽에서부터 돌
사자 2쌍, 冠劍石人 1쌍, 西域人 모습의 석인 1쌍,
華表石 1쌍을 차례로 하여 동-서로 마주보게 배치

│그림 4-2│ 흥덕왕릉 무인석상

하였다. 이 석조물들의 조각수법 역시 신라 조각품 가운데 가장 우수한 것으로 손꼽
히며 외형상 당당하고 치밀함이 돋보인다. 그리고 서역인 모습의 석상은 매부리코
에 주걱턱의 턱수염을 가진 형상의 소그드인으로 추정되고 있으며, 소그드인이 왕
래하던 당시 상황을 고려하면 역시 그들을 모델로 하고, 당나라에서 활약하던 소그드
무인에 대한 견문까지 더해서 형상화한 것이 이들 무인상이라는 견해가 주목된다.[18]

---

16 정수일, 2004, 『문명교류사연구』, 사계절.
17 掛陵은 '능을 걸다'라는 뜻으로, 조선시대 경주부에서 간행한 『東京雜記』에 의하면 "이곳에 왕릉
   을 조성하기 이전에 작은 연못이 있어서 그곳을 메우고 능을 마련했는데, 능의 내부 현실에 물이
   고이기 때문에 바닥에 관을 놓지 못하고 허공에 걸어 놓았다"는 데서 붙여진 이름이라 한다. 괘
   릉은 가장 완비된 통일신라의 능묘제도를 보여주는 것으로, 당나라와의 문물 교류를 통해 당의
   능묘제도를 본받아 이루어진 것이나 십이지신상과 돌사자를 배치한 것은 신라인의 창작으로 알
   려져 있다. 능에 배치된 십이지신상은 따로 조각하여 배치한 傳성덕왕릉의 형식에서 발전하여
   탱석에 직접 조각한 것으로 9세기대의 작품으로 인정되고 있으나, 능은 원성왕(元聖王, 재위
   785~798)의 능으로 전해지고 있다(국립문화재연구소, 앞의 책).
18 김창석, 앞의 글, 111-112쪽.

이와 같은 서역인의 모습은 흥덕왕릉[19] 외호석물에서도 확인되는데, 괘릉에 비해 조각 수법은 떨어지나 괘릉의 서역인상과 매우 흡사한 모습을 보인다.

흥덕왕릉은 봉분의 크기가 직경 22.2m, 높이 6.4m의 원형봉토분으로, 봉분의 하단에는 1.3m 높이로 둘레돌 [護石]을 돌리고, 둘레돌의 面石 사이 탱석에는 십이지신상을 양각하였다. 둘레돌에서 1m 거리를 두고 능 둘레에는 1.9m 높이의 돌난간을 돌렸는데, 石柱는 2개를 제외하고는 거의 유실 내지 훼손된 것을 복원하였다. 능의 바로 앞에는 床石과 후대에 설치한 香爐臺가 있고, 능을 둘러싼 네 모서리에는 돌사자가 배치되

┃ 그림 4-3 ┃ 神將像 石扉(서악동 고분 출토)

어 있다. 그리고 전방으로 얼마간 떨어져서 동·서 좌우에 文人石과 武人石이 각 1쌍씩 배치되어 있는데, 무인석은 서역인 모습을 하고 있다. 흥덕왕릉은 전체모습이 掛陵과 비교되는 것으로 신라왕릉 최전성기의 완성된 양식을 보여준다.

이와 함께 돌문에 선각으로 표현된 신장상에서도 두 왕릉에 세워진 무인석상과 상체의 표현이 유사한 모습을 확인할 수 있는데, 경주시 서악동 고분에서 출토된 돌문에 낮게 돋을 새김된 높이 150.5㎝의 신장상이다. 돌문의 중앙에는 손잡이를 달았던 작은 구멍이 뚫려있다. 돌문의 앞·뒷면에는 신장상이 새겨져 있는데, 두상은 세부표현이 조금 다를 뿐 전체적으로 유사하다. 머리 뒤로는 2줄의 두광이 있고, 상체는 벗었으며 하체에는 군의를 입었다. 보관 위로는 꽃모양의 머리띠 장식

---

19 경상북도 경주시 안강읍 육통리 산42번지에 위치하며 사적 제30호로 지정된 신라 제42대 興德王 (재위 826~836)의 능이다. 흥덕왕은 이름이 景徽이고 憲德王의 친동생인데 張保皐를 청해진 대사로 삼아 해적의 침입을 막았다. 흥덕왕릉은 안강읍 북쪽에 있는 어래산의 남동쪽으로 뻗어 내린 구릉의 말단 완만한 경사면에 자리잡고 있는데, 육통리 마을에 바로 접해 있는 뒷산에 있다. 전형적인 풍수지리의 입지조건을 갖추고 있는 능은 지금까지 신라의 왕릉으로 알려진 것들이 대부분 경주분지와 접한 남쪽의 산간에 위치하는 것에 비하여 북쪽으로 멀리 안강에 위치하여 다른 것들과 비교된다(姜仁求 外, 1990, 「新羅五陵測量調査報告書」, 韓國精神文化研究院).

끈이 위로 날리고 있으며, 팔에는 천의를 걸치고 있다. 다리는 자우 대칭으로 벌려 연꽃대좌 위에 서 있는데, 발목과 손목에는 각각 발찌와 팔찌 장식이 있다. 손에는 金剛杵를 들고 있다. 부리부리한 눈에 매부리코, 긴 턱수염 등은 신장으로서의 용모를 드러내고 있다(〈그림 4-3〉).20

외형상의 특징에서 볼 때에도 이 석비의 신장상은 앞의 왕릉 무인석상의 용모와 흡사하다. 着衣 형식에서 약간 다르지만 이러한 착의법은 경주 구정동 방형분21에서 출토된 돌방무덤의 모서리 기둥에서도(〈그림 4-4〉 참조) 그 예를 확인할 수 있다는 점에서 왕릉의 서역풍 무인석상과 같은 상징적 의미를 부여하였던 것으로 생각된다.

그림에서와 같이 방형분의 네 귀퉁이에 세워져 있던 기둥에 양각으로 부조되어 있는 이 신장상의 모습은 앞의 〈그림 4-1〉 좌측의 무인석상과 많이 닮아 있다. 특히 두상 부분의 표현 방식은 서역풍의 양식적 특징을 고스란히 갖추고 있다. 기둥의 양면에는 괘릉과 흥덕왕릉 등에서 볼 수 있는 서역풍의 무인상이, 그 옆면에는 사자상이 각각 돋을새김 되어 있다. 눈이 깊고 코가 높은[深目高鼻] 무인상은 십이지상과 더불어 돌방무덤을 지키는 수호신으로 묘사되어 있는데, 통일신라시대에 실크로드를 통한 서역과의 교류를 엿볼 수 있는 귀중한 자료이다. 사자상은 뒷발을

┃ **그림 4-4** ┃ 모서리기둥 神將像(경주 구정동 방형분 출토)

---

20 국립경주박물관, 2007, 『명품100선』, 삼화인쇄, 도판 46, 102-103쪽.

21 경주 구정동 방형분은 신라지역에서는 그 유래를 찾을 수 없는 네모난 형태의 돌방무덤으로, 둘레돌에는 십이지상이 돋을새김 되어 있다(국립경주박물관, 위의 책, 도판 62, 142-143쪽).

서로 교차한 채 서 있으며, 입에서 뿜어 나오는 瑞氣가 위로 뭉게뭉게 나오고 있다. 잘록한 허리에 풍성한 머리 갈기, 섬세한 근육 및 발가락의 세부 표현 등이 사자의 특징을 잘 살리고 있으며, 다리를 교차한 채 서 있는 자세와 사실적인 묘사에서 무인상과 마찬가지로 서역의 영향을 많이 받았음을 알 수 있다.[22] 명칭은 신장상이지만 기능적인 부분에서 본다면, 앞의 〈그림 4-3〉과 같이 외호석물로서의 의미를 부여했던 것으로 보인다.

이들 사례와 함께 추가적으로 검토할 내용은 사천왕상의 형식 유형에 대한 것이다. 사천왕상은 원래 인도 재래의 方位神이었는데, 불교가 성립되면서 불교 세계의 중심에 있는 須彌山 중턱의 동서남북 사방에 머무르며 佛法을 지키고 중생을 안정시키는 수호신이 되었다. 인도에서는 주로 귀족이나 보살의 모습으로 표현되었지만, 중앙아시아를 거쳐 중국에 전래되면서 분노한 얼굴에 육중한 갑옷을 입고 손에 무기를 쥔 武將形으로 변모하게 된다.

우리나라에서는 신라의 삼국통일을 계기로 사천왕신앙이 유행하면서 호법신·호국신으로서 크게 유행한다. 경주 狼山 중턱에 절터로 남아있는 사천왕사지는 이러한 사천왕신앙을 배경으로 통일 직후인 679년(문무왕 19)에 세운 신라의 호국 사찰이었다.[23]

┃그림 4-5┃ 綠釉四天王像塼-1(경주 사천왕사지 출토) 원본 및 복원품

---

22 국립경주박물관, 앞의 책, 142-143쪽.

23 김상현, 앞의 책, 213-235쪽에 자세하며, 崔장미·車順喆, 「2006년도 사천왕사지 발굴조사의 성과와 의의」, 『신라사학보』 8, 신라사학회, 2006, 279-296쪽에서는 녹유사천왕상전의 총 매수를 최소 16매에서 최대 24매로 추정하고 있다.

▌ 그림 4-6 ▌ 綠釉四天王像塼-1(경주 사천왕사지 출토) 원본 및 복원품

국립경주박물관에 소장하고 있는 綠釉四天王像塼(〈그림 4-5, 4-6〉 참조)은 균형 잡힌 몸매에 적당한 신체 비례, 치밀하게 묘사된 갑옷, 사천왕이 밟고 있는 악귀의 고통스런 얼굴 표정과 뼈대가 튀어나오게 보이는 다리 근육의 강렬한 조각, 탄력성 있는 신체 변화 등에서 통일신라 초기 사실주의 조각 양식의 정수를 보여주고 있다.[24] 벽전의 장식적인 경향이 강하게 풍기지만 이러한 현상은 불교가 전래된 이후 사천왕상에 대한 의미를 종교적으로 가미하면서부터 변화되는 양상으로 이해한다면, 앞의 사례와 같이 능원이나 사찰의 외호석물로서의 기능을 담당하였던 본래 의미에서는 크게 벗어나지 않는 것으로 생각된다. 이외에도 신라에 전하는 서역풍의 인물상으로는 경주 용강동 고분에서 출토된 陶俑에서도 확인된다(〈그림 4-7〉 참조).

1986년에 조사된 경주 용강동 돌방무덤의 출토품인 도용으로 남자 도용 15점과 여자 도용 13점 및 청동제 십이지신상 7점이 함께 출토되었다. 이중 문관상이라 명명된 문관도용은 머리에 幞頭를 쓰고 두 손으로 笏을 공손히 잡고 있는 손가락의 표현이 매우 사실적이며 뚜렷하다. 옷소매가 넓은 옷주름 표현이 뚜렷하고 長衣의 앞자락에 표현된 선도 역시 덧옷을 입은 모습을 보이도록 했다. 특히 귀 위부터 표현된 무성한 턱수염이 앞으로 뻗고 코와 입이 유난히 크게 표현되고 눈은 지그시 감은 모습을 보이고 있어 근엄하다. 바탕에 白土를 발랐으나 朱漆은 거의 보이지 않고 얼굴과 발에만 약간 흔적이 남아 있다. 이 男人像은 전체적으로 얼굴 모습이

---

24 국립경주박물관, 앞의 책, 도판 53, 122-123쪽 및 실사 촬영(복원품).

西域人의 老人을 연상케 하고 있다.

고구려벽화에 등장하는 운동하는 인물들의 큰 코와 인상 등에서 서역인으로 보이는 인물이 나타나고 있는데, 이 도용에서도 얼굴 윤곽선이라든가 服飾의 형태가 胡服的인 요소를 지니고 있다. 唐 초기와 중기까지 실시되었던 七鈷事제도와 礦石佩飾은 唐風이 아닌 다른 주변의 서역인들에게 잔존하고 있는 그들의 遺風이었다는 점, 당시 唐의 수도 장안은 주변 국가들의 집합지로 모든 문화의 중심지였다는 점으로 볼 때에도 이 도용은 단순히 신라인만이 아니라 唐人 또는 外來人이었을 가능성을 배제하지 못한다(〈그림 4-8~4-10〉 참조).[25]

▌그림 4-7 ▌ 文官陶俑(경주 용강동)

한편, 신라에서는 천마총 및 황남대총에서는 유리그릇과 봉수병이 출토되었는데, 주로 로만글라스(Roman glass)가 대부분이다. 로만글라스는 로마제국 시기 로마(Rome)와 屬州에서 유리그릇 및 장식품들의 제작이 성행하였는데, 이들 중 일부가 멀리 극동지역에까지 교역되어 한국·중국·일본 등지의 고분에서 출토되거나 귀중품 혹은 사치품의 성격이 농후한 威勢品으로 보관되는 유리제품이 있다. 이러한 유리제품은 중국의 경우 남북조시대 北朝의 영역에 분포하는 고분에서 출토 예가 많고 일본에서도 몇 점 발견된 예가 있다. 그런데 한국에서 이 로만글라스가 출토되는 예를 보면 오직 경주지역의 돌무지덧널무덤, 즉 신라고분에서만 발견되고 있어서 다른 서역으로부터 유입된 유물이나 문화요소와 함께 신라문화의 북방기원설을 주장하는 계기가 되었으며, 주로 지중해 동부 연안이나 혹해 연안에서 많이 발견되었다.[26]

---

25 국립경주문화재연구소,「慶州龍江洞古墳發掘調查報告書」, 1990, 134쪽.

26 국립중앙박물관,「실크로드, 이동과 교류의 장」,『황금의 제국 페르시아』, 국립중앙박물관 문화재단, 2008, 198-204쪽.

┃ 그림 4-8 ┃
수염있는 人物: 있는 人物: 盛唐

┃ 그림 4-9 ┃
수염있는 人物: 唐初. 彩繪陶俑

┃ 그림 4-10 ┃
수염: 唐初. 彩繪陶俑

　　한국에서 발견된 고대 유리용기는 80여 점에 이르지만 그 중 수입된 로만글라
스는 제한적이며 한국에서 자체 제작된 것도 있고, 기원이나 수입경로가 다른 서방
유리제품이나 중국식 납유리 등도 있다. 현재 고분에서 발굴되어 출토지가 확실한
로만글라스는 20여 점이 있다. 이 출토지를 알 수 있는 로만글라스들은 거의 대부
분 고신라고분에서 출토된 것들이다. 황남대총의 남분과 북분에서 각각 5점씩 10
점이 출토된 것을 비롯하여, 금관총에서 2점, 금령총
에서 2점, 천마총에서 2점, 서봉총에서 3점, 月城路
(가-13호분)에서 1점, 안계리 4호분에서 1점 등 경주지
역의 고신라 왕릉급이나 최고지배자의 무덤급에 준
하는 고분에서만 출토되었다(〈그림 4-11〉 참조). 예외
적으로 경주지역 밖에서 출토된 예가 있는데 1991년
에 발굴조사 된 합천 옥전 고분군(M1호분)에서 출토된
斑點文琉璃杯 1점이 그것이다. 대체로 이들 로만글
라스들이 한국 고분에서 출토되는 예들은 현재까지

┃ 그림 4-11 ┃
경주 천마총 출토(보물 620호)

| 그림 4-12 | 장식보검(경주 계림로 14호 무덤 출토) 및 세부모사도

의 자료로 보는 한 5세기 중엽에서 6세기 전반대에 집중되고 있다.[27]

경주 계림로 14호 무덤에서는 특이한 형태의 장식 보검이 출토되었는데, 칼집과 자루에는 얇은 금판을 전면에 입히고 다시 작은 금판을 세워 붙여 다양한 기하학 무늬를 만들었다. 물결·나뭇잎·원·타원·태극무늬 등을 만들어 조합하였고, 여기에 직선과 곡선을 결합하여 무늬띠를 만들기도 하였다. 이러한 무늬에는 붉은 마노와 재질을 알 수 없는 보석이 박혀 있다(〈그림 4-12〉 참조).

전체적으로 기하학적인 무늬의 아름다움과 함께 보석의 붉은 빛 및 잿빛과 금판의 금빛이 어우러져 화려하면서도 고급스러운 느낌을 준다. 게다가 보석 주변의 무늬띠에는 별도의 작은 금 알갱이를 촘촘하게 이어 붙여서 장식성을 한층 높였다.[28]

이러한 형태의 장식보검은 멀리 중앙아시아 지역에서 제작되어 전해진 것으로 추정된다. 5~6세기의 이란과 카자흐스탄에서는 금속공예품에 보석을 박아 넣는 기법이 널리 유행하였는데, 계림로 14호 무덤의 출토품과 같은 모양과 기법의 장식보검이 카자흐스탄 보로워의 옛무덤에서도 출토되었다. 또한 중국 신장 위구르 자치구의 키질 석굴 69동 벽화의 供養人도 장식보검을 휴대하고 있다.[29] 이 단검의

---

27 李仁淑, 『한국의 고대유리』, 도서출판 창문 1993.
28 국립경주박물관, 앞의 책, 도판 19, 48-49쪽.
29 국립경주박물관, 앞의 책, 241쪽.

외형은 다채장식이며, 신라에서는 전례가 없는 출토품이다.[30]

이처럼 한국의 고대사회는 다종다양의 문화상을 구현할 수 있는 지리적 환경과 문화적 유연성을 발휘하는 특징을 보여준다. 때문에 고구려는 중국문화와 접촉하기 쉬운 만주지역에서 성장하여 가장 먼저 고대국가를 성립시켰고, 오랫동안 한나라의 침략 세력과 대결하는 과정에서 자주적으로 외국 문화를 수입하고 적용시켰다. 고구려는 중국문화뿐 아니라 인도문화·서역문화 및 북방문화와 먼저 접촉하면서 이를 정리, 소화하여 고대사회를 운영할 수 있는 다양한 능력을 갖추게 되었고, 이를 백제·신라에 전하는 구실을 하였다.[31]

이와 함께 신라의 성장은 한국 고대사의 전개에서 주목할 만한 것이었다. 특히 문화적 다양성을 전제로 하여 서역을 비롯한 중국과의 소통에서 신라문화의 독자성과 문화적 우위를 지켜가고자 하였다. 앞에서 서술한 바와 같이 왕릉에 세워진 서역풍의 무인상처럼 다른 문화에 대한 이해를 통해 신라만의 독특한 문화를 꽃피워 나갔다. 신라 사회에 서역인이 거주했다는 문헌적 근거는 보이지 않으나, 서역풍의 인물상이 정교하게 조각되고 왕릉에 입석되거나 부장되었던 사실은 신라인이 서역인에 대한 충분한 인식이 전제되지 않고는 불가능하기 때문이며, 이를 근거로 한다면 서역인의 신라 상주 가능성이나 중국에서 서역인을 경험했을 가능성은 충분하다고 생각된다. 이러한 추론은 여러 연구에서도 확인되며, 특히 장보고 상단이나 이슬람 商團의 직접적 교역이 가져온 결과에 기인한다고 할 수 있다. 즉 신라 진골귀족의 여인들을 위시한 평민 부녀자들의 서역 물품에 대한 사치 풍조를 금지하는 興德王의 하교나, 장식보검이나 귀족들의 사치품 등의 유물은 당시의 주변 국가 간에 활발했던 무역 거래의 결과임은 분명하다.

아울러 신라의 교역품이 일본에 전래되거나 唐을 거쳐 서역에 전래되면서 서역의 기록에 신라와 관련한 내용이 전한다는 사실은 재고할 필요가 있다. 당시 신라에 전래되었던 포도나 호두 및 연화문[32] 등의 문양의 유포와 현실적 적용은 고대사회의 문화단계가 폐쇄적이지 않고, 다양한 형태로 전개되었음을 의미하는 것이

---

30 成舜燮, 「新羅 麻立干時期에 移入된 中央아시아 및 西아시아의 文物」, 『新羅, 서아시아를 만나다』, 국립경주박물관, 2008, 130-141쪽.

31 이기백·이기동, 앞의 책 참조.

32 朴待男, 「부여 규암면 외리 출토 백제문양전 고찰」, 『新羅史學報』 14, 신라사학회, 2008, 222-225쪽.

라 볼 수 있다. 서역문화에 대한 포용적 자세를 견지하여 異種 異形임에도 생활사에 녹여낸 것은 신라문화가 국제문화로 성장할 수 있는 밑거름이 되기에 충분했던 것으로 생각된다. 장보고의 신라방 건설에서와 같이 국제적 문화와 물류의 중심지에서 다양한 문화를 포용하고 국내에서 적용할 수 있었던 배경에는, 당시의 국제문화를 폭넓게 이해하고 이를 토대로 他文化에 대한 탄력적인 수용을 통해 문화적 밀도를 높게 가져갔던 신라의 문화적 유연성에 기인한다고 생각된다.

3. 한국 중세사회의 다문화유형과 국가 정책

(1) 고려시대 팔관회의 설행과 문화교류

고려의 전 시기를 거쳐 중요한 국가행사로 설행(設行)되었던 팔관회(八關會)는 시기적 변화는 있었으나 몽골의 침입기에도 임시 수도인 강도(江都)에서 매년 행해질 정도의 중요한 의식이었다. 송악을 중심으로 한 팔관회가 고구려 계승의식을 기반으로 하는 토착적 문화행사로서 고구려의 제천행사인 동맹제의 전통을 잇고 있다는 인식은 위령제나 액막이의 성격을 지녔던 팔관회에 추수감사제라는 농경의례적 성격을 더하여 형성되었다. 이는 제천의례가 본래의 종교적인 성격에서 그 의미나 기능이 사회문화적으로 확대되어 계절축제의 양상으로 변모했음을 말한다. 이 과정에서 고려는 국가의 대외적 위상을 공고히 하는 기능도 부가하였다.

팔관회에 대한 연구들은 이미 오래 전부터 축적되어 왔다. 특히 국가 불교의례의 내용과 기능을 중심으로 고려 문화의 방향성을 다룬 연구[33]는 물론 고려 정부가 선택한 불교의례가 어떠한 기능을 하였는지를 집중적으로 다룬 연구가 있다.[34] 또한 신라와 고려와의 관계를 규정함에 있어 불교의 사상적 부분을 중심으로 하는 연구가 있고,[35] 현대의 축제문화를 기반으로 축제의 원형을 찾은 연구도 있다.[36] 이

---

33 김혜숙, 「고려 팔관회의 내용과 기능」, 『역사민속학』 9, 1999; 안지원, 『고려의 국가 불교의례와 문화』, 서울대출판부, 2005.

34 金烔佑, 「高麗時代 國家的 佛敎行事에 대한 硏究」, 동국대 박사학위논문, 1992.

35 김복순, 「신라와 고려의 사상적 연속성과 독자성」, 『한국고대사연구』 54, 2009.

36 장은영, 「고려 팔관회의 관광축제 특성」, 『관광학연구』 28권 2호(통권 47호), 한국관광학회, 2004.

외에도 팔관회와 관련한 연구들은 많이 있으나 대부분 관련 주제의 한 분야에서
다루어지거나 소략하게 정리된 연구도 있다.

　　고려시대 팔관회의 설행에 대한 최초의 기록은 건국이 이루어진 918년(태조 1)
11월부터 시작되었다. 궁예가 매년 겨울 팔관회를 설치하여 복을 빌었던 것을 전승
하였다. 이에 관한 기사는『고려사(高麗史)』세가(世家)와 예지(禮志) 및『고려사절요
(高麗史節要)』에 전하고 있는데 이를 살펴보면 다음과 같다.

> A 11월에 왕이 처음으로 팔관회를 열고 의봉루(儀鳳樓)에 나가서 이를 관람하였다. 이
> 　때부터 해마다 상례적으로 이 행사를 실시하였다.37
> B-① 11월에 유사가 아뢰기를 "전 임금은 매년 동중(冬仲)에 팔관회를 크게 열어 복을
> 　빌었습니다. 그 제도를 따르기 바랍니다"라고 하니 왕이 그 말을 따랐다.
> 　-② 그리하여 구정에 수레바퀴 모양의 등불대좌를 설치하고 사방으로 등불을 쭉 매달
> 　았으며, 두 개의 채붕울 5장 이상의 높이로 설치하고 그 앞에서 백희와 가무를 공
> 　연하였는데, 사선악부(四仙樂部)와 龍鳳象馬車船은 모두 옛 신라 때의 행사 모
> 　습과 같았다.
> 　-③ 백관들은 도포를 입고 홀을 들고 예식을 거행하였는데 구경꾼들이 도성으로 몰려
> 　들었다.
> 　-④ 왕은 위봉루(威鳳樓)로 행차하여 이를 관람하였으며 이는 매년 상례가 되었다.38
> C-① 11월에 팔관회를 베풀었다. 유사가 아뢰기를, "전대의 임금이 해마다 중동(仲冬)
> 　에 팔관재(八關齋)를 크게 베풀어서 복을 빌었으니 그 제도를 따르소서." 하니,
> 　-② 왕이 이르기를, "짐이 덕이 없는 사람으로 왕업을 지키게 되었으니 어찌 불교에 의
> 　지하여 국가를 편안하게 하지 않으리오." 하고,
> 　-③ 드디어 구정(毬庭)의 한 곳에 윤등(輪燈)을 설치하고 향등(香燈)을 곁에 벌여 놓
> 　고 밤이 새도록 땅에 가득히 불빛을 비추어 놓았다. 또 가설무대를 두 곳에 설치하
> 　였는데 각각 높이가 5장 남짓하고 모양은 연대(蓮臺)와 같아서 바라보면 아른아
> 　른하였다. 갖가지 유희(遊戲)와 노래·춤을 그 앞에서 벌였는데 사선악부(四仙樂
> 　部)의 용(龍)·봉(鳳)·상(象)·마(馬)·차(車)·선(船)은 모두 신라의 고사였다.

---

37 『고려사』권1 世家1 태조 원년 "十一月 始設八關會 御儀鳳樓觀之 歲以爲常."
38 『고려사』권69 志23 禮11 嘉禮雜儀 仲冬八關會儀 "太祖元年十一月有司言: '前主每歲仲冬大設
　八關會以祈福. 乞遵其制.' 王從之. 遂於毬庭置輪燈一座列香燈於四旁又結二綵棚各高五丈餘呈
　百戲歌舞於前其四仙樂部龍鳳象馬車船皆新羅故事. 百官袍笏行禮觀者傾都. 王御威鳳樓觀之歲
　以爲常."

-④ 백관이 도포를 입고 홀(笏)을 들고 예를 행하였으며, 구경하는 사람이 서울을 뒤
　덮어 밤낮으로 즐겼다.

-⑤ 왕이 위봉루(威鳳樓)에 나가서 이를 관람하고 그 명칭을 '부처를 공양하고 귀신을 즐
　겁게 하는 모임[供佛樂神之會]'이라 하였는데, 이 뒤로부터 해마다 상례로 삼았다.[39]

　이들 각각의 기록들은 팔관회 설행과 관련한 기사들이지만, 세가의 기록은 팔
관회 설행을 간단히 적고 있다. 반면, 예지와 『고려사절요』의 기록은 팔관회 설행
의 구체적인 내용을 전하고 있다. 특히 C의 기록에는 고려의 팔관회는 전 임금이었
던 태봉의 궁예(弓裔)가 효공왕 3년(899) 12월에 개최하였다[40]고 하며, 설행 시기는
해마다 겨울이었음을 밝히고 있어 고려의 팔관회도 이를 계승하였다고 할 수 있다.
또한 팔관회의 교리적 근거도 불교에 기인한다고 명확히 밝히면서, 『훈요십조(訓要
十條)』의 제6조에서 천명한 연등회와 팔관회 설행의 목적[41]을 태조의 신앙대상인
불교를 중심으로 토속신들을 계서적(階序的)으로 배열하여 분명히 하고 있다. 따라
서 C-⑤의 기사는 팔관회를 '부처를 공양하고 귀신을 즐겁게 하는 모임'이라 정의
하여 국가행사로 상례화하였다.[42]

　고려의 팔관회가 국초부터 설행되었던 배경에는 후삼국의 분열을 종식시키고

---

39 『고려사절요』권1 太祖 원년 11월 "十一月 設八關會 有司言 前王每歲仲冬 大設八關齋 以祈福
　乞遵其制 王曰 朕以不德 獲守大業 盍依佛敎 安輯邦家 遂於毬庭 置輪燈一所 香燈旁列 滿地光
　明徹夜 又結綵棚兩所 各高五丈餘 狀若蓮臺 望之縹緲 呈百戲歌舞於前 其四仙樂部 龍鳳象馬
　車船 皆新羅故事 百官 袍笏行禮 觀者傾都 晝夜樂焉 王 御威鳳樓 觀之 名爲供佛樂神之會 自
　後 歲以爲常"

40 『삼국사기』권50 列傳10 弓裔.

41 『고려사』권2 世家2 太祖 26년 4월 "여섯째로, 나의 지극한 관심은 연등(燃燈)과 팔관(八關)에
　있다. 연등은 부처를 섬기는 것이요 팔관은 하늘의 신령과 5악, 명산, 대천, 용신을 섬기는 것이
　다. 함부로 증감하려는 후세 간신들의 건의를 절대로 금지할 것이다. 나도 당초에 이 모임을 국
　가 기일(忌日 – 제사날)과 상치되지 않게 하고 임금과 신하가 함께 즐기기로 굳게 맹세하여 왔으
　니 마땅히 조심하여 이대로 시행할 것이다(其六日: 朕所至願在於燃燈八關燃燈所以事佛八關所
　以事天靈及五嶽名山大川龍神也. 後世姦臣建白加減者切宜禁止. 吾亦當初誓心會日不犯國忌君
　臣同樂宜當敬依行之.)."

42 팔관회의 교리적 근거로 삼은 불교의 팔관재계는 팔재계(八齋戒)·팔계(八戒)·팔계재(八戒齋)·
　팔지재법(八支齋法)이라고도 하며, 재가(在家)의 신도가 하룻밤, 하루 낮 동안 받아 지니는 계율
　이다. 팔관의 '관'은 금(禁)한다는 뜻으로 살생(殺生)·도둑질·음행(婬行) 등의 여덟 가지 죄를
　금하고 막아서 범하지 않음이고, '재'는 하루 오전 중에 한 끼 먹고 오후에는 먹고 마시지 않으며
　마음의 부정(不淨)을 맑히는 의식이며, '계'는 몸으로 짓는 허물과 그릇됨을 금하여 방지하는 것
　이다. 이 팔관재계는 육재일(六齋日)이나 삼장재월(三長齋月)인 1월과 5월, 9월에 행한다, 육재
　일은 매달 6일·14일·15일·23일·29일·30일로서, 재가의 신도들이 선(善)을 기르고 악(惡)을 막
　아 스스로 근신하는 포살(布薩)의 날이다.

통일을 이룩한 고려 태조의 정치적 과제가 있었다. 후삼국 사람들이 가지고 있던 분열적인 정서를 '고려인'이라는 일체감으로 통합하는 정책이 필요했고,[43] 이에 효과적인 사회문화적 통합매체인 불교와 토속신앙을 이용하여 상원연등회와 팔관회를 통해 일체화된 정서를 이끌어 내고자 하였다. 때문에 태조는 신라와 궁예가 시행했던 팔관회를 계승하면서 문화적 연속성을 지속시켰다.

신라의 팔관회와 관련하여 확인할 수 있는 사료의 기록은 모두 네 차례이다. 처음의 기록으로는 551년(진흥왕 12) 거칠부(居柒夫)가 혜량법사(慧亮法師)를 고구려로부터 모시고 왔을 때, 왕이 혜량을 승통(僧統)으로 삼고 처음으로 백좌강회(百座講會)와 팔관지법(八關之法)을 설치하였다.[44] 두 번째의 기록은 572년(진흥왕 33) 10월 20일 전사한 장병을 위하여 팔관회를 외사(外寺)에서 7일 동안 베풀었다.[45] 이때의 팔관지법은 불교의 팔계(八戒)와는 거리가 멀었고, 영토를 확장하면서 중앙집권체제를 강화하는 과정에서 호국신앙적 측면에서 수용하였던 행사로, 전몰장병 위령제의 성격을 띠고 있었다.[46] 이것은 중국의 팔관재가 위령제로 기능하고 있었던 사실과도 상통한다.[47]

다음으로는 자장법사(慈藏法師)가 중국 태화지(太和池) 옆을 지날 때 신인(神人)이 나타나서 "황룡사 구층탑을 세우면 나라가 이로우리니 탑을 세운 뒤에 팔관회를 베풀고 죄인을 구하면 외적이 해치지 못한다"고 하였는데, 귀국 후 탑을 세운 다음 팔관회를 개최했을 것이다.[48] 이로 볼 때 팔관회는 7세기까지 계속 시행된 것으로 이해할 수 있다.[49] 마지막으로는 앞에서 언급했던 궁예의 팔관회 개최이다.[50]

사료에서는 신라 팔관회 의식이 행해진 절차나 방법에 대한 언급이 없지만 신라를 전승한 고려의 팔관 의식으로 볼 때 순수한 불교의 팔관재계를 따른 것은 아니었다. 신라의 팔관회는 10월과 11월에 개최되었다. 『삼국사기』와 『삼국유사』에 수록되어 있는 네 번의 신라 팔관회는 모두 호국적 성격을 지니며, 불교와 밀접한

---

43 안지원, 앞의 책, 142쪽.
44 『삼국사기』 권44 列傳4 居柒夫.
45 『삼국사기』 권4 新羅本紀4 진흥왕 33년 10월.
46 김복순, 앞의 글, 377–378쪽.
47 안지원, 앞의 책, 143쪽.
48 『삼국유사』 권3 黃龍寺九層塔條.
49 김복순, 앞의 글, 378쪽.
50 『삼국사기』 권50 列傳10 弓裔.

관계에 있었다. 법흥왕이 불교를 국교로 하여 행정적으로 강력한 중앙집권을 추진하였으나, 진흥왕은 부족 고유의 토속신앙을 통합하기 위하여 사찰 재래의 산천용신제(山川龍神祭)와 시월제천(十月祭天) 등을 불교의식과 융합하여 신라 특유의 팔관회를 개최하였다.

반면에 고려의 팔관회는 태조의 규정에 의한 '불공악신지회(佛供樂神之會)'의 성격에 신라의 화랑적 요소와 미륵하생의 용화세계를 형상화한 요소 및 고구려의 동맹제 의식이 첨가된 복합적 축제였다. 삼국통일 후 고구려의 유민들은 통일전쟁에서 죽은 가족이나 동료들을 위한 위령제로서 팔관회를 개최하였을 것이다. 또한 송악을 중심으로 한 팔관회가 고구려 계승의식을 기반으로 하는 토착적 문화행사로서 고구려의 제천행사인 동맹제의 전통을 잇고 있다는 인식은 위령제나 액막이의 성격을 지녔던 팔관회에 추수감사제라는 농경의례적 성격을 더하여 주었다. 이는 제천의례가 본래의 종교적인 성격에서 그 의미나 기능이 사회문화적으로 확대되어 계절축제의 양상으로 변모하였다.[51] 이에 더하여 고려의 팔관회는 불교행사이면서도 유교 오례 가운데 가례(嘉禮)의 연회적 성격도 포함된 것으로 보고 있다.[52] 그리고 고려에서는 매년 월별로 정기적인 행사가 열렸는데, 연등회가 1~2월에, 장경도량이 3~4월에, 우란분재가 7월에, 인왕백고좌도량이 9~10월에, 팔관회가 10~11월에 설행되었다.[53]

팔관회의 개최일은 수도인 개경에서는 11월 15일, 서경에서는 10월에 휴가로 전후 3일을 주었다.[54] 10월에 열린 서경의 팔관회는 서경의 지덕(地德)과 함께 중요시되었다. 서경의 팔관회는 조상제의 성격을 띤 예조제(藝祖祭)로서, 초기에는 조정에서 반드시 재상(宰相)을 파견하여 재제(齋祭)를 행하게 하였는데, 한때는 삼품관(三品官)을 보냈으나 1181년(명종 11)부터 다시 재상을 파견하였다. 간혹 개최일에 변동이 있어, 1083년(선종 즉위년)에는 문종의 국상(國喪) 때문에 12월에 설하였고,[55] 1200년(신종 3)과 1357년(공민왕 6)에는 불길한 날로 보는 묘일(卯日)을 피하여 11월 14일에

---

51 안지원, 앞의 책, 145-152쪽.
52 김복순, 앞의 글, 378쪽.
53 김형우, 「고려시대 연등회 연구-설행실태를 중심으로」, 『국사관논총』 55, 국사편찬위원회, 1994, 113쪽.
54 『고려사』 권84 志38 형법1 公式 官吏給暇 "…八關 十一月 十五日 前後并三日".
55 『고려사』 권10 世家10 宣宗 즉위년 12월 정축 "設八關會 御神鳳樓 前帳殿受百官賀遂 幸法王寺. 以前月值國恤至是行之."

열기도 하였다.[56] 개경 팔관회의 의례에는 소회일(小會日)과 대회일(大會日)이 있어 대회 전날인 소회에는 왕이 법왕사(法王寺)로 행차하는 것이 통례였고,[57] 궁중 등에서 하례(賀禮)를 받고 이어 헌수(獻壽), 지방 관리의 축하선물 봉정(奉呈) 및 가무백희(歌舞百戲) 등의 순서로 행하여졌다. 대회 때도 역시 축하와 헌수를 받고 외국 사신의 조하(朝賀)를 받았다.[58]

외국 사신의 조하의식은 팔관회가 대외적으로 중요한 의의를 지니고 있었음을 반증한다. 고려는 이 의식을 통하여 국제관계에 대한 고려 나름대로의 입장을 대외적으로 천명하고 있었다.[59] 팔관회에서 외국인 조하의식이 상례가 된 것은 정종 즉위년(1034) 11월 팔관회부터이다. 이때 송의 상객(商客)과 동서번(東西蕃), 탐라(耽羅)에서 방물을 헌납하였고, 정종이 그들에게 특별히 음악을 관람할 수 있는 좌석을 배정하였는데 그 후부터 이것이 전례가 되었다.[60]

동서번은 여진(女眞)으로 탐라와 함께 태조 대부터 고려에 조공을 바치고 있었다.[61] 고려는 현종 때에 거란의 침입을 성공적으로 막아낸 후 외교적으로 국제관계에 있어 자신감을 드러냈다. 거란과 송에 대하여 조공관계를 유지하기는 하였으나 형식적이었고, 도리어 동·서 여진과 탐라, 철리국(鐵利國),[62] 불나국(弗奈國)[63] 등으로부터 조공을 받고 있었으며, 송과 아라비아의 대식국(大食國)[64] 상인들도 토산물을

---

56 『고려사』 권21 世家21 神宗 3년 11월 병인 "設八關會. 今用十四日者 避卯日也.";『고려사』 권43 世家43 恭愍王 6년 11월 임술 "設八關小會 幸康安殿."

57 법왕사는 919년(태조 2) 국가의 융성을 불법(佛法)에 의지하고자 개경 내에 10찰(刹)을 세울 때 수위에 둔 사찰로서, 비로자나삼존불(毘盧遮那三尊佛)을 주존으로 봉안한 절이며, 신라의 황룡사에 해당하는 호국사찰이다. 왕이 가장 먼저 법왕사에 행차한 것은 불법에 의한 호국을 염원하는 한 표현이었다.

58 『고려사』 권69 志23 禮11 嘉禮雜儀 仲冬八關會儀.

59 안지원, 앞의 책, 213쪽.

60 『고려사』 권6 世家6 靖宗 즉위년 11월 경자;『고려사』 권69 志23 禮11 嘉禮雜儀 仲冬八關會儀.

61 『고려사』 권4 世家4 顯宗 11년 2월.

62 철리국은 발해의 지배를 받던 말갈의 한 부족이다. 현종 5년(1014)부터 고려에 조공하였고, 현종 12년(1021)에는 귀부를 청하는 표문을 바치기도 하였다(崔圭成, 「대외관계」, 『한국사』 15, 국사편찬위원회, 1995, 266~267쪽).

63 『고려사』 권4 世家4 顯宗 9년 6월 乙亥.

64 대식국 상인들에 대한 최초의 기록은 현종 15년(1024)으로 상인 悅羅慈 등 100명이 와서 토산물을 바친 일이다(『고려사』 권5 世家5 顯宗 15년 9월). 大食은 북아라비아 부족인 Tayyi를 페르시아가 Taji·Tajik로 부른 것을 중국인이 음역한 데서 유래하였다(金定慰, 「中世 中東文獻에 비친 韓國像」, 『한국사연구』 16, 한국사연구회, 1977, 47쪽). 한편 고려 시기의 대식은 압바시아朝(750~1258)를 지칭한다. 압바시아조는 바그다드를 수도로 하였는데, 그 영역은 현재의 이란, 이라크, 아라비아 반도, 아프리카 북부에 걸쳐 있었다(金渭雄, 「고려와 大食의 교역과 교류」, 『문

바치고 있었다. 이처럼 고려 국왕과 외국인 조하객 사이에는 고려의 중앙관리들이나 지방관의 봉표원들과 마찬가지로 일정한 정치적 관계가 형성되었을 것이다. 즉 팔관회에 조회하는 외국인은, 비록 그들이 귀속된 민족이나 국가가 고려의 신하로서 복종하는 것은 아니지만 고려에 찾아오면서 고려의 덕화(德化)를 받는 조공국의 사자로서 예우되고 있었다.[65] 고려의 팔관회가 고대의 습속을 정형화하고 상례화 하였다고는 하지만, 이를 기반으로 외국과의 빈번한 접촉이 이루어지고 문화교류의 영역을 확대해 갔다는 점에서 고려의 국제문화 지향에 대한 의지를 읽을 수 있다.

팔관회가 대내외적으로 기능하고 사회적으로 역할을 다하였던 배경에는 고려의 적극적인 개방정책에서도 확인된다. 특히 문물교류와 관련한 고려의 진취적 의지는 결국 벽란도(碧瀾渡)[66]를 중심으로 하는 교역을 활성화하였다. 벽란도는 예성강 하류에 있었던 하항(河港)으로 비교적 물이 깊어 선박이 자유로이 통행할 수 있었으며, 고려시대의 국도(國都)였던 개성과 가까이에 있어 실질적인 유일의 국제 항구로 발전하였다. 중국의 송나라 상인뿐만 아니라 일본을 비롯하여 멀리 남양지방(南洋地方)과 서역지방(西域地方)의 해상(海商)들까지 자주 드나들며 교역하였던 곳이다.[67] 따라서 국제적인 교역뿐만 아니라 외국으로 나가거나 국내로 들어오기 위해서는 반드시 거쳐야 하는 고려의 관문이었다.[68]

벽란도가 고려에 와서 제 기능을 다하기는 하였지만 이미 신라와 백제 때의 주요 항구들은 주변국은 물론 서역과의 교류로 활성화되어 있었다. 당나라와의 직접적인 교역을 위한 해로 운송 능력에 대해서는 선학의 연구에서 확인되지만, 당이나 서역의 상인들도 신라를 교역의 대상으로 파악하고 있었다. 이 교역의 결과는 괘릉의 무인석상[69]이나 처용의 설화, 양모로 짠 페르시아 카펫이나 깔개 종류[70] 등

화사학』 25, 2006, 130쪽).

65 안지원, 앞의 책, 213-214쪽.

66 벽란도의 처음 명칭은 예성항이었으나, 부근 언덕에 중국 송나라의 사신 일행이 도착하였을 때와 떠나기 전에 묵었던 碧瀾亭이라는 館舍가 있어서 벽란도로 바꾼 것이다.

67 『新增東國輿地勝覽』 권4 開城府 上 禮成江, 碧瀾渡.

68 육로로 개성을 가기 위해 국내는 물론 중국에서 오는 도로상에 위치하고 있어 통행인도 많았던 교통의 요지였다.

69 전영준, 「신라사회에 유입된 서역 문물과 多文化的 요소의 검토」, 『新羅史學報』 15, 2009, 161-187쪽.

70 최선일, 「통일신라시대 梵鐘에 표현된 天人像 연구」, 『新羅史學報』 15, 2009, 41-71쪽.

의 사용을 금지한 『삼국
사기』 기록 외에도 동남
아 등지의 산물인 공작의
꼬리털, 비취모, 거북 껍
질의 일종인 대모(玳瑁) 등
이 사회 전반에 유통되고
있었다.[71]

　고려에 들어서는 이
미 정립된 다원적 천하관
을 기반으로 하는 교역의
확대가 이루어졌고, 고려
문화의 저변에는 다양한
문화현상이 존재하였다.

┃ 그림 4-13 ┃ 법천사지 지광국사현묘탑과 탑신 세부
(국보 제101호, 경복궁 소재)

고려 사회에는 문물교류의 결과로 보이는 문화현상이 두드러지고 있었다. 대표적
으로 법천사의 지광국사현묘탑(智光國師玄妙塔)에는 당시 고려 사회에 유행하였을 것
으로 생각되는 페르시아 계통의 문화가 조식(彫飾)될 정도였다. 이 부도는 1085년(선
종 2)에 탑비와 함께 세워졌으며, 통일신라 이후의 부도가 8각을 기본형으로 만들어
진 것에 비해 전체적으로 4각의 평면을 기본으로 하는 새로운 양식을 보여준다.[72]
또 부도의 조식에 있어서도 전체에 표현된 장막 표현 기법이 통상적인 고려의 양식
이라기보다는 서역 계통의 장식 기법으로 볼 수 있다(〈그림 4-13〉 참조).

　이처럼 고려 사회에는 이국문화와의 융합현상이 광범위하게 유포되고 있었고,
이는 국초부터 있었던 송과의 무역을 통한 타(他)문화의 적극적 수용에서 비롯된다.
특히 송은 건국 초부터 대식(大食)과 접촉하고 있었다. 중앙아시아의 정치 변동에
따라 육로의 이용이 어려워지자 1023년 이후로는 육로를 대신하여 해로를 이용하
게 되었고, 무역로의 확장으로 송과 아랍과의 교류는 더욱 활기를 띠어 갔다. 해상
교역의 연장선상에서 이루어졌을 것으로 보이는 1024년(현종 15) 대식인들의 고려

---

71 이용범, 「三國史記에 보이는 이슬람 商人의 무역품」, 『李弘稙博士回甲紀念論叢』, 1969.
72 고려시대의 승려 지광국사 해린(海麟, 984~1070)을 기리기 위한 것으로, 원래 법천사 터에 있던
　것인데 일제강점기에 일본의 오사카로 몰래 빼돌려졌다가 반환되어 현재는 경복궁 내에 있다(문
　화재청 http://www.cha.go.kr).

입국 기사도 해로를 통한 것으로 이해된다.[73] 물론 이때의 대식인들의 고려 입국은 송상(宋商)의 안내에 의한 것이겠지만, 이후의 입국 기사에서는 대식인들이 고려를 무역의 대상으로 인식하였을 것이라 생각된다. 다음의 기사를 보겠다.

D-① 이 달에 대식국(大食國)의 열라자(悅羅慈) 등 100명이 와서 특산물을 바쳤다.[대식국(大食國)은 서역(西域)에 있음.][74]

　-② 신사일에 대식만(大食蠻)의 하선(夏詵), 라자(羅慈) 등 백 인이 와서 방물을 바쳤다.[75]

　-③ 병인(丙寅)에 대식국(大食國) 객상(客商) 보나합(保那盍) 등이 와서 수은(水銀)·용치(龍齒)·점성향(占城香)·몰약(沒藥)·대소목(大蘇木) 등의 물품을 바치므로 유사(有司)에게 명하여 객관(客館)에서 후하게 대우하고 돌아갈 때에 금과 비단을 후하게 내려주었다.[76]

위의 자료 D-①~③에 보이는 인명들은 모두 아랍인으로 열라자는 Al-Raza, 하선은 Hassan, 라자는 Raza, 보나합은 Barakah으로 아랍어의 음역이었을 것이다. Raza, Razi, Hassan, Barakah 등은 이슬람권에서 아주 대중적인 무슬림 이름들이다.[77] 자료에서처럼 대식국인들이 고려를 방문하는 시기는 대체로 9월 이후였으며, 이는 고려의 중요한 축제와 관계도 있겠지만, 송에 머무르던 이들이 고국으로 돌아가기 위해 계절풍을 기다리던 시기와도 일치한다. 고려와 대식국간의 직접적인 교역 관련 기록은 이것으로 그치지만, 고려에 지속적으로 유입되는 서역의 물품은 송의 중개무역에 의한 것이었다.[78]

한편, 팔관회의 조하의식을 포함하여 수시로 고려에 방물이나 특산물을 바쳤던 대상은 주로 여진과 탐라였으며 수 백회를 상회한다. 송상의 방문은 대부분 무역과 관련되어 있는 경우가 많았으며, 또 이와 다르게 고려 또한 송에 조공하거나

---

73 김철웅, 앞의 글, 134-135쪽.

74 『고려사』 권5 世家5 顯宗 15년 9월 "是月 大食國 悅羅慈等 一百人來獻方物.[大食國在西域.]."

75 『고려사』 권5 世家5 顯宗 16년 9월 "辛巳 大食蠻 夏詵羅慈等 百人來獻方物."

76 『고려사』 권6 世家6 靖宗 6년 11월 "丙寅 大食國 客商保那盍等 來獻水銀 龍齒 占城香 沒藥 大蘇木等物. 命有司 館待優厚及 還厚賜金帛."

77 이희수, 『한·이슬람교류사』, 문덕사, 1991, 80-81쪽.

78 고려와 송 및 서역간의 교역에 관한 주목할 만한 연구 성과로는 김철웅, 앞의 논문, 2006과 李鎭漢, 「高麗時代 宋商 貿易의 再照明」, 『역사교육』 104, 역사교육연구회, 2007이 참조된다.

자주 방문하여 필요한 물자를 수입하였던 내용은『송사(宋史)』외국열전(外國列傳)에
자세한데, 이를 살펴보면 다음과 같다.

E-① [건륭 4년 – 광종 14년(963)] 9월에 사신 시찬 등을 보내와 조공하였다. 바다
　　를 건너다가 큰 풍랑을 만나 배가 파괴되어 익사한 사람이 70여 명이나 되었는
　　데, (시)찬은 가까스로 모면하였다. 조서를 내려 그를 위로하였다.

　-② [순화 4년 – 성종 12년(993)] 2월에 (진)정 등은 동모에서 팔각해 포구로 가
　　백사유가 탄 선박 및 고려의 뱃사공들을 만나 그 배를 타고서 지강도를 출발,
　　순풍에 큰 바다를 항해하여 이틀 후에 옹진 포구에 닿아 육지로 올라갔다.
　　160리를 가 고려의 지경인 해주에 도달하였고 다시 100리를 가 염주에, 다시
　　40리를 가 백주에, 다시 40리를 가 고려의 (도읍지에) 도착하였다.

　　　앞서 (송 사신) 유식 등이 복명하기를 治(성종)가 원증연으로 하여금 이들을
　　호송하도록 하였는데, 증연이 안향포 포구에 이르러 풍랑을 만나 배가 파손되
　　는 바람에 가지고 온 물품들이 침몰하여 버렸다고 하였다. (송 태종은) 등주에
　　조칙을 내려 증연에게 문거를 발급하여 환국시키도록 하고, 治에게 옷감 200
　　필, 은기 2백량, 양 50마리를 하사하였다.

　-③ [대중상부 8년 – 현종 6년(1015)]에 등주에 조서를 내려 해구에다 객관을 설치
　　하여 사신들을 대접하도록 하였다.

　-④ [천희 3년 – 현종 10년(1019)] 9월에 등주에서 "고려의 진봉사인 예빈경 최원신이
　　진왕수 어구에서 풍랑을 만나 배가 뒤집히는 바람에 표류하여 공물을 잃어버렸습
　　니다."라고 아뢰니, (진종은) 조칙을 내려 내신을 파견하여 그를 위로하게 하였다.

　　　명주·등주에서 "고려의 해선이 풍랑에 표류하여 국경 연안에 다다른 선박이
　　있습니다." 하고 자주 아뢰었는데, 그때마다 조칙을 내려 위문하는 동시에 바다
　　를 건너갈 식량을 주어 귀국시키도록 하고 이에 대한 준례를 만들었다.

　-⑤ [희녕 7년 – 문종 28년(1074)] 과거에 고려 사신들이 오갈 적에는 모두 등주
　　를 경유하였는데, 희녕 7년에 그의 신하 김양감을 보내어 아뢰기를 "거란을 멀
　　리하고 싶으니 길을 바꾸어 명주를 경유하여 대궐에 이르겠습니다." 하니 그렇
　　게 하도록 하였다.

　　　徽(고려 문종)가 또 표를 올려 의약 및 고려 사람을 가르칠 화공(畵工)·소공
　　(塑工) 등을 보내 달라고 요구하니 羅拯에게 조칙을 내려, 가기를 희망하는 사
　　람들을 모집하도록 하였다.

-⑥ [원풍 원년 – 문종 32년(1078)] 처음으로 가좌간의대부 안도·가기거사인 진목 등을 (고려에) 파견하여 빙문하였다. 명주에서 배 두 척을 제조하였는데, 하나는 능허치원안제요 다른 하나는 영비순제로서 모두 신주(神舟)라고 불렀다. 정해에서 바다를 횡단하여 동쪽으로 가 도착하니, 고려 사람들이 환호하면서 나와 맞이하였다.

-⑦ [원풍 2년 – 문종 33년(1079)] 왕순봉을 파견하여 의원을 데리고 가서 진찰하고 치료해주도록 하였다. 徽(고려 문종)가 또 유홍을 사신으로 보내와 사은하도록 하였는데, 그는 해중에서 풍랑을 만나 조공할 물품을 잃어버렸다. 유홍이 글을 올려 자신을 탄핵하니 칙서를 내려 위로하였다.

-⑧ [원풍 8년 – 선종 2년(1085)] (運이) 그 아우인 승려 統을 보내와 조근하고서 불법을 묻고 아울러 경상(經像)도 바쳤다.

-⑨ [원우 4년 – 선종 6년(1089)]에 그 왕자 의천이 승려 수개로 하여금 항주에 와서 망승에게 제를 올리도록 하였는데, (수개가) "국모가 두 금탑을 가지고 가서 양궁의 장수를 위하여 바치도록 하였습니다."라고 하자 지주 소식이 이를 거절하자고 상주하였는데, 그 말이 「소식전(蘇軾傳)」에 실려 있다.

-⑩ [원우 7년 – 선종 9년(1092)] 황종각을 보내와 『황제감경』을 바치면서 구입해 가겠다는 서책이 매우 많았다. 예부상서 소식이 "고려가 들어와 조공하는 것이 터럭만큼도 이익은 없고 다섯 가지 손해만 있습니다. 지금 요청한 서책과 수매해 가는 금박 등은 모두 허락하지 말아야 합니다."하고 아뢰니, 조칙을 내려 금박만을 수매해 가게 하였다. 그러나 끝내 『책부원귀(冊府元龜)』도 구입하여 귀국했다.

-⑪ [정강 원년 – 인종 4년(1126)] 흠종이 즉위하자 축하 사신이 명주에 도착하였다. 어사 호순척이 "고려가 50년 동안이나 국가를 피폐하게 하였으니 정화 이후로는 사신이 해마다 와 회주·절강 등지에서는 이를 괴롭게 여기고 있습니다. 고려가 과거에 거란을 섬겼으므로 지금에는 반드시 金나라를 섬길 터인데, 그들이 우리의 허실을 정탐하여 (金에) 보고하지 않는다는 것을 어떻게 알겠습니까? (고려의 사행을) 중지시켜 오지 말도록 하는 것이 마땅합니다." 하고 아뢰었다. 이에 조서를 내려 명주 객관에 머물면서 그 예물을 바치도록 하였다.

-⑫ [소흥 6년 – 인종 14년(1136)] 고려의 지첩관 김치규가 명주에 이르자 銀·帛을 하사하여 돌려보냈다. 이는 그가 金의 간첩일까 염려스러웠기 때문이다.

-⑬ [소흥 32년 – 의종 16년(1162)] 3월에 고려의 강수 서덕영이 명주에 이르러 "본국에서 축하하는 사신을 파견하고자 합니다."하고 말하니 수신 한중통이 이 사

실을 (조정에) 알렸다. 전중시어사 오불이 "고려가 金과 국경이 인접하기 때문에 과거에 (고려의) 김치규가 왔을 때 조정에서 그가 간첩일까 염려하여 속히 귀국시켰습니다. 지금 우리와 金이 전쟁하고 있는데, 서덕영의 청이 어찌 의심스러운 점이 없다고 하겠습니까? 그를 진실로 오게 한다면 예측하지 못한 변이 생길까 염려스럽고, 만에 하나라도 오지 않는다면 원방의 웃음거리가 될 것입니다."라고 아뢰니 조서를 내려 중지시켰다.

-⑭ [융흥 2년 - 의종 17년(1163)] 4월에 명주에서 고려의 (사신이) 들어와 조공할 것이라고 아뢰었는데, 사관이 (고려 사신을) 인견한 날짜를 기록하지 않은 것은 아마도 (과거에) 홍이서가 (조공이 온다고 말해놓고 오지 않았던 것처럼) 속인 것이 아닌가 한다. 그 후로 (고려) 사신의 발길이 마침내 끊어졌다.

-⑮ 경원(慶元) 연간[명종 25~신종 3(1195~1200)] 조칙을 내려 상인들이 동전을 가지고 고려로 들어가는 것을 금지시켰다. 이는 대체로 고려와의 관계를 단절한 것이다. 일찍이 고려 사신이 들어옴에 있어 명주·월주는 그들의 대접으로 시달리고, 조정에서는 관우·연뢰·석여 등의 비용이 수 만 냥을 헤아렸는데, 이것도 고려왕에게 하사한 예물은 포함되지 않은 것이다.

　우리 사신이 (고려에) 갈 적에는 언제나 두 척의 神舟를 탔는데, 그 비용 역시 막대하여 三節에 관리들이 자기 직위에 따라 녹봉에서 덜어 내놓은 돈을 모두 현관에게 의뢰하였다. 예전에 蘇軾이 선조에 아뢰면서 "고려에서 들어와 조공하는 것은 5가지 손해만 있습니다."라고 한 것이 이 때문이다.

　생각하니 吳會로 천도한 후부터는 형편이 東都 때와 달라졌다. 과거에 고려가 사신을 들여보낼 적에는 등주·래주 등지를 경유하여 길이 매우 멀었지만, 지금은 바로 四明으로 오니 사명에서 行都까지의 거리는 浙水 하나만이 경계가 될 뿐이다. 바닷길로 사행이 고려에 가자면 바다가 망망하고 섬들이 험하여 폭풍을 만나면 배가 암초에 부딪쳐 파손되었다. 급수문을 빠져나가 군산도에 닿아야만 비로소 무사히 도달하였다고 하는데, 수 십일이 걸리지 않으면 도달하지 못한다. (그러나) 배가 남쪽이나 북쪽으로 운행하여 순풍을 만나면 험한 곳을 평지처럼 통과하여 며칠 안 걸려서 도달할 수 있다.

　(고려) 왕성에는 중국 사람이 수백 명 있었는데, 장사 때문에 배타고 간 閩지방 사람들이 많았다. (고려에서는) 비밀리에 그들의 재능을 시험해 보고 벼슬을 주어 유혹하거나 강제로 체류시켜 일생을 마치도록 하기도 하였다. 조정에서 사신이 갔을 적에 (그들 중에) 첩을 올려 하소연하는 사람이 있으면 데리고 귀국하였다.

　명주 정해에서 순풍을 만나면 3일 만에 바다 가운데로 들어갈 수 있고, 또 5

일이면 묵산에 도달하여 고려 국경에 들어갈 수 있었다. 묵산에서 섬들을 통과하여 礁石 사이를 이리저리 헤치고 나아가면 배의 운행은 매우 빨라 7일만이면 예성강에 다다랐다. 예성강은 양쪽 산 사이에 있는 石峽으로 묶인 까닭에 강물이 소용돌이치면서 흐르는데, 이것이 이른바 急水門으로서 제일 험악한 곳이다. 또 3일이면 沿革에 닿는데, (거기에는) 벽란정이라는 객관이 있다. 사인은 여기에서 육지에 올라 험한 산길을 40여 리쯤 가면 고려의 국도라고 한다.

E의 사료가 송의 입장에서 작성되었다는 것을 염두에 두더라도 고려와 송의 관계는 공무역의 형태를 취하고 있다. 이것은 고려가 주변의 여진이나 탐라 및 일본과의 역학관계를 맺는 것과 같겠지만, 송나라가 시박사를 두어 해상무역을 장악하였던 정책에 기인한다고 볼 수 있다. 위의 사료들 중 ⑥, ⑧, ⑨를 제외하고는 모두 고려가 송에 입국하였던 경위를 밝히는 것이며, 대부분 조공무역을 설명하는 내용이다. 이 중 주목되는 기사로는 ⑤와 ⑮의 내용으로 고려가 송에 기술적 지원을 요청하는 대목이다. 화공(畵工)과 소공(塑工)의 요청은 고려가 불사(佛事)를 수행하기 위한 기술자의 요청과 연관성이 높은 것으로 보이며, 이러한 사례는 공민왕 대에도 빈번하였다. ⑤의 기사처럼 고려의 요청으로 들어왔던 중국의 장인들이 정착하는 경우가 많았음은 ⑮에서처럼 무역 거래를 위해 왔다가 정착한 경우도 허다하였음을 반증하는 사례이다.

한편, 고려는 송과의 조공무역이나 송 주도하의 중개무역을 통해 서역은 물론 동남아시아 각국의 물산을 알고 있었던 것으로 파악된다. 앞에서 언급한 것처럼 이슬람 상인의 고려 방문 결과가 단속적(斷續的)이었다는 사실은 중개무역을 통한 송의 경제적 이득에 의한 것이기도 하겠지만, 고려를 향하는 이슬람 상인의 경제적 이익이 그리 크지 않았을 것이라는 추측도 가능할 것으로 생각된다. 그 배경에는 송상들이 거의 정기적으로 고려에 와서 1년 가까이 머물렀으며, 상단의 규모도 꽤 컸기 때문에 고려 사람들은 개경과 예성강에서 만큼은 언제나 그들과 상거래를 할 수 있었던 것 같다.[79] 아울러 이들은 고려에서 제공하는 객관에서 해를 넘겨 머물렀고, 그로 인해 처(妻)를 두는 도강(都綱)들도 있었다.[80]

---

79 이진한, 앞의 글, 50쪽.
80 이진한, 앞의 글, 62쪽.

송상이 고려에 온 뒤 방물과 진귀한 물품을 고려 조정에 진헌(進獻)하던 것이 팔관회의 의례로 발전하였다. 1034년(정종 즉위년) 11월에 팔관회를 열어 신봉루에서 백관에게 연회를 베풀고 다음날 대회 때에 서경·동경과 동북양로병마사·4도호·8목은 각각 표를 올려 하례하였으며, 송의 상인과 동서번·탐라국이 방물을 바치자 자리를 주어 음악을 함께 보게 하였고 이후에는 상례로 하였다.[81]

중국 이외에 고려의 정치적 영향권 안에 있는 주변의 나라와 민족을 변방으로, 고려를 중심으로 인식하는 '다원적 천하관'에 입각하여 만들어진 의례가 팔관회였다.[82] 고려 정부는 이 의례를 통해 백성들이 지켜보는 가운데 외관(外官)들과 더불어 고려 영역 밖에 있는 송상, 여진, 탐라 등에서 방물을 바치는 의식을 행하게 하여 정치적 효과를 극대화하고자 하였다.[83] 이 과정에서 송상이 헌납한 물품은 중국의 특산물이나 아라비아 상인의 교역품 등 고려와의 무역 물품 중에서도 진귀한 것이었고, 국왕은 신하보다 이를 먼저 취하고 하사함으로써 국왕의 권위를 과시하기 위한 수단으로도 작용하였다.[84]

송과 원(元)이 정권 교체 후, 고려와 외국과의 교류는 일정 부분 지속된 것으로 생각된다. 『고려사』의 '회회(回回)' 또는 '회회가(回回家)'에 관한 기록들은 이들이 고려에 영향을 주었거나, 고려에서도 이들을 인식하였다는 의미로 파악된다. 특히 충렬왕 때 지어졌다고 하는 고려 가요인 '쌍화점(雙花店)' 또한 고려사회에 머물던 이슬람인들에 대한 정보를 제공한다고 하겠다.

한편, 원 간섭기의 고려의 정세는 관제의 격하와 함께 정치적으로 원 황실의 끊임없는 요구에 응할 수밖에 없었던 상황인데다가, 공물 특히 공마(貢馬)는 물론 공녀(貢女)의 요구도 받아들여야 했다. 이러한 역학 관계는 고려와 원의 관계가 100여 년 동안 지속된 결과이기도 하지만, 양국 간에는 끊임없는 문물교류가 있었음이 확인하게 한다. 그러나 이들 교류는 고려에도 어느 정도 이득을 주었겠지만 대체적으로 원의 일방적인 강요에 의해 고려가 폐해를 입는 경우가 대부분이어서 고려의 고통은 극심했다.[85] 이 문물교류는 회회인[서역인]이 동반되는 경우가 많았는데, 다

---

81 『고려사』 권69 禮志11 嘉禮雜儀 仲冬八關會儀.

82 盧明鎬, 「高麗의 多元的 天下觀과 海東天子」, 『한국사연구』 105, 한국사연구회, 1999.

83 추명엽, 「고려전기 '번(蕃)' 인식과 동·서번의 형성」, 『역사와 현실』 43, 2002, 23-35쪽.

84 전영준, 앞의 글, 173쪽; 이진한, 앞의 글, 66쪽.

85 朴龍雲, 『高麗時代史』下, 일지사, 1987, 605쪽.

음의 기록은 원과의 교류들 중 회회인[서역인]과의 교류로 생각되는 기록들을 정리한 것이다.

F-① 閏月 丁酉에 元이 임유간(林惟幹)과 회회인(回回人) 阿室迷里(Asig Melig)를 보내와 탐라에서 진주를 채취하였다.[86]
　-② 10월 庚子에 여러 회회(回回)가 왕을 위해 신전에서 향연을 개최하였다.[87]
　-③ 3월에 인후와 고천백(高天伯)이 탑납(塔納, Tana)과 함께 원 나라에서 돌아오다가 절령참(呭嶺站, 평남 자비령)에 이르니, 옹진(甕津) 등의 지방 사람들이 점심 식사를 차려 놓고 탑납에게 고하기를, "우리 고을 백성들이 모두 응방(鷹坊)에 예속되었으니, 몇 명 남지 않은 가난한 백성들이 무엇을 가지고 공급해 내겠습니까. 죽기만 기다릴 뿐입니다."하였다. 탑납이 와서 재상을 책망하기를, "동방 백성은 홀로 천자의 적자(赤子)가 아닌가. 이렇게 고생을 시키면서도 이들을 구제하지 않으니, 조정에서 한 사신을 보내어 문책한다면 무슨 말로 대답하겠소."하니, 재상들이 그 사실을 왕께 아뢰고, 응방의 폐해를 제거하기를 청하였다. 왕이 노하여, 회회인(回回人)으로서 황제에게 신임받는 사람을 청해 와서 응방을 관리하여 재상들이 감히 다시 말을 못하게 하려 하였는데, 조인규(趙仁規)가 강력히 간하고 공주도 안된다고 말하여 그만 중지하였다.[88]
　-④ 무오에 元이 蠻子海牙(Mantsi Qaya)를 보내와 郡國에서 도망한 군사들과 회회(回回)가 가축을 도살하는 것[屠宰]을 금하였다.[89]
　-⑤ 무진에 민보(閔甫)를 평양부윤 겸 존무사로 삼았는데 보(甫)는 회회인(回回人)이었다.[90]
　-⑥ (충혜왕 복위 5년) 병자에 악양현에서 훙(薨)하니 혹자는 말하기를 독살되었다고 하고 혹자는 귤을 먹고 죽었다고 하였다. … (중략) 왕의 성품이 유협하여

---

86 『고려사』 권28 世家28 忠烈王 2년 윤3월. "閏月 丁酉 元遣 林惟幹及回回阿室迷里來 採珠于耽羅."
87 『고려사』 권29 世家29 忠烈王 5년 10월. "庚子 諸回回宴王于新殿."
88 『고려사』 권29 世家29 忠烈王 6년 3월;『高麗史』 권105 列傳18 趙仁規;『고려사절요』 권20, 충렬왕 6년 庚辰. "三月 印侯高天伯與塔納 還自元至呭嶺站 甕津等縣人 設畫食 告塔納日 吾邑民 盡隸鷹坊 子遺貧民 何以供億 待死而已 塔納 來責宰相日 東民 獨非天子之赤子乎. 困苦至此 而不之恤 朝廷 馳一使以問 何辭以對 宰相 白王 請去鷹坊之弊 王 怒 欲請回回之見信於帝者 來管鷹坊 令宰相不敢復言 趙仁規 力諫之 公主 亦言不可 乃止."
89 『고려사』 권29 世家29 忠烈王 6년 3월. "戊午 元遣蠻子海牙來 帝勅 禁郡國舍匿亡軍 回回恣行屠宰."
90 『고려사』 권33 世家33 忠宣王 2년 10월. "戊辰 以閔甫 爲平壤府尹兼存撫使 甫回回人也."

주색을 좋아하고 놀이와 사냥을 즐기며 황망하기가 이를 데가 없어서 사람의 처첩이 미모가 뛰어나다고 들으면 멀고 가까움, 귀천을 가리지 않고 모두 끌어들여 후궁이 100여 명이나 되었다. … 포(布)를 회회가(回回家)에게 주어 그 이익을 취하여 소를 잡아 고기를 날마다 15근을 바치게 하였다.(생략)[91]

-⑦ 이듬해 왕의 행차가 서경에 머물자 윤택은 검열로서 권서경참군(權西京參軍)이 되어 법도에 맞게 제때 물자를 공급했으므로 왕이 늘 "어질도다. 회(回)여!" 라고 감탄했다. 그의 모습이 회회족(回回族)과 많이 닮았기에 그렇게 농담한 것이다.[92]

-⑧ 쌍화점(雙花店)에 쌍화(雙花)사라 가고신된
회회(回回)아비 내손모글 주여이다
이 말숨이 이 店밧긔 나명들명
다로러 거디러
죠고맛간 삿기광대 네 마리라 호리라
더러둥셩 다리러디러 다로러 거디러 다로러
긔 자리예 나도 자라가리라
위위 다로러 거디러 다로러
긔잔딘 フ티 덦거츠니 업다[93]

　　위의 기록들 중 F-⑥, ⑦을 제외하고 나머지는 충렬왕 때의 기사이다. ①의 기사는 상인으로 보이는 회회인이 고려의 탐라에서 진주를 채취했다는 기록이고, ②는 역시 상인들로 보이는 서역인들이 이전 시기와 마찬가지로 고려 국왕에게 진헌하는 의식을 포함하는 연회의 증거로 보인다. 때문에 이 두 기사는 송나라 때와 같이 고려의 산물에 대한 이득을 전제로 하는 서역 상인의 내방 기사로 보인다. 고려 국왕이 이들의 입국을 거절하지 못한 것은 나름의 정치적 이해가 전제되지만,

---

91 『고려사』 권36 世家36 忠惠王 復5년 정월. "丙子 薨于岳陽縣 或云遇鴆或云食橘而殂 (中略) 王 性游俠 好酒色 耽于遊畋 荒淫無度 聞人妻妾之美 無親疎貴賤 皆納之後宮 幾百餘 … 給布回 回家 取其利 令椎牛 進肉 日十五斤."

92 『고려사』 권106 列傳19 尹諧 附 尹澤. "明年 駐駕西京 澤以檢閱 權西京叅軍 供頓有制 王每 歎曰 "賢哉回也"以貌類回回故云."

93 『樂章歌詞』「雙花店」. 인용문은 첫 연의 시작이지만, 2연 이하 4연까지 공간이 바뀌고 인물들이 교체되어 등장할 뿐 내용의 줄기는 첫 연과 다름이 없다. 이「쌍화점」의 둘째 연이 『고려사』 樂志 俗樂條와 列傳 吳潛條에 漢譯되어 전하는데, 전자에는 '三藏'이라는 제목이 있고, 후자에는 제목없이 한역 가사만 인용되어 있다(朴魯埻, 『高麗歌謠의 硏究』, 새문사, 1990, 155쪽).

이미 고려에서는 이들 상인들의 진헌품에 대한 가치를 부여하였던 것으로 보이기 때문에 ⑥에서처럼 충혜왕이 국고에 보관되어 있던 포(布)를 이들에게 넘겨 이득을 취하였던 것으로 파악된다. 기사 ③에서 회회인은 '회흘(回紇)'이라 하여 위구르인일 가능성이 크다. 하지만 이들 역시 원의 조정에 포함된 이들로써 고려에게는 이역인(異域人)으로 보였을 것이다. 아울러 ④와 ⑤ 및 ⑧은 직접적으로 이슬람인을 지칭하는 기사로 보인다. 특히 ⑧의 '회회아비'는 당시 고려 사회에 머물렀던 이슬람 계통의 상인들로 보이며, 이들의 고려 내왕이 고려 전기부터 있어 왔던 사실에 근거한다면 그리 놀라운 일이 아니다. 송의 간섭으로 정지되었던 국제교류가 재개되었을 가능성도 있지만, 이슬람인이나 이역인들이 원의 사신이나 상단(商團)으로 고려에 내왕하였던 사실로 이해하기에는 무리가 없을 것으로 생각된다.

원과의 정치적 역학 관계가 고려 후기 사회 전반에 작용하고, 무역이나 문물 교류도 제한적으로 이루어졌음은 살펴본 바와 같다. 그렇지만 고려 전기 사회에서 정립된 '팔관회적 질서'는 고려의 다원적 천하관을 국내외에 알리는 계기를 제공하였고, 아울러 국제문화교류에도 일정한 영향을 끼쳐 왔다. 부분적이긴 하지만 서역인의 내방 기사나 고려 가요의 탄생, '회회가(回回家)'의 역사적 의미는 고려가 국제문화교류에 개방적이었다는 사실과 함께 교류를 통해 이루어진 문화융합 현상으로 이해하는 데 무리가 없다.

(2) 고려시대 異民族의 귀화 유형과 諸정책

1) 고려시대 귀화인의 신분과 유형

고려의 건국 직후 주변 민족의 歸附는 불안한 동북아시아의 정세와 깊은 연관성을 갖는다. 중국 내부의 정치적 혼란과 북방민족의 융성, 발해의 멸망 등이 원인으로 작용하였던 당시의 현실과 밀접한 관련을 갖는다. 때문에 고려는 건국 초기부터 이민족의 편입 확대의 대외정책과 왕권 강화라는 내부의 정치적 입장과 맞물려 다양한 분야에서 이민족에 대한 귀화정책이 전개되었다.

고려 초기에 집중되었던 漢人들의 귀부는 대체로 五代人들이 중심이었으며, 이들은 중국 내부의 잦은 왕조 교체로 인한 정치적 혼란과 북방에서 흥기한 거란족의 정치적·군사적 압박에서 벗어나고자 하였다.[94] 漢人 지식층의 적극적인 귀화 유도를 통해 새로운 정치질서를 마련하고자 하였던 고려 정부의 관심과도 그 맥락을 같이할 뿐만 아니라 광종 대에 이르러서는 한인 지식층의 귀화가 절정을 이룰 정도였다.[95] 아울러 한인 지식층에 대한 고려 정부의 정치·경제·사회적인 처우에서도 일정한 수준 이상의 보장을 통해 적극적인 귀화 유도를 이끌어냈던 것을 확인할 수 있다.[96]

고려 정부의 이민족에 대한 특히 한인 지식층에 대한 인식 자체는 이전의 왕조보다 더욱 확대되었을 뿐 아니라, 통일전쟁으로 잃은 백성의 확보라는 관념도 작용하였던 것이라 생각된다. 고려 정부의 이 같은 인식 확대로 귀부한 한인 지식층들은 왕권을 강화하려는 광종의 개혁정치에서 괄목할 만한 역할의 수행을 통해 고려 초기의 왕권 강화와 중앙집권화에 일정 정도의 기여가 있었다.[97]

한편, 건국 이후 꾸준한 한인 지식층의 귀화는 고려의 적극적인 유치 노력도 있었지만, 한인들 스스로가 고려에 投化하여 벼슬을 구하는 모습이 동시에 나타난다는 점에서[98] 당시 동북아시아의 정세와 무관하지 않은 것으로 보인다.[99] 때문에 귀화의 주축이었던 宋初의 예비 관료인 進士와 사대부들은 본국에서의 상업 활동을 통한 경제적 富의 축적과 중앙정계의 진출을 도모하였을 것이나, 당시 송의 상황 하에서는 쉽지 않은 일이었기 때문에 오히려 국초부터 한인 지식층을 우대하였던 고려의 상황을 염두에 두고 官界進出이라는 명분을 충족시키는 투화가 중심을 이루었다.[100]

이와 함께 고려 정부는 국초부터 발해유민의 적극적인 유치 정책을[101] 상당

---

94 南仁國, 「高麗前期의 投化人과 그 同化政策」, 『歷史教育論集』 8, 역사교육학회, 1986, 86쪽.
95 『高麗史』 卷2 「世家」2 광종 7년, "周遣將作監薛文遇 來加冊王 … 前大理評使雙冀 從文遇來".
96 『高麗史』 卷2 「世家」2 광종 10년, "周侍御雙哲來 拜爲佐丞".
97 『高麗史』 卷2 「世家」2 광종 9년, "夏五月始置科舉 命翰林學士雙冀取進士. 丙申 御威鳳樓放牓 賜崔暹等及第".
98 『高麗史』 卷13 「世家」13 예종 5년, "辛未 御乾德殿 召見宋明州所歸女樂二人"; 『高麗史』 卷13 「世家」13 睿宗 5년, "辛巳 宋遣王襄張邦昌來. 以叅知政事李瑋殿中少監左承宣韓皦如爲館 伴"; 睿宗 7년, "潼州人林完 隨商舶 到京求仕".
99 태조 이후 예종대까지만 하더라도 지속적인 한인 지식층이나 문인들의 投化는 중국 대륙의 잦은 왕조 교체와 북방 민족의 발흥으로 인한 정치적 혼란의 현실에서 선택한 정치적 망명의 성격이 강하게 보인다.
100 南仁國, 앞의 글, 1986, 87쪽.
101 태조 8년만 보더라도 발해인의 귀화가 잦았다. 『高麗史』 卷1 「世家」1 태조 8년 9월, "丙申 渤

기간 유지하였는데, 934년(태조 17) 발해국 세자인 大光顯의 귀화로 절정을 이루었다.[102] 이에 따라 고려는 주변의 이민족 入境과 관련하여 官爵을 수여하거나, 賜姓 또는 編戶제도를 활용하여 고려 백성으로 적극 유치함으로써 인구의 증가를 꾀하고자 하는 정책적인 노력이 지속되었다. 아울러 거란·여진의 북방민족의 歸附도 증가하고 있음을 볼 수 있다. 고려와 거란의 접촉은 건국 초기부터 상당히 우호적이었으나, 발해가 거란에 의해 멸망하면서부터 양국관계는 악화되었다.[103] 더구나 태조가 후대에 남긴 『訓要十條』에는 거란에 대한 배제정책이 수록될 정도로 발해 멸망의 직접적인 원인으로 규정하였던 사실은 적대국이었음을 증명하는 것이었다. 더욱이 993년(성종 12) 10월에 있었던 양국 간의 군사적 충돌은 태조 이후 계속되었던 고려 정부의 북진정책에 대한 거란의 견제였으며, 이 기간 동안 거란인의 投化가 없었던 것도 고려의 거란에 대한 적대적 정책 유지에 그 원인이 있었다.[104]

그러나 현종대에 이르러서 거란인의 來投가 증가하였는데, 이 시기는 북방지역을 제압한 遼의 강력한 통제책에 반발하여 발생한 투화였고, 거란인의 고려 투화는 女眞에 의해 멸망될 때까지 계속 이어졌다.[105]

2) 고려시대 異民族 정착을 위한 諸정책의 시행

▌賜姓名과 職牒 수여를 통한 회유

고려와 국경을 접하는 북방민족인 거란과 여진인의 귀화는 대체로 생활의 안정을 목적으로 이루어지는 경우가 많았다. 특히 여진인의 投化는 그들에 의해 金國이 세워질 때까지 계속되었는데, 그들은 자신들이 거주하는 지역을 고려의 州縣으로 삼아 줄 것을 청하기도 하였다. 이민족의 귀화와 그에 대응하는 고려의 대처방

海將軍申德等 五百人來投"; 9월, "庚子 渤海禮部卿大和鈞均老 司政大元鈞 工部卿大福譽 左右衛將軍大審理等 率民一百戶來附"; 12월, "戊子 渤海左首衛小將冒豆干 檢校開國男朴漁等 率民一千戶來附".

102 『高麗史』卷2「世家」2 태조 17년 7월, "渤海國世子大光顯 率衆數萬來投 賜姓名王繼 附之宗籍 特授元甫 守白州以奉其祀. 賜僚佐爵軍士田宅有差".

103 韓圭哲, 「後三國時代 高麗와 契丹關係」, 『釜山史叢』1, 1985, 24쪽.

104 南仁國, 앞의 글, 1986, 90쪽.

105 權兌遠(「高麗初期社會에 미친 歸化人의 影響에 관한 小考」, 『忠南大學校 人文科學論文集』제Ⅶ권 제2호, 1981, 5쪽)과 南仁國(앞의 글, 1986, 91쪽)은 고려에 투화한 거란인의 동기가 끊임없이 추진된 정복전쟁의 수행으로 인한 병역의무에서의 도피와 이 시기에 자주 발생한 투魃로 인한 경제적 궁핍을 해소하고자 하였던 데 있었다고 보았다.

식에 대한 사례는 많지만, 다음의 기사는 여진인들의 귀부와 관련하여 고려의 이민
족 통합 정책을 확인할 수 있는 내용이어서 주목할 만하다.

G-① 동여진 귀순주의 도령인 대상 古刀化와 부도령인 古舍, 익주와 창주의 도령인
　　귀덕장군 高舍와 도령 黔夫, 전주와 성주의 도령인 봉국장군 耶好와 귀덕장군
　　吳沙弗, 공주의 도령인 봉국장군 多老와 번장 巴訶弗, 은주와 복주 도령인
　　원보 阿忽과 도령 那居首, 온주 도령인 三彬과 阿老大, 성주의 도령인 尼多
　　弗 등이 무리를 이끌고 귀부하면서 고려의 군현으로 편입해 줄 것을 간청했다.
　　　이에 고도화에게는 孫保塞, 고사에게는 張誓忠이란 이름을 내리고 각각 회
　　화대장군 벼슬을 주었다. 야호에게는 邊最, 다로에게는 劉咸賓이란 이름을 내
　　리고 각각 봉국대장군 벼슬을 주었다. 오사불에게는 魏蕃이란 이름과 회화장
　　군 벼슬을, 아홀에게는 揚東茂라는 이름과 귀덕장군 벼슬을 주었다. 고사에게
　　는 文格民, 금부에게는 康績, 파아불에게는 盧守, 나거수에게는 張帶垣, 삼
　　빈에게는 韓方鎭, 아로대에게는 高從化, 이다불에게는 趙長衛라는 이름을 내
　　리고 각각 大常 벼슬을 주었으며, 차등을 두어 물품을 하사했다.106

　-② 국왕이 制하기를 "동북 국경지역 15개 주 외곽에 사는 오랑캐들이 계속 귀부해
　　오면서 우리 행정구역에 편입시켜 줄 것을 간청하고 있으니, 이는 실로 종묘와 사
　　직의 신령들 덕분이다. 재상들을 시켜 종묘와 사직에 이 사실을 먼저 고하게 한
　　뒤, 멀고 가까운 오랑캐들이 완전히 귀부해 와서 행정구역을 결정짓는 절차가 끝
　　난 다음 내가 친히 종묘와 사직에 감사하려 한다. 이 행사에 따르는 의식과 태자
　　의 대행 가부에 대하여 해당 관청에서 상세히 의논하여 보고하도록 하라."107

　　G-①은 고려와 국경을 접하는 지역의 여진인들이 대거 고려 귀부와 동시에
군현 편입을 요청하는 내용이지만, 고려 정부의 대처 또한 이들의 편입 요청에 준

---

106 『高麗史』 卷9 「世家」9 문종 27년 2월, "東女眞歸順州都領 大常古刀化 副都領古舍 益昌州都
　　領 歸德將軍 高舍 都領黔夫 甄城州都領 奉國將軍 耶好歸德將軍吳沙弗 恭州都領奉國將軍多
　　老 番長巴訶弗 恩州都領 元甫阿忽 都領那居首 溫州都領三彬・阿老大 誠州都領尼多弗等 奉
　　衆內附 乞爲郡縣. 賜古刀化名孫保塞・高舍名張誓忠 各授懷化大將軍 耶好名邊最・多老名劉
　　咸賓 各授奉國大將軍 吳沙弗名魏蕃 授懷化將軍 阿忽名揚東茂 授歸德將軍 古舍名文格民・
　　黔夫名康績・巴阿弗名盧守 那居首名張帶垣・三彬名韓方鎭・阿老大名高從化・尼多弗名趙長
　　衛 各授大常 仍賜物有差".
107 『高麗史』 卷9 「世家」9 문종 27년 4월, "制曰 東北邊十五州外蕃人 相繼歸附 願置郡縣 于今不
　　絶 此實賴宗廟社稷之靈 其令宰臣 先告事由 待遠近畢納款 拓定州縣而後 親行恭謝 其行禮及
　　太子攝事之儀 有司詳議以聞".

하는 대응으로 이루어지고 있다. 즉 귀부 여진인들에게 賜姓名과 함께 武散階의 벼슬을 하사함으로써 고려인의 정체성을 부여하려고 했다는 점이다. 정부의 이러한 대응 방식은 초기부터 고려에 투항하거나 귀부한 여진인에게 원칙적으로 우대하고 그들의 정상에 따라 포상하였다.[108] 投化나 向化 여진인에 대한 고려의 우대정책에서 보다 큰 의의를 지니는 것은 그들에게 職牒을 수여하는 회유책에 있었다.

G-②의 기사 또한 동북면 방면의 여진인들이 지속적으로 고려에 편입되었던 사례와 그에 대한 정부의 대처 방향을 잘 말해주는 내용으로, 고려인의 數的 증가와 함께 획득된 영토에 행정구역 정리와 편입 절차에 대한 정부의 입장을 말하고 있다. 고려 건국 직후 시행되었던 귀화정책의 한 단면을 보여줄 뿐 아니라, 여러 국왕들에 의해 정책적으로 계승되어 왔음을 의미하는 것이기도 하였다. 이러한 고려의 적극적인 대처는 투화인들에게 고려와 인접한 지역에서 성장하는 세력들에 대한 군사적 견제의 역할을 부여하면서도, 새로 편입된 고려인들에 대한 생활 안정을 도모하는데 더 큰 목적이 있었던 것으로 보인다.

한편, 앞에서 언급한 바와 같이 발해인의 귀화는 926년(태조 8) 9월 장군 申德 등 500인의 내투를 계기로 시작되어 고려 예종 대까지 계속되었다. 특히 발해국의 세자가 수 만 명을 이끌고 고려로 귀부하자 賜姓名하고 북계 지역을 다스리는 관리로 임명하였을 뿐 아니라, 관작에 따라 차등 있게 田土를 지급하여 경제적·신분적 안정을 도모하는[109] 본격적인 귀화정책의 하나였음이 재확인된다.

▌ 戸籍 編成을 통한 이민족의 동화 유도

高麗의 제도 개편은 국초부터 시작되지만 본격적으로 이루어진 것은 成宗年間(982~997)의 일이다. 이러한 제도 개편의 결과로 이루어지는 戸部의 설치는 戸口, 貢賦 및 錢穀을 관장하는 기능을 담당하게 되었다. 호부의 기능을 단적으로 설명하는 기사는, 「식화지」에서 표현한 바와 같이 16세에서 60세까지의 '丁'을 대상으로

---

108 포상의 종류는 '賜物'과 授職하는 '職賞'이 있었으며 여러 무리를 이루었을 때는 각기 차등을 두었다. '사물'이나 '직상'은 모든 來附者에 해당하는 것은 아니었으며, 그들의 慕義忠效에 따라 來附蕃族 중에서도 극히 일부의 蕃酋가 은전을 입을 수 있었다. 하사물의 품목은 銀子, 金帛, 金絹, 絹紬, 衣服, 器皿, 貨物, 酒食, 司牛, 田宅 등이었다. 특히 투화 여진에 대하여는 주로 江南, 畿內, 嶺東의 내륙에 분산하여 거주케 하였으나, 渤海古城地에 살게 한 예도 있고 東界 山南에 분처한 예도 있다(全海宗, 「귀족정권의 대외관계」, 『한국사』 4, 1981, 292-296쪽).

109 『高麗史』 卷2 「世家」 2 태조 17년 7월, "渤海國世子大光顯 率衆數萬來投 賜姓名王繼 附之宗籍 特授元甫 守白州以奉其祀 賜僚佐爵軍士田宅有差".

국역에 복무하게 하고 해마다 호구조사를 하며 그 호적대장을 戶部로 보내고 徭賦
의 징수를 위한 호적제의 실행을 말하며, 1135년(인종 13)의 호적제에 관한 기록에서
는[110] 이미 고려 초기부터 백성을 대상으로 하는 3稅의 부과가 있었음을 파악하게
하는 단서이다.[111]

　　고려시대의 백성은 모두 國役의 부담을 지고 있었다. 국역이란 국가에 대한
국민으로서의 의무를 말하며, 丁[112]의 연령층에 있는 모든 백성이 대상이 되었다.
관인이나 군인·향리 등은 국가에 대해 특정한 職役을 부담하는 계층이었으며, 그
이외의 백성들은 徭役·貢賦·軍役 등을 부담하였다. 요역은 국가의 여러 공사에 필
요한 노동력을 징발하는 것이었으며, 공부는 지역의 토산물을 정부에 공급하는 것
으로 역시 공물의 확보를 위한 노동력의 제공을 의무화하였다.[113] 이러한 役의 부
과는 戶를 매개로 이루어졌는데, 『고려사』「형법지」에는 役의 수취와 '편호'의 용어
와 관련된 주목할 만한 기사가 보인다.

　　H-① 호구를 편성함에 人丁의 다과로 9등급으로 나누고 그 역의 부과를 정하
　　　　였다.[114]

라 하여 편호의 편성과 기준에 따라 役의 부과를 정한다는 기사이다. 즉 일반 백성
을 대상으로 하여 호구의 편성과 함께 국가재정 확충을 위한 역의 징발이 목적이라
는 점에서 戶等制[115]의 시행과 관련하여 주목 받는 기록이기도 하다.

　　위의 기사에 대한 정확한 이해는 먼저 9등호제로 수취되는 '부역'의 실체가 무

110　『高麗史』 卷79「食貨志」2 戶口條. "仁宗十三年二月 判 居京大小人員子弟 謀避徭役 各於本
　　　貫親戚戶籍類付 以致名實混淆 自今京人付外籍者 痛禁".
111　崔弘基,「高麗時代의 戶籍制」,『韓國戶籍制度史研究』, 博士學位論文, 서울대, 1973, 211쪽.
112　16세 이상 60세 이하의 연령층에 해당하는 백성들을 말한다.
113　朴恩卿,「高麗前期의 移住」,『高麗時代 鄉村社會研究』, 一潮閣, 1996, 29쪽.
114　『高麗史』 卷84「刑法志」1 戶婚條 "編戶 以人丁多寡 分爲九等 定其賦役".
115　戶等制의 성립에 관한 연구는 주로 신라의 9등호제와 관련하여 나타나고 있는데, 金琪燮은「新
　　　羅 統一期의 戶等制와 孔烟」,『釜大史學』17, 1993에서 개별 자연호의 소유토지와 人丁 및 그
　　　외 牛馬 등 재산의 규모에 따라 戶를 9등급으로 나누어 설명하고 있다. 반면 李仁哲은「新羅
　　　統一期의 村落支配와 計烟」,『韓國史研究』54, 韓國史研究會, 1986에서 신라의 9등호제는 토
　　　지소유의 차이만을 반영한 것으로 파악하고 있다. 이와 관련하여 고려의 호등제는 人丁의 多寡
　　　에 의한 9등호제라고 보아 왔다. 특히 姜晋哲은 "고려의 賦役은 인정의 다과에 따라서 편성된
　　　호등제에 기준을 두어 수취하는 것을 원칙으로 삼았다"라고 하면서 貢賦와 徭役은 이 9등호제
　　　에 의하여 과정된 것이라고 보고 있다(『高麗土地制度史研究』, 1980).

엇인가 하는 것과,[116] 다음으로 9등으로 나누어지는 대상이 무엇인가 하는 점이다. 두 번째의 문제는 편호에 대한 해석과도 관계되는 내용으로 이에 대한 해석이 호등에 대한 편성, 또는 호등제 자체인지와,[117] 편호 자체가 인정의 다과에 따라 9등으로 나누어졌는지에 대한 해석이다.[118]

이에 대한 보다 구체적인 검토는 『고려사』에 보이는 편호의 기사에서 살필 수 있다.

> H-② … 마땅히 너희들 公卿將相으로 國祿을 먹는 사람들은 내가 백성을 사랑하기를 아들같이 여기고 있는 뜻을 잘 알아서 너희들 녹읍의 백성[編戶]들을 불쌍히 여겨야 할 것이다.[119]
>
> -③ 감찰하는 관리가 금품을 훔치거나 또는 감찰할 때에 재물을 받고서 법을 어긴 경우에는 도형과 杖刑은 논하지 말고 그의 職田을 회수한 다음 시골로 돌려보낼 것이며 승려로서 절간의 미곡을 훔친 자는 시골로 돌려보내 보통 호구에 편입하고 관가의 물품을 매매한 자는 시골로 돌려보내는 외에 법에 의하여 죄를 줄 것이다.[120]
>
> -④ 향, 부곡, 진, 역과 양계, 주진의 백성들은 승려가 되는 것을 금한다.[121]
>
> -⑤ 秋 7月 丙子에 도병마사가 주청하기를 '于山國 백성으로 여진의 虜掠을 입어 도망하여 온 자는 예주에 두고 官에서 식량을 급여하여 아주 編戶를 삼으소서.'하니 이를 따랐다.[122]

---

116 金載名, 「高麗時代 役의 收取와 戶等制」, 『靑溪史學』12, 韓國精神文化硏究院, 1996에서 賦役의 실체를 기본 세목으로 분류하여 力役(正役)의 徵發로 보고 있다.

117 崔弘基, 「高麗時代의 戶籍制」, 『韓國戶籍制度史研究』, 博士學位論文, 서울대, 1973에서 編戶를 戶等制 자체로 이해하고 있다.

118 金載名은 위의 논문에서 '編戶'를 인정의 다과에 따라 9등으로 구분되는 대상으로 파악하고 있다. 이와 함께 朴恩卿은 앞의 논문(1992)에서 編戶를 호적에 편입되어 부역을 담당하는 戶를 의미한다고 파악하고 있다.

119 『高麗史』卷2 世家2 태조 17년 詔, "夏五月乙巳 幸禮山鎭 詔曰 … 宜爾公卿將相 食祿之 人 諒予愛民 如子之意 矜爾祿邑 編戶之氓."

120 『高麗史』卷84「刑法志」職制條. "官吏臨監自盜 及臨監內受財枉法者 徒杖勿論 收職田 歸鄕. 僧人 盜寺院米穀 歸鄕 充編戶 貿易官物者 除歸鄕 依律科罪."

121 『高麗史』卷85「刑法志」禁令條. "禁 鄕部曲津驛 兩界 州鎭 編戶人 爲僧."

122 『高麗史』卷4 世家4 현종 13년. "秋七月丙子 都兵馬使奏 '于山國民 被女眞虜掠 逃來者 處之 禮州 官給資糧 永爲編戶.' 從之."

위의 기사는 편호에 대한 기사로 H-②는 백성을 긍휼히 여기는 임금의 마음을 표현한 것으로 백성을 지칭하는 일반적인 사례이다. H-③은 지배계층이었던 관리들이 官의 물건을 빼돌리거나, 뇌물을 받았을 때 이를 경계하기 위한 방법으로 전시과에 부여된 職田을 회수하고 本貫으로 되돌리는 것을 말하고 있다. 아울러 승려 또한 국가로부터 면세의 특권을 부여받았던 계층이었다는 점에서 이들의 행위에 대한 단속을 전제로 하는 내용이다. 다만 이 기사에서 관리들을 귀향으로 그치는 반면, 승려들은 귀향 후 편호한다는 점에서 관리들보다 더 무겁게 형벌을 부과하는 셈이다.[123] 특히 편호를 설명하면서 구체적인 신분을 들었다는 것이 특징으로 사료 자체가 『고려사』 「형법지」의 내용이라는 점에서 사회경제적인 기반을 활용한 법제의 적용이라 볼 수 있지만, 편호가 호등제 자체였다는 것은 설명하기가 어렵다. 따라서 편호는 戶等 編成의 의미라기보다는 '編籍된 戶口'의 의미가 합당한 표현이겠다.

H-④의 기사는 피지배계층이나 특수 행정구역에 속한 백성들이 면세의 혜택을 받는 승려로 출가하는 것을 제한하는 내용이다. 고려사회에서 승려로 출가하는 것에 대한 국가의 법률은 귀족의 자제나 향리의 손자로 출가를 제한함으로써,[124] 국가재정을 담당하는 일반민이나 피지배계층의 이탈을 방지하여 국가재정의 손실을 보전하려는 목적이 더 크다고 볼 수 있겠다. H-⑤는 월경한 여진을 피해 들어온 우산국의 백성들을 백성으로 편적하는 내용을 담고 있다. 우산국의 복속은 이미 신라 때의 일이긴 하나 고려 성종과 현종대에 이르러 지방에 대한 행정체계가 완성되어 간다는 점을 볼 때, 당시의 상황은 수군의 보호를 받지 못하는 지역민의 이동이라는 차원에서 해석될 만하다. 때문에 이미 고려 정부가 백성을 편적하고 있다는 사실을 염두에 둔 도병마사의 주청이라는 점을 고려하여야 할 것이다. 즉 고려 정부의 호구 편성은 국초부터 진행되어 온 편호제도에 대해 충분히 숙지하고 있다는

---

123 文炯萬은 常戶를 編戶의 의미로 보았으며 따라서 充常戶는 編戶에 충당시키는 것으로 해석하고 있다(文炯萬, 「麗代 「歸鄉」考」, 『歷史學報』23, 歷史學會, 1964, 29쪽). 北村秀人은 常戶를 鄉의 民으로 보고 充常戶는 단순한 鄉으로의 流配에서 나아가 해당자를 鄉의 호적에 등록해서 그 지역의 民으로 깎아내리는 것으로 보았다(北村秀人, 「高麗時代の歸鄉刑·充常戶刑について」, 『朝鮮學報』81, 1976, 108-109쪽). 蔡雄錫은 充常戶는 형벌적 의미를 갖는 것으로 充編戶와는 무관한 것으로 이해하였다(蔡雄錫, 「高麗時代 歸鄉刑과 充常戶刑」, 『韓國史論』9, 서울대, 1983, 10쪽).

124 『高麗史』권6, 世家6, 정종 2년 5월 辛卯.

이야기이므로, 형법지의 행형체계 또한 동시에 이루어졌다고 볼 수 있다.

　　고려시대의 호적제는 自然戶를 대상으로 하여 戶와 口를 파악하고 이를 통해 徭役의 징발을 위한 중요한 수단으로 이용했다는 점이다. 또 당시의 호적이 戶主를 중심으로 하는 현실적인 생활공동체인 家를 단위로 하여 口를 파악하기 위해서 각 호마다 편성되었음을 의미하는 것이다.125 이와 함께 생각해 볼 수 있는 것은 고려의 호적제가 갖는 기능의 변화이다. 원래 호적제의 기본적인 기능은 徭役의 부과를 위한 호구의 조사에 있었다. 그러나 고려사회가 士族層과 庶人層을 기반으로 하는 신분제에126 뿌리를 둔 봉건적인 지배체제였으며, 이러한 제도적인 장치가 확립되어 감에 따라서 호적제는 기본적인 기능과 함께 점차 봉건적인 신분을 확인하는 기능으로 확대된다는 점이다. 즉 '나라의 제도에 백성이 나이 열여섯이 되면 丁이 되어 비로소 국역에 복무하고 …'라 한 기록과 1134년(인종 12) 2월의 기록127 중 '서울에 거주하는 대·소인원의 자제들이 요역을 회피하려고 …'는 고려 초기의 국역 부담이 大小間에 걸쳐 모든 人民이 다같이 服役한 것으로 생각해 볼 수 있겠다. 그러나 1325년(충숙왕 12) 10월의 下敎128와 1371년(공민왕 20)의 下敎129중에서 '아울러 옛 제도에 따라 양인·천인을 분간하여 호적을 작성하고 …'한 것은 모두 服役을 수행함에 있어서 지배층과 良賤의 신분을 호적에서 구분하고 있음이 확인된다. 이처럼 고려의 호적제도는 국초부터 말엽에 이르기까지 사회를 이끌어가는 주요한 제도로 작용하였으며, 국역의 부담 또한 이를 근거로 하고 있음이 확인된다.

　　이러한 호적제의 시행은 궁극적으로 고려 태조의 인구증대정책을 적극적으로 시행한 것에 있었다. 고려정부의 인구증가책에 대한 해법 중 하나는 귀화인 유인책을 적절히 구사함으로써 실현가능한 이민족 동화정책의 일환이었다. 이 과정에 적용된 '編戶策' 또는 '充編戶策'은 이민족을 고려의 국민으로 충원하여 국가에 대한

---

125 崔弘基, 앞의 논문, 219쪽.
126 고려의 신분제에 대한 재검토가 요구된다.
127 『高麗史』 卷79 「食貨志」 2 戶口條. "仁宗十三年二月判: 居京大小人員子弟 謀避徭役 各於本貫親戚戶籍類付 以致名實混淆 自今京人付外籍者 痛禁".
128 『高麗史』 卷79 「食貨志」 2 戶口條. "開城府五部及外方州縣 以百姓爲兩班 以賤人爲良人 僞造戶口者 據法斷罪".
129 『高麗史』 卷79 「食貨志」 2 戶口條. "恭愍王二十年十二月 下敎 本國戶口之法 近因播遷 皆失其舊 自壬子年爲始 并依舊制 良賤生口 分揀成籍 隨其式年 解納民部 以備考考".

국역의 의무를 주고 고려민으로 융화시키는 병합과정의 하나로 활용되었다.[130] 그리고 이것은 불안정한 北界지방의 防守와 함께 고토회복을 위한 북방개척의 시책으로 병행되었다.[131]

民戶에 충당될 귀화인에게 고려인의 자격을 부여하고 租稅·徭役·貢賦의 의무를 주어 고려 주권국민으로 흡수하려는 적극적인 귀화정책을 시행하였다. 이는 나말여초의 혼란기를 거치면서 감소한 인구의 보충이라는 점에서 더욱 필요하였다. 통일신라후기의 末期的 현상과 후삼국 시기의 잦은 兵亂은 인구의 대폭적 감소로 이어졌고, 이는 사회문화적인 것은 물론 경제적 분야에서도 눈에 띄는 변화를 가져왔기 때문이다.[132]

이러한 이유로 고려 정부는 국가정책의 최우선으로 인구 증대정책에 박차를 가했을 것이다. 그러나 국가가 아무리 노력한다 해도 인구의 증가는 급속도로 이루어지지 않는다. 특히 고려시대 같은 전근대사회에서는 병란과 질병, 기아 등의 이유로 인구의 증대는 급속히 이루어질 수 없었다. 이 같은 사정은 『宋史』「高麗傳」의 기사로 확인되는데, 『송사』에서는 고려 전기의 인구를 2백 10만 여 명으로 추산하였다.[133] 때문에 당시 고려는 인구를 증가하기 위한 수단으로 귀화인을 적극 유치해서 편호에 충당하는 방법을 동원하였다. 이는 고려의 국익을 최대로 확장하려는 정부의 시책이기도 하였지만, 936년 후백제에 대한 공세를 펼칠 때에는 일정 정도 효과를 거두었던 것으로 보인다.[134]

위와 같은 사실로 미루어 본다면 고려는 후삼국 통일이전에 이미 북방민을 위무하고 귀화시킨 것으로 해석할 수 있다. 당시에 1만 여명의 말갈인 부대를 동원할 수 있다는 것은 그 보다 훨씬 더 많은 귀화인이 존재했음을 반증하는 사례가 아닐까 생각된다. 각국 출신의 인적구성 속에서 말갈인만으로 구성된 부대가 별도로 편

---

130 전영준, 「高麗時代 '編戶'의 行刑體系 적용과 사회적 활용」, 『인문학연구』 13, 제주대학교 인문과학연구소, 2012, 30-38쪽.

131 『高麗史』卷2「世家」2 태조 17년 7월, 발해국 세자의 귀부 기사 참조.

132 김순자, 「고려시대의 전쟁, 전염병과 인구」, 『이화사학연구』, 제34집, 2005.

133 『宋史』卷487, 「外國」3 '高麗傳', "總之 凡三京四府八牧 郡百有十八 縣鎮三百九十 洲島三千七百 郡邑小者 或只百家 男女二百十萬口 兵民僧各居其一" 한편, 박옥걸은 『고려시대 귀화인 연구』에서 고려인구의 수가 1340년 『송사』가 편찬된 해의 것보다 앞선 고려전기의 인구로 추정하였다.

134 『高麗史』卷2 世家2 태조 19년 9월 "大相 庚黔弼 元尹 官茂 官憲等 領黑水達姑鐵勒 諸蕃勁騎九千五百".

제된 것은 고려전기 이전부터 이미 대량의 북방민의 귀화가 시작된 것으로 생각된다.[135] 다음의 기사들은 고려가 초기부터 광범위하게 받아들인 이민족과 그들을 호적에 편제하였던 사례로, 북방민족은 물론 일본인들의 귀화도 적극적으로 받아들인 것으로 볼 수 있다.

H-⑥ 日本國人 道要彌刀 등 20호가 들어와 의탁하였으므로 利川郡에 살게 하고 編戶하였다.[136]

-⑦ 10월 甲申에 西北女眞의 仍化老 등 13인이 투항하여 옴에 課戶에 충당함을 命하였다.[137]

-⑧ 丙寅에 동여진의 正甫, 馬皮 등 48인이 정주관 밖에 들어와서 編戶되기를 청하거늘 토지와 집을 내려 內地에 살게 하였다.[138]

-⑨ 8월 을미에 서여진의 漫豆 등 17인이 가족을 거느리고 들어와 의탁함에 예빈성이 주청하기를 '舊制에 본국의 변방민으로 일찍이 蕃賊에게 납치되었다가 고국을 생각하여 스스로 돌아온 者와 宋人으로 재주와 기능이 있는 자 이외에 黑水女眞과 같은 자는 모두 入住를 허락하지 않았사오니 지금 漫豆 등도 돌려보내소서' 하니, 예부상서 盧旦이 주청하기를 '漫豆 등은 비록 무지한 사람들이라 할지라도 義를 사모하여 왔으니 거절할 수 없습니다. 마땅히 山南州縣에 머물게 하여 編戶를 삼게 하소서' 하니 따랐다.[139]

-⑩ 戊午에 여진의 氈工 古舍毛 등 6인이 들어와 의탁하거늘 집과 밭을 주어 編戶에 채워 넣었다.[140]

-⑪ 8월 대장군 최동수를 보내어 吾都止를 따라 몽고에 가게 하였는데 奏에 대략하여 이르기를 '돌아보건대 小邦이 비록 전성한 때에도 인민이 오히려 적었는데

---

135 이러한 사례는 고려 이전에도 확인할 수 있는데, 신라 왕실 호위기구인 9서당은 新羅人과 高句麗人으로 구성된 각각의 3개 부대와 百濟人의 2개 부대 그리고 靺鞨人으로 구성된 1개 부대로 조직되었다(『三國史記』 卷40 잡지9 직관 하 무관 조).

136 『高麗史』 卷3 世家3 목종 2년, "日本國人 道要彌刀等二十戶 來投 處之利川郡 爲編戶."

137 『高麗史』 卷6 世家6 정종 6년 10월, "冬十月甲申 西北女眞 仍化老等十三人 來投 命充爲課戶."

138 『高麗史』 卷7 世家7 문종 6년, "丙寅 東女眞 正甫馬波等 男女四十八人 請入定州關外 爲編戶 賜田宅 處之內地."

139 『高麗史』 卷9 世家9 문종 35년, "八月己未 西女眞 漫豆等十七人 挈家來投 禮賓省 奏曰 '舊制 本國邊民 曾被蕃賊 所掠懷土 自來者與宋人有才藝者外 若黑水女眞並 不許入 今漫豆亦 依舊制 遣還.' 禮部尚書 盧旦 奏曰 '漫豆等 雖無知之俗 慕義而來 不可拒也 宜處之 山南州縣 以爲編戶.' 從之."

140 『高麗史』 卷11 世家11 숙종 6년, "戊午 女眞 氈工 古舍毛 等六人 來投 賜田廬以 充編戶."

하물며 신묘로부터 30년 동안 兵疫이 서로 잇달아 죽어서 喪 당하는 일이 매우 많았고, 비록 이제 編戶의 子遺[遺民]가 겨우 농사의 생업을 회복하였으나 그 兵衛(군대)에 예속한 것도 또한 장정과 날쌔고 용감한 자가 없습니다. 그러나 황제의 칙령을 重瀆하게 여겨 다방면으로 조사하고 징발하여 겨우 1만인을 얻었고 그 舟艦은 이미 沿海의 관리에게 위임하여 자재를 동원하여 만들게 하였나이다' 라고 하였다.141

이들 기사들은 대부분 변방 이민족의 고려 국적 취득이나,142 일본 정벌 당시의 백성의 곤궁함을 설명한 것 등이다. 그러나 이들 중 H-⑩의 기사에 보이는 '충편호'는 형법지에서 말하는 의미와는 다른 것으로 이해된다. 형법지에서 표현하는 편호는 어디까지나 지배계층에 속한 이들에 대한 통제장치로 이해된다는 점을 전제할 때, 이 기사는 이민족 모직수공업자의 입경을 통해 고려의 수공업 분야에 편호로 충당한다는 의미라 생각된다.

수공업자의 고려 정착에 대한 기사는 『宋史』에서도 확인되는데, 이는 고려가 국초부터 귀화 漢人을 우대하였던 사실에 비추어 볼 때 주목할 만하다. 즉 쌍기나 왕융 같은 한인 지식인들을 활용하였던 사실은 왕권강화를 위한 정책적 판단이라고 볼 수 있기 때문이다. 다음의 기사는 『송사』에서 밝히는 수공업자의 고려 정착과 관련한 기사이다.

I-① 희녕 7년(1074년, 문종 28) 과거에 고려 사신들이 오갈 적에는 모두 등주를 경유하였는데, 희녕 7년에 그의 신하 김양감을 보내어 아뢰기를 "거란을 멀리하고 싶으니 길을 바꾸어 명주를 경유하여 대궐에 이르겠습니다." 하니 그렇게 하도록 하였다.

徽(고려 문종)가 또 표를 올려 의약 및 고려 사람을 가르칠 畫工·塑工 등을 보내 달라고 요구하니 羅拯에게 조칙을 내려, 가기를 희망하는 사람들을 모집하도록 하였다.

---

141 『高麗史』 卷26 世家26 원종 9년, "八月 遣大將軍崔東秀 隨吾都止 如蒙古 奏略曰: '顧惟小邦 雖在全盛之時 人民尙寡況 自辛卯三十年來 兵疫相仍喪亡太多 惟玆編戶之子遺 僅復農畦之 生業 其隸于兵衛 亦未有丁壯驍勇者 然 重違帝勑 多方調發 僅得萬人 其舟艦則 已委沿海官 吏 方始厖材 營造.'"

142 姜性文, 「高麗初期의 北界開拓에 대한 硏究」, 『白山學報』 27, 白山學會, 1983, 39-57쪽에서 호구증식에 관한 논지를 펴면서 이민족의 국적 취득에 관해 論하고 있다.

-② 慶元 연간(1195~1200년, 명종25~신종3) 조칙을 내려 상인들이 동전을 가지고 고려로 들어가는 것을 금지시켰다. (고려) 왕성에는 중국 사람이 수백 명 있었는데, 장사 때문에 배타고 간 閩지방 사람들이 많았다. (고려에서는) 비밀리에 그들의 재능을 시험해 보고 벼슬을 주어 유혹하거나 강제로 체류시켜 일생을 마치도록 하기도 하였다. 조정에서 사신이 갔을 적에 (그들 중에) 첩을 올려 하소연하는 사람이 있으면 데리고 귀국하였다.

Ⅰ-①과 ②는 고려가 송과의 무역을 전개하는 과정에서 대두되었던 고려인의 송에 대한 기술 인력의 송출 등에 관한 문제들을 지적하는 내용이다. 이들은 국초부터 고려에 일정한 역할을 하였던 귀화 한인들과 같은 입장도 있었겠지만, 고려의 적극적인 인재 유치도 한 몫 하였을 것이다. 그러나 앞의 H-⑥~⑪의 기록은 여진과 일본인들의 적극적인 귀화 의사와 맥을 같이 한다는 점에서는 그 의미가 다르지만, 고려의 수공업자 유치는 고려의 국익에 도움이 된다는 판단 때문에 즉각적인 조치가 취해진 것이라 볼 수 있겠다.

한편, 고려후기에는 비판의 대상이 되었던[143] 사원의 창건과 관련한 기록에서도 원의 기술자를 초빙하였는데, 齊國大長公主가 元의 공장을 초청하여 전각을 짓는 토목공사의 내용이다. 이 공사는 이듬해까지 진행되었는데, 이에 대한 공주의 관심은 각별하였다.

Ⅰ-③ … 이때에 公主가 工匠을 元에 청하여 크게 토목의 役을 일으킬 때 木匠提領 盧仁秀가 한 큰 나무를 택하여 方慶·柳璥과 印侯·張舜龍에게 각각 톱을 잡게 하고 그 두 끝을 꺾게 하면서 깨우쳐 말하기를, "人臣이 임금에게 힘을 다함이 마땅히 이와 같을지라"고 하였다.[144]

위의 인용문에서 주목되는 내용은 '木匠提領 盧仁秀'이다. 그러나 盧仁秀를 귀화인으로는 볼 수 없으나 원에서 초청된 木匠이나 梓人 등 건축 관련 종사자들의 동원으로 볼 때, 당시 고려에서도 이들의 역사에 참여한 工匠層이 존재하였을 것으로 보이기 때문에 양국 간의 기술적 교류를 추정해 볼 수 있을 것이다. 다음의 사료

---

143 李齊賢,「重修開國律寺記」,『益齋亂藁』권6.
144 『高麗史』卷104 列傳17 金方慶條.

는 충렬왕 3년의 기사로 이에 대한 구체적인 내용을 담고 있다.

> I-④ … 공주가 일찍이 원에 공장을 청하였는데 이에 이르러 木匠提領 盧仁秀가 三
> 哥로 하여금 공주에게 告하여 말하기를, "宮室의 役事를 이미 罷하였는데 어찌
> 우리를 돌려보내지 아니 하나이까" 라고 하니 공주가 大怒하여 宰樞들을 힐책
> 하여 말하기를, "내가 다만 役徒들만 쉬게 하였는데 어찌 또한 工匠을 보내려
> 하느냐" 라고 하매 宰樞가 말하기를, "役事를 罷한다 함은 이는 日官의 말이
> 니 臣 등이 어찌 알리요"라고 하였다. 공주가 더욱 怒하여, "어찌 나를 멸시하
> 느냐. 반드시 한 宰樞를 징계하여 그 나머지들을 경계하리라"고 하므로 재추들
> 이 그 대답이 어려웠는데 李槢이 말하기를, "向者에 신 등이 왕의 병이 위독하
> 므로 役事를 罷하고 修省하기를 청하여 다행히 허락되었는데 工匠들이 망녕되
> 게 役事를 파하였다고 말하고 돌아가겠다 한 것이오니 지금 불러 다시 시작하여
> 도 또한 늦지 않나이다"라고 하니 공주의 노여움이 풀렸다. 얼마 후에 日官이
> 또 3층 閣은 짓지 말 것을 面請하였으나 듣지 않고 諸道의 役夫를 징발하여
> 독촉하기를 더욱 급히 하였다.[145]

인용문은 元에서 초청된 工匠들이 궁실의 역사를 마치고 원으로 돌려보내 주
기를 요청하는 내용으로 이들 공장들은 木匠이나 梓匠 등의 숙련된 기술을 소지한
계층으로 보인다. 더욱이 役徒와 役夫라고 따로 칭하는 것으로 보아 이때에 동원된
使役層은 민정과 사원에 소속되었던 僧匠이나 工匠僧 등의 토목기술자들이 함께
동원되었을 개연성이 높다. 또한 원나라에서는 3층의 전각을 구성했을 정도의 기
술을 보유했었던 점으로 보아 원에서 초청된 기술자들과 고려의 공장들과는 어느
정도 기술적 교류가 있었을 것으로 보이지만, 구체적인 자료는 아직 찾을 수 없다.
다음의 사료 또한 고려에 파견되었던 토목기술자들의 존재를 알려주는 내용으로,

> I-⑤ 그 때에 왕이 元朝의 梓人 元世를 濟州에서 불러 올려 影殿을 경영케 하니 元
> 世 등 11인이 家率하여 왔다. 원세가 宰輔에게 이르기를, "원나라의 皇帝가 土
> 木 일으키기를 좋아하여 민심을 잃고 스스로 마침내 四海를 보전하지 못할 줄
> 을 알고 이에 우리들에게 詔하여 宮殿을 耽羅에 經營케 하고 避亂의 계책을

삼고자 하더니 준공을 보지 못하고 원나라가 망하였나이다. 우리들이 衣食을 잃었다가 이제 부름을 입어 다시 衣食을 하게 되니 진실로 萬幸입니다. 그러나 원나라는 큰 천하를 가지고도 인민을 함으로써 멸망하였으니, 비록 高麗가 크다 하더라도 민심을 잃지 아니한다 할 수 있겠습니까. 원컨대 여러 宰相은 왕에게 奏啓하소서"라고 하였으나 宰輔들이 감히 聞奏치 못하였다.146

원이 멸망하기 직전 고려의 영토인 탐라에 새로운 궁궐을 조영하고 후일을 도모 하고자 하였던 원 황제의 의도가 내포된 기술자의 파견을 알게 하는 내용이다. 탐라 가 원나라의 방목장이었던 점과 바다에 접해 있다는 점이 고려된 것으로 보인다. 이 때 탐라에 파견된 梓人 元世 등이 궁전을 채 조영하기 전에 이미 원나라의 멸망이 있었다는 것을 기술하고 있다. 공민왕이 원세를 불러서 전각을 구성하게 하고 그를 귀화하게 하였던 점으로 볼 때, 고려의 지속적인 귀화정책은 잘 유지되고 있음을 확 인할 수 있다.147 특히 이들은 몽골과의 교류가 시작된 이후 고려에 들어온 木匠, 梓 人들로 실제로 토목공사나 전각의 營繕에 직접 영향을 주었던 것으로 보인다.148

따라서 사료를 통해 알 수 있는 이민족의 귀화와 이를 활용한 편호는 이미 고 려인들에게 적용되었던 常戶나 課戶와 내용상 동일하다는 것이므로, 백성의 호적 에 편성되어 국가에 대한 力役의 부담을 담당하는 戶의 편성을 의미하는 것이라 볼 수 있다. 더욱이 북계 지역을 중심으로 하는 거주지 제한 규정과 함께 본다면 거란이나 여진인의 귀화는 국경에 대한 수비와 3稅의 부과를 동시에 취하면서도 그들에게 고려의 정체성을 강조하려는 의도에서 귀화정책으로 채택하였을 것이라 생각된다.

▌ 귀화인의 경제적 안정을 위한 投化田 지급

越境이나 투화를 통해 고려로 귀화한 이민족에 대한 고려의 정책은 앞에서 살 펴본 바와 같지만 이들이 고려 백성의 의무를 다하기 위해서는 최소한의 경제력을 갖추어야 했다. 때문에 정부는 이들에 대하여 投化田의 명목을 빌어 토지를 지급하 였다.

---

146 『高麗史』 卷41 世家41 공민왕 18년 9월 辛酉.
147 『高麗史』 卷41 世家41 공민왕 18년 9월 辛酉.
148 박옥걸, 「고려시대 귀화인의 역할과 영향」, 『白山學報』 70, 2004, 374-375쪽.

J-① 7월 대사헌 趙浚 등이 상서하여 말하기를, … 投化田은 귀화한 사람이 이를 종
    신토록 먹게 하며 죽으면 나라에 반납하게 한다. 관직을 받아 구분전을 받은 사
    람에게는 지급하지 않는다.[149]

위의 기사는 1388년(우왕 14)에 조준이 올린 상서문의 내용 중 일부로 조준은
토지제도를 바르게 하여 國用을 넉넉히 할 때, 국가의 위신을 바로 세울 수 있다고
하면서 고려 말엽의 토지제도 문란으로 토지가 부족해지자 투화전의 명목으로 전
답 사여를 제한해야 한다고 주장하였다. 여기서 확인되는 투화전의 내용은 귀화인
에게 종신토록 주는 토지이며, 귀화인이 죽거나 관직 진출을 이루었을 때는 이를
국가에 반환해야 함을 강조하고 있다. 즉 고려 초기부터 있었던 이민족의 귀화와
정착에는 일괄적으로 주택과 전답, 미곡과 의복, 기물과 가축 등을 나누어주는 사
례가 있었음은 앞에서 살핀 바와 같지만, 이와 같은 공식적인 토지제도가 있었음은
귀화인들에 대한 경제적 보상을 꾀하고 있는 것이며, 아울러 관계 진출 등을 이룬
한인 지식층이나 그 밖의 귀화인의 사례를 반영하여 公的으로 토지를 받았을 때는
반환한다는 이전의 규정을 재확인하게 한다. 다음의 기록은 고려에 투화하여 丁이
된 사람들에 대한 내용을 담고 있어 주목된다.

J-② … 또 양계의 亡丁과 投化丁에게는 토지 각 4결을 지급하고 교대하는 자가 이
    어서 그 토지를 받도록 하며, 몽골어와 한어에 능통한 자 각 2명을 뽑아 그들
    을 데리고 가서 관리시키도록 하십시오. 그 관리인에게는 각자 은 1근, 백저포
    1필, 폭이 넓은 모시베 각 15필, 명주 5필, 솜 3근, 쌀 15석, 말 3필을 하사하
    고 해마다 그 집에서 쓰는 비용으로 명주, 모시베 3필과 쌀 10석을 주도록 하십
    시오.[150]

위의 기록은 충렬왕 대의 기사이기는 하나, 고려 초기부터 행정구역으로 편제
된 지역인 양계에서 역참의 역을 수행하는 수직자에 대한 보상을 담은 내용이다.

---

149 『高麗史』卷78 志32 食貨1 田制 신우 14년, "七月 大司憲趙浚等上書曰 … 投化田 向國之人
    食之終身 身歿則還 公受官職 有口分田者 不許".
150 『高麗史』卷82 志36 兵2 站驛, "忠烈王 五年 六月 都評議使言 …又給兩界亡丁投化丁 田各四
    結 令更者遞受 樺能蒙漢語者各二人 押去管領. 其管領人 人賜銀一斤 白苧布一匹 廣苧廣布各
    十五匹 紬五匹 緜三斤 米十五石 馬三匹 歲資其家 紬苧布各三匹 米十石."

직역에 해당하는 토지를 지급하고 그에 대한 관리자에게도 일정한 보상을 내리고 있다. 토지 4결이 비록 많지는 않지만, 앞에서 언급한 투화전보다는 많을 것으로 판단되기 때문에 투화인들에게 지급되었던 투화전의 총액이 많다고 볼 수는 없을 것 같다.[151] 또 조준이 상서에서 지적한 바와 같이 관계 진출이나 公的으로 토지를 지급받게 될 때는 투화전의 국가 반납을 명시하였기 때문에, 투화인들의 國役 등의 업무에 종사하거나 軍役 등의 업무에 투입되었을 경우를 상정한다면 투화인들에게 지급되었던 토지는 극히 제한된 상태에서 순환되었을 가능성이 크다. 때문에 투화인들에 대한 고려 정부의 경제적 처우 개선 정책은 크게 영향을 받지 않았을 것이라 생각된다.[152] 다음의 기록도 투화인을 군대에 편성한 내용이다.

> J-③ 東界. 高州; 도령 1명, 낭장 3명, 별장 7명, 교위 15명, 대정 32명이 있다. 초군·좌군은 각 1대이고, 우군은 8대이다. 영새는 2대이고, 投化·田匠[153]은 각 1경이다.[154]

위의 기록에 따르면 투화인들이 강한 활을 쓰는 梗弓軍에 편성되어 있음을 말하는 것으로 이 또한 앞의 J-①·②와 같이 해당하는 직역에 포함되고 있음이 확인된다. 즉 東界 지역이 국경이라는 점에서 고려 정부는 북방에서 투화하는 대부분의 사람들을 변경에 재배치함으로써 국경 수비와 전쟁을 대비한 전략적 차원의 활용을 보여준다는 점에서 특징을 보여준다. 이처럼 투화인의 직역 배치는 북방의 국경에만 그치는 것이 아니었다.

---

151 南仁國, 앞의 글, 1986, 99-100쪽에서는 투화인의 수가 어림잡아 수십만에 이른다고 보아서 이들에게 지급된 토지결수인 17결을 곱하여 백 만결 이상을 상회한다고 하였는데, 이는 당시 역참에 주어졌던 토지결수 4결보다 적은 양이 지급되었던 사실을 미루어 보면 잘못된 표현이 아닐까 생각된다.

152 투화전 등에 대한 조준의 상서는 고려 후기 여러 명목으로 토지를 탈점하는 권세가들의 행태를 바로잡으려 한 것이기 때문에 직접적으로 투화전에 대한 문제는 아니었다고 생각한다.

153 공장들이 여진정벌의 목적을 위해 조직된 별무반 소속의 특수 兵種에 나타난 강한 활을 쓰는 군인들로 편성된 梗弓軍에 포함되는 것을 말한다. 경궁군은 1梗 단위로 편성된다.

154 『高麗史』 卷83 志37 兵3 州縣軍, "東界. 高州 都領一 郞將三 別將七 校尉十五 隊正三十二 抄軍左軍各一隊 右軍八隊 寧塞二隊 投化田匠 各一梗".

J-④ 임진일에 해당 관청을 시켜 송나라에서 귀화해 온 張琬이 연구한 遁甲三奇法과
六壬占을 시험해보게 한 후 太史局監候로 임명하였다.[155]

-⑤ 여름 4월 … 康滌 등을 급제시키고, 귀화해 온 송나라 진사 章忱을 불러 그 재
능을 시험해 본 후 別頭及第를 주었다.[156]

-⑥ 왕이 중광전의 서루에서 귀부해온 송나라 사람인 낭장 陳養과 역관 陳高·兪
坦을 불러 무예를 시험해 본 후 각기 물품을 내려 주었다.[157]

고려 초기부터 중국 내부의 혼란상을 틈타거나 송에서 귀화하여 고려의 관리
로 임명된 사례는 많지만, 위의 기록 또한 송에서 귀화한 이를 시험한 후 해당 관청
에 배치하였다는 기록이다.[158] 이는 J-⑥처럼 고려 정부가 한인 지식층의 귀화를
권장하였다고 전하는『宋史』나 蘇軾, 徐兢의『高麗圖經』의 지적처럼 그들의 재능
을 시험하여 관료로 채용한다는 기록을 증명하는 것이기도 하였지만, 고려가 원하
는 인재의 확보는 당시에 치열하게 전개되었던 동북아시아의 정세와 무관하지 않
은 것 또한 사실이다.

여기에서 제시한 J-①~⑥의 기록들은 고려 정부가 투화인에게 취했던 경제
적 처우와 관련한 내용이다. 논지의 핵심이 되는 投化田의 지급은 어디까지나 투화
또는 향화인들에게 생활 안정을 위한 기반으로 귀화 초기의 일정 기간 동안만 지급
되었을 가능성이 높다. 왜냐하면 귀화인들의 능력을 시험해보고 임용한다는 여러
기록들에서 확인이 되지만, 대체로 한인 지식층이나 宋人들은 중앙 정계나 관료로
진출하는 경우가 많았던 것으로 파악된다. 반면 거란인이나 여진인 등은 그들의 거
주 지역을 양계는 물론 개경 이남에도 두어 그 지역에서 필요로 하는 업무에 투입
되었을 가능성이 높기 때문이다. 실제로 역참이나 군대 편성에 직접 투입됨으로써
그들이 귀화 초기에 지급받았던 투화전 4결의 반납과 동시에 군인전이 지급되었을

---

155 『高麗史』卷8 世家8 문종 11년, "壬辰 命有司 試宋投化人 張琬所業 遁甲三奇法 六壬占 授太
史監候".

156 『高麗史』卷11 世家11 숙종 7년, "夏四月丁酉 … 以進賜康滌等及第 幷召試投化宋進士章忱
賜別頭及第".

157 『高麗史』卷12 世家12 예종 원년, "癸丑 御重光殿西樓 召投化宋人 郎將陳養 譯語陳高俞坦
試閱兵手各賜物.

158 이 경우에는 귀화인에게 직역을 부여함과 동시에 田柴科 체제에 따르는 토지지급과 사회적 처
우가 보장되었을 것으로 생각되기 때문에, 투화전 자체가 고려 사회에 큰 부담으로 작용하였을
것이라 보기 어렵다.

것이고, 이들을 위한 통역인이 상주하였다는 것을 염두에 둔다면 귀화인들의 고려 사회에 적응하는 기간이 그리 길지 않았을 것으로 생각된다. 이러한 기록들로 미루어 볼 때 고려사회는 이민족에 대해 개방적이었으며, 이는 결국 고려를 다원적 천하관의 중심에 설 수 있는 계기였다고 판단된다.

특히 동북아시아의 국가들이 추구했던 변화 양상은 고려의 정치적·대외적 관계에 지대한 영향을 미쳤다. 후삼국을 통일한 직후 줄어든 인구는 국가 재정의 확충이라는 중차대한 사안에 직면하였던 고려는 이를 극복하기 위한 수단으로 내부적으로는 중앙집권을 강화하고 외부적으로는 이민족의 귀화를 적극적으로 유도하였다. 이는 정부의 정치력 확대를 위한 한인 지식층의 귀화 유도와 맞물려 있어서, 고려 정부가 정치 개혁을 이루기 위해서라도 시급히 해결해야 할 문제였다.

고려 초기에 집중되었던 漢人들의 귀부는 대체로 五代人들이 중심이었으며, 이들은 중국 내부의 잦은 왕조 교체로 인한 정치적 혼란과 북방에서 흥기한 거란족의 정치적·군사적 압박에서 벗어나고자 하였다. 漢人 지식층의 적극적인 귀화 유도를 통해 새로운 정치질서를 마련하고자 하였던 고려 정부의 관심과도 그 맥락을 같이할 뿐만 아니라 광종 대에 이르러서는 한인 지식층의 귀화가 절정을 이룰 정도였다. 아울러 한인 지식층에 대한 고려 정부의 정치·경제·사회적인 처우에서도 일정한 수준 이상의 보장을 통해 적극적인 귀화 유도를 이끌어냈다.

그러나 한편으로는 귀화 한인들 스스로가 고려에 投化하여 벼슬을 구하는 모습이 동시에 나타난다는 점에서 당시 동북아시아의 정세와 무관하지 않았음을 확인할 수 있었는데, 宋初의 예비 관료인 進士와 사대부들은 본국에서의 활동보다 한인 지식층을 우대하였던 고려에서 官界進出이라는 명분을 충족시키고자 하였다는 특징도 함께 확인되었다. 아울러 거란·여진의 북방민족의 歸附도 증가하고 있음을 볼 수 있었다.

다양한 신분의 투화인들은 지속적으로 고려를 향했으며, 이에 대한 고려의 대응도 보다 적극적이어서 제도적 배려는 물론 실질적으로 고려의 경제력이나 군사력의 확충에 활용될 수 있는 정책을 시행하였다. 賜姓名과 職牒 수여를 통한 회유는 宋人은 물론 북방민족에게도 예외 없이 적용되었고, 중앙의 관직은 물론 鄕職이나 武散階에 해당하는 관직 수여를 통해 고려인의 정체성을 각인시키고자 하였음이 특색이다. 또 戶籍 編成을 통한 이민족 同化政策의 시행은 고려의 편호제도를 적극 활용한 것이었지만, 궁극적으로는 국가 재정 확보를 위한 본질적 의미에서 출발하였다는 것을 확인할 수 있었다. 3稅의 확보를 위한 다각도의 노력이 없었던 것은 아니지만, 투화인들을 편호함으로써 추가적인 귀화를 적극 유도하는 정책이었다는 점이 특징이다. 아울러 경제적 안정을 위한 投化田의 지급을 통해 귀화인의 생활을 안정시키고, 더 나아가 관계 진출이나 國役을 수행하는데 토대를 제공하였다는 점이다. 이는 결국 귀화인들의 안정적 정착을 위한 정책적 결정이었지만, 북방 민족의 대거 투화를 통한 북방 영토의 편입에도 일정한 영향으로 작용하였다는 점에 그 의의를 둘 수 있겠다.

(3) 고려후기 제주 移居 元이주민과 通婚

高麗는 한국사에 있어서 다른 어떤 왕조보다 활발한 대외관계를 통해 국가를 유지하였다. 특히 13~14세기 고려와 元의 관계는 '駙馬國體制'로 표현될 만큼 왕실 간 通婚關係를 기반으로 긴밀한 관계를 이어갔다. 양국의 통혼으로 高麗樣과 蒙古風의 문화가 유행하였고, 그중의 일부는 현재까지도 남아 있다.

일반적으로 통혼은 정부나 정치 단체, 개인 등이 정치적인 목적을 실현하거나 사회적인 문제를 해결하기 위하여 취하는 방침이나 수단을 의미하지만, 전근대시대의 국가 간에는 복속책의 일환이나 정치적 협상의 수단으로 활용되었다. 특히 동북아시아 국가들 간에는 이러한 통혼정책을 활용하여 왕실은 물론 민간에 이르기까지 강제성을 띠는 사례가 많았다.

때문에 고려와 원에 대한 연구들은 대규모의 공녀 차출이나 원 황실과 고려왕실 및 귀족 간의 통혼에 집중되어 있고, 그나마도 대부분 정치적 성격을 분석에 치우쳐 있어서 양국의 사회상이나 문화의 변화 양상에 대한 심층적 분석이 이루어지지 않았다. 麗元 왕실 통혼과 관련한 연구들은 대체로 고려에 시집온 원 공주들의 정치적 영향력이나 출신 배경 분석에 치중하고 있다.[159] 아울러 양국 간 지배층의 혼인이 여원 두 나라를 이어주는 복잡한 형태의 통혼관계로 발전하여 일부 가문의 풍속이었음을 지적한 연구도 있다.[160] 이와 함께 宋·元軍과 고려 여성의 통혼

159 金惠苑, 「麗元王室通婚의 成立과 特徵-元公主出身王妃의 家系를 중심으로」, 『梨大史苑』 24·25합집, 1989; 정용숙, 「元 公主 출신 왕비의 등장과 정치세력의 변화」, 『고려시대의 后妃』, 민음사, 1992; 李命美, 「高麗元 王室通婚의 政治的 의미」, 『한국사론』 49, 2003.
160 이개석, 「여몽관계사 연구의 새로운 시점-제1차 여몽화약과 지배층의 통혼관계를 중심으로-」,

및 공녀 차출은 양국 간 인적교류와 수탈, 정복사업의 측면에서 살펴본 연구와[161] 공녀로 끌려갔던 기황후에 대한 연구가 다수 있다.[162]

이처럼 麗元 간의 통혼 연구는 많은 성과를 내고 있지만 몇 가지 문제도 노정되고 있다. 왕실 통혼관계는 양국관계에서 우위에 있었던 원의 이해관계를 중시하지 않고 고려의 입장만을 다루고 있다는 문제점과, 통혼의 성립배경 역시 원과 고려의 관계에만 주목하여 몽골제국 내의 다른 세력과 연계한 이해에 한계를 보이기도 한다.[163] 이와 함께 고려의 민간 여성에 대해서는 貢女의 일부분으로만 간략하게 언급함으로써 원나라의 통혼정책이 정복사업과 어떻게 관련되는 지를 분석하지 못한다는 문제점도 지적되었다.[164]

최근 麗—元 왕실, 몽골왕실 및 고려귀족, 양국 지배층 간 통혼에 대한 검토가 이루어지고 있지만, 일반민의 통혼으로 인한 사회문화적 파급 효과 등을 분석하는 연구는 일부에 국한되어 있는 실정이다.[165] 특히 고려에서 몽골에 시집간 여인들에 대한 연구와 달리, 몽골에서 고려로 건너온 이주민들의 거주와 통혼에 대한 연구는 거의 없다는 점에서 편중된 연구라는 지적을 피할 수 없다. 때문에 본고에서 다루고자 하는 원 이주민과 탐라인 간의 통혼 문제는 기왕의 연구들과는 성격을 달리한다는 점에서 의미가 있다.

麗元關係에서 특히 탐라는 약 100년에 걸쳐 원과 직접적인 교류를 보이고 있을 뿐 아니라, 이 당시의 사회문화적 변동으로 새로운 문화상이 정착되었고, 그 중 일부는 현재까지도 전승된다는 점에 유의할 필요가 있다. 원이 고려를 지배하는 동안 탐라에는 황실 목마장이 운영되었으며, 관리와 군관·匠人·유배인 등 많은 원 이주민이 거주하였다. 특히 원 제국이 기울어갈 무렵에는 탐라를 황실피난처로 삼

『13~14세기 고려-몽골관계 탐구』, 동북아역사재단, 2011.

161 김위현, 「麗元間의 人的 交流考」, 『관동사학』 5·6, 관동사학회, 1994; 裵淑姬, 「蒙·元의 征服 戰爭과 高麗 女性」, 『중국사연구』 48, 중국사학회, 2007; 박경자, 「貢女 출신 高麗女人들의 삶」, 『역사와 담론』 55, 호서사학회, 2010.

162 이용범, 「奇皇后의 冊立과 元代의 資政院」, 『역사학보』 17·18, 역사학회, 1962; 정구선, 『貢女: 중국으로 끌려간 우리 여인들의 역사』, 국학자료원, 2002; 김기선, 「한·몽 혼인사」, 『한·몽 문화교류사』, 민속원, 2008; 李命美, 「奇皇后세력의 恭愍王 폐위시도와 高麗國王權」, 『역사학보』 206, 역사학회, 2010.

163 이명미, 앞의 글, 2003, 48쪽.

164 배숙희, 앞의 글, 2007, 152쪽.

165 김일우, 「고려후기 濟州·몽골의 만남과 제주사회의 변화」, 『한국사학보』 15, 고려사학회, 2003; 「고려·조선시대 외부세력의 제주진입과 제주여성」, 『한국사학보』 32, 고려사학회, 2008.

고자 行宮 造營 시도가 있었을 정도로 탐라에 대한 관심은 증폭되고 있었다. 따라서 본고에서는 13~14세기에 집중되었던 몽골문화의 제주 유입 과정을 중심에 두고, 양국 간에 시행되었던 통혼정책의 정치적 배경 및 탐라에 정착한 원 이주민과 탐라인 간의 통혼 과정을 살펴보는 데 목적을 두고자 한다.

1) 元의 통혼정책 시행과 정치적 목적

1218년(고종 5) 몽골은 강동성을 함락한 거란족 토벌을 명분으로 고려를 침입하였다. 이후 양국 관계는 1225년(고종 12) 몽골사신 著古與 등이 공납 징수를 목적으로 고려를 방문하고 돌아가던 중 피살되고, 고려를 의심한 몽골이 1231년(고종 18) 살리타이(撒禮塔)의 군대를 보내어 咸新鎭을 포위하고 鐵州를 침공하면서 본격화 되었다.[166] 침략 초기 고려는 몽골 기병의 위세에 눌려 패전을 거듭하다 공물의 납부와 納質, 助軍, 다루가치 설치 등을 조건으로 강화가 이루어졌다.[167]

그러나 1232년(고종 19) 몽골군의 철수 직후 무신정권은 고종을 위협하여 강화도로 천도하고, 항전과 외교를 병행하면서 저항하였다. 이에 몽골은 그해 8월 2차 침입했으나 주력부대를 이끌던 살리타이가 處仁城에서 사살되자 더 이상 남하하지 못하고 철수하였다.[168] 1234년(고종 21) 금을 완전히 공략한 몽골은 3차 침입을 시작해 東京(경주)에 이르러 황룡사탑을 불태우고 1239년까지 전 국토를 유린했으며, 고

---

166 『高麗史』 권23, 「世家」, 高宗 18년 8월; 壬午 蒙古元帥撒禮塔 圍咸新鎭, 屠鐵州.

167 『高麗史』 권23, 「世家」, 高宗 18년 12월; 甲戌 將軍 趙叔昌, 與撒禮塔所遣蒙使九人, 持牒來, 牒曰, "蒙古大朝國皇帝聖旨, 專命撒里打 火里赤, 統領大軍, 前去高麗國, 問當如何殺了著古與使臣乎. 欽奉聖旨, 我使底稍馬去, 使臣, 到投拜了, 使臣令公, 將進底物件, 應生交送, 這些箇與物, 將來底物, 去我口 沒一箇中底物, 布子與來子麼, 我要底, 好金銀·好珠子·水獺皮·鵝嵐好衣服, 與來, 你道足, 但言者不遣, 你與金銀衣服, 多合二萬匹馬駄來者, 小合一萬匹馬駄來者, 我底大軍, 離家多日, 穿將來底衣服, 都壞了也, 一百萬匹人, 衣服, 你斟酌與來者, 除別進外, 眞紫羅一萬匹, 你進呈將來底, 你將來底水獺二百三十箇, 好麼與紫箇來, 如今交上, 好水獺皮二萬箇與來者, 你底官馬裏, 選鍊一萬箇匹大馬, 一萬匹小馬與來者, 王孫男姟兒一千底, 公主大王每等郡主, 進呈皇帝者外, 大官人母女姟兒, 亦與來者, 你底太子, 將領大王令子并大官人男姟兒, 要一千箇, 女姟兒, 亦是一千箇, 進呈皇帝做札也者, 你這公事, 疾忙句當了, 合你已後早了, 你底里地里, 穩便快和也, 這事不了合, 你長日睡合, 憂者, 有我使臣, 呼喚稍馬軍去, 我要底物件, 疾忙交來, 軍也疾來遲交來, 持我軍馬遲來, 爲你高麗民戶, 將打得莫多少, 物件百端, 拜告郡裏足得, 你受惜你也民戶, 我這裏翻取要金銀財物, 你道骨肉出力, 這翻語異侯, 異侯休忘了者, 據國王好好底投拜上頭, 使得使臣交道, 與我手軍去, 爲你底百姓上, 休交相殺, 如此道得去也, 交他舊日自在, 行路通泰者, 依上知之." 使云, "底使臣二人烏魯土·只賓木入都護, 三軍陣主, 詣降權皇帝所.

168 『高麗史』 권103, 「列傳」, 金允侯; 金允侯高宗時人 嘗爲僧住白峴院 蒙古兵至允侯避亂于處仁城. 蒙古元帥 撒禮塔來攻城 允侯射殺之.

려는 피해가 막심해지자 1238년(고종 25) 12월 다시 강화를 요청했다.[169] 이때 강화 조건은 공물의 납부와 국왕의 親朝, 納質 등이었다. 이에 고려는 왕의 조카뻘 되는 永寧公 王綧을 왕의 아들이라 속이고 고관 자제 10명과 함께 몽골에 볼모인 禿魯花 로 보냈다.[170] 당시 고려 국왕의 친조가 이루어지지는 않았지만 고려는 처음으로 왕족을 禿魯花로 보냈고, 이후 원종 때 훗날 충렬왕이 되는 王諶이 원 공주를 맞아 들여 양국 간 왕실 통혼으로 이어지는 단초를 제공하였다. 그러나 고려가 親朝를 행하지 않자 몽골은 계속해서 親朝를 요구하다 1247년(고종 34) 고려를 정벌할 목적 으로 제4차의 침략이 이루어졌다.[171]

1251년(고종 38) 7월 황제로 즉위한 뭉케(憲宗)는 고종의 親朝와 개경 還都를 촉 구했지만 이후 뚜렷한 답변을 얻지 못하자 1253년 5차 침략을 단행했다.[172] 몽골군 은 다시 백성들을 납치하고 국토를 유린하다 1254년 1월 철수했다.[173] 1254년 7월 6차 침입을 시작한 몽골은 한반도 내륙을 공략했던 이전과 달리, 1259년까지 6년간 경기 서해도 지역을 집중적으로 공격하면서 江都 정부의 항복을 촉구하였다. 30년 간의 전쟁이 끝나자 1259년(고종 46) 고려 태자(훗날 元宗)가 몽골에 入朝하여 강화회 담을 진행하였다. 고려가 몽골의 지배체제에 편입되자 1262년(원종 3)부터 군대를 철수하고 포로를 방면하면서 이른바 六事인 納質, 籍編民, 置郵, 出師旅, 轉輸糧餉, 輔助軍儲를 요구하였다.[174]

약간의 차이는 있지만 몽골은 정복지역에 대해서 지배층 자제의 人質, 戶口調 査의 실시, 다른 지역 정복 시의 助軍 파견, 稅賦·食糧의 輸納, 達魯花赤의 駐在에

169 『高麗史』 권23, 「世家」, 高宗 25년 12월; 冬十二月 遣將軍 金寶鼎, 御史 宋彦琦如蒙古, 上表 曰, "自惟僻陋之小邦, 必須庇依於大國, 矧我應期之聖, 方以寬臨, 其於守土之臣, 敢不誠服? 申以兩年之講好, 約爲萬歲之通和, 投拜以來, 聊生有冀, 盖昔己卯·辛卯兩年, 講和以後, 自謂 依倚愈固, 擧國欣喜, 惟天地神明知之, 豈謂事難取必, 信或見疑, 反煩君父之譴詞, 屢降軍師而 懲詰? 民無地着, 農不時收, 顧茲茂草之場, 有何所出? 惟是苞茅之貢, 無柰未供, 進退俱難, 惶 惶罔極. 因念, 與其因循一時而姑息, 孰若冒昧萬死而哀號, 茲殫瘠土之宜, 粗達微臣之懇. 伏 望, 但勿加兵革之威, 俾全遺俗, 雖不腆海山之賦, 安有曠年. 非止于今, 期以爲永."
170 『高麗史』 권23, 「世家」, 高宗 28년 4월; 二十八年 夏四月 以族子永寧公綧稱爲子, 率衣冠子弟 十人入蒙古, 爲禿魯花. 遣樞密院使 崔璘, 將軍 金寶鼎, 左司諫 金謙伴行, 禿魯花華言質子也.
171 『高麗史』 권23, 「世家」, 高宗 34년 7월; 秋七月 蒙古元帥阿母侃領兵, 來屯盆州.
172 『高麗史』 권24, 「世家」, 高宗 40년 7월; 甲申 北界兵馬使報, "蒙兵渡鴨綠江", 卽移牒五道按 察, 及三道巡問使, 督領居民, 入保山城海島.
173 『高麗史』 권24, 「世家」, 高宗 41년 1월; 丁丑 安慶公淐至蒙古屯所, 設宴張樂饗士, 阿母侃還 師.; "遣少卿 朴汝翼, 郎將 鄭子璵等, 往探蒙兵還否, 兼安撫天龍·楊根二城.
174 여원관계사연구팀, 『譯註 元高麗紀事』, 선인, 2008, 121쪽.

君王의 親朝나 驛站의 설치 중 하나를 덧붙여 여섯 가지 사항을 요구하였다.[175] 이는 직접 지배하지 않고도 복속관계를 유지하기 위한 것으로 정복국의 軍事, 行政, 經濟 등을 제국의 판도 내에 체계화하기 위함이었다.[176] 양국 간 통혼이나 공녀를 요구한 것도 정복지와 피정복국가 간 연결고리를 확고히 하면서도 손쉽게 지배권을 행사할 수 있는 방법이었다. 그러나 고려는 納質만 시행하였을 뿐이고 나머지는 이행하지 않았는데, 이에 대해 몽골은 양국 관계를 위해 지속적으로 실행을 촉구하였다.[177]

　1264년(원종 4) 8월 至元으로 改元한 사실을 내외에 공포한 쿠빌라이는 元年 고려 국왕의 親朝를 요구했다.[178] 당시 재상들은 대부분 국왕 친조에 반대했지만 국내에서 무신세력과 갈등을 빚고 있던 원종은 이들과의 관계에서 우위에 서기 위해 적극 친조에 응했다. 麗元 왕실 통혼은 이러한 배경 속에서 이루어지게 되었다. 元 제국은 중앙집권화를 시도하면서도 유목 봉건국가로서 각 부족의 기득권을 인정하는 통혼정책을 시행하였다. 이는 몽골 유목사회의 특징적인 受繼婚[179]에서 그 근원을 찾아볼 수 있다. 즉 막강한 군사력이 필요하거나 그 근거지가 군사적으로 중요한 지역, 정치적으로 포섭할 필요가 있는 부족과는 누대에 걸친 통혼관계를 유지함으로써 친위세력으로 확장하고자 하였다.[180] 당시 남송과 일본을 정벌하기 위한 전진기지로 고려를 주시하던 元으로서도 통혼정책의 시행은 필요한 일이었다.

175　高柄翊,「蒙古・高麗의 兄弟盟約의 性格」,『백산학보』6, 1969;『東亞交涉史의 研究』, 서울大學校出版部, 1970, 179-182쪽.

176　李命美, 앞의 글, 2003, 15쪽.

177　『高麗史』권25,「世家」, 元宗 3년 12월; 十二月 乙卯 郎中 高汭, 還自蒙古, 帝頒曆, 又詔曰, "大小分殊, 當謹畏天之戒, 往來禮在, 要知懷遠之心. 卿自東隅, 臣屬上國, 適我家之有難, 越其境以來歸, 特俾新封, 俾還舊服. 凡有所奏, 無不允從, 如不易衣冠, 班846軍戎, 去水而就於陸, 在虜者聽其歸, 若此甚多, 難於具悉. 豈期弗諒, 動則肆欺? 向許貢於珍愛, 已乖素約, 頃小徵於銅貨, 又飾他辭. 陸子襄, 一羈旅也, 愍骨肉之睽離, 降綸綍而理索, 輒爲拒命. 是誠何心? 玆小事, 尙爾見違, 於大節, 豈其可保? 凡遠邇諸新附之國, 我祖宗有已定之規則, 必納質而籍民, 編置郵而出師旅, 轉輸糧餉, 補助軍儲. 今者, 除已嘗納質外, 餘悉未行. 卿自有區處, 必當熟議, 庸候成言. 其歲貢之物, 依例入進, 毋負初心, 以敦永好."

178　『高麗史』권26,「世家」, 元宗 5년 5월; 辛巳 受詔於大觀殿, 詔曰, "朝覲, 諸侯之大典也. 朕纘承丕緒, 于今五年, 第以兵興, 有所不暇. 近西北諸王率衆歟附, 擬今歲朝, 王公群牧於上都, 卿宜乘馹而來, 庸修世見之禮, 尙無濡滯."

179　수계혼에 대해서는 몽골의 관습법을 칭기즈칸 시대에 성문화한 야삭(札撒)에 '아버지가 사망하면 아들은 그 母를 제외한 다른 父의 妻의 處置를 하고, 혹은 이와 婚姻하고 혹은 이를 他人에게 嫁娶시킬 수 있다'고 한 것에서 의미를 확인할 수 있다(고병익,「元代의 法制」,『역사학보』3, 1953, 327쪽).

180　이명미, 앞의 글, 2003, 43쪽.

몽골은 기마전술에 기반을 둔 기동력과 군사력을 토대로 제국을 건설하였다. 그리고 이 과정에서 부족한 자원과 인력을 확보하기 위해 약탈을 일삼거나 과도한 공납을 요구하였다. 여원의 통혼은 전쟁 과정에서 일어난 이러한 약탈혼에서도 그 근원을 찾아볼 수 있다. 몽골제국을 처음 건설한 칭기즈칸이 태어나던 시기 몽골고원은 여러 유목집단으로 나뉘어 치열한 전쟁이 지속되었다. 칭기즈칸 역시 부르테와 혼인한 직후 메르키트 부족의 급습으로 신부를 빼앗기는 일을 당한다. 나중에 그녀를 되찾아 오긴 했지만 돌아온 지 열 달도 안 되어 큰아들을 낳아 전쟁과 약탈, 보복이 일상이던 몽골고원의 약탈혼과 함께 통혼문화를 알려준다.[181]

몽골은 고려를 상대로 정복전쟁을 벌이는 동안 많은 여성을 약탈해갔다. 『고려사절요』에 의하면 몽골군은 1253년(고종 40) 5차 침입 때 서해도 椋山城을 함락시킨 뒤 "10세 이상의 남자는 도륙하고 부녀와 어린아이는 사로잡아 士卒에 나눠 주었다"[182]고 하였다. 1254년에는 몽골군에게 잡혀간 남녀가 20만 6천 8백여 명에[183] 달했는데, 이 가운데 상당수가 여성이었음을 짐작할 수 있다. 몽골은 조공형태의 貢女도 요구함에 따라 고려는 1275년(충렬왕 원년) 10월 전국에 처녀의 혼인을 금지하고, 11월 처녀 10명을 보내기도 했다. 전쟁 중 여성을 약탈해가던 방식에서 전환해 공식적으로 貢女를 요구한 것은 왕실 간 통혼이 이루어진 지 2년만이었다.

K-우리 태조 황제가 13개국을 정복할 때에 그 나라 왕들이 앞을 다투어 아름다운 여인들과 좋은 말과 희귀한 보배들을 바쳤다는 것은 당신도 들은 바 있을 것이다.[184]

---

181 『몽골비사』에는 칭기즈칸이 칸에 즉위할 때 그의 추종세력들이 그를 위해 여성을 약탈해 바치겠다고 서약하는 장면이 있다. 박원길 외, 『몽골비사의 종합적 연구』, 민속원, 2006, 130쪽 "알탄, 코차르-베키, 세체-베키는 서로 상의하여 테무진에게 말하기를 '너를 칸으로 삼고자 한다. 테무진이 칸이 된다면 우리들은 수많은 적 앞에 초병으로 (먼저) 나아가 자색이 아름다운 처녀나 부인들을 (약탈하여 귀족의 집인) 오르도나 (평민들의 집인) 겔(도 모두 약탈하여 너에게 줄 것이며) 다른 부족의 용모가 고운 처녀나 부인들을 (약탈하여) 엉덩이가 좋은 거세마(도 모두 약탈하여) 가지고 와서 너에게 줄 것이다."

182 『高麗史節要』 권17, 高宗 40년 8월; 蒙古兵, 陷西海道椋山城, 是城四面壁立, 唯一徑僅通人馬, 防護別監權世侯, 恃險縱酒, 不爲備, 且有慢語, 蒙人臨城設砲, 攻門碎之, 矢下如雨, 又梯石壁而上, 以火箭射草幕皆延燕甲卒四入, 城遂陷, 世侯自縊死, 城中死者, 無慮四千七百餘人, 屠男子十歲以上, 擒其婦女小兒, 分與士卒.

183 『高麗史』 권24, 「世家」, 高宗 41년 12월; 是歲, 蒙兵所虜男女, 無慮二十萬六千八百餘人, 殺戮者, 不可勝計. 所經州郡, 皆爲煨燼, 自有蒙兵之亂, 未有甚於此時也.

184 『高麗史』 권28, 「世家」, 忠烈王 원년 10월; 庚戌 元遣岳脫衍·康守衡來, 王出迎于宣義門外, 詔曰, … "且我太祖皇帝, 征十三國, 其王爭獻美女·良馬·珍寶, 爾所聞也. …"

이후 고려는 공민왕대까지 80여 년 동안 1년에 두 번 또는 2년에 한 번꼴로 공녀를 보냈다.[185] 포로로 끌려간 여인들이나 공녀들은 노예의 신분으로 고된 노동에 시달렸다. 또 원이 요구한 공녀들은 '處女'[186], '童女'[187], '童女絕美者' 등으로 표현되었다는 점으로 보아 공녀 선발에 중류 이상의 가문으로 제한을 두었다는 것은 원의 귀족이나 군관의 배우자감으로 필요한 요구였을 것으로 생각된다.

2) 원의 통혼정책과 고려의 實情

고려는 1271년(원종 12) 세자 諶을 元都에 볼모로 들여보내면서 황제에게 글을 보내기를,

> L-① 나를 비롯하여 대신들에 이르기까지 자기 子弟로 하여금 서로 교대하여 入侍하기로 작정하고 먼저 세자와 관리의 자제 20명, 관청 職員 1백 명을 파견하는 바이다.[188]

고 하였다. 이는 가장 유력한 차기 왕위계승자를 일정기간 元都에 머물게 하면서 원 황실 내에서 적절한 배우자를 찾아 혼인하게 함으로써 황실의 구성원으로 왕위계승의 정당성을 인정받고 왕권의 안정을 도모하려는 적극적인 의사의 표현이었다.[189]

麗元 왕실 통혼은 충렬왕이 쿠빌라이의 딸 쿠틀록케르미시(忽都魯揭里迷失) 공주와 1274년(원종 15) 5월 혼인한 것을 시작으로 공민왕까지 계속된다. 양국 왕실 간 혼인에 대해서는 원과 고려 중 어느 쪽이 먼저 통혼을 제안했는지에 대해 의견이 엇갈리고 있다. 고려를 복속한 元이 양국 관계를 결속시키기 위해 먼저 통혼을 요구했다는 주장은[190] 다음 기사를 근거로 하고 있다.

---

185 『高麗史』,「世家」에는 1275년(충렬왕 1)부터 1355년(공민왕 4)까지 50여 회에 걸쳐 공녀를 보낸 기록이 있으며, 기록된 공녀의 숫자는 176명이지만 실제로 끌려간 공녀의 수는 훨씬 많았을 것으로 보인다.

186 『高麗史』 권28,「世家」, 忠烈王 원년 10월; 壬子 以將獻處女于元, 禁國中婚嫁.

187 『高麗史』 권32,「世家」, 忠烈王 28년 7월; 己酉 遣大將軍 秦良弼如元, 獻童女.

188 『高麗史』 권26,「世家」, 元宗 12년 6월; 己亥 遣世子諶, 入質于蒙古, 尚書右丞 宋玢, 軍器監 薛公儉, 戶部郎中 金惰等二十人從之, 又命樞密院副使 李昌慶, 調護其行. 表奏云, "自臣至于輔相, 欲令子弟相遞入侍, 而先遣世子與衣冠胤胄二十人, 衛內職員百人進詣."

189 김혜원, 앞의 글, 1989, 202-205쪽.

190 배숙희, 앞의 글, 2007, 155쪽.

L-② 당신의 나라에서는 여러 왕씨들이 同姓 간에 결혼하는데 이것은 무슨 도리인가? 이미 우리와 한집안이 되었으니, 마땅히 서로 통혼해야 한다. 만일 그렇게 하지 않는다면 어찌 一家의 義理라고 할 수 있겠는가? 그리고 우리 태조 황제가 13개국을 정복할 때 그 나라 왕들이 앞 다투어 아름다운 여인들과 좋은 말과 희귀한 보배들을 바쳤다는 것은 당신도 들은 바 있을 것이다.[191]

반면 1269년 11월 林衍의 폐위사건 때 원의 사신으로 고려에 파견된 黑的의 다음과 같은 발언에 근거해 고려가 먼저 청혼했다는 주장도[192] 있다.

L-③ 지난 기사년(1269, 元宗 10) 천하가 會同함에 寡人(충렬왕)이 (몽골에) 조회하여 (황제를) 알현하고, 돌아와 婆娑府에 이르러 權臣 林衍이 권력을 천단하고 난을 일으켜 왕실을 흔든다는 것을 들었다. 일행이 놀라 의논이 분분하여 번복을 거듭하며 의심을 품고 결단을 내리지 못했는데 그대가 나랏일만 생각하고 집안의 일을 잊고 利害를 두루 말하여 나를 호위하고 다시 황제가 있는 곳으로 들어가 本朝의 사변을 아뢰고 천자의 친척과의 혼인을 청하였다.[193]

어느 쪽에서 먼저 통혼을 제안하였는지는 고려왕이 몽골공주와 "결혼해야 했다"와 "결혼할 수 있었다"로 표현되고 있는 것처럼 양국 간 통혼관계의 배경과 성립과정을 파악하는 데 중요한 요소이다.[194] 이러한 논의와 함께 고려는 1270년(원종 11) 2월 원종이 몽골에 親朝하여 청혼했을 때 완곡하게 거절하는 태도를 보였고,[195] 이후 1271년 1월에도 고려는 양국 간의 왕실 통혼에 대해 적극적인 의사를 개진하기도 하였다.[196] 그러나 쿠빌라이는 1년 뒤인 1271년(원종 12)에 혼인을 허락하게 되

191 『高麗史』 권28, 「世家」, 忠烈王 1년.

192 이명미, 앞의 글, 2003, 46쪽.

193 노명호 外, 『韓國古代中世古文書硏究(上)-校勘譯註篇』, 2000, 28-31쪽.

194 한편, 몽골에서 그 혼인을 수용한 시점에 주목한 연구도 있다(이익주, 「고려-몽골관계에서 보이는 책봉-조공관계 요소의 탐색」, 『13~14세기 고려-몽골관계 탐구』, 2011, 75쪽).

195 『高麗史』 권26, 「世家」, 元宗 11년 2월; 甲戌 王上書都堂請婚曰, "往者己未年, 世子時方始親朝, 適丁登極之際大加憐恤. 而俄聞先臣奄辭盛代, 憂惶罔極, 乃令臣繼修藩職. 又於甲子年親朝, 寵遇亦出常鈞, 臣之銘感, 曷足形言? 今者, 權臣林衍, 擅行廢立, 失位憂遞, 伏蒙聖慈, 累遣王人, 詔詰其由, 召以親朝, 以是復位而進. 帝眷優深, 倍加唱慰, 其爲感泣, 天地所知. 夫小邦請婚大朝, 是爲永好之緣, 然恐僭越, 久不陳請. 今旣悉從所欲, 而世子適會來觀, 伏望許降公主於世子, 克成合巹之禮, 則小邦萬世永倚供職惟謹."

196 『高麗史』 권26, 「世家」, 元宗 12년 1월; 丙子 不花·孟祺等還, 王使樞密院事 金鍊伴行, 仍請

는데 이는 고려 정세의 변화와 밀접한 관련이 있다.

> L-④ 李昌慶이 몽고에서 돌아와서 황제가 세자의 혼사를 허락하였다고 전달하
> 였다.[197]

청혼 후 허락이 있기까지 1년여 사이에 고려에서는 무신정권이 완전히 무너지고 개경환도가 이루어졌으며, 고려와 몽골 연합군이 진도의 삼별초를 진압하는 일이 있었다. 이러한 변화들이 고려에서 反몽골 세력이 약화되고 왕권을 회복함으로써 비로소 몽골 황실과 혼인할 수 있는 자격을 인정받게 되었다는 것이다.[198] 그러나 이 주장 또한 쿠빌라이가 '허락'했다는 점에서 고려가 먼저 청혼했다는 주장과 상통한다.

양국 왕실 간 통혼은 고려의 입장에서 임연의 원종 폐위 사건으로 왕권에 위협을 느낀 원종이 원에 의존하여 무신세력에 대한 우위를 점하고자 하는 의도에서 비롯된 것으로 보인다. 원으로서는 제국 건설의 걸림돌인 南宋 經略을 이행하여야 했기 때문에 고려에 대한 군사력 동원은 정치적 부담으로 작용하였다. 아울러 남송과 고려의 연계 가능성을 없애면서 향후 일본 정벌을 위한 고려군의 동원도 무시할 수 없었다. 때문에 고려왕의 지배권을 보장해주면서 자신들에게 예속시키는 방법으로 선택한 통혼정책은 고려와의 친속관계를 유지하는 적절한 수단이었을 것이다. 이처럼 양국은 서로 다른 이해관계가 부합되면서 고려의 왕비와 몽골 황제의 혈연적 친연성이 처음보다 멀어지기는 했지만, 공민왕까지 70여 년 동안 왕실 간 통혼이 유지되었다. 결과적으로 왕실 통혼은 양국의 불안한 관계를 해소함과 동시에 지배층과 민간인 통혼으로도 이어지는 계기가 되었다.

한편, 양국 지배층 사이의 통혼은 1271년(원종 12) 아들의 혼처를 구하기 위해 양가에 청혼하겠다는 達魯花赤 脫朶兒의 요구를 받아들인 것이[199] 처음이다. 1269

婚, 表略日, "臣頃當親覲之時, 深沐至慈之眷, 覬將嫡嗣升配皇支, 尋蒙領許於結褵, 誠滴我願. 却諭言'還而就陸, 更請斯來.' 自聞天語之丁寧, 曷極臣心之慶抃? 旣還歸於本國, 方徙處於古都, 而令世子, 復詣於天庭, 以告端由, 時則新居, 曾未遑於營緝, 卽於睿鑑恐將謂之遽忙, 以此稽留未能敷奏.伏望, 俾諧親好於附疏, 永固恩榮於庇本."

197 『高麗史』 권27, 「世家」, 元宗 12년 10월; 辛丑 李昌慶還自蒙古, 帝許世子婚.

198 이개석, 앞의 글, 2011, 75쪽.

199 『高麗史』 권26, 「世家」, 元宗 12년 2월; 是月, 脫朶兒爲子求婦, 必於相門, 凡有女者懼, 競先納

년 취임한 脫朶兒家와 金鍊 집안의 혼인은 기록에 남아 있는 여원 양국 지배층 가문 사이의 최초의 혼인관계라고 할 수 있다.[200] 이후 1280년(충렬왕 6)에는 元의 權臣 平章 阿合馬가 고려에 미녀를 구하여 摠郞 金洹과 장군 趙允璠의 딸을 보냈고,[201] 1283년에는 탐라 다루가치 탑라치(塔剌赤)가 원나라에서 돌아와 왕에게 향연을 베풀고 말 두 필을 바치며 혼인을 청하자 내시 鄭孚의 딸을 아내로 삼게 하였다.[202] 또, 1289년(충렬왕 15)에는 몽골 사신으로 고려에 온 阿忽台에게 前樞密院副使 洪文系의 딸을 선물로 주었다.[203] 이 외에도 원나라 관료에게 고려 관료 가문의 딸을 시집보낸 기록을 확인할 수 있으며, 한 집안에서 딸에 이어 손녀까지 보낼 정도로 당시 원 관료와 혼인을 맺는 것이 마치 일부 가문의 풍속처럼 행해지고 있음을 확인할 수 있다.[204]

그러나 약탈이나 공녀로 몽골에 끌려간 사례들은 여성의 노동력이나 性을 수탈하는 것이 목적이었으므로 엄밀한 의미에서 통혼으로 볼 수는 없다. 특히 물리력을 동원한 혼인의 경우도 있었는데, 기록으로 보면 '원나라에서 楊仲信을 보낼 때 폐백을 가지고 와서 귀부한 군사 5백 명을 위하여 아내를 맞게 하니 충렬왕이 사신을 각도에 보내어 과부와 처녀를 수색하게 할 정도였다.'[205]는 내용으로도 확인된다.

3) 통혼정책이 미친 양국 문화의 변화

麗元 왕실 간 통혼으로 고려는 원의 駙馬國으로서의 지위를 획득하였다. 충렬

墻. 國家記宰相兩三家, 使自擇焉, 脫朶兒選姿色, 欲聘金鍊女, 其家已納預墻, 其墻懼而出. 鍊時入朝未還, 其家, 請待以成禮, 不聽. 國俗, 納年幼者, 養于家待年, 謂之預墻.

200 이개석, 앞의 글, 2011, 31쪽.

201 『高麗史節要』 권20, 忠烈王 6년 4월; 元平章阿哈馬, 求美女, 王遣中郞將簡有之, 以殿直張仁冏女歸之, 阿哈馬, 以非名族不受, 更以摠郞金洹, 將軍趙允璠女, 歸之.

202 『高麗史節要』 권20, 忠烈王 9년 9월; 忠烈王耽羅達魯花赤塔剌赤, 還自元, 享王, 獻二馬求婚, 以內侍鄭孚女, 妻之.

203 『高麗史』 권106, 洪奎傳; 洪奎, 初名文系, 南陽人, 父緒 同知樞密院事. … 忠烈與公主, 選良家女, 將獻帝, 奎女亦在選中, 賂權貴, 未得免. 謂韓謝奇曰, "吾欲剪女髮, 如何?"謝奇曰, "恐禍及公." 奎不聽遂剪, 公主聞之大怒, 囚奎酷刑, 籍其家. 又囚其女訊之, 女曰, "我自剪, 父實不知."公主令捽地, 以鐵鞭亂笞, 身無完肌, 終不伏. 宰相言, "奎有大功於國, 不可以微罪置重典."中贊 金方慶, 亦扶病請之, 不聽流海島. 未幾, 洪子藩力請, 命還家産, 然怒未解, 以其女賜元使阿古大. 踰年召還, 加僉議侍郞贊成事·判典理司事致仕.

204 이개석, 앞의 글, 2011, 41-47쪽.

205 『高麗史節要』 권19, 忠烈王 2년 윤3월; 元遣楊仲信, 賚幣帛來, 爲歸附軍五百人聘妻, 王遣使諸道, 搜寡婦, 處女.

왕이 쿠빌라이의 딸과 혼인을 약속한 후인 1269년(원종 10) 원이 고려에 사신 黑的
등을 보내자 연회를 베풀었는데, 원종이 흑적을 上座에 앉히니 그가 사양한 일이
있었다. 이때 그는,

> M-① 지금 왕의 태자가 이미 황제의 딸과 혼인을 약속하였으니 우리는 황제의 신하
> 이고 왕은 곧 황제의 부마 대왕의 아버님이 아닙니까? 그러니 어찌 우리가 감
> 히 왕과 대등한 예로 대면하겠습니까? 왕이 서쪽을 향하여 앉으면 우리는 북
> 쪽을 향하여 앉을 것이요, 왕이 남쪽을 향하여 앉으면 우리는 동쪽을 향하여
> 앉겠습니다. 이때 원종은 흑적의 요구에 "천자의 사신이 어찌 아랫자리에 앉을
> 수 있겠는가?"206

라고 하면서 사양해 둘은 동과 서에 서로 마주보며 앉았지만 이전까지의 상황이나
다른 정복지와 비교해 보면 특별한 대우를 받게 되었음을 알 수 있다.

원과 고려의 지배층 간 통혼은 1271년(원종 11) 達魯花赤 脫朶兒가 아들의 혼처
를 고려의 良家에서 구하려고 했을 때만 해도 고려인들에게는 두려우면서도 피할
수 없는 일이었다. 당시 딸을 가진 대신들은 두려움에 서로 앞을 다투어 사위를 맞
으려고 했다.207 1288년(충렬왕 3)에는 양가 처녀는 관청에 고한 뒤 시집을 보내도록
하고, 허공 등에게 명령해 童女를 선발하게 했다.208 이때 前 樞密院副使 洪文系는
딸이 뽑히게 되어 뇌물을 써서 모면해 보려다 실패하자 딸의 머리카락을 잘랐다가
발각되어 酷刑을 받고 가산도 몰수된 뒤 유배되는 일도 있었다.209

다음으로 고려와 元의 평민 간 통혼은 몽골군의 東征을 계기로 이루어졌다.
1275년 元은 南宋 歸附軍인 蠻子軍 1,400명을 海州와 鹽州, 白洲에 파견하였다.210
이어 1276년에는 楊仲信에게 幣帛을 보내 귀부군 500명을 위해 처를 구해주게 하

---

206 『高麗史』 권26, 「世家」, 元宗 10년 11월; 癸亥 王宴黑的等, 使坐上座, 黑的等讓曰, "今王太子
　 已許尙帝女, 我等, 帝之臣也, 王乃帝駙馬大王之父也. 何敢抗禮? 王西向, 我等北面, 王南面,
　 我等東面."王辭曰, "天子之使, 豈可下坐?"
207 『高麗史』 권27, 「世家」, 元宗 12년 2월; 是月, 脫朶兒爲子求婦, 必於相門, 凡有女者懼, 競先納
　 壻. … 國俗, 納年幼者, 養于家待年, 謂之預壻.
208 『高麗史』 권30, 「世家」, 충렬왕 13년 12월; 己巳 有旨, "良家處女, 先告官然後嫁之, 違者罪
　 之."因命許珙等, 選童女.
209 『高麗史』 권106, 洪奎傳.
210 『高麗史』 권28, 「世家」, 忠烈王 원년 2월.

자 고려국왕이 寡婦處女推考別監인 正郞 金應門 등 5명을 각도에 파견하였다.[211] 이는 쿠빌라이 정권이 이른바 六事를 매개로 하여 麗元관계를 새롭게 정비한 직후 고려에 파견된 元의 군인과 고려의 평민 사이에 통혼이 이루어졌음을 보여주는 것이다.[212] 이 일이 있기 전 고려는 元이 공녀를 요구하자 이미 전국적으로 처녀들의 혼인을 금지하고[213] 있었으므로 귀부군의 처를 구하는 일에도 적극적이었을 것이다. 그러나 그해 4월 원은 귀부군을 절반만 남겨 두고 귀국하게 하였으며,[214] 이듬해 2월에도 귀부군 500명을 귀국시키라는 칙명을 전달하여[215] 고려의 여인을 아내로 맞이하려던 계획은 실현되지 못했던 듯하다.

한편, 원과 고려의 평민 간 통혼은 많은 문제를 야기하기도 했다. 1278년에는 충렬왕이 쿠발라이를 예방하러 갔을 때 哈伯과 孛羅가 忻都에게,

M-② 그대의 군사들이 고려의 백성들을 처가 사람들이라고 하여 데리고 오는 자가 있다는데 그대는 황제의 명령이 무섭지 않는가?[216]

라고 경고하는 일도 있었다. 이 일이 있고 얼마 지나지 않아서는 충렬왕이 중서성에 보낸 공문에서는,

M-③ 먼저 번에 황제의 명령으로 관군이 모두 귀환하게 되었고, 또 흔도에게 명령하여 이르기를 '군인들이 처가의 일족이라 하여 데리고 오는 자들이 있거든 금지하라!'고 하였다. 그런데 지금 관군이 그 말을 믿지 않으니 특별히 명확한 지시문을 내려 우리나라의 관리들과 관군이 함께 조사하여 돌려보내도록 하여 주기를 바란다.[217]

---

211 『高麗史』권28, 「世家」, 忠烈王 2년 윤3월; 甲子 元遣楊仲信, 賞幣帛來, 爲歸附軍五百人聘妻, 王遣寡婦處女推考別監 正郞 金應文等五人於諸道.

212 이개석, 앞의 글, 2011, 27쪽.

213 『高麗史』권28, 「世家」, 忠烈王 원년 10월.

214 『高麗史』권28, 「世家」, 忠烈王 2년 4월; 丙子 元勑歸附軍, 輟其半以歸, 於是, 追還金應文等.

215 『高麗史』권28, 「世家」, 忠烈王 3년 2월; 乙亥 中郞將 盧英還自元, 洪茶丘引兵, 將入我境, 帝召還, 又勑還歸附軍五百人, 擧國皆喜.

216 『高麗史』권27, 「世家」, 忠烈王 4년 7월; 辛丑 哈伯·孛剌謂忻都曰, "汝軍士, 有以高麗民, 稱爲妻黨, 挾帶而來者, 汝其不怕聖旨乎?"

217 『高麗史』권27, 「世家」, 忠烈王 4년 9월; 辛卯 王遣譯者校尉 崔奇, 上書中書省曰, "向蒙聖旨, 令官軍盡還, 且勑忻都曰, '軍人指稱妻家族黨, 挾帶而來者, 汝其禁之.' 今官軍不肯聽信, 伏望

고 하여 원의 관리가 자신들의 장수에게 경고하고, 고려 국왕이 다시 이 사실을 되새기면서 명문화할 것을 요구한 것은, 허락되지 않은 원의 관군과 고려 여인의 통혼을 국법으로 금지시켜야 했을 만큼 문제가 많았음을 반증하는 사례이다.

그러나 양국 지배층 간 통혼이 대를 이어 거듭됨으로써 정계에는 부원세력이 등장할 정도였고, 지배층의 통혼은 두 나라를 더욱 견고하게 묶는 동시에 원에게 고려에 대한 인식을 심화시켜 왕조를 유지시키는 데에도 기여했다.[218] 아울러 사회적으로는 早婚 풍습이 유행하였고, 이를 계기로 고려인 스스로도 신분 변화를 꾀하는 수단으로 삼을 정도로 민간 통혼이 확산되었던 사실도 확인된다.

4) 元의 탐라 支配를 위한 여러 정책

원은 1273년 삼별초를 평정하기 위해 忻都가 이끄는 蒙古軍을 탐라에 파견하였다.[219] 삼별초를 모두 평정한 뒤 같은 해 6월 耽羅招討司를[220] 설치하고 방어를 위해 진변군 1,700명을 주둔시키면서[221] 탐라에 대한 몽골의 실질적 지배와 함께 몽골인의 탐라 거주 역사가 시작되었다. 탐라를 직할령으로 삼은 원은 失里伯을 초토사의 正使로 삼고, 지속적으로 관리와 일반 병사를 파견하였다.[222] 초토사가 처음 설치될 당시 탐라에는 達魯花赤이 공석이었으나 1275년(충렬왕 원년)부터 임명되기 시작하였다.[223] 이들의 직무는 戍卒(防守軍)의 독려와 목마장의 감독이었으며, 站赤의 설치와 유배된 죄인의 관리도 수행하였다. 탐라에 설치된 관부의 관직 중 達魯花赤을 제외하고는 대부분 토관직이었지만 達魯花赤이 부임할 때는 그를 수행하거나 업무를 보조하기 위한 목적으로 몽골인들도 상당수 이주하였을 것으로 생각된다.

탐라의 達魯花赤로 파견된 인물로는 遜灘, 塔刺赤, 塔兒赤, 阿撤, 奴列你他 등

特降明文, 令本國官司與官軍, 一同推刷."

218 이개석, 앞의 글, 2011, 50쪽.

219 『高麗史』 권27, 「世家」, 元宗 14년 2월.

220 탐라초토사의 正使는 失里伯, 副使는 尹邦寶가 임명되었다. 초토사는 배반하거나 항복한 자들을 토벌 및 회유하는 임무를 맡은 기관으로 3품아문이었다. 그 屬官은 초토사 1인, 達魯花赤 1인, 經歷 1인으로 구성되었다.

221 여원관계사연구팀, 앞의 책, 2008, 285쪽.

222 1273년 설치된 탐라초토사는 1275년 軍民都達魯花赤總管府, 1284년 軍民安撫使, 1300년 耽羅總管附, 1301년 軍民萬戶府로 명칭이 바뀌게 된다. 1294년에는 고려에 환원되기도 했다.

223 『高麗史』 권28, 「世家」, 忠烈王 원년 8월.

이 있음을 『元史』와 『高麗史』를 통해 확인할 수 있다.[224] 이들의 직무는 특정한 분야에 국한되지 않고 상당히 광범위했던 것으로 보인다. 탐라초토사를 처음 설치할 때 원은 貢賦로 매년 毛施布 100필의 진상 임무를 수행케 하여 원에서 필요한 물자의 확보를 도모하였다.[225] 아울러 원은 삼별초를 토벌한 직후 탐라를 일본 또는 남송을 공략하기 위한 군사적 요충지로 인식하고[226] 戰鬪馬의 공급기지인 목마장을 설치하였다. 1276년(충렬왕 2)에는 다루가치 塔剌赤이 160필의 말을 방목하고[227] 1277년에는 목마장을 설치하였으며,[228] 1278년에는 목호 또는 하치라 불렸던 哈赤의 거주구역이며 관할 단위인 東·西 아막을 설치하여 소·말·낙타·당나귀·양 등을 들여와 방목하였다.[229] 탐라의 목마장은 1320년대에 이르러 몽골제국 14개 대표적 목마장 중의 하나가 될 만큼 번성하였다.[230] 하치는 계절에 따라 목초가 풍부하게 나는 지역을 찾아 말 등을 몰고 다니면서 몽골족의 전통적 방식에 따라 목마장을 운영하였을 것이다.[231] 몽골이 1296년(충렬왕 22) 목축사업을 위해 斷事官 木兀赤을 탐라에 파견했는데, 단사관은 하치를 포함해 목마장 운영의 전반을 담당했던 것으로 보인다.[232]

군사적 요충지로서 탐라의 역할은 진변군 주둔과 목마장 설치뿐만 아니라 戰艦을 건조하는 것으로도 이어졌다. 1274년(원종 15) 큰 배 300척을 전라도와 탐라 두 곳에서 만들도록 요구하였다.[233] 그러나 고려 왕은 원에 별장 李仁을 보내어 군인

---

224 高昌錫, 「元高麗記事 耽羅關係 記事의 檢討 −13세기 耽羅와 元과의 關係−」, 『慶北史學』 28, 경북사학회, 1998, 470쪽.

225 여원관계사연구팀, 앞의 책, 2008, 285쪽.

226 『高麗史』 권25, 「世家」, 元宗 원년 2월; 二月 庚子 以濟州副使 判禮賓省事 羅得璜, 兼防護使. 朝議濟州, 海外巨鎭, 宋商島倭, 無時往來, 宜特遣防護別監, 以備非常. 然舊制, 但守倅而已, 不可別置防護, 遂以得璜, 兼之. 且故事, 京官秩高者, 補外職, 秩不相當, 則皆以本職, 帶前字 赴官. 今若以前銜鎭之, 亦無威重, 故令銜頭, 除前字, 仍帶判事, 其通牒按察使, 稱防護使.

227 『高麗史』 권28, 「世家」, 忠烈王 2년 8월; 元遣塔剌赤, 爲耽羅 達魯花赤, 以馬百六十匹來牧.

228 『高麗史』 권57, 地理志, 耽羅縣; 忠烈王三年, 元爲牧馬場.

229 『新增東國輿地勝覽』 권38 濟州牧條.

230 『元史』 권100, 志 48, 兵·馬政條.

231 김일우, 앞의 글, 2003, 49쪽.

232 『高麗史』 권31, 「世家」, 忠烈王 22년 2월; 乙丑 元以耽羅牧畜事, 遣斷事官 木兀赤來.

233 『高麗史』 권27, 「世家」, 元宗 15년 1월; (甲戌) 十五年 春正月 元遣總管察忽, 監造戰艦三百艘, 其工匠·役徒, 一切物件, 全委本國應副. 於是, 以門下侍中 金方慶爲東南道都督使.}
『高麗史』 권27, 「世家」, 元宗 15년 1월; 元又以昭勇大將軍 洪茶丘爲監督造船官軍民總管, 茶丘約以正月十五日興役, 催督甚嚴, 王以樞密院副使 許珙爲全州道都指揮使, 右僕射 洪祿遒爲羅州道 指揮使, 又遣大將軍 羅裕於全羅道, 金伯鈞於慶尙道, 朴保於東界, 國子司業 潘阜於西

과 군마, 선박 건조를 위한 인부들과 장인, 제주 백성들의 식량 조달에 대한 어려움을 호소하여 실제 전함을 건조하지는 않은 것으로 보인다. 그러나 원은 1280년(충렬왕 6) 탐라 다루가치 塔刺赤으로 하여금 鐵匠을 시켜 戰艦을 만들게 하라고 명령할 정도로 탐라는 일본 정벌의 전진기지였음이 재확인된다.[234]

5) 元 문화의 탐라 유입과 通婚

진변군 1,700명은 삼별초 평정 이후 탐라에 주둔하던 몽골군 500명과 고려군 1,000명과 탐라초토사 失里伯이 부임할 때 파견된 군사 200명을 합한 것으로 보인다.[235] 1282년(충렬왕 8)에는 원이 蒙漢軍 1,400명을 파견해 탐라의 수자리를 지키게 했으며,[236] 1284년에도 闍里帖木兒의 군대를 파견하여 제주를 방어하게 하였다.[237] 이해 가을 達魯花赤 塔刺赤이 쿠빌라이에게 탐라의 주둔군을 교체해 달라고 요청하여 몽골 병사 400명이 고향으로 돌아가게 되는 일이 있었지만,[238] 정작 귀환군은 매우 적었다. 이러한 이유에는 삼별초 진압 이후 10여 년을 탐라에 주둔하면서 이루어졌을 탐라 여성들과의 혼인을 상정해 볼 수 있겠다. 아울러 원이 탐라를 東進의 중요 기지로 판단하여 몽골군을 추가 배치하였다는 사실은 탐라 지역에서 이루어진 통혼이 고려의 다른 지역에 비해 광범위하게 이루어졌을 가능성이 크다.

탐라는 원이 지배했던 100여 년 동안 몇 차례 고려에 환원되기도 했지만 목마장의 지위만큼은 계속해서 유지되었다. 때문에 목호들은 탐라에 계속 머물면서 대를 이어 목마 임무에 종사하였다. 이때의 목축은 대규모의 마필 생산과 관리를 목적으로 하였고, 그 기능을 가진 목호들의 유입은 불가피한 결정이었을 것이다. 이들 목호들은 원에서 파견한 관리를 따라 이주했을 것이므로 원의 여성들이 동행했을 가능성은 거의 없다. 이들은 군대에 직속된 목호군의 성격이었기 때문에 군인과 달리 신분적·경제적 우위를 기반으로 탐라의 민간여성들과 더 쉽게 통혼하였을 것

海道, 將軍 任愷於交州道, 各爲部夫使, 徵集工匠·役徒三萬五百餘名, 起赴造船所, 是時, 驛騎絡繹, 庶務煩劇, 期限急迫, 疾如雷電, 民甚苦之.

234 『高麗史』 권29, 「世家」, 忠烈王 6년 8월; 癸酉 元卿自元, 賫省旨來, 令耽羅 達魯花赤, 自以其鐵匠, 修戰艦.

235 金庠基, 『新編 高麗時代史』, 서울대 출판부, 1985, 488쪽.

236 『高麗史』 권29, 「世家」, 忠烈王 8년 2월; 元遣蒙漢軍一千四百來, 戍耽羅.

237 『高麗史』 권29, 「世家」, 忠烈王 10년 6월; 六月 庚午 元遣闍梨帖木兒領兵來, 戍濟州.

238 『元史』 권13, 「世祖本紀」 10, 268쪽.

이고, 한 세대 이후에는 목호들과 탐라 여성들 사이에 태어난 자녀들을 상호 결혼시키면서 결속력과 지배권을 강화하는 통혼권이 형성되었을 가능성이 크다. 이와 관련한 기록으로 『世宗實錄』과 『新增東國輿地勝覽』에는 동일인물로 보이는 牧胡의 아내에 대한 기사가 보인다.

N-① 旌義 사람 職員 石阿甫里介의 아내 無命은 나이 20에 시집갔다가 9년 만에 남편이 죽고 자식도 없었으며, 부모와 노예도 없었으나, 곤궁과 飢餓를 달게 여겼고, 청혼하는 자들도 많았으나 끝내 절조를 고치지 않았다 합니다.[239]

-② 鄭氏: 職員 石那里甫介의 아내이다. 哈赤의 난에 그의 남편이 죽었는데, 정씨는 젊고 아들이 없고 얼굴이 아름다웠다. 안무사 군관이 강제로 장가들려 하니, 정씨가 죽기로 맹세하여 칼을 끌어 스스로 목을 찌르려 하므로 마침내 장가들지 못하였으며, 늙도록 시집가지 않았다. 일이 알려져 旌閭하였다.[240]

앞의 기사에서 정씨 남편의[241] 신분을 나타내는 '職員'은 몽골의 목마장 가운데 정의현에 설치됐던 동아막 소속의 관리자로 일반 목호보다는 상위 계급이다. 哈赤의 난은 원이 세력을 잃은 후인 1374년(공민왕 23) 목호들이 반란을 일으킨 사건으로 이때 최영이 목호를 토벌하는 과정에서 石阿甫里介가 죽자 아내 정씨는 수절을 지켜 훗날 열녀로 정려되었다.[242]

---

239 『世宗實錄』 권42, 세종 10년 10월 28일; 旌義人 職員石阿甫里介妻 無命, 年二十而嫁, 居九年夫死, 無子無父母奴隷, 甘心窮餓, 求婚者衆, 終不改節(기록에서 鄭氏를 無命이라고 한 것은 無名의 誤記가 아니라, 운수가 박하여 남편이 죽고 자식도 없었다는 뜻의 命運이 없다는 의미에서 사용한 것으로 보인다).

240 『新增東國輿地勝覽』 권38, 旌義縣, 烈女條; 職員石那里甫介之妻 哈赤之亂 其夫死 鄭年少無子 有姿色 安撫使軍官强欲娶之 鄭以死自誓引刀欲 自刎意不得娶 至老不嫁事 聞旌閭.

241 정씨 남편의 이름은 기록에 따라 '石阿甫里介'와 '石那里甫介' 외에도 '石邦里甫介', '石谷里甫介'와 같이 다양하게 나타나고 있다. 이름에 '里'자가 들어가 있기 때문에 이를 지명과 연관하여 해석하는 사례도 있고, 石谷里를 서귀포시 남원읍 한남리의 옛 지명으로 보기도 한다. 이에 대해서 김일우는(앞의 글, 2008, 157쪽) 哈赤의 난 당시 수뇌부 중 한 명이 정씨의 남편과 같은 성씨인 石迭里必思였고, 몽골에서 제주도에 들어온 10개 '大元' 성씨에 石씨가 포함되는 점 등으로 미루어 지명으로 보기 보다는 이름으로 보는 것이 더 타당하다고 하였다.

242 서귀포시 남원읍 한남리에는 1834년(순조 34) 濟州牧使 韓應浩가 세운 烈女鄭氏碑가 남아 있다. 비의 내용은 다음과 같다(高麗 石谷里甫介之妻 哈赤之亂 其夫死 鄭年少無子 有姿色 按撫使軍官欲娶之 鄭以死自誓 引刀欲自刎意 不得娶至 老不嫁事 牧使韓公 到處見聞 莫非其惠 重修古跡 且矜無后 特下後根 改造石碑 道光十四年三月 日)이다.

정씨는 당시 유력자인 職員의 아내였고, 남편이 죽은 후 안무사로부터 청혼을 받았거나 정절을 지켰다는 것은 그녀 또한 어느 정도의 사회적 지위를 지니고 있었음을 시사한다. 아울러 인용문의 사례로 보아 당시 제주사회에는 몽골족과의 혼인을 거부감 없이

| 그림 4-14 | 제주도 남원읍 한남리 소재 열녀정씨비

받아들였던 분위기가 조성되었다고 보는 견해도 있다.[243]

그러나 정씨 또한 몽골인의 후손일 개연성이 높다. 열녀 정씨에 대한 기사의 연대를 기반으로 볼 때, 당시는 몽골인이 제주에 이주한 지 약 100년이라는 시간이 흐른 뒤였으므로 제주도 인구에서 순수 몽골인은 물론 몽골인과 제주인 사이의 혼혈인 비중도 상당하였을 것이기 때문이다. 목호의 반란이 있기 100년 전 제주의 인구는 남녀노소를 통틀어 1만 223명[244]이었고, 이때 처음 들어온 몽골인은 군인만도 700명이었으므로 이후 군인과 관리, 목호가 유입되면서 제주사회는 자연스럽게 이루어졌던 통혼으로 인한 혼혈인의 증가를 예상할 수 있다. 또한『增補文獻備考』에서는 濟州鄭氏가 원에서 귀화한 성씨라는 기록도 찾아볼 수 있다.[245] 정씨는 제주에 거주했던 몽골 후예를 뜻하는 大元을 성씨로 한 10개 성씨 중의 하나였으며,

---

243 김일우, 앞의 글, 2008, 157쪽.

244 『高麗史』 권27,「世家」, 元宗 15년 2월; 二月 甲子 遣別將 李仁如元, 上書中書省曰, “… 又於 至元十年十二月, 奉省旨, 濟州百姓一萬二百二十三人, 悉行供給, 又比來軍馬糧料, 無可營辦, 凡歛官民者無算. 又年前, 營造戰艦, 至四月, 大軍入耽羅討賊, 至五月晦邊, 故百姓未得趁時耕 作, 秋無收穫, 又歛官民, 始應副造船哭匠及屯住經行軍馬, 與濟州百姓等糧料, 計四萬餘碩. 續 有以後金州・全州・羅州屯住軍, 并濟州軍民糧料, 供給實難. …”

245 『增補文獻備考』 권48, 帝系考 9, 附錄 氏族 3, 鄭氏條; 濟州鄭氏 元歸化人. 한편 이와 관련하 여 『제주선현지』를 찾아보면, 濟州鄭氏 이외에 東萊鄭氏가 이보다 훨씬 후인 1519년이 되어서 야 제주에 입도한 것으로 기록되어 있어 한남리 정씨는 濟州鄭氏 즉 몽골 후예임을 알려준다.

1800년대 초반까지도 大元을 본관으로 유지하고 있었다.[246]

몽골은 전통적으로 族外婚을 원칙으로 삼고 있으며, 여기에는 다른 세력을 자기 세력화하려는 정략적인 의도가 강하게 작용하였다. 몽골 황실이 군사적, 정치적으로 중요한 부족들과 세대를 거듭한 반복적 통혼을 유지함으로써 그들을 친황실 세력으로 묶어두고자 했던 것도 바로 그러한 이유에서였다.[247] 고려 왕실과 통혼을 한 것 역시 같은 맥락에서 이해할 수 있으며, 지배층 간 통혼도 결과적으로 양국 간 혈연관계를 끈끈하게 했다. 마찬가지로 탐라에서 이루어진 통혼도 정략적으로 진행되었을 개연성이 높다. 탐라에 정착한 목호 등 몽골인들은 처음에는 원주민 여인들하고만 통혼이 이루어졌을 것이지만, 세대를 거치면서 半제주인이 되고 탐라에 대한 지배가 이어지는 동안에는 서로의 자녀들끼리의 통혼권이 형성되었을 가능성이 높다. 결국 당시의 통혼은 몽골 후예들의 결속력을 도모하면서도 탐라의 지배권을 강화하는 이중적 목적 달성의 수단이 되었을 것이다.

한편, 몽골은 탐라를 황실 목마장으로 이용하던 시기부터 죄인들의 유배지로도 적극 활용하였다. 1275년(충렬왕 1) 도적질한 죄수 100여 명을 탐라에 안치하고,[248] 1277년에는 두 차례에 걸쳐 각각 죄인 33명과 40명을 귀양 보냈다.[249] 당시 원이 얼마나 많은 죄인을 탐라에 유배시켰는지는 충렬왕이 원의 중서성에 죄수의 유배를 중단해 달라고 요청한 사실에서도 확인할 수 있다.[250] 이후 40년간 잠잠하다가 다시 1317년(충숙왕 4)에 魏王 阿木哥를 탐라에 귀양 보냈다가 얼마 후 大靑島로 옮기고, 1340년(충혜왕 1)에는 孛蘭奚 大王을 탐라에 유배시킨다. 유배 대상이 종전에 도적 등 하층민에서 왕족으로 바뀐 것에도 주목할 필요가 있다.

탐라는 몇 차례 환원과 복속이 있었지만 한반도에서 몽골이 가장 오랫동안 직

---

246 김동전, 「조선후기 제주거주 몽골 후손들의 사회적 지위와 변화」, 『지방사와 지방문화』 13, 역사문화학회, 2010, 308-313쪽.

247 李命美, 앞의 글, 2003, 32-37쪽.

248 『高麗史』 권28, 「世家」, 忠烈王 원년 4월; 壬子 元流盜賊百餘人 于耽羅.

249 『高麗史』 권28, 「世家」, 忠烈王 3년 5월; 戊戌 元流罪人三十三人 于耽羅; 8월 庚辰 元流罪人四十 于耽羅.

250 『高麗史』 권28, 「世家」, 忠烈王 4년 8월; 辛巳 遣將軍 朴義如元, 上都堂書曰, "據本國來文, 全羅道按廉使報, '今春, 上司所送罪徒, 分置道內, 靈岩郡 披縣島十三名, 乘桴泛竄, 追搜得之, 寶城郡 乃老島二十四名, 奪行人船逃竄, 未曾捕得.' 我在上都, 嘗言此事, 本國島子雖多, 遠陸者少, 累次所送罪徒, 已難安置, 今所移配耽羅罪囚, 置之何地? 乞還前所, 仍使官軍鎭守, 未蒙明降, 因今二島罪囚逃竄如此, 其餘諸島罪人, 孰不生心? 伏望善奏, 以降明斷."

할령으로 지배했던 지역이다. 1374년(공민왕 23) 崔瑩의 대규모 정벌 이후에도 탐라의 목호는 반기를 들었고, 1387년(우왕 13)이 되어서야 고려에 귀순하였다. 몽골과 탐라의 관계는 원이 멸망한 뒤에도 이어졌다. 明은 雲南 정복 직후인 1382년(우왕 8) 7월 梁王의 家屬을 탐라에 보냈으며,[251] 1388년에는 歸順한 達達의 親王 등 80여 戶를 탐라에 거주하게 하면서 典吏判書 李希椿을 보내어 이들이 거주할 집을 수리하게 하였다.[252] 탐라에 안치된 시기는 알 수 없지만 1389년(공양왕 1)에는 명 황제가 拍拍太子와 그의 아들 六十奴, 火者, 卜尼를 소환한 기록이 있어 이들은 이미 제주에 유배돼 머물고 있었음을 알 수 있다.[253] 1392년(공양왕 4)에도 元 梁王의 자손인 愛顏帖木兒 등 4인을 탐라에 보내 拍拍太子 등과 함께 거주하게[254] 하였을 정도로 제주는 13~14세기 동북아시아 문화의 상호 교류가 활발한 지역이었고, 특히 元·明왕조가 차례로 주목하였던 지역이었음을 유념하여야 할 것이다.

4. 맺음말

기록으로 증명되는 역사적 사실과 달리 사회에 보이는 문화와 문화적 융합으로 전승되는 문화현상 등의 분석은 기록과는 또 다른 의미를 지닌다. 한국 고대사의 발전과정에서 볼 때, 각각의 사회가 처한 문화기반은 시기적으로 다른 양상을 보이고 있으며, 이는 국가의 발전 단계에 따른 결과이기도 했다. 특히 동북아시아를 포함한 서아시아 계통 및 중앙아시아의 제국가에서 형성, 심화된 독특한 고유문화가 교역이나 교류를 통해 전파되고 수용되는 현상은 고대 국가 단계의 자연스러운 흐름으로 이해되기 때문이다. 선진문화에 대한 적극적인 수용은 결국 사회를 형

---

251 『高麗史』 권134, 「列傳」 47, 禑王 8년 7월; 帝平定雲南, 發遣梁王家屬, 安置濟州.

252 『高麗史』 권137, 「列傳」 50, 昌王 즉위년 12월; 帝遺前元院使 喜山, 大卿 金麗普化等來, 求馬及閣人. 喜山等, 皆我國人也, 禮畢升庭, 稽首四拜, 昌立受之. 喜山等又傳聖旨云, "征北歸順來的達達親王等八十餘戶, 都要敎他耽羅住去. 恁去高麗, 說知敎差人那里, 淨便去處, 打落了房兒, 一同來回報." 於是, 遺典理判書 李希椿于濟州, 修葺新舊可居房舍八十五所.

253 『高麗史』 권45, 「世家」, 恭讓王 원년 11월; 壬午 帝召還拍拍太子之子六十奴及火者卜尼. 初, 帝討雲南, 流拍拍太子及子六十奴 于濟州, 至是召之.

254 『高麗史』 권46, 「世家」, 恭讓王 4년 3월; 乙巳 世子至自京師, 都堂迎于金郊, 百官班迎于宣義門外. 帝置前元梁王子孫愛顏帖木兒等四人于耽羅, 使與拍拍太子等, 完聚居住.

성하는데 중요한 토대로 작용하며, 이는 한 사회의 문화 발전 과정을 이해하는 수단이 된다.

고구려는 중국문화와 접촉하기 쉬운 만주지역에서 성장하여 가장 먼저 고대국가를 성립시켰고, 오랫동안 한나라의 침략 세력과 대결하는 과정에서 자주적으로 외국문화를 수입하고 적용시켰다. 고구려는 중국문화뿐 아니라 인도문화·서역문화 및 북방문화와 먼저 접촉하면서 이를 정리, 소화하여 고대 사회를 운영할 수 있는 다양한 능력을 갖추게 되었고, 이를 백제·신라에 전하는 구실을 하였다.

이와 함께 신라의 성장은 한국 고대사의 전개에서 주목할 만한 것이었다. 특히 문화적 다양성을 전제로 하여 서역을 비롯한 중국과의 소통에서 신라문화의 독자성과 문화적 우위를 지켜가고자 하였다. 앞에서 서술한 바와 같이 왕릉에 세워진 서역풍의 무인상처럼 다른 문화에 대한 이해를 통해 신라만의 독특한 문화를 꽃피워 나갔다. 신라 사회에 서역인이 거주했다는 문헌적 근거는 보이지 않으나, 서역풍의 인물상이 정교하게 조각되고 왕릉에 입석되거나 부장되었던 사실은 신라인이 서역인에 대한 충분한 인식이 전제되지 않고는 불가능하기 때문이며, 이를 근거로 한다면 서역인의 신라 상주 가능성이나 중국에서 서역인을 경험했을 가능성은 충분하다고 생각된다. 이러한 추론은 여러 연구에서도 확인되며, 특히 장보고 상단이나 이슬람 商團의 직접적 교역이 가져온 결과에 기인한다고 할 수 있다. 즉 신라 진골귀족의 여인들을 위시한 평민 부녀자들의 서역 물품에 대한 사치 풍조를 금지하는 興德王의 하교나, 장식보검이나 귀족들의 사치품 등의 유물은 당시의 주변 국가 간에 활발했던 무역 거래의 결과임은 분명하다.

아울러 신라의 교역품이 일본에 전래되거나 唐을 거쳐 서역에 전래되면서 서역의 기록에 신라와 관련한 내용이 전한다는 사실은 재고할 필요가 있다. 당시 신라에 전래되었던 포도나 호두 및 연화문 등의 문양의 유포와 현실적 적용은 고대 사회의 문화단계가 폐쇄적이지 않고, 다양한 형태로 전개되었음을 의미하는 것이라 볼 수 있다. 서역문화에 대한 포용적 자세를 견지하여 異種 異形임에도 생활사에 녹여낸 것은 신라문화가 국제문화로 성장할 수 있는 밑거름이 되기에 충분했던 것으로 생각된다. 장보고의 신라방 건설에서와 같이 국제적 문화와 물류의 중심지에서 다양한 문화를 포용하고 국내에서 적용할 수 있었던 배경에는, 당시의 국제문화를 폭넓게 이해하고 이를 토대로 他文化에 대한 탄력적인 수용을 통해 문화적 밀도를 높게 가져갔던 신라의 문화적 유연성에 기인한다고 생각된다.

한편, 고려 태조 때부터 설행되었던 팔관회는 고대 사회의 전통적인 습속을 전승하여 국중대회로 활성화한 대표적인 국가행사였다. 이후 유교정치이념의 확대 과정에서 일시적인 중단이 있었지만, 다시 부활하여 고려가 멸망할 때까지 지속되었다. 이처럼 고려는 팔관회를 정례화하고 의례를 확정해가는 과정에서 중국을 제외한 정치적 영향권 내의 주변 국가에 대한 조하의식을 진행함으로써 고려의 대외적 위상을 제고(提高)하고자 하였다. 이를 위해 주변국과의 문화적 교류는 당시 동북아시아의 정세와 긴밀하게 연관되어 송을 중심으로 하는 국제 교역의 장에 적극적으로 참여하게 되었다.

고려보다 앞서 송은 이슬람 국가들과 교역을 진행하였고, 이전 시대부터 실크로드와 해상로를 통한 교역의 확대를 이루어가고 있었다. 중앙아시아의 정치적 변동으로 활성화된 해로무역의 확대와 그 연장선상에서 고려와 교역을 이루었던 이슬람 상인들의 고려 내방은 그들이 가져온 진귀한 물품과 고려의 문화적 교류를 가능하게 하였다. 그 결과 고려 사회에는 이슬람 계통의 문화가 자연스럽게 파급되었고, 승려의 부도를 위시한 각종의 문화현상에 이를 적용시키는 계기가 되었다. 특히 고려가 송에 대해 요청한 장인 초청 등의 사례는 고려의 문화를 한 단계 제고하려는 의지와 국왕의 정치적 목적과도 일부 닿아 있었다.

고려는 팔관회의 설행을 위해 많은 경비와 대규모의 인원을 동원하였다. 고려는 이를 통해 대내적으로는 연등회와 더불어 고려의 가장 큰 명절이자 축제의 장으로 승화시키면서도, 추수감사제의 형식을 빌어 지역적인 색채를 강하게 드러내는 각 지방의 토착신앙을 수도인 개경에서 일원적 구조로 통합하는 기능도 겸하게 하였다. 또한 팔관회의 개방적 질서는 문화와 문물의 교류를 통한 지역 간 소통과 국가 통합의 기능을 추가하였다. 팔관회의 폐해가 없었던 것은 아니었지만, 고려는 팔관회가 지닌 개방적 질서를 확대하고, 이를 기반으로 하는 다원적 천하관의 정립과 국제문화교류에도 적극적으로 응하였다. 고려 후기 사회의 급변하는 정세 속에서도 고려의 서역 인식이나 문물에 대한 욕구는 지속적으로 이루어졌고, 이는 결국 문화적으로 융합되어 정착되는 문화현상을 고려 사회 전반에 확대시키는 계기를 이루었다.

한국의 다문화정책에 대한 이론적 근거 마련을 위한 수단으로 단순히 세계 사조의 흐름을 도입하여 적용하는 정도에 그친다면 물과 기름 같은 서로 다른 차원의 정책으로 시행될 가능성이 높다. 때문에 한국사회가 안고 있는 문화 전통의 특성을 보다 심화하여 한국사 상에서 그 원인을 규명하고 밝히는 과정이 더 필요한 시점이다. 즉 현재 한국사회의 다문화관련 연구나 실천 단계는 현실성이 담보되는 사회복지 측면이 강조되고 있다. 이로 인해 한국의 다문화사회는 탄탄한 이론적 기반 없는 사상누각이 될 공산이 크다고 하겠다. 즉 고대로부터 현재에 이르기까지 한국사회에 수용되고 적용된 다양한 문화적 층위를 밝히고 선명히 하는 작업이 우선된다고 볼 수 있고, 단일민족이라는 정체성 아래 가려져 있는 성별·계층·주변·집단 등의 권력의 문제들을 어떻게 해결해 나가야 할 것인가가 개방화, 세계화시대의 과제이다.

Chapter **5**
다문화 생태주의와 지역 지식

1. 머리말
2. 자연–사회의 관계와 자연구성주의
3. 환경윤리
4. 환경 지역 지식과 지속가능한 공동재 관리
5. 제주 세계평화의 섬: 인간 간 그리고 인간–자연 간 평화
6. 다원적 관점 보론: 후기식민주의

Chapter 05

다문화 생태주의와 지역 지식

권 상 철

1. 머리말

다문화는 '우리'와 '그들' 간의 관계, '다름'에 대한 접근을 이해하는 한 방식으로 인간 대 자연, 인간 대 인간 등을 포함한다. 이 글은 다문화 생태학과 지역지식이라는 제목으로 자연 – 사회 또는 환경 – 인간에 대한 이원론적 관점과 이의 극복을 위한 다양한 환경 관련 연구에서의 논의로 자연과 사회의 관계와 구성, 환경윤리, 지역 지식과 공동재 관리 등을 소개하고, 제주 평화의 섬 사례를 통해 자연과 인간 그리고 인간과 인간의 관계를 현실적으로 고려하는 방안으로 살펴보고, 보론으로 후기식민주의 논의를 인식의 다원화를 위한 기초로 제시해 보고자 한다. 이를 통해 환경/자연에 대한 그리고 다른 사람/지역에 대한 이원적 사고를 넘어 다문화적 사고와 실천의 중요성을 이해해 보고자 한다.

2. 자연-사회의 관계와 자연구성주의

(1) 자연-사회 관계의 변화

우리 삶의 현실은 자연과 사회가 독립된 영역으로 구분되지 않고 서로 혼합된 복잡한 양상으로 전개된다. 그러나 인간의 합리성과 주체성 그리고 자연의 외재성과 객체성에 기반하고 있는 근대 사상의 대두로 자연과 사회는 분리되기 시작했으며, 이러한 자연과 사회의 분리는 학문분야에서 자연과학과 사회과학의 분리로 나타나고 우리의 사고에도 이원적 구분으로 깊숙이 자리매김하고 있다. 자연과 인간의 구분을 전제로 하여 이들의 관계에 대한 관심은 환경 결정론과 가능론으로 고려되어 왔으며, 최근 환경악화와 더불어 자연에 미치는 인간의 영향에 대한 관심이 높아지고 있다(〈그림 5-1〉).

자연과 사회의 관계는 항상 비대칭적인 모습으로 전개되어 왔는데, 유럽인들의 근대화를 '자연'에 대한 '문화'의 승리로 표현하는 것에서 그 절정을 드러낸다. 자연은 발전하는 과학과 과학기술의 지배를 받는다는 점에서 점차 자연과 사회의 구분은 뚜렷해지는데, 더욱 중요한 것은 문화를 자연과 뚜렷이 구분하면 할수록 진보로 간주되었다는 것이다. 반면 근대 이전의 문화, 지리적으로 비서구사회의 문화는 제도, 실천, 가능성 등에서 자연, 즉 그들의 지역생태 환경에 의해 조정되고 한정된 것으로 고려되었다. 이러한 자연의 이념화는 사회적으로 구성된 것이고, 더

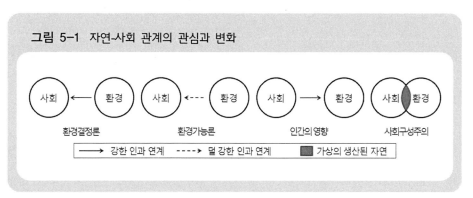

그림 5-1 자연-사회 관계의 관심과 변화

출처: Castree(2005)의 변용.

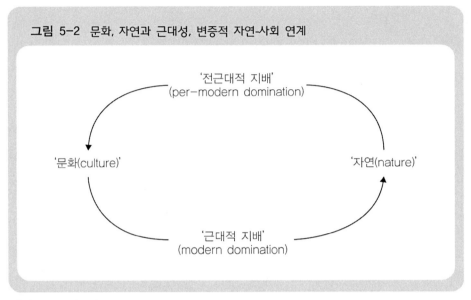

그림 5-2 문화, 자연과 근대성, 변증적 자연-사회 연계

출처: Gregory(2001).

나아가 사회 계층성을 내포하는 유럽인들의 아이디어와 실천으로 지배층의 신념이 대중화된 것이라 할 수 있다. 이러한 이원적, 계층적 사고는 문화와 자연, 정신과 육체, 대상과 주체 등으로 다양하게 전개되는데 자연은 인간의 필요에 따라 길들여지고 정복될 대상으로 간주되었다. 자연의 가치는 인간의 주관적 효용과 필요를 만족시켜주는 용도라는 기준에 의해 측정되거나 평가되는 것이다(〈그림 5-2〉).

자연을 단지 '비인간(non-human)'으로 인지하고 과학의 대상으로만 취급하는 것은 자연의 가치를 인간의 필요 충족이라는 용도를 지닌 어떤 실체로서만 간주하고 그 자체 내재적 가치를 가진 존재로 인정받지 못하게 되었다는 것을 의미한다. 이것이 자본주의 사회에서 자연에 대한 일반적인 문화의 기본적 틀이 되었다.

(2) 자연구성주의

우리가 오랫동안 상상하고 경험한 자연이 이러한 정의에 도달하게 된 과정에는 사회와 인류 역사의 여지가 자주 끼어들게 된다. 예를 들어 사물의 자연적 속성이 과학적 방법 또는 종교적 문헌으로부터 도출되었다하더라도, 이들 방법과 문헌은 사회적 개념과 사회적 맥락에 의존하고 있다. 과학적 사실이 존재하기 위해서는 과학자들이 자연세계의 특성에 대해 동의해야 하며, 이러한 특성은 사회적으로 발전한 언어와 단어로 기술되어야 한다. 즉 자연은 사회와 구분되어 독립적으로 존재하는 것이 아니라 우리의 인식에 의해 규정되는 자연은 사회적으로 구성되었다는 결론에 도달하게 된다. 예를 들어, 우리가 보르네오를 여행하며 보는 삼림은 토착적인 것이지만 영화, 텔레비전, 가족 등의 다른 출처로부터 만들어진 보르네오 밀림에 대한 생각이 혼합되어 나타난 것이다. 따라서 우리가 보는 그리고 볼 것이라 기대하는 자연은 다른 사람의 영향을 받은 것이다. 아마존 밀림, 보르네오의 운무림(cloud forest)은 단순히 자연의 물리적 과정의 결과물이 아니라 생물리적 과정, 특정의 물리적 환경, 그리고 인간의 오랜 점유와 관리의 산물이다. 관광객이 경험하는 야생동물과 원시림은 매우 자연적(natural)이지만, 이들 원시적 자연을 유지하기 위해 사람들을 축출하고 어떤 것이 중요한 가는 사람들에 의해 선정되고 보호구역으로 지정되는 부인할 수 없는 사회적(social) 속성을 가지고 있다(Robbins, 2008).

자연의 사회구성주의 관점은 확실성, 보호, 야생과 같은 아이디어에 묻힌 표출되지 않은 가정은 무엇인가에 관심을 기울이며, 이러한 방식으로 우리 그리고 다른 사람들의 자연이 어떻게 사회적 과정, 믿음, 신념 그리고 역사의 산물인가를 보기 시작한다. 예를 들어 우리가 원시 밀림이라고 하는 자연은 사회적으로 구성되었는데, '원시' 그리고 '진정'한 밀림의 아이디어는 무(無)에서 만들어진 것이 아니다. 낙원과 같은 밀림, 개인적 생물종 다양성의 가치, 야생성과 같은 아이디어는 모두 문화, 미디어, 교육 등의 산물이다. 인종(race)이라는 개념을 예로 들어 보면, 200년 넘는 동안 많은 교육받은 서구인들은 인간의 다른 생물학적 인종이 있다는 과학적 사실을 믿었다. 더욱이 20세기가 시작되며 많은 사람들은 다른 인종들은 다른 수준의 생물적 진화단계를 반영한다고 믿었다. 과학자, 성직자, 그리고 평범한 사람들은 예를 들어 아프리카인, 호주 원주민 등 특정 집단을 진화계층의 "하위 단계"에 위치시키고 원숭이에 가까운 덜 인간적인 종이라고 믿었다. 이러한 믿음은 불행한 노예무역과 같은 역사적 사건 그리고 차별과 억압을 정당화하며, 오랫동안 많은 사람에게 편리하게 다가갔다.

이러한 다른 생물적 인종 언급은 지난 세기동안 정체가 폭로되어, 인종적 차이는 없는 것으로 증명되었다. 유전 분석이 발전하며 사람들 간에는 외부적인 차이에도 불구하고 유사성이 더욱 크며, 단순히 유전적, 생리적 용어로 인종은 없다. 그러나 인종 범주는 많은 사람과 지역에서 실재하는 것으로 남아있다. 인종 구분은 아무런 자연적인 물리적 기반이 없음에도 권력에 영향을 받는 역사적 사회적 합의에 뿌리를 두고 있다. 달리 말하면, 사실적 정보도 순수하지 않은 개념과 실천이 뒷받침되고 서구유럽의 제국팽창과 같은 특정의 역사적 상황에 뿌리를 두고 있다. 이보다 더한 권력은 눈에 보이는 인종 차이를 자연성(naturalness)으로 내세우며 인종주의를 사회질서 유지에 이용했다는 것이다. 지배자들은 이러한 인종 범주를 고안한 것이 아니고, 그 범주는 항상 있어왔던 것으로 일상화하였다. 이러한 사회적으로 구성된 육안의 자연성은 바꾸기 어렵게 고착화된 치명적인 범주로 만들어 졌다. 이는 우리가 진실이라고 알고 있는 것 그리고 어떻게 알게 되었는가에 대한 중요한 질문을 해야 한다는 것으로, 무엇보다도 우리가 무엇인가를 자연스러운, 이미 주어진, 그리고 비사회적인 것으로 이해하는 것 자체는 바람직하지 않기에 문제시해야 함을 드러낸다.

자연의 사회적 구성 접근은 자연과 사회를 비대칭적이지만 서로 연계된 관계로 고려하며 본래의 혼합된 복잡한 현실을 보려는 노력으로 간주될 수 있다. 물론 인간중심의 사고이기는 하지만 자연의 사회적 구성 관점은 지배적 사회질서에 대한 비판을 통해 자연에 대한 새로운 인지, 규범을 도출해내기 위해 노력하기에 사회에 대한 생태적 성찰성을 담보할 수 있다. 이러한 과정은 사회적으로 공유하고 있는 자연에 대한 사고에 비판과 성찰을 동반하여 바람직한 자연과 사회의 관계를 만들어낼 가능성의 관점을 제공한다.

3. 환경윤리

윤리는 사람들이 특정의 상황에서 무엇을 해야 하는가와 왜 그러한가에 대한 옳고 그름에 대한 관심으로, 역사를 통해 윤리 규약이 철학과 종교를 포함한 문명화의 원칙을 제공하였다. 서양 철학 전통에서 옳고 그릇 행동에 대한 질문은 대다수 인간이 다른 인간에게 행하는 행동에 초점이 맞추어져 왔으나, 최근 환경윤리가 자연 그리고 비인간 세계에 대한 행동이 무엇은 옳고 무엇은 그른가에 관심을 기울인다.

(1) 보전과 보존

환경보전에 대한 입장은 보전과 보존 두 가지로 대비되는데, 보전(conservation) 옹호는 자연 자원을 효율적이고 지속가능하게 사용하여 많은 사람에게 많은 혜택을 주는 공리주의적 환경윤리로 미국 서부의 경험에서 특징을 찾을 수 있다. 미국의 경우 대다수 미국 서부의 땅이 연방정부 소유로, 삼림, 사막, 산악지대, 강 등을 포함하는 목재, 광물자원, 그리고 수력발전과 같은 자원이 풍족한 곳이었다. 농업, 철도 등의 용도에 토지를 양도했지만 현재도 전체의 약 30%에 이르는 땅이 연방정부 소유이다. 19세기가 될 때까지 벌목업자들은 자유롭게 나무를 잘라 팔았다. 그러나 루스벨트 대통령이 집권하며 합리적인 자원 이용을 위해 정부의 간섭을 시작했다. 20세기에 들며 보존 옹호자들이 등장하는데, 1892년 시에라 클럽이 생기며 요세미티 국립공원을 현재의 경계로 확장하는 로비를 한다. 보전과 경합하는 환경윤리인 보존(preservation)은 인간의 자연 탐험을 반대하고 야생의 오염되지 않은 자연은 인간의 이용으로부터 그대로 두는 보존을 주장하며 국립공원 운동을 주도한다.

미국의 환경 역사에서 요세미티 북동쪽의 헤츠헤치 계곡에 샌프란시스코시가 물을 얻기 위해 댐을 건설하려는 계획에 대한 보전과 보존의 논쟁은 유명하다. 이는 저수지 또는 야생성 어느 것이 바람직한 선택인가?의 문제로 보전은 저수지가 계곡을 유지하면서도 많은 사람에게 혜택을 주기에 댐 건설은 바람직한 것이라고 한 반면, 보존은 요세미티 계곡 등을 영원히 보존하기 위해 성공적인 로비를 하며 자연 세계는 현대인들이 정신적 숭고함을 목격할 수 있는 곳으로 인간의 진보를 위해 희생되어서는 안 된다며 보존은 자연을 그대로 두는 것이 바람직한 선택이라고 주장한다.

보전과 보존 또는 현명한 자원 이용 대비 야생성 보존은 21세기까지 지속되다가 생태과학이 등장하며 제3의 방식을 제시한다. 생태학은 유기체와 이들의 환경 간의 상호연계에 대한 과학적 연구로 비교적 새로운 분야이다. 생태학의 핵심인 생태계는 유기체와 생물−비생물 환경 간의 상호연계에 대한 과학적 연구에서 1930

년대에 만들어진 용어로 그다지 오래되지 않았다. 생태학의 통찰력이 환경윤리로 연계되는 것은 개인과 사회 간의 윤리적 관계에 빠진 것은 '사람과 토지, 그 위에서 성장하는 동물과 식물과의 관계를 다루는 윤리'로 생물학적 진화의 지식과 더불어 인간은 자연 질서의 일부분인 종일뿐 아니라 그들의 환경—토지, 식물, 동물 그리고 생태계의 건강한 기능에 완전히 의존한다는 것을 인식해야 한다. 의존이라는 언급은 인간공동체 제도에 분명하다. 사람들은 인간공동체의 서로 의존하는 부분이 되기 위해서는 협력해야 하고, 자신들의 권리와 자유를 일부 양보해야 한다는 것을 알고 그렇게 하고 있다. 이러한 생태적 연계—우리의 환경과의 상호의존—의 이해와 더불어, 공동체의 경계를 토양, 물, 식물, 그리고 동물 또는 집합적으로는 토지로 확대하는 것은 논리적이고 합리적이다. 우리는 동시에 공동체의 정복자와 회원일 수 없기 때문에 자연과의 관계를 정복자에서 평범한 회원과 시민으로 바꾸어야 한다.

토지윤리는 인간의 이용이 옳고 그르다는 보전과 보존의 단순한 윤리로부터 '생명공동체의 통합, 안정성, 그리고 아름다움을 유지'하려는 입장에서 우리의 생태적 연계와 생태계 건강에 대한 지식을 따른다. 토지윤리는 우리의 윤리적 고려를 인간 영역을 넘어 토양, 물, 식물 그리고 동물까지 확장해야 한다는 것이다. 수십 년이 지나 가축을 포함한 동물에게 윤리적 고려를 하자는 사고가 지배적이 되고 상당한 논쟁을 일으키며 대중적 사회운동을 촉발했다.

(2) 동물의 해방과 심층 생태학

1970년대 윤리적 고려의 범위는 동물의 해방과 동물 권리 운동으로 확대되며 새로운 사회운동이 등장했다. 역사적으로 인간은 인간의 도덕적 지평을 계속 넓힘으로써 (여성, 소수민족, 환자, 장애인 등과 같이) 자신의 권리를 박탈당하거나 제한당한 사람들까지도 포괄할 수 있게 되었는데, 그렇다면 마찬가지로 같은 도덕적 지평을 인간의 범주를 넘어 동물들에게까지도 확대할 수 있다며 인종, 계급, 젠더 또는 인간—비인간과 같은 구분은 임의적인 것이라고 주장한다.

동물 권리 옹호론자의 입장에서 볼 때 윤리란 특정 사회가 생산할 수 있는 '선'을 최대화하기 위해 노력하는 것으로 본다면 즐거움과 행복과 같은 선을 최대화하기 위한 필수적인 요건은 가능한 한 많은 고통을 사라지게 하는 것이다. 그렇기 때문에 고통을 느낄 수 있는 모든 '감정적 존재'는 윤리의 관점에서 동등한 중요성과 가치를 갖고 있기에 모든 윤리적 결정에 있어서 이러한 감정적 존재들이 받는 고통의 최소화나 제거를 고려해야 한다는 것이다. 이러한 논리를 따르면 어떠한 동물이라도 인간의 목적을 위해 이용되는 것은 비윤리적이 되며, 화장품이나 의류를 만드는 데 그리고 의학 연구에 동물을 사용하는 것은 바람직하지 않다. 세계 각지의 동물 권리 옹호 활동가들은 인간의 손에 의해 동물들의 고통이 사라져야 한다고 호소하며, 현대 생활에 변화가 있어야 한다고 주장한다.

심층 생태학은 다른 급진 생태학으로, 표층 생태학은 특정한 예를 들어 대기 오염이나 자원 고갈과 같은 사안들에 대한 개별적 접근에 치중함에 따라 생태적 문제의 원인에 대한 보다 심층적인 질문을 제기하지 못해 생태적 위기 그 자체를 해결할 수 있는 대안을 제시하지 못했다고 주장하며 인간 사회에 대한 비판 속에서 인간과 비인간 자연 간의 관계성에 대해 총체적으로 접근할 것을 주장한다. 여기에는 '자각'과 생태중심주의가 중요한데, '자각'이란 '우리' 개인과 모든 대상들이 상호 연결되어 있음을 깨달을 때 비로소 자아라는 개념은 개인을 넘어 모든 것들을 아우르는 개념으로 확장될 수 있다는 것이다. 생태중심주의는 자각의 논리적 귀결로 사람은 자기 자신이 외부로부터 봉쇄된 닫힌 자아가 아니라 다른 모든 자연과 동일하다는 것을 인식하는 순간 인간중심주의적 생각이나 행위는 당연히 비논리적 결과일 수밖에 없다는 것이다.

심층 생태학이란 개념은 자연은 인간의 목적에 대해 비인간 세계가 얼마나 유용한가의 여부와는 독립적으로 그 자체로 내재적 가치를 갖고 있다는 주장에 토대를 두고 인구의 감소, 자연에 대한 인간의 간섭 축소, 환경 정책의 변화, 환경주의 운동에 대한 인간의 의무 등을 주장하며, 야생 보존 운동 내부에서 급진주의적 입장을 형성한다.

인간중심적 사유는 필연적으로 반생태주의적 윤리로 나아갈 수밖에 없는 것일까? 환경윤리는 이와 같은 근본적이고 도전적인 문제를 사회에 던지고 있다. 만약 많은 환경윤리학자들이 주장하는 것처럼 이러한 질문에 '예'라고 대답한다면, 우리가 살고 있는 지구의 질병을 치유하기 위해서는 근본적인 이념적 변화가 반드시 수반되어야 한다. 그러나 경제적 동력, 정치력, 제도적 한계 등의 다른 것들이 개인이 선택한 행위에 장애가 될 수 있다. 환경윤리에 대한 이론적, 실천적 도전도 벅찬 상황이지만, 현재의 세계가 기반을 두고 있는 깊은 정치적, 경제적 조건을 면밀하게 이해하는 것 또한 중요하다.

(3) 사례[1]

1) 나무와 삼림

생태 중심적 가치를 갖고 있는 사람들이 어떻게 산림 보호와 관리의 의사결정을 더 사회적이고 환경적으로 바람직한 결과로 이어지게 할 수 있는가? 우리는 현재 시점에서 삼림과 사회의 관계 회복을 위한 윤리적 도구를 어떻게 사용할 수 있을까? 환경의식의 팽창이 가난한 지역사회뿐 아니라 글로벌 엘리트까지 포함된 전 지구적으로 확대되는 것은 어떻게 설명할 것인가? 서양 문명과 관습법의 역사는 권한이 없던 초기의 것들이 점차적으로 시간이 지나며 권리가 부여되는 것에 비추어 나무들도 실제 법적 권리와 지위를 가져야 한다는 주장이 제기될 수 있다. 예를 들어, 서양 법률에서 어린이들은 수백 년 동안 권리를 갖지 못했다. 그들은 법적 처벌, 일, 결혼에 대한 가정의 결정권으로부터 배제될 수밖에 없었다. 전통적 가부장제에서 여성, 노예 제도 하의 흑인들, 봉건 제도에서 토지무소유자 등 현재 법적 권리를 갖고 있는 많은 사람들과 단체들은 어린이들과 대부분 마찬가지였다. 특히, 성인, 백인, 토지무소유자들이 다른 사람들과 동등한 법적 권리를 가지지 못했다는 것은 지금의 우리에게는 터무니없는 것으로 보일 수 있으나 오랜 기간 동안 그러했다. 법적 전통이 많은 사람과 사물이 그들이 가질 수 있는 권리를 인식함으로써 확대되어 왔다. 현재 전 세계에서 현대 법률 시스템은 기업이 실제로 현재 개인의 법적 지위와 권리를 누리고 있도록 하고 있다.

'권리'를 갖는다는 것은 공식적인 법적 의미에서 권리를 갖는다는 것으로, 만일 누군가가 명확한 권리, 예를 들어 투표권을 가졌다면, 법정과 같은 공공기관은 인간의 권리를 침해할 수 있는 행동에 대해 검토해야 한다. 또한 사람은 그들의 권

---

1 아래의 나무와 참치의 사례는 Robbins et al.(2014)에서 여러 환경과 사회의 관계를 검토하는 사례 중 2가지를 선별해 재구성한 내용이다.

리를 보호하기 위해 또는 그 사람을 대신하여 법적 조치를 취할 수 있는 보호자를 위해 반드시 법적 행동을 취할 수 있어야 하며, 법정은 판결을 내릴 때 그 사람의 권리에 대한 침해를 고려해야 한다. 일반적으로 법적인 권리가 없는 사물의 경우 보통 그에 대한 권리를 가진 사람의 재산으로 고려된다.

현재 나무는 확실하게 권리를 가지고 있지 않다. 예를 들어 나무를 자르는 일은 나무를 위한 일은 아니지만, 그 행위가 소유자에 의해 이루어졌다면 사법기관의 조사를 받을 일은 없다. 만일 나무를 자르는 일이 어떤 법을 어겼을 때 법원은 검토를 하겠지만, 그 마저도 나무를 개인으로 고려하거나 나무의 권리를 보호하는 것은 아니다.

모든 종류의 개체와 자연의 존재에 대한 사실은 동일하다. 예를 들어, 당신은 합법적으로 강물을 더럽힐 수 없지만 강물은 그 자체의 오염 이의를 제기할 권리가 없다. 오직 물을 마시거나 사용하는 근처의 사람들만이 그 권리가 있다. 또한, 만일 누군가가 강물의 오염 피해에 따른 보상금을 지불한다면 강물이 아닌 강의 하류지역에 사는 사람들에게 배상금이 지불된다. 나무를 위한 법적 권리는 불법적으로 나무를 베도록 만들지 않는 것이다. 결국, 사람들은 항상 어디에서나 권리를 갖고 있으나 이를 행사하지 못한다. 때때로 개인의 권리는 제약되고 제한받는다. 벌목처럼 나무에게 해가 되는 모든 행위를 없앨 필요는 없다. 모든 권리가 모든 사물이나 사람에게 적용되는 것은 아니다. 예를 들어 기업은 법정에서 묵비권을 행사할 수 없다. 따라서 나무도 투표권이나 기타 적절치 못한 특정 권리들을 가질 필요는 없다.

그러나 현행법에 기초해 자연물의 어떤 구체적 권리의 윤곽을 그려낼 수는 있을 것이다. 사물의 특정 권리 침해에 대한 법정 검토를 위해 법적으로 의무와 기회를 가진 보호자나 대표자가 설정될 수 있다는 것이다. 이는 이미 어린이 그리고 법정에서 자신의 이해를 온전히 대별할 수 없는 사람들을 위해 행해지고 있다.

일부에서는 나무가 그들의 요구를 표현할 수 없다거나 토지는 이미 국가 기관의 형태의 보호자를 갖고 있다고 주장 할 수도 있다. 그러나 보호자는 항상 자신이 법적으로 대변하는 사람의 요구를 가장 중시해야 하는데 정부 보호자는 문제가 되는 존재, 즉 나무의 이익 대신 정부 자신의 이익을 대변한다는 것이다. 실제로 이 두 가지의 모순으로 발생한 사례는 수 없이 많다. 나무, 물고기, 바다, 강이나 그 밖의 것들로까지 권리의 범위를 확대하는 것에는 법적, 실용적, 윤리적인 문제가 없다.

　　이러한 접근은 삼림의 문제에 대한 시장의 관점과는 완전히 다른 접근이다. 시장은 산림 벌채가 개선될 수 있도록 산림 벌채를 하는 사람들에게 비용을 부담시키거나 경제적 동기를 제공해 산림 벌채를 억제하고 산림 재생이 장려되는 방식으로 접근한다. 반면 권리를 기반에 둔 접근에서는 벌목이 나무 자체에 끼치는 피해를 법정에서 계산하고, 저울질하며 평가해야 한다고 본다. 이는 산림 벌채에 관한 정치경제적 접근과도 완전히 다르다. 정치경제학적 접근은 지역 생산자로부터 가치를 착취하는 거대한 기업과 국가의 이익을 위한 행동을 옳지 않다고 강조한다. 또한 숲 생산 가치의 하락 문제를 지적하며 지역주민들의 권리 보호를 위한 직접적인 정치적 행동을 강조한다. 그러나 자연의 권리에 대한 접근은 산림 약탈에 대항하여 지역주민과 나무 그 자체를 보호하는 법적 메커니즘을 동원할 것이다.

　　자연의 권리 접근은 숲이 삼림 벌채 행동보다 상위에 있는 나무와 살아있는 것들에 대한 관심에 의해 형성된다는 것을 인정하는 접근이다. 이것은 인간중심적인 생각과는 반대되지만 삼림을 통해 나무를 보는 가장 좋은 관점일 것이다.

2) 참치와 돌고래

　　보전 또는 생태학을 언급할 때 대다수의 옳고 그른 행동에 대한 논의는 종(species)의 멸종을 중심으로 이루어졌다. 예를 들어 미국은 1973년에 멸종위기종법을 통과시켰다. 이 법의 의도는 식물이나 동물의 멸종을 막기 위한 것이었다. 이 법령은 몇몇 놀라운 성공담과 수많은 유명한 실패를 포함한 혼합된 역사를 가지고 있다. 멸종위기종법의 성공담 중 하나인 미국의 악어를 예로 보자. 악어는 미국의 노스캐롤라이나 남부에서 서쪽 텍사스 동부의 습지에 산다. 1950년대까지 악어 수는 서식지 감소와 판매를 위한 사냥으로 거의 모든 토착지에서 사상 최저치로 줄어들었다. 악어는 1973년 멸종위기종법이 공표될 때 멸종위기종으로 목록에 올라, 악어 사냥은 금지되었고 서식지보전법이 제정되었다. 1987년 미국의 멸종위기종을 관리하는 책임 기구인 어류와 야생동물국은 악어가 완전히 복구되었고 멸종위기 목록에서 빠졌다고 선언했다. 목록에서 빠진 후, 모든 악어가 서식하는 주정부는 악어 사냥계절을 정했다. 악어 개체 수가 관리되고 있는 한 다시는 멸종위기의 위협을 맞이하지 않을 것이고, 정부는 동물의 사냥을 허용할 수 있을 것이고, 악어

┃ 그림 5-3 ┃
라부데의 몰래카메라 화면: 참치배의
갑판에서 끌려가는 죽은 돌고래
출처: Robbins et al.(2014).

┃ 그림 5-4 ┃
참치의 권리 침해: 일본 동경의
해산물 도매상에 전시된 절단된 참치
출처: Robbins et al.(2014).

서식지의 손실에 대해서도 어느 정도의 여유를 가지게 되었다.

멸종위기종의 보호는 생태적 윤리의 표현이다. 연방정부 법을 통해 사회는 인간행동으로 종이 절멸하게 허용하는 것은 잘못된 것으로 간주하여 왔다. 그러나 우리, 즉 사회는 악어를 죽이는 일이 잘못된 것이라고 말한 적은 없다. 달리 말해 사회는 개별 악어에 대한 과거 또는 미래의 취급에 대해 윤리적 명령을 정한 적이 없다. 따라서 이러한 법규는 생태적 윤리의 표현이지 동물의 권리에 대한 선언은 아니다. 그러나 환경윤리 접근은 종의 수준에 따를 것이 아니라 이해를 가진 모든 창조물로 우리의 윤리적 관심을 확대해야 한다고 강조한다. 그러나 윤리적 확대주의는 모든 존재가 동등하다는 것이고 따라서 동등한 권리를 가진다는 것을 의미하는 것은 아니다. 오히려 동물들은 인간과 각기 다른 형태의 관계를 맺고 있다. 이러한 고려는 개별 동물에 대한 옳고 그른 행동을 논의할 때 영향을 미친다.

감성적인 측면이 보편적이라는 것을 보여주는 증거는 돌고래 안전 캠페인의 성공에서 찾을 수 있다. 돌고래는 영리하고 틀림없이 고통을 느끼는 매우 진화된 동물이다. 따라서 돌고래는 모든 동물 권리 행동가의 관심에도 매우 중요한 대상이 되고 있다. 그러므로 참치 그물에 매년 수만의 돌고래가 죽는 것을 잘못된 사례로 만드는 것은 쉽다. 이러한 면에서 참치 그물에서 어떤 돌고래라도 죽이는 것이 잘못이라는 주장이 만들어졌고 실제로 나왔다. 수많은 사람들이 끔찍하게 죽어 가는 지각력 있는 생명체의 이미지에 끔찍한 충격을 받았던 것은 놀랍지 않다.

과거부터 현재까지 특정의 또는 모든 해양 포유류에 대한 살상을 완전히 금지하는 것은 언제나 전폭적인 대중의 지지를 받아왔다. 생물학적으로 풍족한 종인 밍크고래만을 죽이는 일본의 '과학을 위한 고래잡이' 프로그램의 유지에 대한 국제적 반대의 확산은 태평양 동적도돌고래 사망률과 일본의 고래잡이 프로그램에 대한 대중의 분노가 모두 동물의 권리와 관련된 사안임을 보여준다.

그러나 참치는 돌고래에 견줄만한 관심 대상으로 고려되지 못하며 대다수의 동물권 옹호운동가들에게조차 관심을 받지 못하고 있다. 우리 역시 돌고래에게 하듯 참치에게 공감하거나 그들을 우리와 동일시하지 않는다. 시장에 전시된 절단된 참치가 돌고래였다면 격렬한 반응을 보였을 것을 상상해 보라. 이러한 참치의 취급은 일부 채식주의자와 급진적 동물권리 운동가에게는 혐오스러운 장면일 것이다. 그러나 대다수의 사람에게는 단지 판매를 위한 생선 사진으로 고려될 뿐일 것이다. 더군다나 돌고래 안전 캠페인은 참치와 돌고래 서식지 또는 해양의 전반적 상황에 미치는 인간의 영향을 경감하는데 거의 또는 전혀 도움을 주지 못한다. 따라서 돌고래 안전 캠페인의 성공은 생태적 윤리보다는 동물권리의 승리로 기록될 것이다. 이는 또한 돌고래를 참치 또는 다른 해양 생물에 비해 매력적인 종으로 구분함으로써 혼란스런 윤리를 만드는 사회적으로 구성된 것이라고 말할 수 있다.

돌고래와 참치의 논쟁을 때때로 충돌하는 두 환경윤리인 동물권과 생태적 윤리를 보면, 우리는 왜 해양 보전이 해양 포유류 보전보다 훨씬 뒤쳐져 있는가에 대한 실마리를 얻을 수 있다. 한 가지 답변은 해양 포유류 보전은 언제나 동물권에 대한 대중적 감성에 의해 부채질되었다는 것이다. 그러나 어류는 이러한 박애로 보지는 않았고, 대신 어류보전법은 최대의 지속가능한 생산을 목표로 한 관리 관점에 기초하고 있다. 항상 어획고를 극대화해야 한다는 것은 반드시 해양 생태계를 유지해야 한다는 고려를 넘어선다. 이것은 사회가 바다에 대한 생태적 윤리가 부족하다는 것을 말하는 것은 아니다. 오히려 바다를 최대한의 수확을 위해 관리를 하는 것이 옳다는 것이 지배적인 윤리이다. 이 윤리는 어류 관리에 보전적인 또는 예방적인 접근으로 발전할 수 없기 때문에 이전에 아무런 규제없이 이루어진 남획, 즉 해양 '공유지의 비극'에서 조금 나아진 정도라 할 수 있다. 이는 사회가 진정한 생태적 윤리를 발전시킬 때까지 자연에 대한 지속불가능한 착취는 지속될 것이라는 많은 생태 윤리학자들의 주장의 근거가 된다.

이것이 해양에 가진 함의는 무엇인가? 미국에서는 참치가 상당한 수준으로 판매된다. 더군다나 미국에서 판매되는 모든 참치 통조림은 돌고래 안전 라벨을 달고 있다. 그렇다면, '돌고래 안전' 캠페인이 제품 수요를 급격히 감소시켰을 때, 태평양 동적도에서 돌고래를 추적하며 참치를 잡던 배에서는 무슨 일이 있었나? 한 가지는 확실하다. 그들은 단순히 대낚기 어업으로 돌아가지 않았다. 대낚기 어업은 황다랑어에게 주는 스트레스를 줄였고, 돌고래에게도 스트레스를 줄였고, 어부에게 새로운 일자리를 제공했지만, 선박 소유주에게는 비용 효율적인 선택은 아니었기에 현실적인 선택으로 고려조차 되지 않았다.

건착망 어업은 둘 중 하나를 하였다. 태평양 동적도에 남은 배는 돌고래를 쫓는 대신 통나무나 다른 떠있는 물건 주변에 건착망을 고정시켰는데, 그 밑에는 돌고래 떼와 같이 황다랑어가 모이는 경우가 많았기 때문이다. 문제는 통나무 밑의 황다랑어가 돌고래 밑의 황다랑어보다 수백 배 많은 부수적 어획을 포함한다는 것이다. 모든 부수적 어획의 30~40퍼센트는 끌려 올려 지기 전에 죽고, 살아서 끌려 올라온 대다수는 스트레스로 금방 죽는 것을 고려하면 부수적으로 잡히는 어류가 2~3 자릿수 단위로 증가하는 것은 개별 돌고래의 생명에 대한 대가로 너무나 큰 생태적 대가를 지불하고 있다. 더 많은 태평양 동적도 건척망은 부수적 돌고래 어획이 문제가 되지 않는 태평양 서적도 바다로 옮겨 갔다. 그 결과 태평양 서적도 황다랑어 어획은 엄청나게 늘어나 이제 거의 고갈된 상태에 이르게 되었다. 실제, 태평양 일부 지역에서 황다랑어 어업의 붕괴를 염려하는 8개 태평양 섬 국가들은 알라스카 크기의 지역에서 참치 어업을 국제적으로 중지해 줄 것을 요구했다.

많은 소비자들은 돌고래 안전 라벨을 보고 자신들이 생태 친화적인 상품을 산다고 가정한다. 소비자들은 친환경 통조림 참치를 사며 죄책감을 느끼지 않고, 수만 마리의 돌고래가 캠페인 덕분에 구제되었다고 생각한다. 그러나 부수적 어획은 증가했고 과도 어획은 단지 서쪽으로 이동한 것뿐으로 주요 생태적 문제는 더욱 심화된 상황에 대한 고려가 필요하다.

4. 환경 지역 지식과 지속가능한 공동재 관리

(1) 과학 대비 지역 지식

환경관리에 대한 서구의 과학적 지식은 종종 제3세계의 농촌, 어촌에서 행해 오던 전통적인 자원 관리와 지속적 이용 관행을 무지한 것으로 배척하고, 지역공동 체가 임야와 해변을 공동으로 이용하여 이익을 얻는 관행과 공유제도는 근대화와 과학적 관리라는 이름으로 대부분 사라지게 되었다. 환경악화와 관리에 대한 문화, 정치 생태학은 최근 토착 주민들이 행하던 환경관리는 전근대적이 아닌 형평성과 지속가능성이라는 측면에서 새로운 평가를 하며, 지역별 다양성과 이에 대한 환경 지식은 제3세계의 관점과 입장에서 재고되어야 할 필요성을 주장한다. 사례로 미 개발국가에서의 불의 사용과 삼림의 이용에 대한 입장 차이를 보자.

토지 관리를 위한 불의 사용에 대한 차이를 보면(Robbins, 2008), 선진국에서 화 재는 재산에 위협을 가하는 자연재해로 간주되기에 제3세계에서 토지 관리를 위한 도구로 불을 이용하는 것은 '불합리한' 전통적인 환경 관습으로 간주한다. 하지만 미개발국 상황에서 불을 사용하는 것은 쟁기, 계단, 그리고 비료의 사용처럼 환경 을 통제하고 감독하는 기본적인 농업 도구의 하나이다. 사람들은 불을 사용해 토지 를 관리하는데, 잘려진 풀을 영양분 있는 짚으로 만들고, 침입하는 종을 통제하고, 작물 찌꺼기를 제거하고, 관개 관리에 도움을 주고, 재배하는 종의 성장을 촉진시 킨다. 마다가스카르는 불의 생태적 영향에 대한 양자의 입장이 분열된 전형적인 경 우이다. 남동 아프리카의 아라비아 해안에서 떨어져 있는 이 섬은 매우 복잡하고 다양한 경관을 가지고 있다. 열대 습윤 삼림이 지배적인 동부는 가파른 산악지형으 로 반건조 열대사바나의 서부와 구분된다. 동부의 가파른 경사는 독특한 토종과 공 동체의 고유한 삼림으로 덮여 있으며, 서부의 긴 경사는 비옥한 계곡을 형성하고 있다. 마다가스카르의 약 2퍼센트는 공식적으로 보호되고 있으며, 특히 대규모의 베마라하 자연보호구역(Tsingy de Bemaraha Strict Nature Reserve)은 이 섬의 희귀 고유종 인 여우원숭이(lemurs) 보호를 위해 1990년에 세계유산지역으로 지정되었다. 그러나 이 삼림과 이들의 생다양성은 심각한 쇠락 위기에 처해 있다고 간주되는데, 그 원망은 원주민인 말라가시 사람들, 특히 그들의 불 사용으로 향한다. 세계야생동물기금은 마다가스카르의 생물종 다양성에 가장 주요 위협으로 벌채화전 농업과 관련된 소규모이지만 광범위한 삼림의 제거를 꼽고 있다. 더군다나 삼림이 많지 않은 섬의 서부 경사지에서의 목초와 식량관리를 위한 불 사용은 '생태적 폭력'으로 불린다. 늘어나는 인구에 의한 무모한 활동으로 비추어지는 불 사용은 정부보존 관리와 또한 삼림과 희귀한 동물과 식물상 보호를 주장하는 미국, 캐나다와 유럽의 세계보존집단의 일반적 통념에 따르면 가장 중요한 문제이다.

　삼림 제거가 최근의 위기이고 거주민에 의해 발생하고 있다는, 즉 인구와 불이 생태계를 쇠락시키는 역할을 한다는 축소지향적인 설명의 효과는 무엇인가? 말라가시 주민들은 세계적인 여우원숭이와 다른 동물과 식물상 보호의 책임을 져야 함과 동시에 자신들이 전통적으로 생존을 위해서 사용하던 중요한 도구를 제거 당함으로써 전통적인 농업활동이 규제를 받고 범죄시되고 있다. 그러나 이러한 설명은 심각한 문제를 안고 있다. 첫째는 인간 거주 이전 시기의 삼림의 양에 대한 잘못된 가정에 기초한 결론이라는 것이다. 거주 이전에 마다가스카르 섬 전체가 삼림으로 덮였다는 주장에도 불구하고 화석연대추정의 증거는 이 섬이 최종 빙하기 이후 삼림, 초지, 그리고 복잡한 2차 전이의 모자이크였음을 보여준다. 둘째, 이 위기가 인구증가와 관련된 내부에 원인이 있다는 이해는 잘못된 역사 모델에 의존하고 있는 것이다. 마다가스카르의 초기 약 70퍼센트의 대다수 삼림은 1895년과 1925년 사이 프랑스 제국이 추구했던 벌목, 목초, 환금작물, 특히 커피 재배가 화전과 더불어 식민정부의 감독 하에 30년간 이루어진 결과이다(Robbins, 2008).

　마다가스카르의 사례는 보존의 실패를 농촌지역의 빈곤층에게 전가하던 기존 접근의 문제점을 드러낸다. 그러나 최근 이곳의 농업경제나 인구변화에서 나타나는 복잡한 상황은 단순한 전통과 근대의 문제로 다루어지기 어렵다. 토지 관리를 위한 불의 사용은 정부와 환경주의자들에게는 통제와 제거의 목표로 지속되고 있고, 세계 여러 곳 수억의 자급자족 농업생산자들에게는 토지 관리를 위한 기본적인 요소로 간주되고 있다. 보다 현실적으로는 이 지역의 농부들이 선택할 기술은 분명 환금작물에 대한 시장, 경제자유화, 그리고 국제적 개발 압력과 같은 정치경제의 광범위한 요소들에 의존하게 될 것이다.

　이집트 남부지역의 개발 사례를 보면, 하이댐(아스완댐)으로 연결되는 와디 알라퀴 계곡은 1989년 보호지역으로 선포되었고 1994년에는 유네스코의 생물권보존 지역으로 지정되었다. 그러나 이러한 결정은 와디 알라퀴 베두인(Bedouin) 사람들이 가지고 있는 환경에 대한 이해와는 매우 다른 서양의 환경담론 맥락 내에서 이루어졌다. 서양의 환경관리 방법은 이 지역 토지의 여러 곳에 환경보호의 정도에 따라 중심과 완충지역의 경계를 만들어지고, 이들 경계 내에는 특정의 보존수단이 법규에 따라 행해지게 되었다. 그러나 베두인 지역공동체 거주자들에게는 토지 경계를 만드는 방법은 이질적인 것으로, 이들은 자원을 유동적인 방식으로 정의한다. 보존의 정도는 공동체의 필요와 더불어 연간 그리고 보다 긴 시간동안 특정 시점에 다양한 식물 자원에 가해지는 가뭄의 압박 정도에 따라 유연하게 정해진다. 즉 그들에게 보존은 특정 계절 또는 일년 중 필요한 특정 시점에 행해지는 일시적인 수단이다. 이러한 순환적이고 일시적인 보존과 자원에 대한 지식은 서양의 규정된 지리적 위치 내에서 특정의 행위는 제약 또는 금지되는 공간적 정의와는 다르다.

환경관리에 대한 지식의 차이는 구체적으로 아카시아 나무 보존에 대한 베두인과 서양 보존주의자 간의 상충되는 입장에서 드러난다. 베두인 사람들에게 아카시아 나무는 가장 중요한 경제자원이고 지속가능한 방식으로 이용된다. 아카시아 나무에서 자연적으로 그리고 흔들어서 떨어지는 낙엽과 열매는 가축 사료로 이용되고, 나무는 목탄을 만드는데 이용되는데 아카시아 나무 목탄은 특히 품질이 좋게 평가된다. 아카시아 나무와 덤불의 경제적 요소에 대한 접근은 복잡하다. 같은 나무로부터 한 가족은 저절로 떨어지는 낙엽에 대해서만 권리를 가지고, 다른 가족은 나무를 흔들었을 때 떨어지는 낙엽에 권리를 가지고, 또 다른 가족은 목탄을 만들기 위해 죽은 나무에 대한 권리를 가진다. 또 다른 나무의 경우, 한 가족이 모든 것에 대해 권리를 가지는 경우도 있다. 이러한 상황은 더욱 일년 중 어느 기간 동안 자원을 채취하는 것에 대해 특정의 제재가 가해지기도 하고 어떤 때는 채취가 가능해지는 경우도 있어 더욱 복잡하다. 그러므로 이러한 방식은 비록 형식적인 서양식 보전방법에서 요구되는 조건을 충족시키지는 않지만 부족한 자원을 보전하는 전통적인 체계이다. 베두인의 보전에 대한 개념화는 경제적, 문화적으로 배태된 것이며, 그들의 광범위한 공동체의 이해를 충족시키는 방식으로 이어져 오고 있다.

새로이 설정된 환경보호지역에서 아카시아 제거가 금지된 것은 더욱 입장 차이를 뚜렷하게 드러낸다. 1998년 하이댐 호수의 물이 전례 없이 높은 수위로 높아져 많은 성숙한 아카시아 나무가 범람으로 죽었다. 전통적으로 베두인 사람들은 이 죽은 나무들을 목탄을 만드는데 사용한다. 그러나 현재는 이 나무들이 보호구역에 있기 때문에 사용이 금지된다. 당연히, 베두인 사람들은 이러한 형식적인 서양의 보호 방식에서 어떤 설득 논리도 찾을 수 없었다. 보존에 대한 두 다른 관점 간의 분명한 차이가 존재한다. 장기간에 걸쳐 펼쳐질 보전 계획을 통해 전개되는 개발 프로그램이 성공을 거두기 위해서는 그 지역 사람들의 관점에 대한 이해가 선행되어야 한다. 실제, 베두인의 유연한 보전체계는 중요한 대안적 전략을 제공할 수도 있다(Briggs and Sharp, 2004).

위의 두 사례는 환경관리에 대한 과학과 전통 지식의 차이와 갈등을 보여주는데, 최근 흥미롭게도 공유지의 비극에 대한 전통적 해법 두 가지, 즉 정부가 나서서 목초지에 풀어놓을 수 있는 양의 수를 제한하거나(정부 개입), 목초지의 소유권을 나눠 목자들에게 배분하는 것(사유화)에 대한 반대의 경우가 새로이 관심을 받고 있다.

(2) 지속가능한 공동재 관리

정말 모두의 것은 아무의 것도 아닌가? 사람들은 늘 공유 자원을 남용하며, 이를 막기 위해 정부나 시장의 개입이 반드시 필요한가? 전근대적으로 취급받던 공유 자원 제도의 지속가능한 관리와 활용에 대한 수많은 사례 연구를 행한 미국 인디애나대학의 엘리너 오스트롬(Elinor Ostrom) 교수는 2009년 노벨 경제학상을 수상한다. 그녀는 여러 나라의 사례 연구를 통해 우리가 생각하는 것보다 많은 지역에서 주민들이 자발적으로 공유 자원을 잘 관리해왔다는 사실을 발견했다. 단골로 꼽히는 사례는 미국 메인주 연안의 바다가재 잡이 어부들이다. 1920년대 이 지역 바다가재 어장은 남획으로 인해 바다가재의 씨가 말랐다. 문제의 심각성을 깨달은 어부들은 한데 모여 머리를 짜낸 끝에 바다가재 통발을 놓는 규칙, 순서 등에 대한 자치 규율을 만들었다. 그 결과 메인 주 어부들은 미국 북동부의 다른 해안과 캐나다의 바다가재 어장이 완전히 붕괴되는 와중에도 살아남을 수 있었다.

수많은 사례들이 공공재의 성공적인 관리를 보여주는데, 오랫동안 지속적으로 관리되어 온 성공적인 공유재의 경우에서 공통적인 요소들을 디자인 원리로 제시해 실천 가능성을 제시하고 있다(〈표 5-1〉). 예를 들어 첫 번째의 공유자원과 그 이

표 5-1	오랫동안 지속되어 온 공유자원제도에서 확인된 디자인 원리

① 명확하게 정의된 경계: 공유자원체계로부터 자원 유량을 인출해 갈 수 있는 개인과 가계가 명확히 정의되어야 하며, 공유자원 자체의 경계 또한 명확하게 정의되어야 함.

② 사용 및 제공 규칙의 현지 조건과의 부합성: 자원 유량의 시간, 공간, 기술, 수량 등을 제한하는 사용 규칙은 현지 조건과 연계되어야 하며, 노동력과 물자, 금전 등을 요구하는 제공 규칙과도 맞아야 함.

③ 집합적 선택 장치: 실행 규칙에 의해 영향을 받는 대부분의 사람들은 그 실행 규칙을 수정하는 과정에 참여할 수 있어야 함.

④ 감시 활동: 공유자원 체제의 현황 및 사용 활동을 적극적으로 감시하는 단속 요원은 그 사용자들 중에서 선발되거나 사용자들에 대해 책임을 지고 있어야 함.

⑤ 점증적 제재 조치: 실행 규칙을 위반한 사용자는 다른 사용자들이나 이들을 책임지는 관리, 또는 양자 모두에 의해서 위반 행위의 경중과 맥락에 따른 점증적 제재 조치를 받게 됨.

⑥ 갈등 해결 장치: 사용자 간 혹은 사용자와 관리 사이의 분쟁을 해결하기 위해 지방 수준의 갈등 해결 장치가 있으며, 분쟁 당사자들은 저렴한 비용으로 이를 이용할 수 있어야 함.

⑦ 최소한의 자치 조직권 보장: 스스로 제도를 디자인 할 수 있는 사용자들의 권리가 외부 권위체에 의해 도전받지 않아야 함.

＊공유자원 체계가 대규모 체계의 부분으로 있는 경우

⑧ 중층의 정합적 사업 단위(nested enterprises): 사용, 제공, 감시 활동, 집행, 분쟁 해결, 운영 활동은 중층의 정합적 사업 단위로 조직화됨.

출처: Ostrom(2010).

용자의 범위가 명확해야 한다는 점은 자치적인 감시활동이 가능하고, 신뢰가 생겨나는 토대로 역할하게 되는데, 명확한 경계가 없다면 비용은 아주 조금 내고 많이 가져가려는 무임승차를 막을 수 없고 결국 제도도 지속할 수 없게 된다는 것이다. 그 외 경제적 합리성, 민주적 참여, 적절한 처벌 방식, 자율성 등을 공통적인 요인으로 요약하고 있다(〈표 5-1〉).

세계의 나라마다 문화가 다르고 사회의 신뢰 수준도 다르기에 국가와 지역마다 차이가 있지만 기본적으로 위의 요소들이 충족되어야 공유재 관리의 자치적인 노력은 성공으로 이어지는 경우가 많다. 정부 개입 또한 그 자체를 부정하는 것이 아니라, 정부가 규제를 도입하더라도 그 지역에 예전부터 있었던 자율적인 규칙을 살피고, 지역민의 목소리에 귀를 기울이면 사람들은 정부 정책의 정당성을 느끼게 되고 실제 제도 역시 더 잘 운용될 수 있다는 점을 강조한다. 공유지의 비극 논리를 넘어서는 이러한 연구결과는 많은 사례연구를 통해 찾아 낸 것으로 거대 이론과의 중간차원 정리로 다중심적 지역 상황을 반영하는 접근을 강조하고 있다.

세계 여러 나라의 사례에 더하여 우리나라의 경우 조선시대 공유지 이용 관행인 송계(松契)와 제주도 공동어장의 경우를 들 수 있다(윤순진, 2004; 안미정, 2007). 송계는 조선시대 산, 산림이 법적으로는 공유지였으나 조선 후기로 오면서 상품 화폐경제의 발달과 임진왜란과 병자호란 등의 난리를 통해 기존의 사회제도 전반이 약화되자 사적소유가 횡행하게 되며 공유지가 축소됨과 더불어 불법 벌채가 횡횡하게 되었다. 그러나 송계는 공유지의 산림 자원을 고갈시키지 않는 범위 내, 즉 나무는 베지 않고 지속적으로 자원을 이용하기 위한 자율적 조직과 규범으로 적정한 산림 벌채 양과 조성 양을 조절하는 마을 단위의 자치조직으로, 일반 백성들이 땔감과 퇴비 같은 기본적 필요를 충족시키기 위한 것이기에 관으로부터 점유권을 부여받거나 마을 공동 기금으로 송계산을 마련하기도 하였다. 관에서도 백성들이 연료와 퇴비용 풀을 확보할 수 있도록 송계산을 허용하는 것을 긍정적으로 받아들였다. 이 경우 공유지의 비극은 오히려 공유자원이 공유되지 않고 사유화됨으로써 발생하는 것으로 마을 산림의 가치에 대한 지역주민의 인식과 참여가 기초하여 공유지의 공공성을 유지하거나 회복하는 것이 무엇보다 중요함을 보여준다. 마을 산림을 주민들에게 편익을 제공하도록 관리하면서 참여를 이끌어 낼 때 공유성이 확보됨으로써 보전의 가능성 또한 높아짐을 확인할 수 있다.

제주도 잠수(잠녀, 해녀)들은 오랫동안 과거의 어로방식을 지속하고 있는데, 이는 여성들의 해양자원에 대한 공동 권리라는 맥락에서 이해할 수 있다. 잠수들이 기계적 장치없이 물질을 고수하고 있는 것은 해양자원의 남획, 고갈을 막으며, 새로운 어로자의 출현으로 인한 기존 잠수들의 퇴출과 자원에 대한 권리가 약화되고, 주민들의 사회적 관계가 변화하는 것을 지양하기 때문이다. 해초채취 과정에서 나타나는 공동체적 어로는 마을어장을 공유하고 있는 각 가구 단위의 개별주체들이 자신들의 자원에 대한 권리가 상호 질적으로 공평하게 이루어지도록 하는 가운데 형성되고 있는 것에 기초한다. 마을어장에서 공유지의 비극이 쉽사리 초래되지 않는 것은 물질이라는 어로방식과 어장을 관리 감독하는 자율적 조직 활동, 그리고 여기에 바다에 대한 종교적 세계관 등이 서로 맞물려 있기 때문이다. 따라서 잠수들의 물질은 과거의 잔존물이 아니라 해양자원에 대한 권리를 형평성에 기초하여 지속가능하게 하는 어로 방식이라 해야 할 것이다.

서구의 사유화나 정부의 규제 원리와 달리 제3세계에서 종종 찾을 수 있는 공동재의 관리 전통은 지역사회의 자율적인 규범과 규칙을 통해 일단의 사람들이 자원을 함께 보유하면서 공유자원에 대한 접근권과 이용권을 허용·공유하는 사회적 제도로 존재해오면서 생태적 사회적 건강성을 유지해 온 경우가 일반적이었다. 이러한 경험에 비추어 공동재의 비극은 오히려 국가권력의 개입이나 사유재산권 설정으로 심화될 수 있을 것이기에, 전통의 내재적 규율 메커니즘을 현실적 경제-사회 체제를 반영하여 재구성, 변용시키는 작업이 필요할 것으로 보인다. 이는 지역 상황이 국가, 세계의 스케일로 중첩되어 가까이 영향을 미치고 있기에 상황이 바뀌면 제도와 방법도 바뀌어야 할 것이다. 그러나 이러한 변용은 환경, 생태에 대한 지역별 특성을 반영하는 지역상황과 지역지식에 기초하여 모색되어야 할 것이다. 지역별로 자연과 환경이 갖는 의미나 기능이 다를 것이기에 이를 보전하고 관리하는 방법도 달라야 할 것이다. 이러한 자연과 사회의 상호적 관계와 지역에 기초한 다원적 이해의 접근과 노력은 이전의 이원적 자연과 사회의 분리에 기초한 이용, 통제의 개념을 넘어 형평성과 지속가능성을 추구하는 바람직한 방향이라 하겠다.

5. 제주 세계평화의 섬: 인간 간 그리고 인간-자연 간 평화

제주도는 지정학적으로 한반도와 동북아 평화 정착 논의의 장소로 중요하고, 도둑, 거지, 대문 없는 삼무(三無)정신 전통을 지니며, 제주 4·3사건의 비극을 화해와 상생으로 승화시킬 목적으로 2005년 세계평화의 섬으로 지정되었다. 더불어 2002년 유네스코 생물권보전지역, 2007년 한라산과 성산일출봉과 용암동굴지역이 유네스코 세계자연유산, 그리고 2010년에는 한라산을 위시한 8곳이 세계지질공원으로 지정되었다. 제주의 인문과 자연은 인간 간 그리고 인간과 자연 간 평화의 장으로서의 가치를 지닌 대표 지역으로 평가된다.

제주 세계평화의 섬 선언은 그 가치는 숭고하나, 평화의 실천적 방안, 생태적 고려, 산업과의 연계가 부족하다는 평가를 받고 있다

제주는 오랫동안 우리나라 대표 관광지로 대량 관광을 겨냥한 개발로 인해 근래 들어 대안적 관광 산업을 모색하고 있다. 이러한 상황에서 제주의 경우 제주 세계평화의 섬과 세계 자연유산을 중심으로 대안적 평화 관광을 고려해 볼 수 있다.

평화 관광을 통해 제주를 평화 인식을 고양하는 장소로 부각시키며 평화의 확산과 평화 산업의 발전이 동시에 가능한 원원 상황으로의 가능성을 보인다.

세계평화의 섬과 세계 자연유산의 두 주제는 인간과 인간, 인간과 자연 간의 평화를 인식하고 배우는 기회로 발전시킬 수 있다. 첫째는 인간 간의 화해의 평화로 제주의 삼무전통, 공동어장과 목장의 지속적인 운영, 고난기의 수난을 평화적으로 승화하려는 노력들을 지역사회의 이해를 통해 고려하는 것이고, 둘째는 인간과 자연 간의 공존의 평화로 제주의 보전된 자연과 자연체험에 기반한 생태 관광을 통해 인간과 자연이 공존하는 지혜를 얻는 평화 의식과 교육 그리고 태도를 고려하는 것이다.

이 두 가지 측면은 제주의 지역 특성을 서로 연계되어 가장 잘 담아내고 있다. 따라서 제주는 관광을 통한 평화 산업의 최적지로, 전통과 역사적 고난 그리고 자연생태가 평화 교육과 제주지역 번영을 도모하는 기반을 제공한다.

(1) 제주 평화 관광: 역사·문화

역사문화 주제는 제주인의 삶이 자연에의 도전과 적응에서 생겨난 특성으로 상호 신뢰와 협력을 대변하는 삼무(三無)와 마을 단위로 이용, 관리되는 해녀로 대표되는 공동어장에서 찾을 수 있다. 제주의 삼무정신은 대문, 거지, 그리고 도둑이 없는 사회상으로 남에게 해를 입히지 않는 평화의 전통으로 고려될 수 있고, 현재에도 잘 운영되고 있는 공동어장은 개개인이 노력한 만큼의 성과를 누리면서도 공동체의 질서를 따르는 전통이며, 해녀들의 활동에서 성 평등주의 또한 찾을 수 있다. 이러한 섬 지역의 한정된 자원과 거친 환경 속에서 배태된 제주지역의 문화는 자원 고갈, 양극화 사회로 치닫는 위기에 대응하는 지속가능한 미래의 한 가능성을 제시할 수 있을 것이다.

제주의 고난으로 점철된 역사는 근대의 일제 강점기 군사 보루, 4·3사건의 피해, 그리고 최근의 해군기지 건설에서 찾을 수 있다. 일본 본토를 수호하기 위한 7군데 방어진지 중 제주가 유일하게 본토 밖의 보루로 설정되어, 제주의 거의 대다수 지역에 군사시설이 설치되며, 당시 제주 인구의 약 30퍼센트에 해당하는 6~7만 명의 일본군이 주둔하는 전선으로 변모하게 되었다. 해방 이후 4·3사건은 제주 전

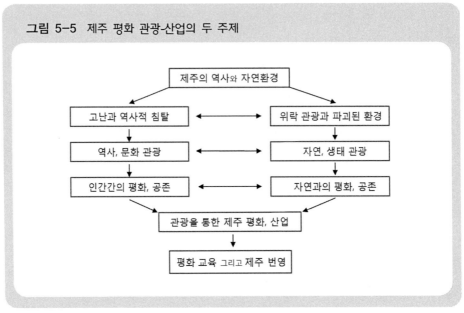

그림 5-5 제주 평화 관광-산업의 두 주제

제주의 역사와 자연환경

고난과 역사적 침탈 ←→ 위락 관광과 파괴된 환경

역사, 문화 관광 ←→ 자연, 생태 관광

인간간의 평화, 공존 ←→ 자연과의 평화, 공존

관광을 통한 제주 평화, 산업

평화 교육 그리고 제주 번영

출처: 권상철(2013).

역에서 3만여 명의 인명 피해를 포함한 또 다른 희생의 장소로 만들었다. 이후 2003년 정부는 국가권력에 의한 대규모 희생에 대한 사과문을 발표하고, 4·3평화 공원 조성 등 화해의 길로 나아가고 있다. 고난의 역사와 희생을 평화로 승화하려는 노력은 제주 세계평화의 섬 지정으로 이어지는데, 이와 동시에 정부는 국가안보와 대양해군의 필요 주장아래 제주에 해군기지를 건설하고 있다.

　　제주의 역사와 문화는 독특한 경관의 '볼거리' 관광을 넘어 '알거리' 관광으로의 방향을 제시해준다. 여기에는 지속가능하고 형평적인 자원의 이용과 관리의 지혜가 배어 있는 삶을 현실에서 찾을 수 있으며, 고난의 역사를 평화로 승화하는 평화 관광은 보다 구체적인 동선을 만들어 평화 교육의 장으로 제시될 수 있을 것이다. 예를 들어 과거의 평화 유린에서 현재의 평화 추구로 방향을 정한다면, 일제 군사 시설과 4·3유적지에서 4·3평화공원과 제주국제평화센터로 이어지는 구성이 가능한데, 대표적으로는 대정지역의 일제 알뜨르 비행장과 비행기 격납고, 송악산 해안 진지 동굴, 인근의 학살터, 잃어버린 마을에서 중문의 정상회담 장소와 평화 센터 그리고 제주시 봉개의 4·3평화공원으로 이동하며 평화의 소중함과 가치를 일

깨우는 기회를 가질 수 있을 것이다.

(2) 제주 평화 관광: 자연생태

제주의 자연생태는 고립된 섬 지역의 고유한 생태계와 화산활동으로 만들어진 지형과 척박함이 독특함을 지닌다. 이러한 특성은 생태와 환경의 중요성이 부각되는 전환기를 맞아 한라산의 생태계는 2002년 유네스코 생물권 보존지역으로, 2007년에는 일부 화산지형을 더하며 세계자연유산으로, 그리고 2010년에는 한라산을 위시한 8곳이 세계지질공원으로 지정된다. 이러한 지정은 우선 가치 있는 자연자원에 대한 보존을 강조하며, 동시에 이들의 관광자원화는 관리 방안에 기초하여 훼손하지 않는 지속가능한 형태를 찾아야 할 것을 권고한다.

제주의 세계 자연유산 지정은 한라산과 성산일출봉 그리고 거문오름 주변 용암동굴들로, 한라산의 경우 수직적으로 구분되는 다양한 생태계가 나타나고 있으며, 성산일출봉의 경우 수중분화식 화산폭발로 형성된 지형이 해안쪽에서 침식을 받아 절개면을 드러내 지형 형성 과정에 대한 교육장소로 적합하며, 용암동굴의 경우 좁은 지역에 다양한 형상과 더불어 석회동굴의 특성인 사주와 석순 등의 형상이 조개껍질이 용해되며 동굴로 배어들어 복합적인 모습을 보이는 특성 등이 강조된다. 특히 제주는 좁은 지역에 다른 시기에 형성된 화산지형이 서로 연계된 특성을 보이고 있음을 지정 배경으로 언급한다(IUCN, 2007).

제주의 자연생태는 세계 생물권보전지역, 자연유산지역으로 관광의 측면에서는 생태관광, 책임있는 관광(responsible tourism)으로, 인간과 자연의 공존 교육의 장이어야 할 것이다. 구체적으로 관광 동선을 제시해 본다면 환경 파괴적인 대규모 위락 관광단지에서 환경 친화적 생태관광으로 이어지는 구성으로, 예를 들어 중문단지와 골프장 등에서 세계 자연유산의 일부인 거문오름 트래킹, 한라산 탐방로 5곳, 또는 올레길로 이어질 수 있다. 제주의 오름과 곶자왈은 또 다른 경관이자 생태적 보존 가치가 높은 자연 생태지의 제주 방언으로, 오름은 주 화산인 한라산의 기생화산으로 제주 전역에 걸쳐 독특한 경관을 형성하고 있으며, 곶자왈은 나무, 덩굴식물, 암석이 뒤섞인 생태계의 보고이자 빗물 침투지로 지하수가 함양되는 지역으로 중요하다. 그러나 곶자왈 지대는 개발이 어렵고 수분 침투가 빠른 불모지였으나

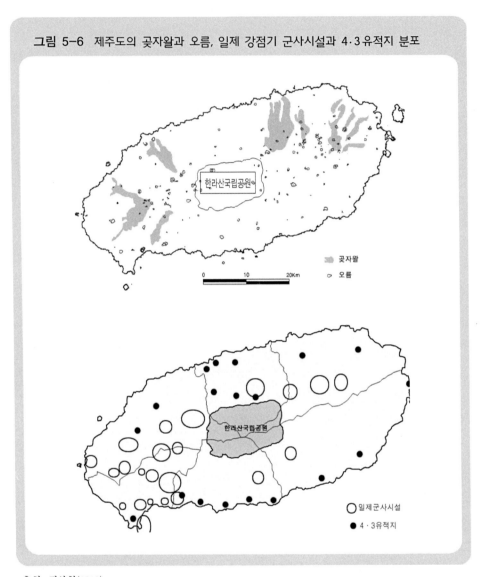

그림 5-6 제주도의 곶자왈과 오름, 일제 강점기 군사시설과 4·3유적지 분포

출처: 권상철(2013).

생태적 가치가 알려지기 전까지 골프장 건설에는 최적지로 상당히 줄어들었으며, 오름 또한 대규모 개발의 대상이거나 걸림돌로 훼손되어 왔다. 세계자연유산지역이나 오름, 곶자왈의 제주 생태는 탐방을 통해 자연이 주는 평화로움을 경험할 수 있게 해 준다.

제주도는 지정학적 위치로 인해 과거 일제 강점기 군사작전 지역으로 고난을 넘어 세계 국가들 간의 평화 협력을 위한 회의 장소로 중요한 역할을 해 왔으나, 다시 해군기지 역할을 부여받고 있다. 제주는 일면 화해의 장이자 관광과 방문 교류를 통한 평화 증진을 추구하고 있는데, 동시에 태평양 시대의 해양 권익의 보호와 안정된 안보 환경을 조성하기에 적합한 전략적 위치로 해군력 증강으로 힘의 균형을 통해 평화를 유지하는 기지로 지정되며 두 얼굴을 지닌 모순된 평화의 섬을 지향하는 상황에 처하게 되었다. 더불어 해군기지 건설에 동반되는 해안 생태 파괴의 또 다른 환경 위기를 발생시키며, 세계 생물권보전지역, 세계 자연유산의 지위에 상충되는 추가적인 모순 상황을 만들어 가고 있다.

제주 세계평화의 섬 지정과 해군기지 건설은 세계적 차원에서의 화해와 협력이 이루어지는 한편 새로운 대결과 분쟁의 씨앗이 동북아시아의 한편에서 커져가고 있는 현실을 반영하듯, 평화에 대한 교류와 협력을 통한 평화 추구와 힘의 균형을 통한 평화 유지라는 관점의 혼재를 보여준다. 해군기지 건설의 필요성을 국방부는 안보와 경제 논리를 내세우며 도민을 설득하는 한편, 도민, 시민 사회단체, 종교계의 평화와 환경 파괴의 반대 운동은 지역 손익을 따지며 자신의 마을과 제주도를 지키는 입장을 넘어, 제주도를 진정한 평화의 섬으로 바꾸려는 평화 운동으로 전개되고 있다.

제주의 평화의 섬을 향한 행로가 현실적으로 순탄하지만은 않음을 보여주지만, 지역주민뿐 아니라 다양한 참여자들은 평화 추구의 공조 속에 동질성을 확인하며 인간과 인간, 인간과 자연 간의 평화의 가치를 공유하고 있다. 제주 평화의 섬을 위해 고통을 감내하며 기울이는 노력은 현재의 평화 유지를 넘어 새로운 차원의 평화를 만들고, 확대시키며, 진정한 평화의 섬으로 나아가는 길을 만들어 가고 있다.

6. 다원적 관점 보론: 후기식민주의

인간과 환경 간의 관계에 대한 이원론을 극복하고자 하는 노력은 자연은 사회의 생산품일 뿐이라고 인식하는 비대칭적인 사회구성주의 접근을 비판하며 서구사상에 깊숙이 내재되어 있는 이분법, 예를 들어 몸-마음, 객체-주체, 행위자-구조, 여기에 담겨진 지배와 종속의 관계적 관점에 비판을 제기하는 후기식민주의 (post-colonialism) 논의를 소개하며 다원적 관점의 필요성을 보충해 보고자 한다.

후기식민주의는 지배권력의 본질을 조명하고 주권과 자율성을 지키는 데 필요한 인식, 실천담론이다. 후기(post-)라는 접두어가 '-이후'의 식민주의 유산의 지속성과 '-을 넘어'의 식민주의 유산에서 벗어남을 모두 가지고 있어 눈에 보이지 않게 작동하고 있는 식민주의를 찾아 청산해야 함으로 양자를 포괄할 수 있다. 탈식민화는 모든 형태의 식민주의자의 권력을 드러내고 해체하는 과정으로, 타자를 이해하는 것, 자신의 삶과 인식을 변화시키는 것, 그리고 불평등한 세상을 바꾸는 것을 지향한다. 식민화는 타자에 대한 상투적이며 고정된 이미지를 만들어 내는데 이것이 곧 정형화(stereotype) 작업 혹은 고정관념 만들기이다. 경험하지 못하거나 충분히 이해하지 못한 사람이나 지역은 일상적으로 괴이하게 상상한다. 괴물로 상상된 다른 지역 사람들은 점차 실제 경험을 통해 정상으로 바뀌기보다 차이를 발견하며 자신들의 상상을 차이로 연결시킨다.

자신의 정체성을 확인하는 수단으로 나와 타자를 구분한다. 동일자의 반대개념인 타자(the Other)는 자신들과 다른 속성을 지닌 부류, 계층 및 인종을 일컫는다. 기준은 내가 되고 나는 정상(normality)이고 차이는 자신의 우월성을 확인하는 수단으로 고착화된다. 지배자들은 자신들의 권위와 통치를 정당화하기 위해 늘 '열등한' 타자를 필요로 한다.

사이드(E. Said)의 오리엔탈리즘은 서구의 시각에서 동양을 일방적으로 바라본

▌표 5-2 정체성 / 차이(Identity / Difference)

일반적으로 정체성은 사람들이 공통적으로 가지고 있는 무엇, 예를 들어 특정의 장소(국가 정체성)에의 연계, 같은 믿음에의 충실(종교적 정체성), 또는 특정의 매혹(성적 정체성)으로 생각된다. 그러나 정체성은 차이와 연관된 것으로 다시 고려해 볼 수 있다. 우리의 국가 정체성은 우리가 누구인가 만큼이나 우리가 누구인가 아니라는 것이다(우리는 우리의 국가 축구팀이 시합하는 팀이 아니고, 우리는 국경 너머의 사람이 아니고 우리가 전쟁을 치르고 있는 사람이 아니다). 많은 이론가들이 정체성은 주로 차이를 배제하는 것이라고 제안하고, 따라서 정체성은 주어진 상황이라기보다는 과정이다. 우리의 정체성은 우리는 다른 사람과 다르게 구분하는, 예를 들어 국기를 날리거나 정치적 구호를 외치거나 특정 음악을 듣거나 또는 특정 패션 복장을 입는 것과 같은 행위의 반복을 통해 형성된다.

출처: Sharp(2011).

동양이란 사실상 유럽인들의 머릿속에 만들어진 허구적인 관념의 덩어리에 불과하다며 타자화 작업의 부당성과 허구성을 지적함으로써 기존의 인식의 지평에 큰 변화를 가져다주었다. 오리엔탈리즘은 상존하는 서구의 동양－서양의 이분구도 세계관을 지적하며, 실제 경험에 앞섰던 이러한 상상된 구도가 이후 실제 경험의 토대가 되고 보고자 기대하는 것만을 보게 되는 결과로 이어지게 되는 편견을 강조한다. 이러한 상상의 지리는 권력과 연계되어 식민 정책, 통치, 그리고 근래의 지원과 발전정책 등의 실제의 지리로 표출되게 된다. 중요한 것은 실제의 억압이 권력 실천에 의해 생겨난 것이 아니라, 실제 세상은 담론을 통해서 이해된다는 것이다. 여기에 동양을 이해하는 담론이 서양에 의해 만들어진 대칭적 이원구도 그리고 이 이원구도에 서양의 가치가 우월하게 표출된 것이다.

지배자는 구분, 구획, 분류, 명명(naming)의 방식에 의존하는데, 기준 설정, 명명화 작업 자체가 지배자의 우월성과 지배를 정당화하는 행위이다. 왜 아메리카를 '신대륙'이라 부르고, 한국을 '극동'이라 부르는가? 명명하는 쪽에서 기준 혹은 표준을 가지고 분류작업을 하기 때문이다. 유럽인들이 자신들의 기준에서만 세상과 사물과 사람을 보았으며, 이것은 인식론적 폭력에 해당한다. 테니스계의 여왕으로 등장한 흑인 비너스 윌리엄스를 '흑진주'라 부르는 것도 얼핏 보면 흑인을 존중해주는 것 같지만 인종차별적 용어이다. 미국 골프계에서 박세리가 정상에 오르자 미국 언론은 '황색 돌풍'이라는 표현을 사용했다. 굳이 피부색을 언급한 이유가 뭘까? 백인의 전유물이었던 테니스와 골프 세계에서 유색인들의 두드러진 활약상에 대해 백인세계가 불편한 감정을 드러내는 것이다. '진주'와 '돌풍' 앞에 '흑'과 '황색'이라는 인종구분을 강조하기 위한 수식어를 붙여 백인세계가 불편한 감정을 드러내는 것이다(박종성, 2007).

오랫동안 단일민족을 강조해오며 형성된 우리의 정체성, 내부적으로 지역성의 갈등을 겪었던 혼란이 다문화사회로 진행되며 오히려 자신의 정체성을 확인하는 계기로 외국인을 타자화하며 자신의 정체성을 찾으려는 잘못을 저지를 가능성도 있다. 우리는 한 번도 대규모의 외국인을 경험해보지 못하고 현재의 다문화사회를 맞이하고 있어 서구의 경험에서 정형화된 이원적 구분을 받아들여 실천에 옮길 가능성도 있다. 종종 한국인이 백인들이 사용하는 인종구분과 인종차별을 무비판적으로 받아들이고 이를 내면화하며 재생산하는 경우가 있다. 예를 들면 월드컵 때

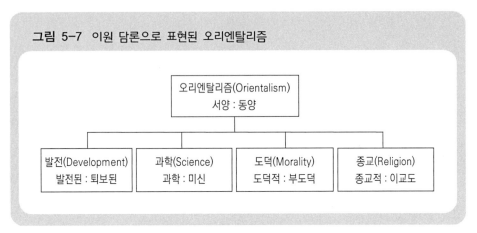

그림 5-7 이원 담론으로 표현된 오리엔탈리즘

출처: Sharp(2011).

세네갈이 전 대회 우승국이었던 프랑스를 이기자, 한국의 언론들은 일제히 '검은 쿠데타'라는 헤드라인을 잡았다. 왜 정정당당하게 경기를 하여 얻은 놀라운 성취를 두고 '쿠데타(불법적인 권력 장악)'라는 표현을 사용하는 것일까? 세네갈의 입장에서 보면 '검은'에 의한 인종차별과 '쿠데타'라는 하극상 때문에 두 번 차별을 당하는 셈이다. 또 다른 문제는 민족주의에 기초한 문화적 본질주의 혹은 '토착주의(nativism)'도 탈식민화에 걸림돌이다. 식민주의와 토착주의는 모두 배타성을 특징으로 하는 문화적 본질주의 형태이다. 문화적 본질주의와 배타적 민족주의의 덫에 빠지지 않으면서 탈식민화를 추구하는 것이 요구된다.

현재 우리나라 체류 외국인 수는 110만 명 정도이고, 비율로는 0.06%에 불과한데 과연 다문화사회라 부르는 것이 적합한가? 혹시나 소수자집단들이 늘어난 새로운 세계에 대한 인식과 경험이 충분하지 못한 상태에서 다문화사회를 강조하는 것은 오히려 자신이 사는 방식과 지역을 정상적인 것으로 강화하며, 자신의 정체성을 확인하기 위한 타자로 활용되어 다문화사회가 오히려 단일민족/문화와의 차이를 부각시키는 계기가 될 수도 있다. 단일민족의 정체성에 다가온 다문화상황이 혹시나 탈식민주의 논의에서 제기하는 '열등한 타자'식의 우월의식에 기초한 타자화의 표출로 온정적인 다문화사회를 강조하는 것은 아닌지의 자성이 필요하다. 특히 우리의 다문화사회는 외국인 이주노동자와 여성결혼이민자로 대표되는 '새소수자'의 급격한 증가로 갑자기 다가왔기에 한국사회의 다문화에 대한 관심은 '다문화열

풍'이라고 불릴 만큼 갑작스럽기에 더욱 신중한 접근을 필요로 한다. 더불어 환경 악화에 대한 기존의 개념, 접근이 사회적, 정치적 의도를 배태하고 있는 것으로 최근 비판을 받고 있듯이, 사람과 사람 간의 관계에 대한 다문화논의에도 혹시나 이러한 의도가 배어있지는 않은 지 비판적 시각이 항상 요구된다.

다문화사회를 이해하고 실천하기 위한 내용으로 자연−사회, 환경−인간, 문화, 정치 생태학, 환경윤리, 환경과 지역지식, 그리고 후기식민주의 논의는 기본적으로 이원론적 접근을 넘어 다원적 관점으로의 변화, 그리고 이러한 변화 과정에서 우리가 익숙해져 있는 개념과 접근에 혹시나 내재되어 있는 사회적, 정치적 의도를 비판적 안목으로 검토해야할 필요성을 강조한다. 우리에게 서구의 합리성으로 다가온 이분법적 접근은 복잡한 세상을 이해하기 위한 기초로 제시되었으나 매우 깊숙이 뿌리를 내리고 있기에 이를 넘어서기 위한 다원적, 비판적 안목과 노력이 요구된다. 복잡한 세상을 쉽게 이해하기 위해 단순한 범주가 만들어졌고, 이것이 오랫동안 실천으로 옮겨지며 공고히 의도적이건 아니건 신념으로 고착화되어 온 것이 오늘날까지 남아 있을 수 있다. 다양한 분야에서 이러한 고착화된 범주를 넘어서기 위해 비판과 대안을 제시하고 있다. 단순히 말하면 단순한 범주는 복잡한 세상을 이해하기에는 부족하기에 다원적, 복합적으로 보고, 기존의 잘못된 의도된 관점은 비판적으로 검토하여 해체하자는 노력이다. 이러한 사고와 더불어 다문화사회는 우리에게 현실로 다가왔기에 실천적 측면에서의 훈련 또한 필요하다.

Chapter **6**

외국 다문화교육 현황과 과제

1. 들어가기
2. 외국의 다문화교육 현황
3. 외국과 한국 다문화교육의 과제

Chapter 06

외국 다문화교육 현황과 과제

황 석 규

1. 들어가기

국가는 자신들의 국가정책결정과 맞물려 다문화교육정책을 수립하고 실행한다. 2000년 중반부터 세계 선진 국가들은 외국인에 대한 자국의 교육정책에 많은 수정과 함께 다문화교육 사업 역시 변화를 가져오고 있다. 하지만 변화의 과정은 자국의 다문화사회로의 진행 상황과 맞물려 많은 진통을 겪고 있다. 특히 국가들은 이주한 외국인을 자신들의 시민으로 인정하느냐 혹은 인정하지 않느냐 또한 귀환예정자로 규정하느냐의 여부에 관련하여 다문화교육정책 및 실행을 달리하고 있다.

국가의 국적부여는 국가의 다문화정책(차별배제주의, 동화주의, 다문화주의)에 근거하여 출생지주의, 거주지주의, 혈통주의에 입각해 국적을 부여하고 있다. 대부분 차별배제주의 국가정책을 유지하는 국가에서는 혈통주의에, 동화주의는 거주지주의에, 그리고 다문화주의를 지향하는 국가들은 출생지주의에 근거해서 국적을 부여하고 있다. 대부분 혈통주의를 강조하고 있는 국가들은 아시아지역이며, 거주지주의를 지향하는 지역은 유럽이고, 출생지주의를 강조하고 있는 국가들은 미주와 유럽지역으로 나타나고 있다.

표 6-1   국적부여 방식과 이주자 통합 모형

		이주자 통합 모형		
		차별배제주의	동화주의	다문화주의
국적 부여 방식	출생지주의		영국, 아일랜드	미국, 캐나다, 호주
	거주지주의		독일, 벨기에, 프랑스, 네덜란드, 이탈리아	스웨덴
	혈통주의	싱가포르, 일본, 태국, 한국, 홍콩		

각국의 다문화교육은 자신들의 이주자 통합 정책과 상응해서 교육정책을 수립하고 교육과정 및 교사선발 그리고 학교교육을 진행하고 있다. 따라서 여기에서는 (1) 출생지주의와 거주지주의의 제도를 지니면서 동화주의정책을 지향하며 다문화교육을 실행하는 영국과 독일, (2) 출생지주의와 다문화주의 통합 모형을 기반으로 다문화교육을 실시하는 미국과 캐나다, (3) 혈통주의와 차별배제주의 정책을 이행하고 있는 일본의 다문화교육을 소개하고자 한다. (4) 마지막으로 외국과 한국의 다문화교육의 미래와 과제에 대해 설명하고자 한다.

2. 외국의 다문화교육 현황

(1) 유럽의 다문화교육

유럽에서 진행된 다문화현상은 제2차 세계대전 이후 부족한 노동력을 유입하려는 국가시책에서부터 시작되었다. 부족한 노동력을 인접 국가의 노동자 유입으로 국가생산력을 높이려 시도한 영국과 독일은 실상 영국인 경우 전 식민지였던 서인도제도와 인도에서, 독일인 경우는 터키와 폴란드 등 인접 동유럽에서 부족한 외국인 노동자 유입이 일어났다. 따라서 민족적·종교적으로 이질적인 외국인 노동자의 유입은 영국과 독일에 많은 긴장과 갈등을 초래하게 되었고, 이에 대한 다문화정책과 다문화교육정책이 형성되게 되었다.

1) 영국의 다문화교육

영국은 1962년 영연방이민법(Commonwealth Immigration Act)이 제정되면서 합법적으로 취업을 위한 외국인 이민자를 허용하게 되었다. 영연방과 식민지 출신의 이민자로서 아시아와 흑인계가 주류를 이루며 급속도로 증가하게 되었다. 하지만 1971년 새롭게 제정된 이민법은 급속하게 진행되는 이민자 유입을 중단시키려는 의도에 근거하여 제정하게 되었다. 더욱 1982년에 제정된 영국 국적법은 유색인종 이민자들이 영국으로의 입국을 강력히 제한하는 정책으로 이루어진다. 그러나 1997년 신노동당이 집권하면서 다문화주의 정책을 시행하는 법안이 통과되고, 이민과 난민에 대한 유연한 정책으로 방향을 전환하려는 움직임을 보이게 되었다. 이런 제도적 변화 속에 2001년 무슬림에 의한 도심에서의 소동은 이민을 더욱 강력히 차단해야 한다는 입장과 유색인과 종교에 대한 새로운 다문화주의 정책이 제안되어야 한다는 상반된 입장들이 나타나는 결과를 낳았고, 현재에도 상반된 입장에 따른 제도적 변화를 요구하고 있는 시점이다.

영국의 국제 이주 현황을 〈표 6-2〉에서 살펴보면 2002년 이후 매해 50만 명 이상의 이주가 진행되고 있음을 알 수 있다. 특이한 사항은 유럽공동체(EU)가 구성되면서 2004년 이후 EU시민들이 영국으로 이주하는 수가 10만 명을 웃돌고 있다는

표 6-2	영국 국제 이주 현황			(단위: 천명)
	합계	영국인	외국인	EU시민
2000년	479	99	379	63
2001년	481	110	370	58
2002년	516	98	418	61
2003년	511	100	411	66
2004년	589	89	500	130
2005년	567	98	469	152
2006년	596	83	513	170
2007년	574	74	500	195
2008년	590	85	505	198
2009년	567	96	471	167

출처: Office for National Statistics: Statistical Bulletin(2010: 3).

점이지만 외국인 이주 역시 2002년 이후 40만 명 밑으로 가라앉지 않고 있다는 점
이다.

현재 영국 내 지방 상권의 40% 이상, 레스토랑의 24% 그리고 의사들도 23%를
유색인이 차지하고 있다. 6천만 인구의 30%가 유색인종으로 자리하고 있고, 유색
인종의 자녀들과 유학생은 학교 학생의 50% 이상을 차지하고 있다.

영국의 교육제도는 계급질서를 반영하는 교육으로 유명하다. 상류계급과 중류
계급의 자녀는 초등학교 단계부터 사립학교에 다니고, 노동자계급의 어린이는 공
립학교에 다니는 것이 보통이다. 1944년 제정된 교육법은 초등교육(5~11세)과 중등
교육(11~15세까지)을 의무교육으로 지정하여 공립학교를 운영하고 있다.[1] 영국의 중
등교육기관은 grammar school, technical school, modern school 3종류가 있다. 그
래머스쿨은 학문 중심적인 교육과정을 진행하며 대학진학을 위한 교육기관이다.
테크니컬스쿨은 농업·공업·상업 등의 전문 분야로 나뉘어 교육하는 산업교육기관
이다. 그리고 모던스쿨은 중등교육의 유연성을 강조하면서 일반교육과 실무교육을
동시에 교육하는 기관을 의미한다.

초등학교를 졸업하는 학생들은 11세 시험(eleven-plus examination)을 치려야 한
다. 이 시험을 통해 성적이 우수하면 그래머스쿨 다음으로 테크니컬스쿨에 입학하
게 되며, 이 둘 중등교육에 입학하지 못한 학생은 자동적으로 모던스쿨에 입학하게
된다. 예외적으로 3종류의 중등교육기관 이외에 종합중등학교가 존재하는데 이 학
교는 11세 시험을 치르지 않아도 초등교육 수료만 인정된다면 누구든지 종합중등
학교에 입학할 수 있다. 따라서 현재 종합중등학교 학생의 수는 증가 추세에 있다.

영국은 초등학교 졸업 후에 시험을 통해 학생의 진로를 일찍이 제한하고 있다.
따라서 초기 외국인근로자의 자녀들은 사립학교와 그래머스쿨의 중등교육을 받을
수 없는 상황에 직면하는 것은 당연하다. 결국 영국의 교육제도는 이민의 시기와
적응 정도에 따라 자신의 자녀들을 중등교육을 마쳐 일반 대학에 진학할 수 있는지
의 여부가 결정된다. 이민시기가 짧고, 저소득층의 외국인근로자 자녀들은 대학진
학을 위한 중등교육을 받을 수 있는 기회를 제공받기 어렵고, 높은 교육 수준에의
도달을 기대하기가 어렵다.

---

1 취학 전 교육은 보육학교(nursery school)이며 2~5세의 유아를 대상으로 한다.

2) 독일의 다문화교육

1960년대부터 독일은 초청노동자(Gastarbeiter)의 명목으로 이주민(특히 터키)을 받아들이면서 이민국가의 모습(김세연, 1999: 75)을 띠게 되었다. 하지만 독일정부는 결코 자신들은 이주국가가 아님을 계속적으로 강조하여 왔다. 그러나 독일 통일과 유럽연합이 진행되면서 독일은 2005년에 급기야 이민법(Zuwanderungsgesetz)을 새롭게 제정하였다. 이 법을 통해 이주민들은 독일국적 취득이 이전과 비교해 용이하게 되었으며, 유럽연합 비회원국의 이주자들에게도 영주권을 주어 독일에서 거주할 수 있는 기회를 확대하게 되었다.

〈표 6-3〉에 근거하면 독일 내 거주하는 외국인 거주자는 독일 전체 인구에 8.23%를 차지하고 있다. 따라서 외견상 독일은 이주국가인가에 대한 의문을 제기할 수 있다.

표 6-3 독일의 외국계 거주자 현황과 규모 (단위: 명)

출신국가	규모	출신국가	규모
터키	1,549,808	폴란드	609,855
이태리	552,943	세르비아, 코소보, 몬테네그로	393,005
그린란드	316,331	루마니아	267,398
크로아티아	240,543	러시아	216,291
오스트리아	178,768	보스니아	157,455
불가리아	146,828	네덜란드	142,417
헝가리	135,614	스페인	135,539
포르투갈	127,368	우크라이나	122,355
전체 외국인 거주자 6,628,000			
전체 내국인 73,896,000			
총 독일 인구(2012년 말 기준) 80,500,000			

출처: 독일연방통계청, 2013.

하지만 2008년 인구조사에 의하면 독일 전체 인구에 이주배경이 있는 독일 거주민은 약 20%를 차지하고 있고, 외국인은 8.9%에 해당하고 있다. 이주배경이 있는 독일인은 주로 러시아에서 통독과 함께 다시 독일로 귀환해 온 사람들이며, 이들은 외국인처럼 독일어 사용에 어려움이 존재한다.[2] 〈표 6-4〉에서 보듯이 대부분 이주배경이 있는 사람들의 수입을 보면 1,300유로 이하가 빈곤층에 몰려있음을 알 수가 있고, 이주배경이 없는 독일인과 비교해 약 2배의 차이를 보이고 있다. 따라서 독일정부는 성인이주자에 대한 독일 정착 교육프로그램을 우선적으로 진행할 수밖에 없는 상황에 봉착하게 되었다.

성인 이주민들은 독일 정착을 위해 세 가지 방식으로 교육을 받게 하였는데 초기오리엔테이션(Erstorientierung), 오리엔테이션코스(Orientierungskurse) 그리고 통합코스(Integrationskurse)이다. 초기오리엔테이션은 이주민이 언어강좌를 시작하기 전에 자신이 가장 이해하기 쉬운 언어로 독일에서의 재정 지원, 교통 이용, 공공기관 이용, 주택임대, 학교와 직업소개 등 일상생활에 가장 기본적인 정보들을 교육받게

표 6-4 2008년 독일 이주배경에 따른 외국인 현황 (단위: 천명)

	전체	이주배경이 없음	이주배경이 있음		
			전체	독일	외국인
독일인구	82,135	66,569	15,566	8,297	7,269
수입 정도					
500유로	2,233	1,496	737	166	476
900유로	13,805	9,231	4,573	1,423	2,384
1,300유로	20,973	16,639	4,334	1,519	1,827
1,500유로	9,344	7,937	1,407	476	572
2,000유로	15,101	13,201	1,900	642	781
3,200유로	10,821	9,729	1,092	392	468
3,2000이상	2,998	2,674	324	114	157
빈곤층	13,881	9,334	4,547	1,304	2,510

출처: 2010 Deutsches Jahresbuch.

---

2 Anders(1993: 3)에 의하면 1979년 러시아에 거주하고 있었던 독일인은 약 200만 명으로 추정하고 있다.

된다. 두 번째 코스인 오리엔테이션코스는 기초 독일어강좌와 독일의 정치 및 사회 구조를 읽히는 교육이다. 이 코스에서 이주자는 600시간의 기초 독일어강좌를 수강해야 하며, 코스의 마지막 부분에는 30시간의 수업을 독일어로 진행해야 하고, 필기 및 구두시험을 치르게 된다. 수업의 대부분은 일상생활에 필요한 독일의 역사와 문화 그리고 법질서를 내용으로 하며, 점차 체류법과 연관하여 국적취득을 위한 조건에 대해 정보를 제공받게 된다. 마지막 코스인 통합코스는 장기적인 체류허가를 받기 위한 독일어 및 여러 강좌들로 진행된다. 여기에는 이주배경이 있는 독일인과 유럽연합회원국 국민은 제외되고, 독일에서 장기체류를 필요로 하는 외국인 근로자, 사업가, 이들의 가족구성원, 난민들이 대상이 된다. 통합코스를 성공적으로 마치게 되면 외국인은 국적취득 기간이 줄어들게 되며, 장기적 독일 체류가 가능해져 이들에게는 주요한 코스라고 할 수 있다(박성혁 외, 2010: 228–229).

　　학교 교육은 독일인 자녀와 외국인 자녀 모두에게 전체 무상으로 진행되며, 학교에서 평등한 교육을 받을 수 있다. 하지만 영국처럼 계급별 차이가 존재하지는 않지만 독일교육은 영국의 11세 시험처럼 초등학교(Grundschule: 6~10세)를 졸업하면서 시험을 거쳐 대학진학을 준비하는 일반 중등교육기관(Gymnasium: 10~18세) 진학이 미리 결정되고 있다. 외국 이민자의 자녀 대부분은 Gymnasium(김나지움)으로의 진학이 어려워지고 실업계(Gesamtschule 혹은 Realschule)로의 진학이 결정되고 있다. 2000년 OECD 국가 간의 PISA(Program for International Student Assessment) 평가 결과 독일 초등학생 성적이 너무 저조한 결과를 초래해 독일정부는 충격을 받게 된다. 독일 초등학생들 중 상대적으로 높은 비율을 차지하고 있는 이주가정 초등학생들의 성적 저하가 독일 전체 평가에 큰 영향을 끼쳤다고 평가되었다. 특히 독일어 읽기 과목에서의 성적 저하가 이와 연관되어 수학 및 다른 과목의 성적 저하로 진행되었다고 파악되었다. 따라서 독일은 이주가정 초등학생들의 언어교육혁신을 위한 프로그램을 개발하도록 주문한다. 이에 따라 몇 연방주들은 이주가정 자녀들을 위한 준비반 혹은 특별반을 운영하면서 독일어 습득을 돕고 또한 특별하게 동일한 국적을 가진 아동들을 묶어서 그들의 모국어를 통한 독일어 습득을 돕고 있다. 그러나 2003년 재차 실시된 PISA 결과는 이전보다 크게 나아지지 않았다. 따라서 독일정부는 이주가정 학생에게만 성적 저하의 이유가 있다고 보지 않고 이주가정 자체의 독일어 습득의 필요성을 지적하게 된다.

하지만 독일의 일반 학교들은 대부분 이주민 학생을 위한 특별반 혹은 준비반을 운영하지 않고 독일학생과 평등한 수업을 받는 것을 원칙으로 하고 있다. 따라서 몇 연방주는 이주가정 학생과 독일 학생을 분리하지 않고 통합 교육을 담당하겠다는 원칙을 지금도 고수하고 있다. 학교 정규수업에 상호문화의 이해를 넓히는 교육을 진행하고 있다. "학생들은 지역, 나라와 문화 간의 다양한 관계를 보여주는 예들을 살펴봄으로써 다른 나라 사람들 또는 다른 문화권에 속하는 사람들의 생활방식을 이해하게 된다. 또한 학생들은 한 공동체에서 서로 다른 생활방식을 지닌 사람들의 공존이 일상생활에서 흥미와 자극을 줄 뿐만 아니라 갈등을 일으킬 수 있다는 사실을 알게 된다. 학생들은 지구상의 여러 지역의 음식, 주거, 학교, 직장 등의 비교를 통해 다른 지역에서 사는 아이들과 성인들의 생활조건이 독일과 다른 방식으로 충족된다는 사실을 알게 된다. 또한 학생들은 지구상에 불균형하게 분포된 부와 빈곤의 원인과 그런 불균형적인 부와 빈곤의 분포를 변화시킬 수 있는 가능성에 대한 정보를 얻게 된다(오은순 외, 2008: 69)."

독일 초등학교 3~4학년 사회과 통합과목에서 다루는 소단원의 학습 내용과 방법은 〈표 6-5〉와 같다.

표 6-5　독일 초등학교 3~4학년 사회과 통합과목에서 다루는 소단원의 학습 내용과 방법

	구체적인 학습 내용 및 방법
함부르크	① 교사는 학생들이 주변에 사는 이민자들을 인터뷰하여 이민의 배경을 듣고 교실에서 발표하도록 시킨다. ② 교사는 학생들이 다른 문화적 배경을 지닌 사람들과 공존·공생하기 위해 어떤 자세와 태도를 가져야 하는지를 스스로 생각하도록 유도한다.
유럽	① 교사는 학생들에게 유럽의 다른 나라 아이들의 일상생활들을 조사하도록 시킨다. ② 교사는 학생들에게 유럽 여러 나라들에 대한 기본 지식을 제공한다. 예를 들어, (i) 언어 (ii) 문자 (iii) 축제 (iv) 주거환경 (v) 관습 등
먼 나라들	① 교사는 학생로 하여금 아시아, 아프리카, 라틴 아메리카 대륙에 있는 여러 나라의 생활조건을 조사하도록 시킨다. 예를 들어 제3세계 아동 근로 보호 전문가를 방문 조사 등 ② 교사는 학생들에게 세계 여러 지역의 동식물에 대한 지식을 제공한다. ③ 교사는 학생들에게 세계 여러 나라에서 지구를 어떻게 서술하고 있는지 알아보도록 한다. 예를 들어 (i) 지구의 중심은 어디인가? (ii) 지구의 위쪽과 아래쪽은 어디인가? ④ 교사는 학생들에게 다음에 대해 자신들의 의견을 발표하도록 유도한다. (i) 다른 나라에서 성장했다면 어떠했을까? (ii) 다른 문화권에서 성장했다면 지금과 같이 생활하고 있을 수 있는가?

출처: 오은순 외, 2008: 70.

독일에서 외국인 자녀를 위한 특별반과 준비반은 각 연방주의 몇몇 학교에서 시범학교방식으로 운영되고 있다. 특별반은 이주가정 학생 15명 이내로 구성된 작은 학급을 구성하여 특수 양성된 교사들에 의해 집중 독일어 코스를 받게 하는 것이다. 일반학교 내 특별반은 이주가정 학생들의 학업성취도를 높이며, 이주가정 학생 중 소수만일지라도 일반 중등학교(김나지움)에 진학하게 하거나 또한 이주가정 학생의 상급학교 진학을 위한 준비반의 역할을 동시에 하고 있다. 또한 독일은 이주가정 학생들이 이중언어의 습득을 장려하고 있다. 모국어 활용 능력이 뛰어난 이주가정 학생들이 독일어 습득과 활용 정도가 높게 나타나고 있음을 인식하고 있기 때문이다. 그리고 취학 전 아동의 독일어 활용 능력을 높이기 위한 예비 특별 교육 프로그램을 개설하여 운영하거나 취학 연령을 넘긴 이주 청소년들을 위해서는 보통 1년의 적응과정을 실행하면서 직업준비반의 교육프로그램을 운영하고 있다.

결국 독일은 이주가정 학생들을 위한 독일어 활용 능력 향상을 위한 교육 지원에 모든 학교가 가담하지 않고 통합교육을 목적으로 하고 있으며, 몇 연방주에서 학교 내 특별학급 제도를 운영하고 있다. 특별학급이 운영되는 연방주를 보면 외국인근로자가 많이 유입된 지역이다. 이는 독일 내 숙련된 외국인근로자 자녀의 교육을 학교 제도권에서 책임 있게 수행하고자 하는 교육정책이다. 다른 표현으로 하면 독일의 교육정책은 숙련되지 않은 외국인근로자와 불법체류자 학생들에 대한 교육적 배려는 존재하지 않는다. 이주 초기 외국인근로자 학생은 독일어 활용 능력이 전혀 없는 상태이며, 이들은 일반학교에 취학하기 전 혹은 취학하더라도 정규수업을 받을 수 없기 때문에 언어장애인으로 분류하고 특수학교(Förderschule)에서 일정 기간 독일어 특별수업을 받고 학교에 귀환하게 된다. 하지만 불법체류가정 학생인 경우 입주신고가 되지 못하기 때문에 정규학교의 입학절차도 밟을 수가 없고, 특수학교에서 독일어 기초 수업도 받을 수가 없다.

이주가정 학생의 일반 중등학교(Gymnasium) 진학률은 상당히 저조한 상태여서 실업학교(Real Schule 혹은 Gesamtschule)로의 진학을 유도하고 있다. 일반 중등학교에 입학해서도 졸업률이 저조한 상태로서 결국 대학진학률도 저조 현상을 보여주고 있다. 이주학생 중 26.7%만이 대학입학자격을 취득하고 있는데 이는 독일 전체 학생의 3.3%에 해당한다. 이주가정 자녀들이 독일의 교육시스템 안에서 기본교육을 성공적으로 마치고 있는 비율은 전체의 10%도 안 되는 매우 적은 수에 해당된다.

이는 이주가정 학생에 대한 대안교육을 실시하지 않고 학교 내에서 교육문제를 해결하고자 하는 독일의 현재 모습이다(황석규, 2011).

독일에는 외국인을 위한 2개의 독일어 과정으로 DaF(Deutsch als Fremdesprache)와 DaZ(Deutsch als Zweitesprache: 제2언어로서 독일어) 프로그램이 존재한다. 이 두 과정에는 큰 차이가 있다. Daz는 이주민 대부분 가정에서 모국어를 사용하고 있어 그들의 제1언어를 모국어로 책정하고, 독일의 언어를 제2언어로 표현하는 방식이다. 이와 비교해서 DaF는 낯선 언어로서 독일어라는 의미를 지니면서 외국인으로 하여금 일상 독일어 습득을 넘어설 수 있는 교육을 위한 프로그램이다. Daz는 일상 혹은 학교생활에 적응하기 위해 일상적인 언어 활용 능력을 습득하는 과정이라 보면, DaF는 학문적인 언어 활용 능력을 습득하는 과정까지를 포괄하는 프로그램이다. 따라서 DaF는 대학 내 학과가 설치되어 있어 전문가를 양성하여 현장에 파견하며, 현장은 국내뿐만 아니라 외국에서도 독일어를 가르칠 수 있는 것을 포함하고 있다. 결국 독일은 학교 현장에 Daz보다는 DaF의 전문 교사들이 파견되어 이주민 학생들을 위한 보다 적극적인 언어 활용 능력 향상을 위한 다양한 교육프로그램이 실시되어야 PISA의 평가 결과에 높은 성취를 가져올 수 있을 것으로 판단된다.

더욱 주요한 사실은 이주가정 학생들이 대학 졸업 후에 독일사회에서 정당한 대우를 받지 못함으로써 새로운 이주형태가 생겨나고 있는데 이를 초월이주(Transmigration)이라 부르고 있다(박성혁 외, 2010: 247). 독일에서 대학을 졸업한 엘리트가 독일에서 정당한 취업을 하지 못해 자신 혹은 부모의 출신국가 혹은 다른 유럽국가로 이주해서 직업을 선택하여 생활하는 현상을 일어나고 있다.

(2) 미주의 다문화교육

역사적으로 미주국가 특히 캐나다와 미국은 개척자들이 영토를 차지하면서 인디언과의 인종적 갈등을 지속해 왔고, 미국은 흑인과의 인종 갈등으로 내전을 진행하기도 하면서 많은 사회적 비용을 지출해야만 했다. 하지만 1970년대 이래 세계에서 처음으로 다문화주의 정책을 진행하게 되었고, 이에 적절한 다문화교육정책을 수행하고자 하는 지역이다.

1) 미국의 다문화교육

미국 최초의 이민자는 1620년 영국으로부터 도착한 백인 이민자들이며, 이후부터 20세기 초까지 미국 이민은 수백만의 유럽 백인들이 유입되면서 계속되었다. 특히 미국은 1882년에 〈중국인 배척 법〉(Chinese Exclusion Act)을 제정하면서 동양계 이민을 유입시키지 않는 이민정책을 시행한 국가로 유명하다. 그러나 1960년대 미국은 새로운 이민법인 〈이민 및 국적 취득에 관한 법〉(Immigration and Nationality Act)을 제정하면서 개방 허용적인 이민정책으로 변화하게 되었다. 이를 통해 20세기 중반 이후 미국에는 아시아계와 히스패닉계의 지속적인 증가가 진행되었다. 특히 히스패닉계의 유입이 급속히 진행되면서 2050년이 되면 전통적 제1소수집단이었던 흑인을 대신하여 히스패닉계가 제1소수집단의 지위를 차지하게 된다고 추정되고 있는 실정이다.

〈표 6-6〉에는 미국 내 유색인종의 주류를 이루는 미국 출신 흑인과 인디언이 포함되어 있지 않다. 또한 미국 내에서 출생한 외국출신 2세도 포함된 수치가 아니기 때문에 미국 내 유생인종은 적어도 여기의 3천 8백만의 2.5배 이상으로 추정할 수 있다. "1990년대까지만 해도 미국 인구의 절대 다수를 차지했던 백인계(74.8%)의 비중은 2000년대에 69.4%, 2002년에 68.5%, 2007년에 66.3%로 점차 감소(박성혁 외, 2010: 2)"하고 있다. 〈표 6-6〉에서 보듯이 외국출생자의 53.4%가 히스패닉계이며, 26.9%가 아시아계이며, 이 둘을 합하면 무려 80%를 웃돌고 있다. 따라서 1990년대 이전까지 진행된 흑백의 사회문제는 앞으로 유색인과 백인 그리고 유색인 간의 갈등으로 인한 사회문제로 전환될 가능성이 높다. 이러한 점은 9·11 사건 이후 더욱 가중되고 있으며, 미국은 보다 규제적인 이민법 개정과 외국인에 대한 사회보장제도 폐기를 검토하고 있는데서 이를 입증할 수 있다.

현재 미국은 교육적 관점에 있어서도 통합교육에 대한 문제제기, 적극적 차별 수정정책의 역차별 논란과 NCLB법에 대한 문제 제기가 야기되고 있는 실정이다. 적극적 차별 수정 정책(Affirmative Action)은 미국사회의 가장 오래된 국가주도형 사회 통합 공공정책으로 1961년 케네디 대통령 시기에 제정되어 고용분야의 차별 철폐를 선언한 것이다(박성혁 외, 2010: 6). 이 정책에 근거하여 1960년대와 1970년대의 교육정책은 첫째로 통합교육이 실시되면서 흑인과 백인아동들이 한 학교에서 교육을

표 6-6 미국의 외국출생자 현황		(단위: 명)
총인구: 301,237,703		
외국출생자: 37,679,592		
미국국적 외국출생자	비미국국적 외국출생자	
16,028,758	21,650,834	
1990년 이전 미국도착	1990~1999년 미국도착	2000년 이후 미국도착
43.0%	29.4%	27.6%
외국출생 대륙 간 비교: 37,679,349		
유럽 / 아시아 / 아프리카 / 오세아니아 / 라틴아메리카 / 북아메리카		
13.2% / 26.9% / 3.7% / 0.6% / 53.4% / 2.2%		
가정 내 영어 대화 및 회화 능력: 280,564,877		
영어 대화	이중언어	영어 대화 미숙
80.4%	19.6%	8.6%

출처: US Census Bureau, 2006~2008 American Community Survey.

받게 된다. 백인과 흑인아동들은 이전까지 같은 학교에서 수업을 받지 못하였고, 통합학교가 설치된 이후에도 고소득 백인 학부모들은 흑인자녀들이 학교에 입학하면 자신들의 자녀를 다른 학교로 전학시키겠다는 의견을 피력하고 실제로 행동으로 옮기기도 하였다. 오늘날 미국의 일반학교는 통합학교로 자리를 잡았지만 이에 대해 반발하는 백인 학부모 역시 존재하고 있는 상태이다. 둘째로 적극적 차별 수정 정책에 의한 가장 주요한 교육정책은 유색학생 고등교육 지원 사업이다. 이 사업은 이민자 아동의 보상교육, 이중 언어 교육, 장애학생을 위한 학습지원에 중점을 두고 있으며, 더 나아가 대학입학 시 인종별 할당제, 소수민족 출신 지원자에 가산점, 인종균형을 위한 소수민족 합격자 비율의 조정 등의 사업으로 구성되어져 있다(박성혁 외, 2010: 7). 하지만 최근 미국 내 적극적 차별 수정 정책에 대한 역차별 논란이 불거지고 있고 논란은 지속될 전망이다.

오늘날 미국사회의 저소득층 교육정책은 부시 행정부가 지난 2002년 입법한 NCLB법(No Child Left Behind)에 근거하고 있다. NCLB법은 우선 생활수준이 낮은 저소득층의 아동을 대상으로 하는 교육정책이지만 낮은 교육성취도를 보이며, 소수민족이며, 영어 활용에 능숙하지 못한 이민자 학생들 역시 대상에 포함하고 있다. NCLB법은 저소득층의 모든 학생들을 정부가 정하는 일정한 학업성취 기준에 도달하게 함으로써 빈부의 차이에 의한 학력격차를 줄이는 데 근본 목적이 있다. 미국의 5000여 개의 교육구는 NCLB법에 따라 학생들을 주기적으로 평가한 뒤 성적을 공개해야만 한다. 시험결과는 인종, 성별, 가정배경, 영어수준, 장애여부 등의 집단 특성에 따라 10개의 하위그룹으로 분류되어 분석된다. 만일 한 학교 내에서 하위그룹 중 단 한 그룹이라도 주에서 정한 학력기준(AYP)에 이르지 못하면 이 학교는 '실패' 학교로 판정받고 그에 따른 재정적, 교육적 제재를 받는다. 이렇듯 NCLB법은 소외된 학생들의 학업성취도를 향상시키는 것을 주목적으로 하고 각 학교에서 소수학생의 영어능력향상과 학업성취를 방치하지 않도록 압력을 넣고 있지만 그 실효성 여부에 대해서는 여전히 미국 사회 내에서도 논란이 지속되고 있다(김재금 외, 2007: 96-100).

결국 미국은 1960년대 이래 개방적으로 허용하는 이민법의 제정과 2000년대 다문화주의정책의 변화가 소수집단에 대한 사회적응과 보호정책을 제시하면서 소수집단의 교육에 대한 지원 사업이 진행되고 있지만, 점차 9·11 사건 이래 외국인 보호와 교육에 대한 지원에 논란이 야기되고 있는 실정이다.

2) 캐나다의 다문화교육

역사적으로 캐나다는 백인과 인디언과의 인종적 갈등을 지속해 왔다. 제2차 세계대전 이후까지 캐나다 원주민들은 영국과 프랑스계 백인들의 박해와 탄압, 차별배제 및 동화주의 정책에 의해 민족정체성을 상실하고 대부분 캐나다 서부지역에 내몰려 거주하여 왔다. 캐나다 원주민은 인디언, 이누이트, 그리고 백인과의 혼혈인 메디스로 세 그룹으로 구분된다. 현재 캐나다 원주민은 캐나다 총 인구의 약 2%를 차지하고 있다.

제2차 세계대전 이후 캐나다는 다문화적 인권의식이 향상되기는 했지만 여전히 풀어야할 여러 문제를 안고 있는 실정이다. 1970년 이후부터는 아시아와 제3세계로부터의 아시아, 비백인계 이민자가 증가하면서 1990년대 전체 이민자의 절반 이상이 아시아와 중동지역 출신이 차지하고 있다. 캐나다 인구는 3천 4백만 명이며, 이 중 벤쿠버는 인구의 38% 그리고 토론토는 44%가 이주민으로 이루어져 있다.

최근에는 매해 25만 명 정도의 이주자 특히 중국, 인도, 파키스탄 출신 이주자가 캐나다에 유입되고 있는 실정이다. 다양한 인종들이 모여 살면서 다양한 사회적 갈등이 야기되고, 이를 해결할 방안으로 캐나다는 1971년 세계 처음으로 다문화주의를 법으로 제정하여 실천해 나가고 있으며, 이민국가로 공표하고 있다. 캐나다의 다문화사회는 크게 3번의 역사변동을 통해 진행되었다. 첫 시기는 영국과 프랑스의 식민지 전쟁을 통해 영국 중심의 캐나다 형성 시기이며, 둘째 시기는 19세기 말부터 제1차 세계대전까지의 백인 중심의 이민 붐 시기 그리고 셋째 시기는 제2차 세계대전 이후 1946년부터 1990년까지의 2차 이민 붐 시기로 아시아와 비백인계의 진출이 이뤄지는 시기로 구분할 수 있다. 오늘날 캐나다의 이민정책은 이전처럼 값싼 노동력을 위한 이주민 유입을 승인하는 것이 아니라 충분한 경제적 자립 요건을 갖춘 경제적·지적 능력을 지닌 이민자의 유입을 요구하고 있다. 캐나다는 이주민들이 사회에 적응이 빠르고, 사회적 갈등 및 문제를 야기하지 않을 이주민 유입을 원하고 있다.

캐나다는 1971년 세계 최초로 다문화주의를 공식적인 국가정책으로 채택하였으며, 공식 언어로 프랑스어와 영어의 두 언어를 채택하고 있는 대표적인 다문화국가라고 할 수 있다. 이후 계속해서 1986년에는 평등고용법(Employment Equity)을 제정하고, 1988년에는 캐나다 다문화주의 법(Canadian Multiculturalism Act)을 제정하여 공식적으로 국가적 다문화주의를 표방하고 있는 나라이다. 캐나다 다문화주의 정책은 인종차별을 개선하여 언어, 인종, 종교, 문화적 배경과 상관없이 모든 사람들이 캐나다 사회에 평등하게 참여함으로써 시민통합을 증진시키는 것을 목표로 하고 있다. 캐나다의 문화 다양성 증가 현실은 캐나다로 하여금 사회통합을 위한 다문화주의 정책의 고수를 강요되어지고 있는 실정이다. 이런 국가정책에 맞물려 현재 캐나다 다문화교육정책은 4가지 점을 주요시하고 있다. 첫째의 주요한 교육정책은 이중언어교육이다. 2003년 3월 공식어 교육정책(Action plan for official language)을 발표하며 향후 10년 내에 캐나다 학생들의 이중언어(특히 공식어인 영어와 불어) 사용 능력을 배로 늘리려는 계획을 추진하고 있다. 둘째의 교육정책은 모든 학생들을 대상으로 하는 다문화이해교육이다. 다문화사회의 긍정성에 대해 학생들의 인식과 이해를 높이려는 교육이다. 셋째의 교육정책은 반인종주의(Stopracism) 교육이다. 원주민, 아시아인, 중동인들과 함께 모자이크되어 살아가기 위한 학교 교육에 강조점을 두고 있다. 네 번째로 정책은 온타리오와 마니토바 주 등 여러 주정부에서 진행하는 원주민 학생 교육 지원이다. 이 정책은 원주민 학생들의 학업성취를 신장시키며, 원주민과 비원주민 학생 간의 학업성취격차를 줄이고, 공교육을 통해 공적 자신감을 성취하게 하여 함께 더불어 살아가도록 돕고 있다.

이중언어교육은 캐나다의 공용어인 영어와 불어 능력을 향상시키는 교육으로 캐나다 교육부(CMEC)와 주, 지역 교육청이 함께 지원하고 있다. 이 정책은 2003년 3월 발표된 공식어 교육정책에 따라 캐나다는 모든 학교에서 학생들이 이중 공용어를 교육받고 있다. 그리고 이중언어 능력 배양에 한정하지 않고 이주민 자녀들을 위한 제3외국어 과목을 고등학교에까지 설치하고 있다. 이주민 자녀들은 자신들의 의지에 따라 학교에서 부모 국가의 외국어 과목을 선택하여 수업을 받을 수가 있다. 특히 이중언어 활용 능력이 부족한 이주민 자녀들에 대해서는 학교 정규수업 중 일부의 시간을 할애하여 기초 영어 혹은 불어를 가르치는 ESL, FSL 과정에 참여할 수 있고, 이는 캐나다의 가장 주요한 다문화교육 우수 프로그램이라고 할 수 있다. 공용어를 말하고, 읽기가 되지 않은 학생들에게 일정 기간 기초 공용어의 교육을 받게 하여 정상수업에 참여하도록 하는 것이다. "커민스(1979)는 캐나다 다문화 가정 자녀들이 나타내는 영어사용의 문제를 연구하였는데, 일상적 의사소통 능력(Basic Interpersonal Communication Skill, BICS)과 학문 인지 언어능력(Cognitive Academic Language Proficiency, CALP)을 구분하여 제시하고 있다. 일상적 의사소통 능력은 평소 일상생활 속에서 자연스럽게 얻어지는 기본적인 언어능력인데 비해, 학문 인지 언어능력은 학습 문제 해결을 발휘할 때 나타나는 것으로 자연스럽게 습득되는 것이 아니다(권순희, 2012, 145)." 하지만 학교 교육과정에서 진행되는 ESL, FSL 과정은 일상적 의사소통 능력 위주의 교육에 불과하며, 학문 인지 언어능력은 이주민 자녀의 노력 여하에 달려 있지만 주어진 생활환경적 요인에 의해 자발적 노력이 어렵다는 사실이다. 따라서 이주민 자녀가 상급학교로 진학하는데 언어 활용 능력의 저하로 인해 어려움을 경험하게 된다.

캐나다는 학교 정규수업에 다양한 문화의 가치를 존중하고 캐나다가 문화적 모자이크 국가임에 자긍심을 얻도록 하는 교육을 진행하고 있다. "캐나다의 다문화 교육은 다문화사회에 도움이 되는 이해를 촉진하는데 강조점을 두고 있으며, 수업은 이러한 사회문제를 검토하는 과정이면 어느 것이라도 적합하다. 예컨대, 사회과

학, 상담, 비즈니스 스터디, 보건 등이 그것들이다. 수업은 학생들로 하여금 다문화 사회의 가장 큰 특징인 문화적 다양성을 긍정적인 시각으로 볼 수 있도록 하는데 초점을 두고 있다. 이 수업에서는 음식, 음악, 의상 등을 포함한 대부분의 일상생활이 범세계화되고 있는 캐나다의 현 상황에서 다양한 문화가 주는 기회와 긍정적인 영향력 등을 다문화적 경험을 갖고 있는 인물들에 대한 웹자료나 비디오 자료를 살펴봄으로써 구체적으로 살펴 볼 수 있게 해 준다(오은순 외, 2008: 61)."

캐나다는 학교 정규수업에 반차별, 반편견 교육 프로그램을 시행하고 있다. 정경미(2010: 182)는 캐나다 온타리오 주의 초등 사회과 교육과정 The Ontario Curriculum Social Studies Grades 1~6학년, Ginn Social Studies 1~2학년 그리고 Oxford University Press의 Discovery Series의 3~6학년용의 교과내용을 소수자 교육의 관점에서 분석하고 있다. 캐나다 초등 사회과 교육과정의 내용에는 "소수자 교육을 통해 다양성, 반차별, 반편견, 정체성, 관계맺기, 소수자 권리 교육 등을 포함하고 있다. 온타리오 주는 교육과정 개발 및 운영에 있어 다문화주의 교육에서 반인종차별 교육을 거쳐 현재는 포용적 교육과정의 접근을 취하고 있다. 포용적 교육과정의 기본 정신은 사회에 존재하는 다양한 사람을 포용함으로써 모든 학생들이 성공적으로 학업을 성취할 수 있도록 하는데 있다. 이에 사회과 교육과정에서는 프로그램 개발 및 평가에 있어서 소수자 및 그들에 대한 차별 상황에 민감히 반응하도록 하며 소수자들의 특성을 고려해야 함을 명시하고 있다. 또한 학생들이 시민으로서의 권리, 특권, 책임을 이해함과 동시에 개인과 집단에 대하여 존중하고 관용의 자세를 유지할 수 있도록 반차별 교육을 실시해야 한다고 하였다. 교과서도 소수자들의 모습 및 목소리를 담고 있으며 삽화와 사진에서도 소수자 교육 관련 내용이 아니어도 적극적으로 소수자들의 모습을 담고 있음을 확인하였다."

또한 캐나다는 원주민 학생 교육지원에 적극적인 자세로 임하고 있다. 이전 원주민에 대한 차별적이며 동화적인 교육정책에서 다양한 정체성을 담보하는 다문화주의 교육정책으로의 변화에 따른 것이다. 대표적 사례로서 캐나다는 인디언 청소년을 대상으로 1820년에서 1969년까지 교회재단(the Anglican Church of Canada)에서 약 24개의 기숙학교(Residential School)를 설립하고 운영하였다. 이 학교는 인디언의 비인디언화를 교육목표로 하면서 인디언 청소년들에게 인디언어의 사용을 금지시키고 영어만을 사용하도록 하였다. 결국 학교는 인디언 청소년들에게 "인디언의 정체성을 말살"시키는 교육이 진행되어, 교육을 받은 인디언들은 인디언도 아니고 백인도 아닌 중간 상태로 전락하게 하였다. 이에 대한 반성으로 오늘날 캐나다는 원주민들의 정체성 확립을 위한 여러 지원정책 및 실천을 이행하고 있고, 특히 온타리오 주인 경우 원주민 학생들의 학업성취를 신장하기 위한 공교육 지원을 적극적으로 추진하고 있다. 학교 교육에서 원주민 역사에 대한 교육과정 개정, 교사 교육, 교수학습법 등의 교육프로그램을 개발하여 모든 학생들이 캐나다의 초기 역사와 원주민 문화를 이해하고 원주민 학생들이 자기 정체성을 증진할 수 있도록 돕고 있다.

캐나다의 다문화교육 우수 프로그램은 정부와 교육청에서 진행하는 교육프로그램보다는 이주민 스스로가 자조모임의 방식으로 단체(NGO)들을 결성하여 이민자를 지원하는 프로그램을 개발하고 운영하고 있다는 점이며, 이는 유럽과 아시아에서는 보기 드문 현상이다. 대표적으로 벤쿠버의 SUCCESS 프로그램이다. 우선 벤쿠버의 이주민 구성 중 중국이주민이 20% 정도를 차지하고 있어 가장 많은 수이며, 그 뒤를 이란인, 한국인 순서로 되어 있다. 1973년 중국인에 의해 SUCCESS 단체가 처음 출발하였고, 이후에는 중국이민자만이 아니라 타국 출신자들로 확대되어 현재 벤쿠버 여러 지역에 지부를 두고 상당히 활약한 활동을 전개하고 있다. 주요 업무는 이주민들의 정착, 구직, 자영업 지원, 시니어 센터 운영, 이민자를 위한 정보 제공(운전, 은행, 교육, 영주권, 시민권, 세금, 의료보험 등) 등을 수행하고 있다. 따라서 SUCCESS 단체들은 캐나다 정착 교육 프로그램을 운영하고 있으며, 언어교육, 상담 프로그램 등도 운영하고 있다. 언어교육은 이주민을 위한 ESL, FSL 그리고 이주민 자녀를 위한 모국어 교육도 이뤄지고 있다. 벤쿠버 주의 6개 지역에서 9개 언어권 배경의 새 이민자(1년 이내) 대상으로 6개월 단위로 프로그램을 운영하고 있으며 1회당 5~50명이 참가하고 있다. 재정은 주 정부 지원 50~60% 정도이며 나머지는 기금 마련 이벤트로 충당하고 있고, 중국인의 기부금이 많은 편이다.

SUCCESS의 모든 프로그램은 4개 국어로 안내 리플렛으로 소개하고 있다. 광동어, 북경어, 이란어 그리고 한국어로 제작되고 있고, 리플렛에는 일상생활에 필요한 예를 들면 항생제 사용교육, 아동지도 요령, 독서지도 요령, 아동발달 정보를 수록한 달력 등의 정보도 함께하고 있다. 또한 SUCCES의 역할은 'BRIDGING'으로서 Client의 요구에 따라 다양한 단체와 연결시켜 주는 업무도 담당하고 있다. 특히

SUCCESS에서 가장 자랑스러워하는 프로그램은 학부모교육과 함께 'PARENTS AMBASSADOR'의 프로그램으로 부모를 자원봉사자로 양성시켜 Community에 참여시키는 프로그램이다. SUCCESS 실무자들은 문화적 역량(cultural competency)을 강화하기 위해 자체 교육에도 힘을 쓰고 있다. 워크숍은 연 1~2회를 개최하여 다른 민족 문화에 대한 이해력 제고 노력과 캐나다 아동 교육정책을 이해하는 노력 등을 하고 있다. 따라서 SUCESS 실무자들은 시민단체 구성원이면서 다문화교육에 대한 상당한 전문성 지니고 있다(정광중 외 2012: 291-293).

특히 캐나다는 '모자이크 다문화주의'라는 별칭을 얻을 정도로 다양성 존중을 통한 통합사회를 강조하고 있다. 하지만 지금도 여전히 캐나다의 다문화정책에 대한 찬반 양론은 거듭되고 있다. 캐나다 다문화주의 정책의 현실은 동화주의적 문화다원주의를 지양하고 있다는 점이다. 이러한 다문화주의에 내재된 양면성에 의해 일부 영어권 캐나다인들은 다언어를 존중하는 다문화주의 정책이 캐나다를 통합보다는 분리시키는 데 기여하고 캐나다의 전통적인 영국계 문화유산을 침식할 것이라고 걱정하며, 퀘벡주는 다문화주의가 퀘벡의 프랑스적 정체성을 훼손시킬 것이라고 생각하고 있다. 또한 노동시장으로 유입된 새로운 이주민들은 자신의 능력에 비해 캐나다인의 평균보다 약 20~23%의 낮은 수입에 직면하고 있으며, 법적으로는 다문화주의를 채택하여 인종차별이 종식된 것처럼 보이지만 현실적으로 백인위주의 사회에 직면한 심리적 박탈감을 지니고 있다. 결국 새로운 이주민들은 경제적 수입 정도가 낮음에 따라 이주민 자녀의 교육 역시 자신들의 희망하는 학업성취도에 미치지 못하고 있으며, 일탈 자녀의 수도 증가하고 있다고 판단하고 있는 실정이다.

오늘날 캐나다의 이민정책은 값싼 노동력을 위해 이주민을 받아들이는 것이 아니라 충분한 경제적 자립 요건을 갖춘 경제적·지적 능력을 지닌 이민자의 유입을 요구하고 있다. 이들은 캐나다에 적응이 빠르고, 국가차원에서는 사회문제를 야기하지 않을 인구 유입을 원하고 있다는 것이다. 하지만 결국 캐나다는 다양한 소수집단이 공존하고 교육지원 사업을 충실히 이행하는 다문화주의 정책을 진행하는 국가임에도 불구하고 실제로 초기 이민자들은 자신의 능력과 비교해 낮은 수입과 이의 영향으로 이민자들이 희망하는 자녀 교육 학업성취도에 미달하고 있고, 사회문제 발생의 요인을 지니고 있는 상태이다.

(3) 아시아 일본의 다문화교육

일본은 외국 이주자의 유입 시기를 크게 둘로 나뉜다. 첫 시기는 일제 식민지 정책 시기로서 노동자 유입이 시작되는데 대부분 조선에서의 유입이며 이들을 일컬어 오래된 이민자(Old Comer)라고 부른다. 둘째 시기는 1980년대 중반 이후 시기로서 남미와 동남아에서 유입되는 귀환자 및 노동자로 구성된 이민자로 새로운 이민자(New Comer)로 명명되고 있다. 2007년 연구에 따르면 일본의 외국인 등록자 중 한국·조선인이 전체의 28.7%를 점하여 가장 많은 수이고, 그 뒤를 중국, 브라질, 필리핀, 페루, 미국 등이 따르고 있는 실정이다. 현재 일제 식민지정책에 의한 이주 노동자 "올드커머"들은 지속적인 감소 추세에 있는 반면, 1980년대 이후의 "뉴커머"는 꾸준한 증가를 보이고 있다. 2006년 말 통계에 따르면 일본 내 외국인 등록자 수가 208만 명으로 전체 인구의 1.63%에 달하고 있어(이태주, 2007), 인구비율 면에서는 현재 한국보다 적은 상황으로 추정할 수 있다.

일본에서 본격적인 외국인관련 정책이 등장한 것은 1990년대 이후로 볼 수 있다. 그 전까지 일본은 외국인 등록과 불법체류자에 관련한 법 제도 외에는 존재하지 않았다. 〈외국인등록법〉이 그것인데, 이는 구식민지 출신국의 올드커머들을 본국으로 귀환시키거나 혹은 일본인으로 완전히 귀화시키기 위한 목적으로 제정된 것으로 외국인과 일본국민과의 분명한 차별을 정당화하고 있다. 그 대상자는 당연히 재일한국인이었다. 1980년대 이후 뉴커머의 이주가 늘어나게 되자 일본은 〈입관법〉을 새롭게 제정해서 입국하는 외국인노동자를 관리하고 불법 외국인노동자를 색출하는 기준으로 삼았다. 이 법의 결정적인 사항은 외국인 노동자는 오랜 기간 일본에 체류하며 노동력을 제공하여야 하지만 결코 일본 시민권을 취득할 수 없도록 규정하고 있다. 국내의 부족한 노동자를 외국인 노동력으로 대체하였지만, 재외일본인 2~3세에게는 정주 자격을 부여한 반면, 비일본계 외국인들에게는 엄격한 취업 제한 및 체류기한을 적용하고 있다(전재호, 2007). 결정적으로 재외일본인은 일본어를 사용하지 못해도 일본에 정주할 수 있고, 취업할 수 있지만 일본혈통을 지니지 않은 외국인인 경우에는 취업과 정주에 관한 모든 사항을 제한하고 있다. 일본은 지금까지 계속해서 혈통을 중시하는 전형적인 차별배제주의 정책을 지향하고 있는 실정이다.

일본 정부는 외국인 자녀를 위한 다문화교육 혹은 대안교육을 시도하지 않았다. 다문화관련 교육은 국제이해교육이라 통칭되며, 세계화의 큰 흐름 속에서 일본인 대상으로서의 교육이 진행되었다. 국제이해교육의 추진배경은 국제사회에서 일본의 지위가 상승하고, 경제대국으로서 국제관계에 관한 새로운 시민성 함양을 위한 필요성이 강하게 제기되었기 때문이다. 따라서 국제이해교육의 추진 목적은 국제사회에서 활동 역량을 갖춘 일본인 육성에 있다. 결국 일본이 추진하고 있는 국제이해교육은 다문화교육을 포괄하고 있기는 하지만, 구체적으로 이주 외국인과 그 자녀 그리고 일본시민을 위한 다문화교육이라기보다는 일본인 학생들의 국제화 역량을 키우기 위한 교육의 성격을 지니고 있다. 이에 근거하여 일반학교는 국제이해교육을 실천하기 위해 많은 유학생과 해외연수를 파견하고, 외국인교사를 채용하여 외국어교육을 강화하였다. 첫 번째가 국제이해교육을 위한 학교의 신설이다. 도쿄도립국제고등학교와 자치단체에 의한 국제이해교육 추진학교를 지정하고, 고등학교 과정에 국제관계학과의 신설 등을 이행하게 된다. 두 번째는 일본 학생들을 위한 외국어교육의 확충이다. 1989년에는 8개국 1,894명의 영어지도교수(Assistant English Teacher)를 공립 중·고등학교에 파견하여, 일본 학생들의 영어교육을 확대시키고 있다. 마지막은 국제화에 대응한 귀국자녀교육의 추진이다. 일본기업의 해외진출로 인해 외국생활을 하다가 귀국한 일본 국적 학생들의 경험을 활용하여 그들의 전문성을 살리고, 다른 학생들에게는 이문화의 접촉 기회를 제공하도록 하는 것이다(강혜정, 2003: 103-131).

일본 학교교육에서 국제이해교육은 "다음과 같이 3가지의 실현을 요청하고 있다. ① 폭넓은 시야에서 일본 사회 문화의 특성을 주장할 수 있으며, 다양한 이문화의 뛰어난 특성도 깊이 이해할 수 있는 능력을 지닌다. ② 일본인으로서 나라를 사랑하는 마음을 가짐과 동시에, 자국에 대한 이해만으로 상황을 판단하는 것이 아니라, 폭넓은 국제적, 지구적, 인류적 시야 속에서 인격의 형성을 지향한다. ③ 다양한 이문화를 깊이 이해하고, 충분히 의사소통이 가능한 국제적 커뮤니케이션 능력의 육성을 도모한다(하시모토 외, 2009)." 결국 일본이 추진하고 있는 국제이해교육은 다문화교육의 내용을 포함하고 있기는 하지만, 구체적으로 보면 다문화교육이라기보다는 일본인 학생들의 국제화 역량 교육이다.

현재 일본에서 이주민 자녀를 위한 다문화교육은 지방자치단체들에 국한되어 진행되고 있다. 일본에서 외국인이 다수 거주하고 있는 도쿄와 오사카를 중심으로 이주민 자녀를 위한 다문화교육이 진행되고 있다. 이는 지방자치단체의 지원에 의해 이뤄지는 다문화교육으로서 뉴커머의 등장과 맥을 같이 하고 있다. 이전부터 재일한국(조선)인이 오랜 기간에 걸쳐 거주하고 있어도 다문화교육은 이뤄지지 않았기 때문이다. 특히 오사카에서 진행되는 다문화교육은 센터교라고 명칭하며 초·중·고등학교 4곳을 지정하여 방과 후 특별지도를 진행하며 양 국가의 정체성 함양을 돕고 있다. 외국인 이주자녀들은 일반 수업시간에는 자신들이 속한 학교에서 정규수업을 받는다. 따라서 정규수업 시간을 활용해 이주민 자녀를 위한 다문화교육은 실행되지 않는다. 센터교는 주 1~2회 국가별에 따라 다양한 나라로 구분되어 운영되고 있는데 강사들이 센터교를 방문하여 국가별 모국어와 원문화를 수업하게 된다. 물론 한국 특별학급이 운영되는 센터교도 생겨나게 되었다.

하지만 오사카에는 예외적인 학교와 학급이 있다. 학교법인 백두학원은 1946년 재일조선인의 자녀교육을 위해 건국학교를 설립하고, 1976년에 한국인학교로 인가를 받고 초·중등학교를 운영하고 있다. 학교의 교훈은 자주(自主), 상애(相愛), 근검(勤儉), 정상(精詳), 강건(剛健)이며, 민족교육을 강조하고 있다. 일본의 공립학교는 의무교육으로 수업료가 무료이지만, 건국학교는 사립으로 운영하면서 수업료를 받고 있고, 일본정부에서 40%, 한국정부 8%의 운영비를 지원받고 있다. 학생은 재일한국인 자녀 78%, 한국주재원 자녀 15% 그리고 일본인 자녀 7%로 구성되어 있다. 교육과정은 일반교육과정과 민족교육과정으로 구분되며, 민족교육과정은 국사와 한국어 교육으로 진행되고 있다. 한국어교육과정은 한국어 활용 능력 수준에 따라 4단계로 구분하여 교육하고 있다.

또한 오사카에는 센터교가 운영되기 이전인 1992년부터 재일한국인으로 구성된 시민단체에 의해 민족학급이 운영되고 있다. 오사카지역 15개의 학급에 17명의 교사를 파견하여 재일한국인 2~3세를 대상으로 민족교육을 진행하고 있다. 교사들 모두는 일본에서 출생하여 지금껏 생활한 경험을 지닌 재일한국인이다. 민족학급은 대부분 재일한국인 자녀 초등학생을 대상으로 1주일에 1번 45분 수업으로 진행되며 모국어와 문화를 교육하고 있다. 하지만 민족학급의 교사들은 민족교육도 주요하지만 특히 교사들이 주요하게 진행하는 교육은 멘토링 지원 사업이다. 교사들이 일본에서 생활하면서 경험한 내용을 중심으로 학생들에게 자신들 보다 나은 일본 생활을 할 수 있는 대안들을 교육하는 멘토 역할에 주목하고 있다.

결국 일본은 혈통주의에 입각하여 교육의 의무와 권리를 부여하고 있고, 교육 역시 일본인의 국제력 강화 차원에서 국제이해교육을 진행하고 있다. 외국인과 일본인을 위한 다문화교육은 외국인 다수 거주하는 지방자치단체에 의해 진행되고 있을 따름이다.

일본에서는 불법체류자 자녀의 교육문제가 사회문제로 비화된 적이 있다. 불법체류자는 발각이 되는 순간 자국으로 송환되었지만 그 자녀는 부모와 같이 송환되어야 하느냐 혹은 지속적 일본에서 교육을 받을 수 있느냐 하는 문제로 법적 공방이 일어났다. 이 문제는 법무부와 교육부 간의 갈등으로 표출되었는데 법무부는 송환 그리고 교육부는 중학교 이상 재학할 경우에는 일본인, 친척 혹은 시민단체의 보호가 가능하다면 지속적인 교육을 받을 수 있다고 주장하였다. 그럼에도 불구하고 일본은 교육받지 못한 부모는 필요 없고, 교육받은 자녀만은 필요하다는 논리가 새롭게 해석되면서 시민단체의 불만이 야기되기도 하였다. 하지만 더욱 주요한 사실은 교육을 지속적으로 받게 된다고 하더라도 일본의 현행 제도상에 근거한다면 외국인 자녀의 취업과 거주에는 상당한 제약 조건이 존재하는 것은 명확한 사실이다.

결국 일본은 혈통주의에 입각하여 시민권을 부여하고 있고, 오랜 기간 일본에 거주한다고 하더라도 외국인에게는 시민권이 부여하지 않아 생존권과 인권에 제약이 존재하며, 이는 교육, 취업 그리고 거주에 많은 제약으로 나타나고 있다.

3. 외국과 한국 다문화교육의 과제

각 나라의 다문화정책, 다문화교육정책, 언어교육 그리고 다문화교육프로그램을 파악하여 보면 각 나라마다 주어진 다문화환경에 근거하여 수립되고 진행됨을 인식하게 된다. 다문화교육은 협의적으로 국가 내부 사회공동체에서 주어진 역할을 담당하는 구성원을 교육하기 위한 목적을 지닌다. 또한 광의적으로 다문화교육은 세계화의 흐름에서 세계시민으로 교육시키기 위한 목적을 지니고 있다고 하겠다.

이런 관점에서 외국 다문화교육의 과제를 3가지로 구분하여 지적할 수 있다.

첫째, 자본주의 세계화의 흐름은 이주의 상황을 변화하게 하였다. 초기 자본주의 시기에는 일정한 인종과 민족에 한정하여 이주가 진행되었지만 후기 자본주의 시기인 오늘날에는 다양한 민족과 인종의 이주가 진행되기에 이르렀다. 따라서 선진 자본주의 국가들은 이전의 동화주의적 정책으로 사회통합을 이루기에는 어려움에 직면하게 되었다. 1971년 캐나다를 시작으로 다양한 인종과 민족이 상생하며 살아갈 수 있는 정책을 지향하게 되었다. 이에 근거하여 상생과 융합을 지향하고 인권과 평등에 접근하고자 하는 선진 이주국가들은 국내 이주법을 새롭게 제정하기에 이르렀다. 또한 새로운 법령에 근거한 다문화교육정책 역시 이에 병행하여 변화하고 있다. 하지만 면밀히 파악해 보면 여러 선진국에서 변화된 다문화정책과 교육정책에는 괴리가 생겨나고 다양한 다문화교육 사각지대를 만들어 내고 있을 뿐만 아니라 계급 간의 다문화교육에 관한 갈등은 여전히 존재하며 진행되고 있다. 결국 선진 이주국가들은 현재 제도와 실천의 합일되지 못하면서 예기치 않는 다양한 갈등과 긴장을 유발하고 있으며 이와 더불어 다문화교육의 사각지대를 해결해야 하는 과제가 산재되어 있는 상황에 직면하고 있다.

둘째, 다문화교육은 사회불평등을 해소하는 역할을 할 수 있는 것인지 혹은 사회불평등의 질서를 공고하게 하는 제도인지의 사회적 과제에 직면해야 한다. 2014년 8월 12일 아침뉴스에 미시건주 퍼거슨시에서 할머니를 찾아가던 미국 흑인 학생(마이클 브라운)이 경찰관 총격에 사살되었다는 기사를 접하게 되었다. 이 사건을 접한 흑인 한 여성의 인터뷰에서 다음과 같이 이야기하고 있다. "대학교에도 진학하지 못하는 흑인 학생은 경찰관이 이토록 가볍게 총격을 가해 살해할 수 있는 것인가요?" 선진 자본주의 사회에서 이주 소수민족의 많은 아동 및 청소년들은 일반 중등학교로의 진학 및 취업 진로에 거대한 성벽에 차단되고 있다. 대부분 소수집단의 아동들은 초등학교 졸업과 함께 실업계 중등학교로의 진학이 일반화되어 있고, 행여 대학교에 입학한 청소년들은 졸업과 함께 주류집단의 청소년과 동일한 취업 자격을 얻기 어려운 상황이다. 이런 사회불평등의 교육제도와 비교하여 다문화교육은 인종과 민족을 초월하여 사회구성원의 역할을 수행할 수 있게 하고 더 나아가 세계시민으로 육성시킬 수 있는 교육제도로서 재구성할 수 있는지에 대한 과제를 지녔다고 할 수 있다.

셋째, 선진국 교육프로그램은 현재 백인중심적이며, 주류민족중심적으로 채택되어 진행되고 있다. 1971년 다문화주의에 입각한 교육 실천이 국가 다문화환경에 적절한 다문화교육프로그램 개발하여 추진할 수 있게 되었다. 하지만 대부분 선진국의 다문화교육프로그램은 제한적으로 특별 교육과정을 진행하고 있다. 즉 현재 진행되는 선진국의 다문화교육프로그램은 다문화사회의 사회통합을 위한 교육프로그램으로는 적절하지 못한 상황이다. 일반 교육과정에 다문화주의의 목적이 교육에 스며들어 가는 다문화교육프로그램 개발에 한계에 부딪쳐 있고, 이런 과제를 해결해야 하는 상황에 직면해 있다.

각 나라는 자신에 주어진 다문화환경에 따라 다문화정책을 형성하고 있다. 그렇다면 한국의 다문화환경은 어떠한가? 현재의 다문화환경을 이해한다면 한국의 다문화정책은 적절한 것인가? 한국의 다문화정책이 한국에 주어진 다문화환경에 적절하게 수립되어야 이에 대한 다문화교육정책이 설정되고, 한국어교육 및 다문화교육프로그램들은 어떠한 방향으로 수립되고 운영되어야 할지를 논의할 수가 있다. 더 나아가서 한국의 다문화정책과 다문화교육 정책 간에는 괴리가 있다. 한국의 다문화주의 정책은 미주에서 실행하는 다문화주의 정책과 같지 않다면 오히려 차별배제주의에 가깝다. 하지만 다문화교육정책은 정부가 주도하는 다문화정책보다 앞서 나가고 있다. 이는 교육과학기술부가 주도하면서 진행되는 다문화교육프로그램들을 파악하면 알 수가 있다. 이와 더불어 한국의 다문화교육은 하향식으로 진행되고 있다. 학교 현장에서 자체 다문화교육프로그램을 개발하여 운영하기 보다는 교육과학기술부의 다문화교육 방안에 의해 운영되고 있다고 해도 과언이 아니다. 좀 더 세부적으로 나아간다면 한국의 각 지자체는 또 다른 다문화환경을 지니고 있다. 각 지역에 맞는 다문화교육프로그램들이 개발되고 운영되도록 정부와 교육과학기술부의 지원이 필요하다.

Chapter **7**

제주 다문화교육 현황과 과제

1. 머리말
2. 한국 다문화교육 전달체계
3. 제주특별자치도 다문화현황
4. 제주 다문화교육 전달체계
5. 제주 다문화교육 프로그램 실천 현황
6. 제주 다문화교육의 의미와 과제

제주 다문화교육 현황과 과제

황 석 규

1. 머리말

제주사회에 거주하는 외국인의 수가 증가하면서 다문화가정 학생의 수도 병행하여 증가하고 있다. 이에 따라 제주지역 다문화교육에 대한 관심도 증대되고 있는 실정이다. 제주 다문화교육은 한국 정부의 다문화교육정책과 제주의 다문화현상과 관련하게 된다. 이 장은 한국의 다문화교육정책에 근거하여 제주지역에서 진행하고 있는 다문화교육에 관련하여 정리하고자 한다. 한국의 다문화교육은 다문화가정 자녀의 교육지원에 주목하고 있고, 제주지역 역시 이와 관련하여 다문화교육이 진행되고 있다. 따라서 이 장은 다문화가정 자녀의 학교생활과 관계하여[1] (1) 한국의 다문화교육 전달체계, (2) 제주의 다문화가정 학생 현황, (3) 제주 다문화교육 전달체계, (4) 제주 다문화교육 프로그램, 그리고 (5) 제주 다문화교육의 과제의 순서로 정리하고자 한다.

---

[1] 학교생활에 관한 다문화교육에 대한 정리이기 때문에 시민단체에서 진행하는 다문화교육은 간략하게 소개하고 특히 학교를 중점으로 내용을 정리하고자 한다.

2. 한국 다문화교육 전달체계

2012년 국내 거주 외국인의 수는 1,409,577명이며, 한국 전체 인구의 2.8%에 해당하고 있다. 이 중 다문화가정 자녀의 수는 168,583명으로 나타나고 있다(행정안전부, 2012). 또한 교육부는 2012년 다문화가정 학생 현황을 〈표 7-1〉과 같다고 지적하고 있다(교육부, 2014).

표 7-1　한국 다문화가정 학생 현황(2012년)　　(단위: 명)

구분	초	중	고	계
국내출생	29,303	8,196	2,541	40,040
중도입국	2,676	986	626	4,288
외국인가정	1,813	465	348	2,626
합계	33,792	9,647	3,515	46,954

출처: 교육부 홈페이지(2014).

다문화가정 학생의 수가 증가함에 따라 2005년부터 교육부는 다문화교육 정책과 사업을 추진하게 되었다. 2005년부터 교육부는 매년 다문화가정 자녀의 재학 현황을 파악하고, 다문화교육정책인 "다문화가정 학생 교육지원 계획"을 지속적으로 발표하고 있다. 다문화가정 학생 교육지원 계획에 따라 사업을 추진하기 위한 전달체계는 다음과 같다(오성배 외, 2013).

〈그림 7-1〉에서 보듯이 교육부의 다문화교육정책은 하향식으로 전달되고 다문화교육 실천은 중앙다문화교육센터를 거쳐 지역다문화교육센터, 다문화교육 중점학교 그리고 일반학교에서 교육 사업을 실천하고 있다.

교육부는 2012년 4월에 "다문화학생 교육 선진화 방안"을 16개 시도교육청에 전달하고, 중앙다문화교육센터를 중심으로 지역다문화교육센터와 중점학교에서 다문화학생 교육 지원을 수행하도록 하고 있다.

중앙다문화교육센터는 ① 중앙단위에서의 연계·협력을 전개하는 control tower, ② 지역다문화교육센터와 중점학교 교육사업 지원, ③ 다문화교육 연구개발의 역

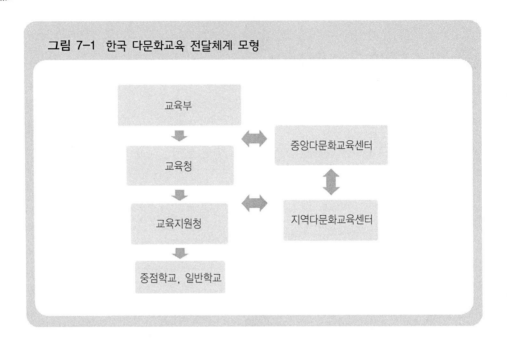

그림 7-1 한국 다문화교육 전달체계 모형

할을 담당하며 2014년도 업무로서 크게 5개 업무를 수행하고 있다(중앙다문화교육센터 홈페이지, 2014).

■ 다문화교육 정책연구 수행

사업명	내용
재정착난민 교육지원방안 공동연구	재정착난민자녀의 안정적 정착을 위한 교육지원 방안 모색
다문화학생 진로교육 지원방안 공동연구	다문화학생 특성을 고려한 진로교육 지원방안, 효율적 지원 체계 도출

■ 다문화교육 사업관리 및 운영지원

사업명	내용
다문화예비학교 운영지원 사업	중도입국학생 대상 한국어 및 한국문화 이해교육을 실시하고 있는 다문화예비학교 운영 컨설팅 지원
다문화교육 중점학교 운영지원 사업	일반학생의 다문화인식 제고를 위한 교육프로그램을 운영하고 있는 다문화교육 중점학교 컨설팅 지원
한국어(KSL)교육과정 운영 연구학교 지원 사업	중도입국학생 대상 한국어(KSL)교육을 집중 실시하고 한국어교육과정을 운영하는 연구학교 컨설팅 지원

■ 다문화인식 제고를 위한 다문화교육 콘텐츠 개발

사업명	내용
일반인 다문화인식 제고 홍보 사업	일반인의 다문화인식 제고를 위한 영상 매체 개발 및 미디어 홍보
교과연계 다문화교육 지도자료 개발(중등용)	중학교 학생 다문화인식 제고를 위한 다문화교육 프로그램 개발(중등용)

■ 다문화교육 관계자 역량 강화

사업명	내용
다문화전담코디네이터 연수	시·도교육청, 출입국사무소에 배치되어 다문화가정 학생 공교육 진입지원 전문가인 '다문화전담코디네이터'의 역량 강화를 위한 직무연수 실시
다문화교육 시·도교육청 담당자 워크숍	시·도교육청 다문화교육 담당자 전문성 및 연계협력 강화를 위한 연수 실시
다문화교육 담당교원 연수 (예비학교, 중점학교, 연구학교)	다문화교육 관련 학교(예비학교, 중점학교, 연구학교) 담당자의 역량 강화를 위한 직무연수

■ 다문화교육 진흥 및 네트워크 구축

사업명	내용
다문화교육 포럼	다문화교육 방향성 점검 및 활성화 방안 모색을 위한 '포럼' 실시
다문화교육 우수사례 공모전	학교안팎의 다문화교육 우수사례 발굴 및 확산을 위한 공모전 개최 및 우수사례 수상작품집 보급
중앙다문화교육센터 홈페이지 운영	센터 홈페이지(www.nime.or.kr) 통해 다문화교육 자료 및 정보 제공
편입학시스템 정착지원 사업	다문화학생의 원활한 편입학 지원을 위한 시스템 구축의 일환으로 시·도교육청 다문화학생 학력인정심의위원회 운영매뉴얼 및 평가지 등 개발
지역다문화교육센터지원 사업	지역다문화교육센터 사업운영 컨설팅 지원

중앙다문화교육센터가 다문화교육 실천을 위해 지역 실천 제도와 관련된 업무는 크게 예비학교, 중점학교 그리고 연구학교에 관련되어져 있다. 예비학교는 중도입국 다문화가정 학생이 학교생활에 빠른 적응을 위해 한국어 및 한국문화 이해에 대한 교육지원을 목적으로 직영형, 위탁형 그리고 자율형으로 구분하여 운영되고 있다.

표 7-2　예비학교 구분

구분	내용
직영형	직영 예비학교는 일반학교에서 특별학급 형식으로 운영되는 예비학교를 의미한다. 직영 예비학교 학생들의 경우 일부 과목은 일반학생들과 함께 수업하며, 그 외의 시간에는 예비학교(특별학급)에서 한국어와 한국문화 등의 대안교과를 공부하게 된다.
위탁형	위탁형 예비학교는 한국어, 한국문화와 같은 대안교과와 보통교과를 모두 수업할 수 있는 학력인정 대안교육 위탁기관이 예비학교로 선정된 경우이다. 위탁형 예비학교 학생의 경우 일정 기간 위탁기관에서 대안교과와 보통교과를 배운 뒤 원적교(일반학교)로 복귀하게 되며, 위탁 기관에서 이수한 수업일수를 인정받게 된다.
자율형	예비학교는 학력인정기관은 아니나 다문화학생을 위한 교육시설로 인정받아 예비학교로 지정된 위탁교육기관을 말한다. 예비학교 학생에게 한국어와 한국문화 등의 대안교과를 방과후, 주말, 방학 등에 프로그램 형식으로 운영하며, 필요시 다문화학생이 재학 중인 인근 일반학교에 해당기관의 강사를 파견하여 방문순회교육형식으로 한국어, 한국문화관련 교육프로그램을 지원하는 예비학교이다.

출처: 오성배 외, 2012: 110-111.

　　다문화교육 중점학교는 모든 학생(일반·다문화학생)의 다문화인식 제고를 위한 다문화교육 프로그램을 기획·운영하고, 다문화교육 우수사례를 공유·확산하여 다문화교육을 활성화시키기 위해 2014년 교육부가 '글로벌 선도학교' 거점형과 집중형을 통합하여 운영하는 학교를 의미한다. 〈그림 7-2〉는 중점학교의 역할을 알려주고 있다(중앙다문화교육센터, 2014).

　　따라서 다문화교육 중점학교는 전국에 120개를 운영되고 있으며, 일반학생과 다문화학생을 대상으로 문화이해교육, 반(反)편견·반차별교육, 세계시민교육을 진행하게 된다.

　　연구학교는 17개 시도에 하나씩 두고 있으며, 지역 및 학교의 특성을 살려 통합적인 다문화교육 프로그램을 개발하고 적용시키며, 일반학생과 다문화학생을 대상으로 문화이해교육, 반(反)편견·반차별교육, 세계시민교육 등을 진행하게 된다.

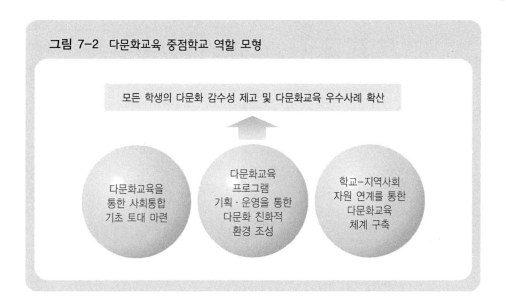

그림 7-2 다문화교육 중점학교 역할 모형

모든 학생의 다문화 감수성 제고 및 다문화교육 우수사례 확산

다문화교육을 통한 사회통합 기초 토대 마련

다문화교육 프로그램 기획·운영을 통한 다문화 친화적 환경 조성

학교-지역사회 자원 연계를 통한 다문화교육 체계 구축

3. 제주특별자치도 다문화현황

〈그림 7-3〉에서 알 수 있듯이 제주에 거주하는 외국인은 2006년에 2,645명에 불과했지만 2011년까지 매해 1,000명 이상으로 급증하고 있다. 하지만 2012년부터 매해 2,000명씩 급속한 증가세를 보여주고 있어, 한국의 다른 지역에서는 정체 혹은 감소추세에 있음을 감안할 때 제주지역은 계속 증가추세에 있음을 인식하게 된다. 또한 제주지역의 행정시별로 구분하면 2006년부터 2013년까지 제주시 지역에 2/3 그리고 서귀포시에 1/3 정도를 유지하며 증가하고 있음을 알 수 있다.

〈표 7-3〉에서 나타난 현상에 비춰보면 2008년 국제결혼이민자의 수가 1,201명이었지만 2013년 2,423명으로 2배의 증가를 보여주고 있다. 국가별로 보면 현재까지도 중국계가 다수로 나타나고 있지만 2008년부터 추세를 파악하여 보면 몇 년 안에 베트남계가 추월할 것으로 예상되며 기타에 캄보디아계가 65명으로 지속적으로 증가하고 있음을 알 수 있다. 하지만 현재에도 국가별로 보면, 중국계, 베트남계, 필리핀계, 일본계 순으로 분포하고 있다.

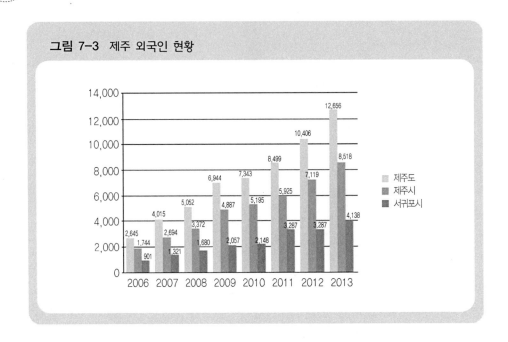

그림 7-3   제주 외국인 현황

표 7-3   국제결혼이민자 현황

구분	계	중국	베트남	필리핀	일본	미국	러시아	몽골	태국	기타
2008	1,201	606	207	113	75	19	9	8	6	158
2009	1,444	686	360	183	72	17	6	10	10	100
2010	1,609	718	423	228	69	17	9	11	13	121
2011	2,007	771	554	291	117	32	12	13	12	195
2012	2,158	728	658	322	132	33	13	14	10	248
2013	2,423	781	746	356	152	43	15	18	14	298 (캄65)

　〈표 7-4〉에서 알 수 있듯이 2013년 제주거주 다문화가정 자녀의 수는 2,358
명이며, 제주시에 1,632명, 서귀포시에 726명 거주하고 있어 제주시에 2배 이상의
다문화가정 자녀가 생활하고 있다. 다문화교육과 관련하여 여기서 주목할 점은 학
교에 취학한 다문화가정 자녀보다 미취학한 자녀가 훨씬 많은 수로 분포되어 있다

구분	계	제주시	서귀포시	구분	계	제주시	서귀포시
합계	2,358	1,632	726				
0~4세	1,356	898	458	10~14세	311	226	85
0세	306	198	108	10세	76	58	18
1세	313	201	112	11세	52	37	15
2세	275	196	79	12세	63	46	17
3세	241	151	90	13세	54	38	16
4세	221	152	69	14세	66	47	19
5~9세	540	401	139	15~18세	151	107	44
5세	165	122	43	15세	46	27	19
6세	126	87	39	16세	35	30	5
7세	99	72	27	17세	33	24	9
8세	84	69	15	18세	37	26	11
9세	66	51	15				

표 7-4 2013년 제주 다문화가정 자녀 연령별 분포

는 점이다.

〈표 7-5〉에서는 제주 다문화가정 학생들이 얼마나 학교에 취학하고 있는지를 가늠하게 한다. 2007년도에는 유치원을 포함해서 불과 180명에 그치던 다문화가정 학생 수가 2014년에는 844명으로 무려 7배 이상의 성장을 하고 있음을 알 수 있게 한다. 특별히 2014학년도에 초등학교 입학한 학생 수가 처음으로 100명을 넘어서고 있다. 또한 중학교의 학생 수도 100명을 넘어섰다. 앞으로 〈표 7-4〉에서 나타난 미취학 아동의 수를 예상하면 10년 정도는 계속해서 초등학교 입학 학생수가 100명을 넘어설 가능성이 높아 매해 초등학교 3~4학급 정도는 다문화가정 자녀들로 구성되게 된다. 또한 중학생도 3~4년 후에는 200명에 도달하게 되고 고등학생의 수도 100명 정도로 높아질 가능성이 매우 농후하다. 따라서 제주 다문화교육 역시 지금은 초등학교를 중심으로 교육프로그램이 진행되고 있지만 점차 중등학교를 대상으로 하는 다문화교육 프로그램이 중요성을 인식해야만 한다.

표 7-5   연도별 제주 다문화가정 학생 현황   (단위: 명)

구분	유치원			초등학교			중학교			고등학교			계		
	국	외	계	국	외	계	국	외	계	국	외	계	국	외	계
2014	120	10	130	521	27	548	113	8	121	42	3	45	796	48	844
2013	85	9	94	390	21	411	93	6	99	30	0	30	598	36	634
2012	78	7	85	352	15	367	77	4	81	27	0	27	534	26	560
2011	45	4	49	280	13	293	54	2	56	20	0	20	399	19	418
2010	19	0	19	227	10	237	34	0	34	15	1	16	295	11	306
2009	26	3	29	186	7	193	28	0	28	12	0	12	252	10	262
2008	17	2	19	152	2	154	20	0	20	7	0	7	196	4	200
2007	13	1	14	108	0	108	14	0	14	3	0	3	138	1	139

참고: 국: 국제결혼가정자녀, 외: 외국인근로자자녀를 지칭함.

4. 제주 다문화교육 전달체계

제주지역에서 다문화교육은 공공부문과 민간부문에서 시행되고 있다. 공공부문에서 제주특별자치도청은 보건복지여성국 여성가족정책과 다문화가족계에서 다문화교육을 담당하고 있다. 하지만 학생을 중심으로 진행하지 않고 국제결혼이주여성을 중심으로 제주시청과 서귀포시청으로 예산을 분배하여 다문화교육을 진행하도록 하고 있다. 국제결혼이주여성과 그 자녀를 대상으로 제주시청(주민생활지원국-여성가족과-다문화사회지원담당)과 서귀포시청(주민생활지원국-여성가족과-다문화가족지원담당)은 각각 제주시다문화가족지원센터과 서귀포시다문화가족지원센터에 민간위탁으로 다문화교육을 수행하도록 하고 있다. 제주시다문화가족지원센터는 다문화이해교육, 다문화가정 학부모교육, 중도입국자녀교육, 다문화가정 자녀 방과후교육, 언어장애 지도, 자아존중감 향상 프로그램 등을 진행하고 있고, 서귀포시다문화가족지원센터는 다문화이해교육, 방과후 교육 등을 진행하고 있다.

민간단체에서 학생을 대상으로 다문화교육은 국제가정문화원, 제주다문화가정센터, 서귀포종합사회복지관에서도 진행되고 있다. 국제가정문화원은 다문화이해교육에 이중언어 강사 파견, 다문화가정 학생 방과후 교육, 어린이 축구교실, 어린이 바이올린 및 합창단 운영과 제주다문화교육센터와 함께 다문화가정 학부모교육을 진행하고 있고, 제주다문화가정센터는 다문화이해교육에 이중언어 및 요리 강사 파견 등을 진행하고 있다. 또한 서귀포종합사회복지관은 다문화가정 학부모를 대상으로 자녀의 이중언어교육의 필요성 프로그램을 진행하고 있다.

　공공부문과 민간부문에서 다문화가정 학생을 대상으로 다양한 다문화교육 프로그램들이 전개되고 있고 있지만 학교를 대상으로 전개되는 제주 다문화교육은 〈그림 7-4〉의 전달체계와 같다. 제주지역 다문화교육 담당 최고기관은 제주특별자치도교육청 대외교류협력과라고 할 수 있다. 대외교류협력과는 교육부와 중앙다문화교육센터와 관계하면서 제주시교육지원청 교육과정지원과와 서귀포시 교수학습지원과에 하향식으로 정책과 실천을 관리지휘 및 감독을 수행하고 있다. 제주다문화교육센터는 제주시교육지원청 교육과정지원과 산하에 하나의 팀으로 구성되어있고, 다문화교육 프로그램을 중앙다문화교육센터에서 위탁한 사업과 자발적 교육프로그램을 개발되어 운영되고 있다. 또한 일반학교와 병설유치원과 연계하며 다문화이해교육 등의 다문화교육 프로그램을 담당하고 있다. 중점학교와 연구학교

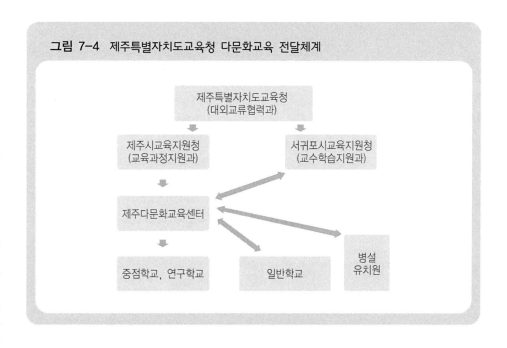

그림 7-4 제주특별자치도교육청 다문화교육 전달체계

는 교육부의 다문화 선진화 방안의 정책에 입각하여 선정되어 운영되고 있으며, 제주다문화교육센터와 유기적 연계활동을 전개한다.

5. 제주 다문화교육 프로그램 실천 현황

(1) 제주다문화교육센터

제주다문화교육센터는 2012년 전국 처음으로 제주특별자치도교육청이 직접 센터를 설립 개원하고 운영되고 있다. 현재 진행 중인 제주다문화교육센터 프로그램은 〈표 7-6〉과 같다.

제주다문화교육센터의 프로그램들 중 다문화예비학교, 다문화가정 학부모교육, 다문화가정 청소년 캠프 그리고 취학전 교육 프로그램은 교육부와 중앙다문화교육센터에서 위탁하여 진행하는 프로그램이며, 다문화교육 교원 직무연수는 교육

표 7-6   제주 다문화교육센터 프로그램

사업	장소	세부 프로그램	대상
한글교육 프로그램	센터	한글 해득	다문화가정 자녀
	학교	학교 한글교육 멘토링	
다문화이해교육	센터	다문화이해	유·초·중등학교
	학교	학교방문 다문화체험	유·초·중등학교·
	센터	요리와 함께하는 다문화체험	학부모 및 학생
다문화교육 교원 직무연수	센터	교원 직무연수	일반학교 교사
다문화예비학교	센터	노둣돌 다문화예비학교	중도입국자녀
다문화가정 학부모교육	센터	건강 학부모 되기	다문화가정 학부모
취학전 교육 프로그램	외부	취학전 다문화가정 학부모교육	취학전 다문화가정 학부모
다문화가정 청소년 캠프	센터	다문화가정 자녀 자긍심 확대	다문화가정 자녀 초등학생 이상
즐거운 다문화가족 한마당	센터	다문화가족 한마당	다문화교육 관련자 및 지역주민

부와 센터 자체 개발하여 공동으로 운영되는 프로그램이다. 그리고 그 밖의 프로그램인 한글교육, 다문화이해교육, 즐거운 다문화가족 한마당 축제는 센터 자체 개발하여 운영되고 있다.

제주다문화교육센터의 주요 교육 목적은 다문화가정 학생들을 위한 맞춤형 교육으로 학교생활 적응력 향상, 다문화가정 학생 및 학부모들의 자존감 증진 및 건강한 환경 조성 그리고 다양성을 존중하는 교육으로 더불어 사는 공동체 의식 함양에 두고 있다(제주다문화교육센터 홈페이지).

(2) 중점학교

중점학교는 앞서 설명한데로 2013년 집중형과 거점형 글로벌선도학교로 운영되고 있는 형태를 변화·통합시켜 모든 학생(일반·다문화학생)의 다문화인식 제고를 위한 다문화교육 프로그램이다. 제주지역에는 4개의 다문화교육 중점학교가 운영되고 있는데 제주시에는 백록초등학교와 세화초등학교이며, 서귀포시에는 서귀포초등학교와 중문초등학교가 해당되고 있다.

1) 백록초등학교

백록초등학교는 2014년 전교 학생 수가 1,296명이며, 이 중 다문화학생은 16명이다.

표 7-7 백록초등학교 다문화가정 학생 분포   (단위: 명)

구분＼학년	1	2	3	4	5	6	계
학급수	7	8	7	8	9	8	47
남학생	109(2)	106(4)	112(1)	110(1)	126(0)	118(0)	681(8)
여학생	81(0)	111(1)	83(4)	108(1)	128(1)	104(1)	615(8)
계	190(2)	217(5)	195(5)	218(2)	254(1)	222(1)	1,296(16)

* (   ) 안은 다문화가정 학생 수.

백록초등학교는 2010학년도 다문화교육 정책연구학교, 2011학년도 다문화 중점학교, 2012·2013학년도 글로벌 선도학교(집중형)로 선정되어 운영되었고, 제주지역 일반학교 중 가장 오랜 다문화교육 프로그램을 실천해 오고 있다. 이에 따라 백록초등학교는 2014학년도에도 다문화교육적 성과를 높이기 위해 선정되어 지속적으로 운영되고 있다.

〈표 7-8〉에서 보듯이 백록초등학교 다문화교육 프로그램은 크게 4개로 구분하여, 전교생을 대상으로 하는 마음의 열림, 다문화가정 학생의 맞춤형 교육 프로그램으로서 공간의 울림과 공간의 어울림 그리고 다문화가정 학부모가 참여할 수 있는 더불어 어울림이 진행되고 있다. 또한 백록초등학교는 이런 프로그램을 운영하기 위하여 제주다문화교육센터, 제주시다문화가족지원센터, 주제주일본국총영사관, 중화인민공화국제주총영사관과 협력하고 있으며, 제주지역에서 가장 오랜 기간 다문화교육 프로그램을 운영한 경험으로 보다 학교현실과 제주지역에 적절한 다문화교육 프로그램을 운영하는 학교라 할 수 있다.

표 7-8 백록초등학교 다문화교육 프로그램

프로그램명	주요 내용	대상
1. 마음의 열림	1-1. 다문화방송 운영	전교생
	1-2. 다문화주간 운영	
	1-3. 다문화가정 대상국가 초청교사 수업(유네스코 지원 사업)	
	1-4. 찾아가고 찾아오는 다문화교실	
	1-5. 백록축제 다문화부스 운영	
2. 공감의 울림	2-1. 맞춤형 한국어교육	다문화학생
	2-2. 맞춤형 교과교육	
	2-3. 다문화가정 대상국가 초청교사 도움수업(유네스코 지원 사업)	
	2-4. 사랑의 고리 맺기: 담임교사 멘토링	
	2-5. 사랑의 고리 맺기: 또래 멘토링	
	2-6. 사랑의 고리 맺기: 대학생 멘토링	
	2-7. 다문화가정 엄마, 아빠가 들려주는 '삶 이야기 교실' 운영	
	2-8. 사랑의 고리 맺기: 다문화가정 학생과 또래 멘토가 함께하는 롤모델링	
3. 공간의	3-1. 사랑의 고리 맺기: 다문화가정 학생과 또래 멘토가 함께하는 현장체험	다문화학생

어울림	3-2. 사랑의 고리 맺기: 다문화가정 학생과 또래 멘토가 함께하는 문화체험	
	3-3. 사랑의 고리 맺기: 다문화가정 학생과 또래 멘토가 함께하는 축제 부스 운영	
4. 더불어 어울림	4-1. 학부모 동아리 활동	다문화가정 학부모
	4-2. 학부모와 담임교사와 자녀 이해 시간	

2) 세화초등학교

세화초등학교는 전교생이 99명이며, 이 중 본교 4 다문화가정에 5명이 다문화가정 학생이며, 4명이 여학생이다. 그리고 올해 처음으로 다문화교육 중점학교로 지정되고 있다.

표 7-9 세화초등학교 다문화가정 학생 분포 (단위:

구분 \ 학년	1	2	3	4	5	6	계
학급수	1	1	1	1	1	1	6
남학생	8(0)	5(0)	7(0)	8(0)	11(1)	9(0)	48(1)
여학생	9(2)	6(0)	11(1)	8(1)	9(0)	8(0)	51(4)
계	17(2)	11(0)	18(1)	16(1)	20(1)	17(0)	99(5)

* (   ) 안은 다문화가정 학생 수.

〈표 7-10〉에서 보듯이 세화초등학교는 전교생을 대상으로 7개의 다문화교육 프로그램과 다문화학생의 맞춤형 교육으로 4개의 프로그램을 운영하며, 다문화가정 학부모가 참여하는 2개의 교육 프로그램을 운영하고 있다. 운영되고 있는 다문화교육 프로그램을 보면 세화초등학교는 전교생을 대상으로 다문화인식 교육에 중점을 두고 진행하고 있다. 세화초등학교는 이런 프로그램을 운영하기 위하여 제주 다문화가정센터와 구좌읍이주여성가족지원센터와 협력하고 있다.

표 7-10   세화초등학교 다문화교육 프로그램

프로그램명	주요 내용	대상
사회과를 통한 국제이해교육	• '우리나라'와 '다른 나라' 생활주제 분석 • 넓은 세계와 다양한 문화 • 발전과 세계화 • 환경 보전 등 인류의 선택 • 다문화 탐구와 협동 및 의사 결정 능력 신장 프로그램	전교생
'다문화의 날' 운영	• 다문화체험 부스 운영 • 다문화캠프 전개 • 제주 전통문화 이해교육 • 다문화 전문상담 프로그램 운영 • 도전 다문화 골든벨 대회	
다문화환경 구축	• 사이버 학습을 통한 다문화이해 교육 • 학교 환경 구성 • 다문화교육 자료 구입	
미술과와 사회과와의 통합적 접근을 통한 다문화 미술교육	• 세계 여러 나라 사람이 되어 보아요 • '오페라의 유령'의 주인공처럼 • 나에게 어울리는 목걸이를 만들어요 • 내가 살고 싶은 집은? • 통일 한국의 축구 유니폼은 내 손으로	
영화로 세계 문화 알기	• 영화를 통해 본 세계 여러 나라 문화 알기 10회	
세계 여러 나라의 농작물 기르기	• 세계 여러 나라의 식물을 심어, 농작물이 싹트고 자라고 열매 맺는 과정을 직접 관찰하고 체험함으로써 정서함양 및 다양성 학습	
세계 음식의 날 운영	• 월 1회 운영	
학습 적응 프로그램	• 다문화학생 맞춤형 교육	다문화학생
사이버 학급 개설	• 사이버 다문화학생 맞춤형 학습	
교사와 1:1 자매결연	• 담임교사 상담	
자녀지도를 위한 학습 도움 강좌	• 한글교육(목요일 야간도서관) • 정보화교육	
한국(제주)문화체험활동	• 가정생활요리실습 • 한국 예절교육 • 제주 이해교육 • 한국노래 교실 운영 • 제주 민요이해교육 • 한국 가정과의 자매결연을 통한 문화교류 • 제주지역 문화체험	다문화가정 학부모
다문화가족과 학교장과의 대화	• '소통과 나눔! 다함께 어울리는 우리'라는 슬로건으로 다문화가족(멘티 5가족)과 멘토 가족(5가족) 대화 시간 운영	

3) 서귀포초등학교

서귀포초등학교는 1학년을 제외하고 2~6학년에 다문화아동이 분포되어 있으며, 몽골, 조선족, 러시아, 필리핀 배경의 다문화아동 7명이며 전체 아동 수(94명)에 비해 다문화아동이 많은 편이다.

표 7-11 서귀포초등학교 다문화가정 학생 분포 (단위:

구분＼학년	1	2	3	4	5	6	계
학급수	2	1	1	2	2	2	10
남학생	14	13(1)	13(1)	23(1)	17(1)	18	98(4)
여학생	19	12(1)	16	13	15(1)	19(1)	94(3)
계	33	25(2)	29(1)	36(1)	32(2)	37(1)	192(7)

* (   ) 안은 다문화가정 학생 수.

〈표 7-12〉에서 보듯이 서귀포초등학교는 전교생을 대상으로 8개의 다문화교육 프로그램과 다문화학생의 맞춤형 교육으로 6개의 프로그램을 운영하며, 다문화가정 학부모가 참여하는 2개의 교육 프로그램을 운영하고 있다. 운영되고 있는 다문화교육 프로그램을 보면 세화초등학교는 전교생과 다문화학생을 고려하는 다문화교육 프로그램을 진행하고 있다. 서귀포초등학교는 이런 프로그램을 운영하기 위하여 서귀포다문화가족지원센터와 제주다문화교육센터와 협력하고 있다.

표 7-12 서귀포초등학교 다문화교육 프로그램

프로그램명	주요 내용	대상
다문화 속속들이 알기	• 솜바니스트 가을축제 　- 다문화부스 운영/- 지구촌의 나라별 전통의상 체험 • 다문화교육 주간: 전통문화 체험, 지구별 소품 만들기 • 다문화도서 구입 및 읽기 • 다문화체험: 다문화 강사님과 함께하는 체험 교실 • 찾아가는 다문화이해교실	전교생

	• 요리와 함께하는 다문화이해교실	
	• 글로벌 다문화 한마디	
	• 교과관련 외국문화 소개	
다문화 알기 우리나라 알기	• 다문화가족 1일 다문화체험 – 중국서커스 체험/– 초코릿만들기/– 다문화음식 체험	다문화학생
	• 멘토 교사와 함께하는 엄마/아빠 나라 알기 – 교사를 멘토로 하여 상담활동 및 진로 탐색하기	
	• 다문화언어 알기 • 한글지도	
	• 다문화학생 - 교사 1:1멘토링 운영(사랑의 끝잇기)	
	• 다문화아동 방과후 학습지도	
다문화이해교육	• 학부모-교직원 다문화이해 연수	다문화가정 학부모
	• 다문화가정 학부모 상담 주간 운영	

4) 중문초등학교

중문초등학교에 재학 중인 다문화가정의 자녀수가 16명으로 많은 다문화가정 학생을 보유하고 있다. 특히 2학년(5명)과 4학년(4명)에 많이 분포되어 있어 생활적응과 또래집단과의 친화를 위한 교사의 지원이 필요하다.

표 7-13   중문초등학교 다문화가정 학생 분포   (단위: 명)

구분 \ 학년	1	2	3	4	5	6	계
학급수	4	4	4	3	3	3	21
남학생	54(0)	52(2)	56(0)	42(2)	50(0)	43(0)	297(4)
여학생	50(2)	37(3)	41(2)	43(2)	38(1)	45(2)	254(12)
계	104(2)	89(5)	97(2)	85(4)	88(1)	88(2)	551(16)

* (   ) 안은 다문화가정 학생 수.

〈표 7-14〉에서 보듯이 중문초등학교는 전교생을 대상으로 6개의 다문화교육 프로그램과 다문화학생의 맞춤형 교육으로 4개의 프로그램을 운영하며, 다문화가정 학부모가 참여하는 2개의 교육 프로그램을 운영하고 있다. 운영되고 있는

다문화교육 프로그램을 보면 세화초등학교는 다른 중점학교에 비해 다문화학생을 중점으로 하는 다문화교육 프로그램을 진행하고 있다. 중문초등학교는 이런 프로그램을 운영하기 위하여 서귀포다문화가족지원센터와 제주다문화교육센터와 협력하고 있다.

표 7-14 중문초등학교 다문화교육 프로그램

프로그램명	주요 내용	대상
지구촌 문화 체험의 날 운영	• 지구촌의 대표적인 음식 체험(만들기, 맛보기)	전교생
	• 지구촌의 나라별 전통의상 체험	
세계 민속놀이 체험의 날 운영	• 세계 여러 나라의 민속놀이 체험	
세계의 건축물 만들기	• 세계의 건축물을 퍼즐 모형으로 환경 조성 전시	
세계동화 이동도서관	• 다문화도서 구입 및 학급이동 도서 활용	
관광회화 방송	• 매주 금요일 관광회화 방송을 통한 이중언어 체험	
이중언어 교육	• 중국어, 일본어 교육 실시(DVD자료, 강사활용)	다문화 학생
한국의 전통문화 체험	• 한복 입기 체험 • 한국의 전통놀이 체험	
가족과 함께 하는 전통문화 체험의 날 운영	• 토요일 가족체험학습으로 전통장 만들기 및 민속촌 체험학습 운영	
다문화가정 학부모 동아리 운영	• 다문화가정 학부모 동아리 조직 및 간담회 개최	다문화 가정 학부모
다문화가정 학부모 초빙 세계화 교육 운영	• 다문화가정 학부모를 일일 강사로 초빙하여 세계화 교육 실시	

(3) 정책연구학교

제주특별자치도 서귀포시에 위치한 토평초등학교는 2013년부터 2015년까지 교육부로부터 다문화교육 정책연구학교로 지정되었다.

토평초등학교는 2013년 기준으로 전교생 수가 251명이며, 이 중 7명이 다문화가정 자녀로 구성되어 있다. 토평초등학교는 'KSL 융합 프로그램 운영을 통한 다문화 문식성 신장'이라는 연구주제로 정책연구학교를 운영하고 있다. 〈그림 7-5〉에서 보듯이 토평초등학교는 다문화가정 학생을 위한 'KSL 교육과정'과 일반학생을

그림 7-5 토평초등학교 정책연구학교 모형

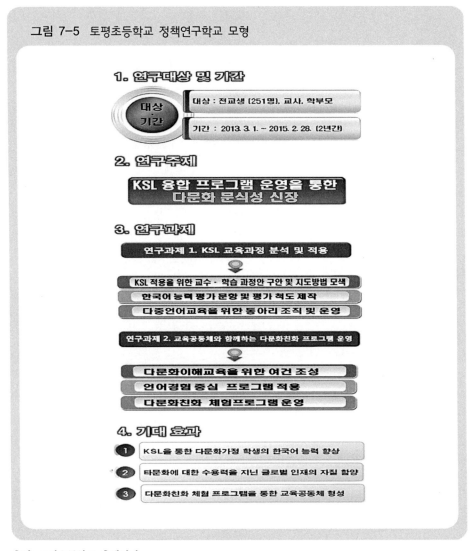

출처: 토평초등학교 홈페이지.

위한 '교육공동체와 함께하는 다문화친화 프로그램'을 융합하여 다문화에 대한 인식 개선 및 공동체 의식 함양을 목표로 하고 있다.

'KSL(Korean as a Second Language) 교육'은 다문화가정 학생이 한국어로 의사소통할 수 있는 능력을 키우고, 이를 바탕으로 여러 교과의 학습을 수행할 수 있는 역량을 높이며, 더 나아가 다중언어 능력을 키워 장차 한국 사회 일원과 세계시민으로서 주체적인 삶을 영위하는 데 필요한 소양을 갖추게 하는 데 목적을 두고 있다.

이와 더불어 토평초등학교는 일반학생을 위해 다문화이해교육, 다중언어 체험 그리고 다문화친화 체험 프로그램을 운영하면서 다문화에 대한 수용력을 지닌 세계시민교육과 다문화친화 프로그램을 경험하면서 교육공동체를 형성하기 위해 노력하고 있다.

토평초등학교는 'KSL 융합 프로그램 운영을 통한 다문화 문식성 신장' 프로그램을 운영하기 위하여 서귀포다문화가족지원센터, 제주다문화교육센터 그리고 국제가정문화원과 협력하고 있다.

6. 제주 다문화교육의 의미와 과제

(1) 제주 다문화교육의 의미

현재 한국에서 사용되고 있는 다문화교육의 개념은 명확하게 정립되지 못하고 혼란한 상태이며, 제주 다문화교육은 제주국제자유도시에 입각하여 다문화교육의 개념 정립을 새롭게 논의할 필요가 있다. 광의의 개념으로 다문화교육은 학생을 대상으로 외국인과 상생하고 융합하여 살아갈 수 있는 능력을 배양하는 것을 목표한다. 하지만 한국에서 다문화교육은 협의적 개념으로 다문화가정 학생의 학교생활의 적응력을 향상시키기 위한 교육 지원으로 설명되고 있다. 이는 현재 다문화가정 학생 대부분이 한국국적을 지닌 한국인이기 때문이다. 특히 제주지역 다문화교육은 제주에 거주하는 모든 학생의 세계시민성 함양과 다문화가정 학생의 교육 지원을 동시에 충족시킬 수 있는 교육이어야 하며, 이를 위해 다문화가정 학부모 교육에도 지원해야 한다.

특히 일반학생을 대상으로 제주인의 이주역사에서 내제화된 배타성과 선택적 차별주의를 극복하기 위한 시민 의식 개혁을 위한 교육에 중점을 두어야 하며, 다문화학생들은 저소득층 자녀처럼 사회불평등의 한 요소로서 다문화를 바라보는 새로운 전문적 시각이 필요하다. 만일 이들 한국인에게 교육을 제대로 시키지 않는다면 미래에 발생할 갈등과 긴장 그리고 사회적 안정이 흔들려 사회적 비용은 예측이 불가능하다. 오히려 다문화가정 한국인 학생들에게 이중언어를 활용할 수 있는 세계 여러 국가와의 가교역할을 담당하는 인재로 육성할 방안 모색이 필요하다.

(2) 제주 다문화교육의 과제

제주다문화교육센터는 전국 처음으로 도교육청이 직영으로 다문화교육센터를 설립 운영하고 있지만 조직 및 프로그램 실천에 어려움이 존재한다. 제주도 전역을 담당하는 제주다문화교육센터는 조직체계가 제주시교육지원청 교육과정지원과 소속으로 되어 있어 서귀포시를 총괄하기에 문제를 지니고 있고, 행정업무에 여러 단계를 걸쳐 다문화업무를 총괄하는 도교육청으로 전달되는 시스템에 문제가 있다.

제주다문화교육센터는 현재 구성원이 6명으로 되어 있지만 센터장은 교육과정지원과 과장이 겸직하고 있고, 5명은 정규 행정직으로 4명은 주무관이며, 1명은 운전원으로 구성되어 있어, 조직구성원으로 판단하면 다문화교육을 기획하고 실천하기 보다는 다문화교육 행정을 집행하는 기관으로 판단될 수 있다. 실질적 다문화교육을 기획하고 운영하기 위해선 다문화교육의 전문성을 지닌 연구직 인원의 보충이 절실한 상황이다.

4개의 중점학교는 전교생, 다문화학생, 다문화가정 학부모를 대상으로 다양한 다문화교육 프로그램을 운영하고 있다. 하지만 반편견·반차별교육을 위한 프로그램이 진행되고 있지는 않다. 또한 백록초등학교를 제외한 3개의 중점학교는 다문화교육 경험이 부족한 상황이다. 정책연구학교는 'KSL 융합 프로그램 운영을 통한 다문화 문식성 신장'이라는 연구주제로 진행되고 있지만 제주 및 지역학교의 특성을 고려하는 다문화교육 프로그램이 개발되고 운영되어야 한다.

(3) 제주 다문화교육의 미래를 위하여

제주사회에 다가온 다문화현상은 발전적 모색을 취하지 못한다면 미래 제주 발전에 주요한 문제로 작용할 공산이 크다. 외국인과 상생과 융합하며 살아갈 수 있는 정책과 교육제도를 시급히 마련하지 못한다면 외국에서 나타나는 사회적 갈등과 긴장이 한국과 제주사회에서 표출될 것이다. 따라서 이를 어떻게 사전에 예방할 수 있는가 하는 것은 국제자유도시와 평화의 섬을 제정한 제주사회의 미래를 진단하는 척도가 될 것이다. 이와 연관해서 제주사회의 역사성에 근거하여 외지인에 대한 배타성과 한국인으로서 공통적으로 지니고 있는 단일민족의 성격을 어떻게 변화시키느냐가 주요한 다문화정책과 교육의 관건이라 할 수 있다.

다문화정책인 측면에서 국제결혼가정과 그 자녀만을 위한 정책은 위험성이 존재한다. 국제결혼가정 자녀는 한 부모가 한국인이어서 혈통적으로 한국인이기 때문에 이들만을 사회 적응시켜 사회통합을 이루고자 하는 다문화정책은 근시안적이며 미래에 나타날 사회적 갈등을 예방할 수 없다. 전체 외국인을 대상으로 하여야 하며 생존권과 인권이 보호되어야 하고, 더 나아가 제주에 거주하는 모든 사람을 세계시민으로 육성시킬 수 있는 다문화시민성 교육이 진행되어야 한다.

의식의 변화는 교육을 통해 진행되어야 함은 누구도 부정할 수 없다. 다문화교육은 외국인을 대상으로 하거나 학생만을 대상으로 진행되어선 안 된다. 모든 제주도민이 다문화교육의 대상자가 되어야 한다. 외국인만을 대상으로 하는 온정주의적 교육은 외국인 자체에도 수동적 자세를 야기할 뿐만 아니라 제주도민의 배타성과 단일민족성을 약화시킬 수 없고, 학생만을 대상으로 하면 세대 간 다문화격차를 줄일 수 없다. 제주도민 자체가 다원화된 문화상대주의적 입장을 함양하고, 제주사회에 거주하는 모든 외국인에게 생존권과 인권을 보장하고, 그들을 제주시민으로 인정하는 의식변화를 이끄는 다문화시민성 교육이 진행되어야 한다. 이를 통해 제주사회는 다문화에 대한 이해도가 높아질 것이며, 이를 근거로 이민의 문턱을 낮추고, 외국인들이 제주사회의 적극적인 참여 기회도 확대시켜, 융합하고 상생하면서 살아갈 수 있도록 해야 한다.

제주사회는 급속한 변화의 흐름 속에 있다. 변화는 조용히 오고 있지만 현실적인 시각으로 바라보면 격한 파도가 밀려오고 있다. 국제화의 급속한 변화 속에 제주인들 역시 급진적 변화를 가동하지 않으면 고립될 가능성이 높다. 국제화의 변화는 이전처럼 외지인에 대한 배타와 차별을 유지한 상태에서 진행할 수 없고 상생과 융합을 요구하고 있다. 이제 외국인의 유입을 제주인의 능동적인 입장에서 야기되는 시점에 제주인의 의식 변화는 능동적인 참여를 통해 진행되어야 한다. 제주도 민은 융합하고, 상생하려는 새로운 마음가짐으로 국제화를 맞이해야 하며, 이에 합당한 다문화 시민교육에 적극적으로 참여해야 한다.

Chapter **8**

다문화교육과 지역교육과정 운영

1. 교육과정과 다문화교육
2. 다문화교육과정: 베넷의 의사결정 모델
3. 다문화교육과정의 편성 원리
4. 다문화교육과정의 실행
5. 다문화관점과 지역교육과정 편성

Chapter 08

다문화교육과 지역교육과정 운영

오 고 운

1. 교육과정과 다문화교육

(1) 교육과정이란 무엇인가?

우리나라 교육과정 속의 다문화교육을 보기 위해서는 먼저 교육과정을 살펴보아야 할 것이다. 교육과정이란 무엇일까? 교육과정은 일반적으로 '무엇을, 어떻게, 왜 가르칠 것인가?'에 대한 해답을 찾는 학문과 실천의 영역을 말한다. 교육과정을 뜻하는 영어 커리큘럼(curriculum)은 라틴어 쿠레레(curere)에서 유래한 것으로, 쿠레레는 경마장에서 말이 뛰는 길을 뜻한다. 이처럼 교육과정은 어원에 비추어 보면 학생들이 '마땅히 따라가야 하는 길 혹은 코스'를 의미한다고 하겠다. 그러나 실제로 교육과정은 여러 가지 의미로 사용이 되고 있다. 이해를 돕기 위해 자주 사용되고 있는 몇 개의 교육과정을 소개하도록 하겠다.

교육과정은 문서의 형태로 주로 나타나는 계획된 교육과정과 교사에 의해 실제로 실천된 교육과정, 학생에게 실현된 성과로서의 교육과정 세 가지로 나누어 볼 수 있다. 먼저 문서로서의 교육과정은 편성과 운영의 주체에 따라 국가, 지역, 학교

교육과정 세 종류로 나뉜다. 국가 교육과정은 교육과학기술부에서 고시하는 '초·중등학교교육과정' 문서를 의미한다. 국가 교육과정은 총론과 각론(교과 교육과정)으로 이루어져 있고, 총론에서는 교육과정 구성의 방향과 학교급별 교육목표, 편제와 시간 배당 기준, 교육과정의 편성과 운영 지침이 포함되어 있고, 각론에서는 개별 교과의 성격과 목표, 내용, 교수－학습 방법, 평가 등이 포함되어 있다. 2011년 현재는 2009 개정 교육과정이 공시되어 각급학교에 적용되고 있다. 지역 교육과정은 고시된 국가 교육과정을 기초로 16개 시·도(1개 특별시, 6개 광역시 및 8개도, 1개 특별자치도) 교육청이 관내 학교를 대상으로 마련한 교육과정 편성·운영 지침을 의미한다. 학교 교육과정은 국가 교육과정과 지역 교육과정을 근거로 편성한 학교의 운영 계획을 말한다. 학교 교육과정에는 교사와 학생 조직, 연간 수업시간표, 개학일과 종강일, 중간고사와 기말고사, 행사계획 등의 학사 일정이 제시되어 있고, 이러한 학교 교육과정에 따라 학교에서의 수업이 진행된다.

이처럼 문서화된 교육과정은 교사들이 수업을 계획하고 학생들을 평가하는 교수－학습 활동의 근거가 되어 교실에서 실행이 되는데 이것이 교사에 의해 실제로 실천된 교육과정이다. 실천으로서의 교육과정은 문서로서의 교육과정에 현장성을 불어넣는 역할을 하며 학생들에게 보다 직접적인 영향을 미친다. 또한 교사의 해석을 통해 이루어지기 때문에 교사의 지식, 신념, 가치관, 태도 등이 중요한 역할을 한다.

공식적인 문서와 교사의 교육 활동으로서의 교육과정은 교수－학습 활동의 결과로 학생들이 실제로 경험이나 성취를 얻을 수 있도록 해 준다. 그러나 교육과정이 동일하게 계획되고 전개되었다고 해서 모든 학생들이 얻는 결과가 똑같지는 않다. 학생들은 자신의 경험과 여러 조건, 지적 능력, 흥미와 관심에 따라 다양한 교육적 결과를 산출한다. 이같이 학생의 차원에서 실제로 경험된 것들을 실현된 교육과정이라고 한다.

이 외에도 학교에서 계획하거나 의도하지 않았음에도 학생들이 학교 교육과정에서 경험하게 되는 많은 것들이 생기는데 이를 잠재적 교육과정(latent curriculum)이라 한다. 잠재적 교육과정은 학생들의 정의적 측면이나 태도, 무의식적인 생활태도 등과 밀접한 관련이 있고, 오랜기간에 걸쳐 학습되며, 한 번 학습된 내용은 오랫동안 잊혀지지 않는다는 특징이 있다. 그리고 꼭 필요한 교육과정의 내용인데도 생략되어 가르쳐지지 않아서 학생들이 배우지 못하는 경우가 있는데 이러한 교육과정을 영 교육과정(null curriculum)이라고 한다.

(2) 우리나라의 다문화교육은 어떻게 실현되고 있는가?

그러면 이러한 우리나라의 교육과정 속에서 다문화교육은 어떻게 진행이 되고 있을까?

다문화교육은 한 국가 내에서 존재하는 다양한 문화적 집단, 즉 다른 인종, 다른 성, 다른 사회계층, 다른 언어 및 종교, 문화적 배경을 가지고 있는 사람들이 서로 존중하도록 함으로써 학생들이 공동의 목표를 향해 생활하고 학습하며 의사소통할 수 있도록 준비하는 교육을 말한다. 그렇기 때문에 또한 다문화교육은 여러 가지 다른 문화의 상호간 다양성이 존중될 수 있는 사회를 만들기 위해 과연 사람들이 어떻게 변화되어야 하는지를 핵심 질문으로 삼는 교육이라고도 할 수 있다(배영주, 2010).

다문화교육을 현실적으로 교육과정에서 실현하기 위한 교육과학기술부의 관심과 노력은 2007 개정 교육과정 총론에서 표현되고 있다. 교과과정 중에 다문화에 대한 올바른 이해를 할 수 있도록 다문화교육을 범교과 주제의 하나로 선정한 것이다. 2008년 10월에는 '다문화가정 학생 교육 지원 방안(2009~2012)'을 수립하여 발표하였다. 그리고 2009 개정 교육과정 총론에서는 학교급별 공통사항에서 그 편성과 운영에 있어 '학습부진아, 장애를 가진 학생, 귀국 학생, 다문화가정 자녀 등이 학교에서 충실한 학습 경험을 누릴 수 있도록 특별한 배려와 지원을 하도록 한다'고 고시하였으며, 학교 교육과정 지원사항에서는 '귀국자 및 다문화가정 자녀의 교육 경험의 특성과 배경을 고려하여 이 교육과정을 이수하는 데 어려움이 없도록' 교육청 수준에서 지원한다고 명시하고 있다. 그리고 2010년 편찬된 교과서에는 다문화교육 내용을 싣고 있다. 이같은 교육과학기술부의 노력들은 증가하고 있는 다문화가정 학생들이 언어와 문화적 격차를 해소, 한국 사회의 구성원으로 성장할 수 있도록 지원하고, 그들의 언어와 문화적 배경을 우리 사회의 한 부분으로 이해하고 발전시켜 다양한 문화의 공존에 대한 사회 전체적인 인식을 개선해 나가야 할 필요가 있다고 보았기 때문이다.

　　국가 교육과정의 변화는 다문화교육에 대한 지역 교육과정과 학교 교육과정
의 움직임에도 활기를 불어 넣었다. 시·도 교육청은 2009년부터 실시되는 '다문화
가정 초등학생 맞춤형 지원계획'을 통해 다문화가정 학생들을 위한 문화체험활동,
한국어반 운영, 멘토링, 방과후 교실 등을 각 학교에서 필요시 실시하도록 하고 있
으며, 다문화가정 학부모들이 학부모로서의 역량을 강화할 수 있도록 하는 평생학
습 프로그램을 개발하고 있다. 예를 들어 다문화가정 학부모들을 다문화가정 학생
들을 대상으로 하는 상담과 언어지도를 할 수 있도록 하는 이중언어 교수요원 양성
프로그램 등이 그 실례라 할 수 있겠다. 그리고 지역 수준에서 교원들을 위한 다문
화교육관련 교사 직무연수를 하고 있다. 제주도 교육청의 경우 매년 '다문화연찬회'
를 개최하고 있는데, 다문화에 대한 이론과 관련 법령의 소개, 현장사례의 공유, 다
문화교수 학습법, 다문화가정 학생들의 생활지도와 상담 등의 내용으로 이루어지
고 있다.

　　교사들은 문서로서의 교육과정에 근거하여 교재를 연구하고 수업을 계획하여
활동을 진행한다. 다문화교육도 마찬가지이다. 〈표 8-1〉은 초등학교 국어, 도덕,
사회 교과에서 볼 수 있는 다문화관련 내용 중 일부를 정리한 내용이다.

표 8-1　초등학교 교과별 다문화교육 관련 내용 예시

과목	학년	단원명	다문화교육 관련 내용
국어 (읽기)	4	이 말이 어울려요	새 친구 제니: 주인공이 다문화가정 학생
	5	이리보고 저리보고	우리는 결국 모두 형제들이다: 아메리카 인디언과 백인
	6	의견을 모아서 살며 배우며	인권과 가치, 자유와 평등 사회적 책임과 연대 등의 개념
도덕	3	함께 어울려 살아요	외국인노동자, 외국인유학생 결혼이민자, 북한이탈주민
	4	하나된 평화로운 세상	하나가 되기 위한 노력: 북한에서 온 석철이
	5	서로 존중하는 태도 우리 문화와 세계문화	권익 문화교류, 국제이해교육

	6	우리는 자랑스러운 한민족 평화로운 지구촌	재외동포와 귀국동포 난민, 화합, 국제봉사활동
사회	3	우리 고장 사람들의 생활 모습 다양한 삶의 모습	우리 고장의 구성원 국제이해, 반편견, 타문화존중
	4	가정생활과 여가생활 사회변화와 우리 생활	현대 사회의 가족의 형태, 인구문제 사회의 다양성과 소수자의 권리
	5	우리가 사는 지역	도시와 촌락: 도시로의 이동
	6	함께 살아가는 세계	변화하는 세계의 여러나라: 지구촌 속의 우리나라

〈표 8-1〉을 보면 4학년 국어 읽기 교과서 '이 말이 어울려요' 단원에서는 읽기의 주인공을 다문화가정 학생으로 등장시켜 교실 내의 다양성에 대해 배려를 하고 있고, 5학년 읽기 교과서 '이리보고 저리 보고' 단원은 학생들이 읽기활동 중에 평등, 반편견, 다양성에 대해 이해를 할 수 있도록 구성되어 있다. 3학년 도덕 교과에서는 비교적 직접적으로 외국인노동자, 결혼이민자, 외국인유학생, 북한이탈주민, 재외동포, 난민 등 우리나라의 새로운 구성원들에 대한 내용을 다루고 있고, 사회교과에서는 변화하는 사회 속에서 달라지고 있는 지역사회와 가정의 형태 변화, 인구 문제, 소수자의 권리, 세계 문화 등의 내용을 담아 학생들이 국제사회에 대한 이해와 함께 다문화에 대한 이해를 할 수 있도록 돕고 있다.

그러나 현재 교육과정에서 실시되고 있는 다문화교육은 몇 가지 점에서 비판을 받고 있다. 첫 번째는 국가 수준의 교육과정에서부터 다문화교육의 의미가 정확하게 사용되고 있지 못하다는 것이다. 앞서 언급되었듯이 교육과학기술부는 2006년에 다문화가정이 우리와 다른 문화적 배경을 가진 사람들로 구성된 가정이며, 그 범주에 국제결혼 가정, 외국인 근로자 가정, 북한이탈가정 등이 포함되는 것으로 보고, 이후 계속적으로 다문화교육의 테두리 안에서 다문화가정 학생들을 위한 지원 정책을 펴고 있다. 이런 과정에서 다문화교육이 민족이나 인종적으로 우리와 다른 정체성을 가지고 있는 소수의 다문화가정을 지원하는 교육인 것처럼 축소되고 오해될 소지가 있음을 지적하는 것이다. 그러나 다문화교육은 소수 다문화가정의 학생들만을 위하는 교육도 아니고 다수의 한국 학생들에게 소수집단을 이해시키려고 하는 교육이 아니라 한 국가 내에서 존재하는 다양한 집단이 공존하는 방법을 모색하는 '모두를 위한 교육'이고, 교육분야에서 이루어지는 차별을 폐지하고 교육적 평등을 지향하는 교육임을 잊어서는 안 된다.

두 번째는 다문화교육의 내용이 교과의 모든 영역에서 고루 분포되어 있기 보다는 일부 과목에 한정되어 있고, 자민족 중심내용과 병행이 되어 기술되어 있다는 것이다. 6학년 도덕 교과서 '우리는 한민족' 단원에서는 '동포(同胞)'라는 말을 강조하며 한반도라는 국경을 넘어 세계 곳곳의 재외동포를 같은 민족과 같은 핏줄의 공동체의식이 존재함을 서술하고 있다. 국내에서 한국경제와 사회구성원의 재생산에 기여하고 있는 외국인노동자와 결혼이주민에 비해 외국에 있는 동포들에게 많은 내용을 할애하고 있다는 것은 같은 혈통의 단일민족주의의 이념을 중시하는 시각이 반영된 결과라고 할 수 있다. 초등학교에서 국사의 내용을 담고 있는 6학년 1학기 사회 교과서에서도 단일민족이 강조된 경우를 볼 수 있다. 예를 들어 고구려의 서술에서 고구려가 4~5세기에 급격한 영토확장을 함으로써 본래의 고구려민보다 이종족들이 더 많아진 다종족 국가로서의 면모를 갖추게 되나, 이에 대한 언급보다는 광개토대왕과 장수왕의 영토확장에 역점을 두고 있고, 고구려는 우리 민족이 세운 가장 큰 영토를 지닌 국가로 강조하여 자민족 중심의 표현을 유지하고 있다. 발해사의 서술에 있어서도 고구려유민과 말갈인들이 서로 다른 문화의 다양성을 어떻게 공존하면서 변형시켜갔는가에 대한 측면의 조명보다 말갈족의 존재에 대한 언급을 아낌으로써 발해는 고구려를 계승하고 있다는 점을 일관되게 강조하고 있다(박철희, 2007).

세 번째는 다문화교육을 풍부하게 해 줄 세계의 다양한 문화에 대한 기술들이 서구문명에 대한 편향성으로 제대로 다루어지지 않는 내용들이 존재한다는 것이다. 이러한 편향성은 예술교과에서 쉽게 찾아볼 수 있다. 예를 들어 미술교과의 경우 3~6학년을 통틀어 교과서에서 소개되고 있는 외국의 미술작품들은 미국과 프랑스, 네덜란드, 스페인, 이탈리아, 러시아, 벨기에 등의 유럽작품들이 대부분이고, 다만 6학년 '여러 나라의 민속공예' 단원에서 인도, 코트디부아르, 티베트, 알래스카의 민속품들이 소개되고 있을 뿐이다. 4~6학년 음악교과에서도 독일, 네덜란드, 프랑스, 헝가리, 미국, 핀란드, 스위스, 등의 서양음악이 주로 소개되고 있고, 6학년 '민속음악' 단원에서 중국, 가나, 푸에르토리코, 러시아 민요만이 소개되고 있다. 우리나라와 지리적으로 근접해 있는 국가나, 최근 증가하고 있는 다수의 외국인 이주민들의 출신국 문화에 대한 소개는 거의 비중을 차지하고 있지 않다.

　네 번째는 교사들이 실제로 교육현장에서 활용할 수 있는 다문화교육의 방법이나 교육지침이 아직까지는 다양한 다문화적 상황을 담아내지 못하고 있다는 것이다. 교사들이 교실에서 만날 수 있는 다문화가정 학생들은 대상에 따라 여러 특성을 지니고 있고, 언어와 문화의 적응 속도가 다르게 나타난다. 외국인 이주 노동자의 자녀인 경우는 대부분이 부모가 불법체류자 신분이고, 친지들이 주로 외국에 있으며 학생이 상위학교에 진입하는지, 성장 후 한국에 계속 거주할 지가 불분명하고, 연령대가 다양하다. 국제결혼가정 자녀들은 부모의 법적 지위가 안정적이며 대부분이 한국에서 태어났고 친가가 한국에 있으며, 취학연령대에 제대로 입학한 학생들이다. 그리고 국제결혼가정의 경우 부모의 재혼으로 전 배우자와의 사이에서 출생한 자녀들도 있다. 이주여성을 따라 입국한 자녀의 경우 언어 문화적 특성은 외국인노동자와 비슷하나 대부분 대한민국 국민으로서 살아갈 자녀들이다. 또한 아버지가 이전의 국내결혼을 통해 양육하고 있던 자녀들도 다문화가정 자녀로 분류될 수 있다(오성배, 2010). 이외에도 난민가정 자녀와 외국인유학생 자녀의 경우도 생각해 볼 수 있다. 즉 교사들은 부모 모두 한국인인 대부분의 학생들과, 부모가 모두 외국인 학생, 부모 중 어느 한 쪽이 외국인이거나 한국인인 학생 등의 다양한 학생들에게 다문화교육을 실시해야 한다. 그러나 현실적으로 교과서를 가르침에 있어 이들 각각의 한국어 이해 수준이나, 문화적 특성 등을 반영하여 어떻게 수업활동을 해야 하는지에 대한 구체적 지침은 마련되어 있지 않다.

　위와 같은 다문화교육에 있어서의 비판점들을 볼 때 다문화교육을 교실활동에서 수행해야 하는 교사 역할의 중요성을 더욱 실감하게 된다. 더욱이 학생들에 의해 나타나는 실현된 교육과정은 교사의 가르침을 통해 발현되므로 교사는 자신의 다문화적인 능력을 높이도록 노력해야 한다. 다문화적인 능력을 갖는다는 말은 소수 집단의 역사에 대한 지식, 사회적 인종주의, 언어, 소수 집단 학생에 대한 긍정적인 태도, 사회와 가정에서의 역할을 충실히 해 나갈 수 있는 능력을 갖춘다는 의미이다. 교육대학에서 초등예비교사를 대상으로 실시하고 있는 '다문화교육 강좌', 다문화가정 학생 멘토링 사업, 다문화교육 학습 동아리 등의 운영지원이나, 현직 교사들을 위한 다문화교육 연수 프로그램들은 교사들의 다문화적 능력 함양에 도움을 줄 수 있을 것이다. 이외에도 교사는 비판적 사고의 소유자가 되어 합리적으로 대립되는 관점들을 다룰 수 있어야 하고 학생들이 비판적인 사고로 문제를 인식하는 능력을 갖출 수 있도록 도와줄 수 있도록 끊임없이 노력해야 한다. 그렇지 않으면 다문화교육이 주류사회의 시각에서 학생들에게 전달되는 내용으로, 혹은 교화시키는 교육이 될 수 있음을 주의해야 한다.

그렇다면 교사는 실제 교실의 현장에서 어떻게 학생들에게 다문화교육을 시행해야 할까? 다음에서 다문화주의 교육과정을 어떻게 구성해야 하는지 그 원리를 공부해 보자.

2. 다문화교육과정: 베넷의 의사결정 모델

교육과정은 일반적인 넓은 의미로서는 "학교가 가르치는 모든 것"에서부터 좁게는 "어떤 특정한 시간에 특정한 학생들을 대상으로 계획된 구체적인 교육행위"를 의미한다.

존 듀이(John Dewey)는 교육과정을 개발할 때 학생의 흥미에 접근해야 한다고 했다. 또한 현존하는 지식에는 사회적 기원과 우세한 집단의 관점이 함께 있으므로, 학생들이 민주적 의사결정을 준비하기 위해서는 자신의 일상에서 중요한 사안들에 대한 비판적 사고와 의사결정을 연습해야 한다고 했다.

교육과정의 고전적 견해를 이루고 있는 랄프 타일러(Ralph Tyler)의 교육과정에 대한 생각은 1949년 그의 저서인 『교육과정과 수업지도의 기본원리(Basic Principals of Curriculum and Instruction)』에 나타나 있다. 그의 저서에서 타일러는 교육과정 개발 시 필요한 네 가지의 요소를 다음 질문의 형태로 제시하고 있다.

- 학교는 어떤 교육목표를 달성하고자 노력해야 하는가?
- 교육목표를 달성하기 위하여 제공해야 할 교육경험은 어떤 것인가?
- 교육경험을 효과적으로 조직하는 방법은 무엇인가?
- 교육목표의 달성 여부를 결정하는 방법은 무엇인가?

타일러가 제시하는 이러한 질문들은 오늘날 각각 ① 교육목표의 설정, ② 학습경험의 선정, ③ 학습경험의 조직, ④ 교육평가 등의 순서로 교육과정 개발의 절차를 보여주고 있으며, 이들 요소들은 교육과정 개발과 실행에 있어 서로 개별적으로 분리되어 있는 것이 아니라 서로 유기적으로 연결이 되어 있다고 볼 수 있다.

20세기 중반에 들어서면서 학자들은 타일러의 이론에 다소 간과되어 있는 '심리적 자원'을 드러내고자 노력하였다. 슈왑은 교육과정의 주체를 환경, 교과, 교사, 학습자의 네 주체의 상호작용에 의해 구축된다고 보았다. 그리고 교육과정의 개발에 참여하는 사람들은 자신이 대표하는 요소를 교육과정으로 구현하는 능력을 갖추고 있어야 하며, 이들 간의 집단적 논의의 과정인 '숙의'의 과정을 거쳐야 한다고 보았다. 슈왑의 입장은 그의 학문적 계승자인 워커에 의해 '자연주의 모형'으로 정립되었다. 자연주의 모형에서는 교육과정 개발에 참여하는 인적 자원이 소유하고 있는 지식 및 신념의 체계를 가리키는 '강령', 다양한 영역의 인적 자원이 자신의 지식과 신념을 외부적으로 표현하고 집단적으로 검토하여 최종적인 대안을 선택하는 과정을 가리키는 '숙의', 최종적으로 선택된 대안을 교육과정 문서로 번역하는 '설계'의 세 가지 요소로 이루어진다.

또한 아이즈너(Elliot W. Eisner)는 1979년 『교육적 상상력(The Educational Imagination)』에서 교육과정은 "학교의 책임 하에서 학생들이 갖는 모든 경험"이라고 정의되고, 이해되기도 한다고 했다. 그는 교육과정의 실체는 학습계획으로서의 교육과정이 아니라 그 아동이 학교에서 경험하는 질에 있다고 믿었다. 또한 아동들은 그들의 배경, 가능성, 또는 흥미 등이 서로 다르기 때문에 교육과정은 서로 다른 학생들에게 결코 동일한 것이 될 수는 없고 어떤 의미에서는 교육과정이 그 학생에 의해 경험된 것인 후에야 비로소 교육과정을 가질 수가 있다고 보았다.

크리스틴 베넷(Christine I. Bennett)은 이처럼 다양한 학교 교육과정 개발의 일반적 절차와 방법을 원용하여 다문화교육과정을 개발하는 절차와 방법을 제시하고 있다. 베넷은 다문화교육과정을 개발하는 과정은 의사결정의 과정이라고 보았다. 베넷은 다문화교육과정 개발의 일반적 절차를 제시하는 한편, 운영하고자 하는 다문화교육과정의 목적을 명료화하고, 구체적인 수업 목표를 설정하고, 수업 계획안을 작성하는 과정에서 활용할 수 있는 '의사결정 워크시트'를 제시하였다.

그림 8-1 베넷의 다문화교육과정 개발 절차(Benett 2007/2009: 453)

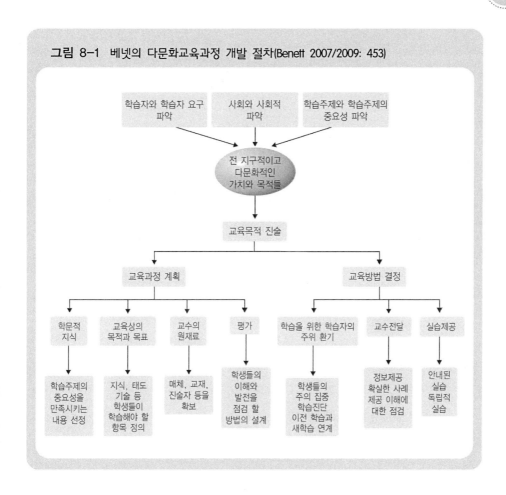

표 8-2 베넷의 다문화교육과정 설계를 위한 '의사결정 워크시트'

• 제1단계: 다문화교육과정의 목적 명료화
아래에는 다문화교육이 취할 수 있는 여섯 가지 목적이 나열되어 있다. 당신이 가르치고자 계획했던 교육과정을 숙고하고, 가장 높은 가치를 두는 목적에서부터 시작하여 1에서 6까지 순위를 매겨 보자. 먼저 혼자 해 보고, 그 다음에 동료들과 당신의 결정에 대해 논의하고, 어떤 목적이 가장 중요한지 합의를 도출해 보자.

1) 다양한 역사적 관점 발전시키기
2) 문화적 의식 강화하기
3) 간문화적 역량 강화하기
4) 인종차별, 성차별 등 모든 형태의 편견과 차별에 맞서기
5) 지구의 상태와 세계적 역동성에 대한 인식 키우기

6) 사회적 행동 기술 형성하기

우리가 믿고 있는 가장 중요한 다문화교육의 목적을 정의해 보자.

_____
_____
_____

위와 같이 생각하는 이유는 다음과 같다.
1)_____
2)_____
3)_____

우리의 목적은 적어도 다음과 같은 가치를 가진다.

_____
_____
_____

위와 같이 생각하는 이유는 다음과 같다.
1)_____
2)_____
3)_____

• 제2단계: 학습자를 위한 학습목표의 정의
  나의 교육영역은 (   )이다. 나는 학습자를 위해 다음과 같은 학습목표를 가지고 다문화교육과정의 목적을 달성할 수 있다.

1)_____
2)_____
3)_____

• 제3단계: 수업계획안 작성
  혼자서 혹은 소집단으로 수업 계획안을 작성해 보자. 그렇게 하면 당신이 학습목표를 파악하는 데 도움이 될 것이다.

출처: Benett 2007/2009: 454-456.

3. 다문화교육과정의 편성 원리

다문화교육과정의 설계는 기존의 교육과정에 논의를 제공하는 부분들이 있고, 기존의 학습목표와 핵심가치들과 더불어 다문화적 관점들이 융화를 이루어야 하기 때문에 교사의 세심함이 더욱 더 요구된다. 이제 다문화교육을 수업에서 실행하기 전에 교사가 고려해야 할 다문화교육의 목적과, 다문화교육 내용을 선정하고 조직하는 방법, 수업을 실행하는 기본적인 원리에 대해 알아보도록 하자. 여기에서는 Banks와 Benett의 이론을 중심으로 살펴보도록 하겠다.

(1) 다문화교육의 목적 선정

교육과정을 구성하는 데 있어서 가장 먼저 고려해야 할 것은 교육의 목적을 설정해야 하는 일이다. 교육 목적은 교육을 통해 기대되는 성과를 의미하는 것으로, 교육활동의 기준과 방향을 제시한다. 그러므로 교육 목적은 구체적이고 분명하게 밝혀지는 것이 좋다. 교육의 목적을 설정하기 위해서는 반드시 학습자, 사회, 학습 주제의 세 가지 영역의 이해에 역점을 두어야 한다. 교육 목적은 사회 전체가 추구하는 이념 및 사회의 직접적인 요구를 반영해야 한다. 그리고 아무리 좋은 교육 목적이라고 해도 학습자의 심리학적 조건과 맞지 않는다면 그것은 실현성이 없다. 학습자들은 나름대로의 성장과 발달과정을 거치므로 학습자의 일반적인 발달 단계의 특성에 대한 이해뿐만 아니라 학습자들 간에 나타날 수 있는 개인차에 대한 올바른 이해도 필요하다. 학습 주제 역시 반드시 학습되어야 할 기본적인 내용과 교과의 최근 동향에 대한 분석도 필요하다. 설정된 교육의 목적은 교육내용의 선정, 조직, 학습지도, 평가에 이르기까지 일관성 있게 반영되어야 한다.

교육과정에서 다문화교육을 실행하기 위해 다문화교육의 목적을 설정할 때에 주의해야 할 점은 학습자, 사회, 학습주제의 세 영역에 대한 이해와 더불어 다문화적인 가치와 목적들을 포함하고 있는지, 아니면 위배되지는 않는지에 대한 고찰을 해야 한다는 것이다. 가치란 한 사람이 어떻게 행동을 해야 하는지 말아야 하는지에 대한 믿음이다. 또한 가치는 긍정적이거나 부정적인 추상성을 갖는 생각이며 현재 실행의 이상적 형태와 목적에 대한 개인적 믿음을 나타낸다. 이러한 가치는 스스로는 물론 다른 사람들의 태도와 행동을 판단하고 비교할 때 쓰이는 척도이기도 하다. 핵심적인 가치들은 목적과 행동에 대한 가장 일반적인 믿음이라 말할 수 있고, 문화적 행동의 대안들 중에서 선택해야 할 때 중요하다. 평등과 반 편견은 다문화적 가치 중 대표적인 것이라 말할 수 있겠다. 다문화교육 이론가인 Banks는 교육에 있어서의 변화를 추구하는 개념으로 다문화교육을 제시하며 다문화교육의 목적을 다음과 같이 정리하였다.

- 첫째, 개인들로 하여금 다른 문화의 관점을 통해 자신의 문화를 바라보게 함으로써 자기 이해를 증진시킨다.
- 둘째, 학생들에게 문화적·민족적·언어적 대안들(alternatives)을 가르친다. 주류문화의 관점으로 진행되어 온 교육과정에서는 주류 이외의 다른 문화로 가르친 적이 없다. 이러한 관점은 소수집단의 학생들이 부정적 경험을 얻게 만든다.
- 셋째, 모든 학생이 자문화, 주류문화, 그리고 타문화가 공존하는 다문화사회에서 요구되는 지식과 기능, 태도를 습득하도록 한다.
- 넷째, 소수인종·민족집단이 그들의 인종적, 신체적, 문화적 특성 때문에 겪는 고통과 차별을 감소시킨다.
- 다섯째, 학생들이 전 지구적이고 평평한 테크놀로지 세계에서 살아가는 데 필요한 읽기, 쓰기, 그리고 수리적 능력을 습득하도록 돕는다.
- 여섯째, 학생들이 자신이 속한 문화공동체, 국가적 시민공동체, 지역 문화, 그리고 전 지구적 공동체에서 제구실을 하는 데 필요한 지식, 태도, 기능을 다양한 인종, 문화, 언어, 종교집단의 학생들이 습득하도록 도와준다.

이 목적의 서술을 통하여 Banks는 주류사회의 학생들은 스스로 자신의 문화를 성찰하고, 소수 민족의 문화가 주류사회에 풍부함을 더해주고 있음을 알게 하고, 소수 집단이 겪는 차별과 고통을 감소시키고, 교육자들은 평등한 시각으로 학생들을 바라보며, 모든 학생들이 다문화사회에서 요구되는 시민성과 지식과 기능을 습득하도록 함에 역점을 두었다.

또 다른 다문화교육가인 Benett은 다문화교육의 핵심 가치를 세계공동체에 대한 책임, 지구에 대한 존중, 문화적 다양성 인정, 인간 존엄성과 보편적 인권에 두고, 교수행위에서 다문화적 접근이 취하는 여섯 가지의 목적을 제시하였다. 교사들이 학생들을 가르칠 때 논리적 근거에 의해 다문화적 가치와 목적들을 명료하게 할 수 있도록 하기 위해서이다.

- 첫째, 다양한 역사적 관점을 발전시킨다. 영국과 서유럽의 편향성을 바로 잡고 다양한 나라의 관점이 동시에 고려될 수 있도록 한다. 지역적 사건이나 국가적 사건들을 이해할 때도 다수집단과 소수집단의 관점이 동시에 고려되어야 한다.
- 둘째, 문화적 의식을 강화한다. 문화적 의식이란 자신의 세계관이 보편적이지 않으며, 다른 나라나 민족집단의 구성원들이 갖고 있는 세계관과 다를 수 있다는 점을 이해하고 인정하는 것이다. 또한 나의 생각과 행동이 타집단에 어떻게 이해될지에 대해 인식할 수 있어야 한다.
- 셋째, 간문화적 역량을 강화한다. 간문화적 역량이란 자신과 다른 표상적 의사소통(언어, 기호, 몸짓)과 무의식적인 신호들(신체언어), 문화적 관습들을 해석할 수 있는 능력이다.
- 넷째, 인종차별주의, 성차별주의 및 모든 형태의 편견과 차별에 맞선다. 다양한 형태의 편견과 차별, 오해, 자신의 문화와 다르다는 점 때문에 만들어지거나 형성된 부정적인 태도나 행동을 줄여나간다.
- 다섯째, 지구의 생태와 전 세계적 역동성에 대한 인식을 증가시킨다. 이는 지구의 현재상태와 보편적인 변화 경향, 발전과정을 인식하는 것이다. 전 세계는 다양한 하위체계들이 상호 밀접하게 연계되어 있는 거대한 생태계이다.
- 여섯째, 사회적 행동기술을 형성할 수 있다. 사회적 행동기술이란 지구의 미래와 인류의 행복을 위협하는 문제들을 해결하는데 필요한 지식과 태도, 행동을 의미한다. 개인적 효능감, 세계시민으로서의 책임의식, 민주적 의식 등에 중점을 둔다

교사는 수업에서 교육의 목표를 진술할 때 위에서 제시한 Banks나 Benett의

다문화교육의 가치나 목적에 자신이 진술하고자 하는 수업의 목표가 부합하는지 확인하는 과정을 거쳐야 한다고 볼 수 있다. 또한 효율적인 다문화수업은 어떠한 수업에서도 동일한 구성요소를 담고 있을 수 있어야 하므로 동료와의 토론과 의견의 공유를 통해 결정하는 것도 바람직하다고 할 수 있다.

(2) 다문화교육 내용의 선정과 조직

교육목적이 설정되면 그 목적을 달성하기 위한 교육내용을 선정한다. 교육 내용이 무엇이 되어야 하며 이는 어떻게 조직되어야 하는가 하는 것은 교육과정 설계의 핵심적인 작업에 해당한다. 학교교육은 이러한 교육내용을 통해서 이루어지기 때문이다. 교육내용을 선정하기 위해서는 일반적으로 타당성, 일관성, 학습 가능성을 살펴야 하며, 선정된 교육내용은 범위(scope)와 계열(sequence)을 고려하면서 적절하게 조직하는 일이 필요하다. 범위는 교육과정 요소들의 넓이와 배열을 언급하는 반면, 계열은 학기 혹은 경우에 따라서는 수년에 걸친 조직을 말한다. 범위는 교육내용의 횡적 조직과 관련되는 것이고, 계열은 종적 조직이라 할 수 있다. 범위와 관련된 전통적인 교육 내용의 조직 방식은 분리된 교과목, 즉 국어, 도덕, 사회, 수학 등으로 학문 분류 방식에 따라 분과적으로 조직된 것이라고 할 수 있다. 이와는 달리 통합적인 조직 방식은 비슷한 논리 구조를 갖는 교과끼리 통합을 하거나, 일상생활의 문제나 주제 중심으로 교육내용을 통합하여 조직하는 것이다. 초등학교 1, 2 학년의 바른생활, 슬기로운 생활, 즐거운 생활과 같은 통합교과와 다문화교육, 통일교육, 환경교육 등과 같은 범교과 학습이 그 예가 된다. 교육의 내용을 종적으로 조직할 때는 계열의 문제를 고려해야 한다. 계열은 내용이 가르쳐지는 순서와 무엇이 다른 학습 내용 뒤에 와야 하는지에 관심을 둔다. 전통적으로 계열을 보장해 온 원칙은 다음과 같다.

- 단순한 것에서 복잡한 것으로 나아간다.
- 전체로부터 부분으로 발전한다.
- 사건은 연대기적 순으로 제시한다.
- 구체적 경험에서 개념의 순서로 나아간다.

• 특정 개념이나 아이디어는 나선형적으로 심화·확대하면서 제시한다.

1) Banks의 개념중심의 내용 선정과 조직

Banks는 지식의 기억과 이해, 전이를 촉진하는 핵심 개념들을 학생들이 도출해 낼 수 있도록 하는 개념중심 다문화교육과정을 제안하고 있다. 개념중심적 접근을 위해서 우리는 사실(facts), 개념(concepts), 일반화(generalization)의 상호관계를 이해하여야 한다. 사실은 저차원의 구체적이고 경험적인 진술문을 말하고, 개념은 수많은 사실을 관찰하고 그 결과를 분류하고 범주화하여 간단한 단어나 문장으로 표현한 것이라 할 수 있다. 일반화는 둘 혹은 그 이상의 개념을 포함하고, 그것들이 어떻게 관련되어 있는지 보여주는 검증된 진술문이라고 할 수 있다. 개념중심 교육내용을 선정하고 조직하기 위해 교사는 먼저 다문화적 가치와 목적을 가르칠 수 있는 핵심 개념을 선정한다. 그리고 선정된 핵심 개념과 관련된 보편적 일반화, 중간 수준의 일반화, 낮은 수준의 일반화를 확인하고 교수전략과 교수활동을 구안한다. 교사는 학생들이 스스로 주어진 개념과 정확한 일반화를 도출할 수 있도록 도와줄 수 있어야 한다. 핵심 개념은 대체적으로 통합적인 개념이므로 몇 개의 교과에 걸쳐 학생들에게 가르칠 수 있다. 그리고 개념중심 다문화교육과정에서는 학년이 높아짐에 따라 개념과 일반화의 복잡성과 깊이가 보다 심화되는 나선형 구조를 갖는다. 학년이 높아질 때 마다 학생들의 이해를 돕기 위해 새로운 사례를 제시한다.

〈그림 8-2〉는 5학년 교과서에서 '국가 내 문화의 다양성'을 가르치기 위한 개념중심 다문화교육의 예시이다. 국가 내에서 다양해지는 문화를 학생들에게 가르칠 수 있도록 도덕과 국어(읽기), 사회 각각의 과목별 단원에서 내용을 조직하고, 교사는 교과서 내용의 사실에서 학생들이 일반화를 도출할 수 있도록 수업활동을 계획할 수 있을 것이다. 각 과목에서 도출한 낮은 수준의 일반화는 학생들에 의해 중간 수준의 일반화로 진행될 수 있고, 심화학습이나 학년이 올라가면서 종적인 내용 조직에 의해 보편적 일반화를 도출할 수 있을 것이다.

그림 8-2 5학년 교과별 국가 내 문화의 다양성 가르치기

주요개념: 국가 내 문화의 다양성

낮은 수준의 일반화
- 도덕: 우리나라에는 교류를 통하여 외국의 문화가 유입되고 있으며 이들 문화는 서로 존중되어져야 한다.
- 국어(읽기): 아메리카에는 인디언과 백인의 문화가 존재하며 이들의 문화는 각각의 가치를 지닌다.
- 사회: 사람들은 국가 내에서 혹은 국가에서 국가로 이동하면서 살며 자신의 고유한 문화를 가지고 이동한다.

중간 수준의 일반화
- 한국의 문화는 각각의 가치와 다양한 특징을 지닌 문화로 이루어져 있다.

높은 수준의 일반화(보편적 일반화)
- 세계의 대부분의 국가는 다양한 인종과 민족을 바탕으로 구성되어 있고 다양한 문화를 가지고 있다.

2) Benett의 내용 선정과 조직

Benett의 다문화교육의 내용 선정과 조직은 Benett이 제시한 다문화교육의 여섯가지 목적을 구현하는 데에 있다. 학생들에게 다양한 역사적 관점을 발전시키고, 문화적 의식과 간문화적 역량을 강화하며, 각종 편견과 차별에 맞서게 하고, 지구의 생태와 세계의 역동성을 알게 하고, 사회적 행동기술을 형성시키도록 하는 것이다. 그렇기 때문에 교사와 학생은 공정하고 비판적인 사고를 지속적으로 유지하기 위해 노력해야 한다. 교사는 수업 중에 학생들에게 복잡한 현안이나, 둘 이상의 학문 분야를 통해 문제 해결이 가능한 상황을 제시해 주게 된다. 학생들은 수업에서 제시된 다양한 반대 입장에서의 체험과 토론을 통해 자신의 사고가 일방적이지는 않은지에 대해 고민하게 되고, 더욱 명확하고, 정교하고, 정확하고, 타당하고, 공정한지에 대해 숙고하게 된다. 또한 교사는 다양한 역사적 관점을 지니도록 노력해야 한다. 이를 위해 교사는 지역이나 학생들에게 의미가 있는 새로운 민족이나 인종집단을 선택하여, 가르치려는 교과와 학습자의 관점에서 정보를 수집하고 목록을 만들고, 수업에 활용할 수 있는 자료를 만들어야 한다.

　　Benett은 교육과정 모델에서 여섯 가지 목적이 동일하게 강조될 필요는 없다고 보았다. 교육과정 전반에 걸쳐 골고루 분포될 수 있고, 학생의 발달단계 특성에 적합한 목표를 다루도록 하는 것이 필요하다고 했다. 〈표 8-3〉은 베넷의 6가지 목적이 실행되거나 실행될 수 있는 교과 단원별 예시이다.

표 8-3　Benett의 교육내용 선정에 따른 교과별 예시

6가지 측면	내용 선정	관련 과목과 단원
다양한 역사적 관점의 이해	• 촌락에서 도시로의 이동 • 국가 간의 이동 • 역사적인 이유 제시	• 사회5: 우리가 사는 지역 • 국어5: 이리보고 저리보고
문화의식 함양	• 우리나라에서 거주하는 외국인들의 문화 알기	• 도덕3: 함께 어울려 살아요 • 도덕5: 우리 문화와 세계문화
간문화적 역량 개발	• 각 집단들 간의 상호작용	• 도덕3: 함께 어울려 살아요 • 사회3: 우리 고장 사람들의 생활 모습
차별이나 편견 감소	• 소수집단에 대한 차별이나 편견	• 도덕5: 서로 존중하는 태도
지구적 역동상태 인식	• 전 세계 나라들의 연관성	• 도덕6: 평화로운 지구촌 • 사회6: 함께 살아가는 세계
사회행동기술	• 인권과 가치, 자유와 평등, 사회적 책임과 연대	• 사회4: 사회변화와 우리 생활 • 국어6(읽기): 살며 배우며

4. 다문화교육과정의 실행

　　다문화교육의 목적을 설정하고 그 목표에 맞추어 가르칠 내용을 선정하고 조직하였다면, 수업에서 실제로 학생들에게 실현하는 과정이 남아 있다. 그렇다면 계

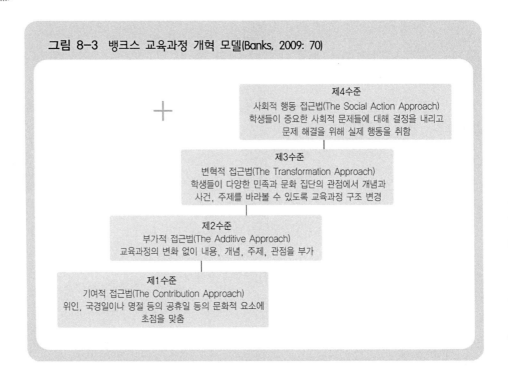

그림 8-3 뱅크스 교육과정 개혁 모델(Banks, 2009: 70)

제4수준
사회적 행동 접근법(The Social Action Approach)
학생들이 중요한 사회적 문제들에 대해 결정을 내리고
문제 해결을 위해 실제 행동을 취함

제3수준
변혁적 접근법(The Transformation Approach)
학생들이 다양한 민족과 문화 집단의 관점에서 개념과
사건, 주제를 바라볼 수 있도록 교육과정 구조 변경

제2수준
부가적 접근법(The Additive Approach)
교육과정의 변화 없이 내용, 개념, 주제, 관점을 부가

제1수준
기여적 접근법(The Contribution Approach)
위인, 국경일이나 명절 등의 공휴일 등의 문화적 요소에
초점을 맞춤

획된 다문화교육과정을 실현할 때 어떻게 접근해야 할까? Banks는 교사들이 교실에서 다문화교육과정을 실행할 때 고려할 수 있는 접근 방식을 4가지로 제시한 바 있다. 제1수준의 기여적 접근방법, 제2수준의 부가적 접근방법, 제3수준의 변혁적 접근법, 제4수준의 사회행동적 접근방법이 그것이다.

　　제1수준의 기여적 접근법을 활용한 수업은 민족의 위인이나 명절, 개별적인 문화적인 요소에 초점을 맞추는 수업이다. 초등학교에서 많이 활용할 수 있는 수업의 형태이다. 간접적인 다문화교육 수업이라 할 수 있고 주류문화를 교육내용으로 하는 수업에서 다문화적인 개념이나 내용을 도입이나 정리단계에서 주의를 환기시켜 다문화적인 내용을 학생들에게 인지하도록 한다. 다문화와 관련된 사례, 동영상, 사진, 영화, 삽화, 기사 등을 1~2회, 또는 5분 이내로 소개할 수 있다. 즉 기여적 접근법의 수업은 다른 목적을 가지고 진행되는 수업에 다문화적인 요소를 첨가한다는 특징이 있다.

　　제2수준에서의 부가적 접근법의 수업은 다문화교육이 수업 내에서 부분적으로 적용되는 수업이다. 교육과정의 기본적인 구조나 목적, 특징은 변화시키지 않고 문화와 관련된 내용, 개념, 주제를 교육과정에 덧붙이는 것이다. 수업이 전개되는 단계에서 다문화관련 자료나 텍스트를 제시하고 이를 본 주제의 학습으로 진행하는 수업방식이 될 수 있다. 한차시의 수업에서 다문화와 관련된 내용을 1~3회 인용하거나 20분 이내의 수업분량 정도를 배정한다. 이는 다문화적인 내용을 부가하여 이를 주류문화를 이루는 하나의 내용으로 포함시키게 되어 주류문화 속에 소수문화가 포함되어 있음을 인식하게 한다. 그리고 적용단계에서는 개별 활동이나 모둠 활동을 통하여 주류문화에 소수문화를 부가하여 주류학습을 이해하는데 유익하게 한다.

　　제3수준의 변혁적 모형은 다문화와 직접 관련수업에 활용하는 교육방법으로 기여적 접근이나 부가적 접근과는 다른 수업이다. 도입, 전개, 정리, 평가 단계에서 다문화내용과 사례를 전적으로 제시하고 다문화적 지식, 기능, 가치, 태도의 함양을 목표로 하는 수업이다. 수업은 다문화교육 목표 달성을 위해 진행되고 40~50분 수업 전체가 다문화내용을 가지고 진행되는 것이다. 주류학생들을 대상으로 하는 수업에도 다양한 집단의 입장에서 이해하고, 타문화를 이해하는 실천능력을 기르도록 한다. 교육의 기본적인 가정이나 패러다임을 변화시키고 학생들이 다양한 민족과 문화의 관점에서 개념, 사건, 문제를 조망해 볼 수 있도록 한다(김용산·김정호, 2009).

　　제4수준의 사회적 행동 접근법은 변혁적 교육과정을 확장할 수 있는 수업으로 학생들이 의사결정을 내리고, 학습한 개념, 문제, 주제들과 관련된 개인적, 사회적, 시민적 행동을 할 수 있는 프로젝트와 활동을 수행할 수 있도록 하는 데까지 나아간다. 학생들은 다양한 관점의 다문화수업을 받은 후 더 깊은 수업을 요구하거나, 도서관에 다른 관점의 책을 신청한다거나, 배운 내용을 이용하여 동영상을 제작하고 발표를 할 수도 있다.

　　이상 Banks와 Benett의 이론을 중심으로 다문화교육과정의 편성 원리에 대해 살펴보았다. 다문화교육이 일반 교과교육에서 충분히 다루어지지 않고 있고, '범교과 학습' 주제의 하나로 제시되어 있는 우리나라의 다문화교육의 현실에 비추어 볼 때, 다문화교육을 하나의 패러다임으로 규정하여 수업을 계획한다는 것은 어렵고 힘든 작업임에는 틀림이 없다. 교육 목표를 선정하고 다문화교육을 실행에 옮기기까지의 모든 과정이 교사의 손끝에 달려 있고, 매 단계마다 끊임없는 교사의 성찰을 요구하기 때문이다.

5. 다문화관점과 지역교육과정 편성

(1) 다문화교육과 지역사회

지역사회는 다양한 관점에서 그 의미를 찾을 수 있다. 동일한 지리적 공간으로서 같은 기후와 자연생태를 경험하는 곳이기도 하며, 동일한 역사와 문화 등의 사회생태를 경험하는 곳이다. 또한 학생들에게 있어 지역사회는 시민으로서 공동체의식을 가지고 서로 돕고 나누며, 질서를 지키고, 양보하며, 자신의 주장과 타인의 의견을 조절하며 협력해 나가야 하는 공간이기도 하다. 이러한 지역사회는 교육활동에 있어서 중요한 역할을 한다. 지역사회가 갖는 교육적 기능은 다음과 같이 정리할 수 있다(박남수, 2007).

- 첫째, 지역의 사상 등을 직접적으로 관찰할 수 있다. 사실로서 실감을 가지고 받아들일 수 있으며, 구체적인 형태로 학습을 이끌어나갈 수가 있다.
- 둘째, 아동의 생활 경험을 활용할 수 있다. 사실에 대해 받아들이는 방법이나 의미를 생각할 때도 각각의 생활 경험을 동원해서 생각을 심화시킬 수가 있으며, 자신들의 생활과 쉽게 연결 지어 생각할 수 있다.
- 셋째, 다양한 자료를 많이 활용할 수 있다. 지역의 자료일수록 사사에 맞추어서 자료의 선택이나 음미가 가능하며, 풍부한 자료를 이용할 수가 있다.
- 넷째, 지역에 대한 애정과 지역사회의 일원으로서의 자각을 갖게 할 수 있으며, 지역의 사람들의 활동의 가치나 의미를 인식하고 지역사회의 사람들에게 공감을 갖도록 할 수 있다.

다문화교육의 관점에서도 지역사회는 다문화가 의미하는 것들에 대한 시작점이며 다문화교육과 지역사회와의 연계는 학생들에게 지역에 대한 이해와 의미부여를 함으로써 지역의 구성원으로서의 공동체의식 형성에 중요한 역할을 할 수 있다. 또한 다문화교육과 지역사회와의 연계를 통해 우리는 학생들이 다문화의 문제를 구체화하고, 쉽게 접근할 수 있고, 다문화적 현상들을 일상적인 생활과 관련지어 명확히 할 수 있도록 도와줄 수 있다.

(2) 다문화교육과정 편성의 기대효과

다문화교육과 지역사회의 연계를 통해 얻을 수 있는 기대효과는 다음과 같다.

첫째, 지역사회에 대한 교육은 다문화가정 학생들이 지역사회 속에서 자신의 정체성을 찾을 수 있도록 도울 수 있다는 것이다. 다양한 인종적, 민족적, 종교적, 문화적 환경을 가진 학생들이 지역사회 속에서 지역주민으로서의 정체감을 가지고 지역의 발전을 위해 공동으로 노력해야 되는 것을 배울 수 있다면 개인의 발전과 더불어 지역사회의 재원으로서의 역할을 해낼 수 있을 것이다. 다문화적 정체성에 따르면 소속공동체의 문화, 언어, 가치에 명료하고 사려 깊은 애착심을 지니고 있는 시민이 국가에 대한 반성적 정체성을 형성할 가능성이 더 높다고 한다(Banks, 2009).

둘째, 학생들에게 교실에서 지역사회로 학습의 공간을 확대시켜 줄 수 있다는 것이다. 학생들은 교과서를 통해 추상적이고 비현실적으로 학습했던 다문화에 대한 이해를 지역사회와의 접촉을 통해 구체화시키게 된다. 또한 시민들과의 상호접촉을 통해 합리적인 문제해결 능력과 의사결정 능력을 할 수 있는 지식과 기술, 태도 등을 익히게 된다.

셋째, 다문화교육의 대상을 학생에서 지역사회 주민으로 확대시킬 수 있다는 것이다. 지역사회의 구성원은 지역을 구성하며 살아가는 모든 사람들을 지칭한다. 학생들이 지역사회 속에서 행하는 다문화교육관련 활동은 지역사회 주민들에게도 인종과 문화, 언어, 종교, 집단에 대한 새로운 지식, 태도, 기능을 습득할 수 있도록 도와줄 것이다.

넷째, 학교와 지역단체와의 연계는 시스템의 연계가 되어 새로운 시너지 효과를 창출, 다문화교육의 확대로 이어질 것이다. 학교는 다문화가정 구성원들과 지역사회 주민들을 위한 다문화교육 프로그램을 제시하여, 학교 교육과정을 확대시킬 수 있다. 또한 지역의 단체들은 정부의 정책을 기반으로 다문화가정 구성원들에게 이미 다문화교육을 시행하고 있다. 다문화교육의 관점에서 학교와 지역단체와의 만남은 학생과 지역사회 주민들을 대상으로 하는 교육과학기술부, 여성가족부, 노동부, 법무부, 행정부, 문화관광부 등의 다양한 정책이 서로 만나는 자리이며, 다양한 다문화교육 정책이 지역사회 속에서 하나로 통합·실현될 수 있는 가능성을 열어주는 자리이다. 여기에 좋은 다문화관련 프로그램이 개발되고, 교사들의 적극적인 노력이 덧붙여진다면 다문화교육은 큰 활력소를 얻을 수 있을 것이다.

Chapter **9**

문화반응교수를 적용한 초등 다문화교육

1. 문화반응교수
2. 다문화교육의 목적과 문화반응교수
3. 다문화가정 학생의 이해
4. 문화반응교수를 적용한 다문화교실 수업 사례

문화반응교수를 적용한
초등 다문화교육

장 승 심

1. 문화반응교수(Culturally Responsive Teaching)[1]

　　교육현장에 다문화교육의 필요성이 높아지고 있다. 특히 오늘날은 학생 개인
이 가진 문화 다양성이 두드러지게 나타나는 가운데, 다문화학생 비율도 빠르게 증
가하고 있다. 따라서 다양한 문화를 가진 우리 모두가 어울려 조화롭게 살아가기
위해서는 우리 모두를 대상으로 하는 다문화이해교육이 절실하다. 그러나 아직도
학교 현장의 다문화교육은 일반학생을 배제한 다문화가정 학생을 주요 교육대상으
로 생각하고 있으며, 교육 내용은 교육과정 깊숙이 들어가 실천되지 못하고, 교육
방법도 여행지 관광처럼 의상 음식 체험이나 일회성프로그램 위주로 겉돌고 있다.

　　다문화이해교육이 제대로 이루어지려면 교육 대상은 우리 모두여야 하고, 교
육 내용은 교육과정에 반영되어야 하며, 수업은 다양한 학생의 개별문화를 이해하
고 존중하여 수업에 반영하는 방향으로 이루어지는 등 총체적인 교육 패러다임 전
환이 시급하다. 이에 필자는 학생의 문화다양성을 수업에 반영하는 문화반응교수

---

1 이 원고는 필자의 박사학위논문 중에서 강의 요목에 알맞은 내용을 골라 편집 요약한 것이다.

를 찾아냈고 이를 현장에 적용했던 연구 결과를 토대로 하여 다문화이해교육의 한 방안으로 연구 내용과 그 방법을 소개하고자 한다.

(1) 문화반응교수의 특징과 개념

'문화반응교수란 용어는 문화적으로 다양한 교실의 효과적 교수법을 기술하는 말로서, 문화적으로 책임있는(responsible), 적합한(appropriate), 일치하는(congruent), 부합하는(compatible), 관련있는(relevant), 다문화적인(multicultural)과 같은 용어들과 서로 교환하여(Irvine과 Armento, 2001: 4) 사용하거나 문화적으로 '적절한(relevant), 민감한(sensitive), 일치하는(congruent), 반성적인(reflective), 매개적인(mediated)'등(Gay, 2000: 29)의 용어로 표현되고 있다. 이는 문화반응교수가 한마디로 정의내리기 곤란한 것으로 해석되기보다는, 여러 의미를 포함하는 다의성을 드러내는 것으로 본다.

문화반응(Culturally Responsive)은 '학생의 문화를 이해한', '학생의 문화를 존중한', '학생이 표현하는 언어와 행동을 학생의 상황에서 이해하는', '학생의 문화를 수업의 근거로 삼는', '학생의 문화를 수업에 활용하는', '학생의 문화에 섬세한', '학생의 문화에 민감한' 등의 뜻을 내포하고 있는 용어로 사용된다.

문화반응교수는 모든 학생이 개인만의 고유한 문화를 가지고 있다는 전제를 둔다. 문화에 대해서는 수많은 정의가 있지만 여기에서 문화는 학생의 언어와 행동을 포함하는 학습활동 가운데 나타나는 사회적·문화적 경험을 포함하는 생활양식으로서, 학생이 비판하고 성찰하는 문화기제 등을 포함한 것을 의미한다.

문화반응교수 실천은 문화를 반영하여 가르치면 쉽게 배울 수 있다는 신념을 지닌 교사가 교과서 내용을 통합하여 가르치되 지식 구성과정에 학생을 반드시 참여시킴으로써 학생이 소외되지 않게, 학생들의 문화를 자기 수업에 포함하여 학생이 주도적으로 참여하게 하는 방식의 수업을 한다는 것을 뜻한다.

즉 문화반응교수는 다양한 학생들의 문화적 배경적 차이에 관계없이 평등한 교육실천이 되도록 학교문화와 가정문화의 불연속성을 최소화하기 위해 학생의 문화적 능력과 배경을 교육에 포함시키려고 하며, 더 나아가 학생들로 하여금 현 사회의 불평등을 지속시키는 사회정치적 구조에 대한 비판적 의식을 갖게 하는 것을 주 내용으로 한다(정윤경, 2012: 194).

문화반응교수 학습방식은 '문화에 섬세하게 반응하는 교육 방식'이다. 문화의 속성은 매우 복잡하고 다양하게 정의된다. 개인과 집단의 문화는 쉽게 변하는가 하면 오래도록 변하지 않은 채 남아서 전해져 오는 것도 있다. 그러므로 문화에 섬세하게 반응한다는 말은 교사가 학생의 온갖 것에 주의와 관심을 기울여야 한다는 말과도 같다. 즉 다양한 문화에 섬세하게 반응한다는 것은 마음가짐부터 태도에 이르기까지 단단히 무장하는 것이다. 그러므로 문화반응교수는 새로운 학습방식이라기 보다는 교수자학습에 대한 관점의 변화이며 태도의 전환이 되는 동기부여의 패러다임이라고 필자는 보는 것이다.

Gay(2000)는 문화반응교수를 상이한 민족 집단의 문화적 유산을 인정하고 존중하는 것, 가정과 학교 경험을 통해 학교교육과 사회현실 간의 유의미함을 만드는 것, 자신의 문화유산과 타인의 문화유산을 알고 인정하는 것, 상이한 민족 집단의 문화를 교수 학습을 위한 자원으로 활용하는 것, 상이한 민족 집단 학생들을 주류의 지식기준과 인식방법의 속박에서 벗어나게 해줄 것이라고 설명하고 있으며, Ramsey(2009)는 문화반응교수를 위해 학교와 가정 간의 문화적 일치가 중요하고, 인종, 민족 등 문화적으로 다양한 학생들의 장점을 발견하고, 그 장점을 통하여 가르치는 것이 중요함을 강조했다(김정은, 2010: 107에서 재인용).

문화반응교수에 대한 해석은 너무나 다양하다. 추병완(2010a: 105)에 따르면 문화반응교수는 문화적·민족적·인종적으로 다양한 학생들이 지닌 독특한 문화적 지식, 경험, 준거체제, 관점, 학습유형, 수행양식 등을 적극적으로 활용하여 그들의 학습경험을 보다 효과적이게끔 만들려는 교수방식을 뜻한다. 김정은(2010: 108)도 문화반응교수는 인종적·민족적·문화적으로 다양한 학생들이 지닌 독특한 문화적 지식, 경험, 준거체제, 학습유형 등을 적극적으로 활용하여 학습경험을 보다 효과적으로 만드는 교수법이라고 정의하고 있다.

그러나 문화반응교수는 교수방식이나 교수법 그 이상을 함의하는데 중요 특징은 다음과 같다. ① 문화반응교수는 구성주의적 관점에 기초하는데, 학습자는 새로운 지식과 경험을 이해할 때 이전 경험과 신념을 활용한다. ② 교사는 학습자의 삶(생활)이나 소수집단 학생의 가족구성, 이면배경 등을 알아야 하는데 그 방법은 가정방문이나 학생이 자신의 가정, 미래에 대한 발표 등을 통해서이다. ③ 교사는 사회문화적 의식이 보편적인 것이 아니고 경험, 인종, 젠더, 사회계급 등과 같은 여러 요인에 의해 형성되는 것임을 알아야 하는데, 개별학생의 불평등을 보다 넓은 맥락인 사회구조적 차원에서 이해해야 한다는 것을 뜻한다. ④ 소수 문화 학생들을 결핍의 관점에서 보지 않고 차이를 존중한다. ⑤ 문화반응교사는 적합한 수업전략을 활용하는데, 수업 주제에 대해 소수집단 학생들의 이전 경험과 지식을 활용하며, 예시와 비유도 학생의 삶 속에서 찾는다면 더욱 효과적이다. ⑥ 교사는 모든 학생들이 높은 성취를 할 수 있다고 기대하며, 교사 자신도 공평교육을 실현하는 학교 교육공동체 일원으로 볼 수 있어야 한다. 이와 같이 문화감응교육(문화반응교수)은 특정한 수업전략이나 테크닉을 적용하는 문제가 아니다. 학습을 포함한 교육에 대한 관점이요, 문화와 문화적 차이를 바라보는 관점의 문제임을 알 수 있다(Villegas·Lucas, 2007: 2-6; 정윤경, 2012: 196-197에서 재인용).

위 논의는 문화반응교수가 갖고 있는 특징에 대해 좀 더 광범위하고 포괄적으로 생각하게 한다. 즉 문화반응교수는 인종, 민족 등 문화적으로 다양한 학생들의 차이에 섬세하게 반응하여 문화적 양상을 인정하는 교수방식이기도 하지만 교육패러다임으로 그 개념을 확장할 수 있다는 것이다. 이상과 같은 논의를 바탕으로 필자는 문화반응교수를 인종, 민족 등 문화적으로 다양한 학생들의 차이에 섬세하게 반응하여 문화적 양상을 인정하는 교수학습방식이자 교육패러다임으로 정의하여 사용하고자 한다.

(2) 문화반응교수의 필요성

문화반응교수는 문화, 민족, 언어, 젠더, 경험 등 문화적으로 다양하여 결핍되거나 차이가 있음으로 인해 다음과 같이 학습에 고통을 느끼는 학생들을 위해서 필요하다고 본다.

첫째, 학생들이 지닌 문화적 배경 속에는 그들과 부모, 조부모의 모국이 들어 있다. 그런데 다시 고향으로 돌아갈 수 없다고 해도 모국이나 고향에 대한 그리움은 누구나 갖게 되는 원초적 감정이다. 모국은 '시공간적으로 떨어져 있고, 부분적으로 사라졌지만 일상의 삶에 항상 존재하는 장소(Rogers, 1992: 520; Valentine, 2001에서 재인용, 박경환 역, 2009: 396)'이다. 이는 학생의 문화적 배경을 존중하고 이해하여 학습에 도움을 주어야 하는 이유다.

둘째, 민족이란 '구성원들이 고국과 공통의 문화에 대한 역사적 애착에 뿌리를 둔 연대감을 공유하는 공동체(Johnston et al., 2000: 532; Valentine, 2001에서 재인용, 박경환 역, 2009: 376)'로서 민족은 구성원에게 계급, 인종, 젠더, 섹슈얼리티, 종교적 믿음과 같은 정체성의 다른 축들보다 우위에 있는 일차적 소속과 정체성의 형태로 간주된다(McClintock, 1995; Sharp, 1996; Valentine, 2001에서 재인용, 박경환 역, 2009: 376). 그러나 국가대표팀 승리를 축하하거나 국가를 부르는 일상적 행위는 동시성 경험을 갖게 하여, 전혀 모르던 사람들이 같은 노래를 부르거나 같은 이벤트를 축하하며, 동시에 전혀 몰랐던 다른 사람도 자신과 마찬가지라는 것을 알게 되는데, 이런 방식으로 자신들을 연결하는 것은 단지 상상된 음악과 이미지임에도 불구하고 민족구성원은 동료 시민들과 하나의 일체감을 갖게 한다(Anderson, 1983; Valentine, 2001에서 재인용, 박경환 역, 2009: 377). 즉 민족이 문화를 통해 표현되는 것이 아니라 오히려 '민족'을 생산하는 것이 바로 '문화(Donald, 1993; Valentine, 2001에서 재인용, 박경환 역, 377)'이므로 문화에 반응하는 수업방식으로써 새로운 시민교육의 장을 열수도 있게 되는 것이다.

셋째, 언어적 측면에서 보면 언어는 인간문화를 표현하는 가장 보편적이며 다양한 형식의 하나로서, 문화 형식 중에서 가장 중요한 것이라 할 수 있다. 즉 언어 다양성은 문화다양성을 반영하는 것이어서 정확하게 계량화하거나 분류할 수 없다(유네스코아시아·태평양국제이해교육원, 2007: 210). 그러므로 학생들은 자신들의 언어와 문화적 정체성을 인정받으면서 주류사회의 언어와 문화규범을 이해하고 학습하도록 해야 한다. 학생의 모국어를 무시하고 손상시키는 것은 학생의 언어성장과 자아개념뿐만 아니라 학부모와 조부모 사이의 정상적인 의사소통 문제를 초래할 수 있다. 미국 이민 학생 일부는 학교의 백인들과 그들의 중산층 문화에 적응하였을 때 그들의 부모와 언어, 문화를 부끄럽게 여기거나 심한 경우 적개심을 드러냈다고 한다(Sleeter·Grant, 2009; 문승호 외 공역 2009: 84).

넷째, 젠더적인 측면에서 보면, 젠더관계가 '상식적인 범주에서 생각하는 것처럼 단순히 이분법적이고 균형적이며 보완적인 관계가 아니라 근본적으로 권력과 위계구조, 불평등을 기반으로 한 관계'라는 것이다(de Almeida, 1996: 8; McDowell, 1999에서 재인용, 여성과공간연구회, 2010: 55). 우리 모두는 의도와 신념을 가지고 행동하는데, 이러한 의도와 신념은 항상 문화적으로 형성되며 역사적이고 공간적으로 위치 지어진다. 따라서 사람들이 갖는 남성과 여성의 적절한 태도 및 행동에 대한 신념은 남성과 여성에 대한 이미지화와 남성과 여성의 행동방식에 대한 사람들의 기대를 반영하는 동시에 여기에 영향을 미친다(McDowell, 1999, 여성과공간연구회, 2010: 32). Bugelski는 학습자(학습의 주체), 과거경험과의 연결성, 학습의 준거, 학습과제의 질, 학습장의 통제기술, 개인차를 보는 관점, 학습 집단의 크기 및 학습과제의 기능 등 여덟 가지 측면에서 차이가 있음을 지적하고 있다. 즉 학교학습은 과거 학습사를 가진 개인과 복잡한 학습과제를 다루고 있는데 이것이 학교학습과 실험실학습을 구별 짓는 기준이다. 학습사를 가진 개인과 복잡한 과제를 모두 체계적으로 고려한 수업이 이루어질 때 학습의 극대화가 이루어진다는 것이다(김인식 외, 2003: 26에서 재인용). 이는 문화반응교수에서 학습자의 과거경험과의 연결성과 개인차를 보는 관점 등의 중요성을 거론하고 있다.

Irvine과 Armento(2001: 6-11)는 문화반응교수의 필요성을 다음과 같이 설명하고 있다.

- 문화는 교수학습과정에 영향을 주는 강력한 변인이다. Irvine과 Irvine(1995)은 문화가 생활양식의 총합이고, 종족 집단만이 아니라 모든 사람이 문화를 갖고 있으며, 교수학습에는 반드시 문화가 반영되어야 한다고 했다.
- 효과적인 교수 연구는 문화반응교수 원리들에 부합하고 이를 지지한다. 문화반응 교사들은 좋은 교수를 위해 우리가 알고 있는 것 중 가장 최선의 것을 사용한다. 교수실천을 잘 활용하며, 자신의 신념, 경험, 역할 효능감, 교육철학은 물론이고 학생들의 요구도 반영한다.
- 교사지식과 성찰은 문화반응수업을 설계하고 운영할 때 중요한 고려 사항이다. 성찰적 교사들은 자신의 행동, 수업목표, 방법, 자료를 학생들의 문화경험 및 선호하는 학습 환경을 참조하여 계속 연구하고 점검하는 탐구자이다. 이런 교사는 다양한 학생들의 능력, 선호, 동기에 대한 통찰을 찾으려고 학교, 지역사회, 가정환경을 조사한다.
- 높은 표준들과 높은 기대들은 문화반응교수의 중요 구성요소들이다. 높은 기대감을 갖는다는 것은 학생 개개인에게 높은 수준의 신뢰를 가진다는 것이고, 높은 잠재력을 갖고 있음을 믿는 것이며, 모든 학생은 배우고 싶어 하고 성공하고 싶어 한다는 점을 믿는 것이다.

이처럼 문화반응교수에서는 문화가 수업에 큰 영향을 미치며, 효과적인 교수 연구에 부합하고, 교사지식과 성찰을 이끌고, 높은 기준·기대를 갖게 하므로 반드시 필요하다. 덧붙여 문화다양성을 지닌 오늘날의 학생들의 특징을 직시한다면 이런 문화반응교수는 적용할 만한 충분한 가치를 지니고 있음을 알 수 있다.

학생의 문화는 학교생활과 학습에 매우 중요하다. 문화는 삶 그 자체이기 때문에 학교생활이 거의 전부라고 할 수 있는 학생들에게는 어떤 방식으로든 영향을 미친다. 그 파급효과는 작은 것에서부터 생사를 가를 정도로 심각한 것에 이르기도 한다. 그러므로 교육은 이러한 중대한 영향을 미치는 문화를 적극 반응하여 바르게 수용하고 교육활동에 반영함으로써 '문화부족으로 인한 빈곤감'과 '문화 접근제외로 인한 박탈감', '문화 무시로 인한 소외감' 등을 치유하고 극복하는 방향으로 전략을 짜야 한다(Bruner, 1996; 강현석·이자현 공역, 2005: 34).

(3) 문화반응교수의 주요 요소

문화반응교수는 크게 문화반응교사의 신념과 문화반응교수의 세 가지 원리로 나눌 수 있다.

1) 문화반응교사의 신념

문화반응교수의 주요 요소 중 문화반응교사의 신념은 다음과 같다(Irvine·Armento, 2001).

- 문화반응교사는 어린이 개개인에 대해 높은 학업적·인간적 기대감을 가지며, 모든 어린이는 배울 수 있고, 잠재력을 최대한 계발할 수 있다는 점을 믿는다.
- 문화반응교사는 모든 어린이들이 필요한 학습 자료에 공정하고 평등하게 접근할 수 있게 하며, 어린이 개개인에게 충분한 학습 기회를 제공한다.
- 문화반응교사는 어린이 개인에게 의미 있고, 유용하며, 적절하게 학습목표를 설정한다.
- 문화반응교사는 어린이 개개인을 위한 학습지원 공동체(가족, 동료집단, 숙제상

담전화, 지역 센터)를 육성한다.

- 문화반응교사는 학습자의 선행 지식과 경험, 기능과 신념에 맞추어 그리고 그것에 기초하여 학업 내용과 방법을 조정함으로써 학습자 개개인의 최고 성장을 촉진한다.
- 문화반응교사는 긍정적이고 도움을 주는 학교 교실학습 환경을 조성하는데, 이는 문화적 다양성을 구성원이 서로서로 그리고 진정으로 존중하는 데에서 비롯된다.
- 문화반응교사는 사회정의, 민주주의, 평등에 기초한 교실 분위기를 진작한다.
- 문화반응교사는 학생역량을 강화하고, 자기옹호, 긍정적 자존감, 사회개혁 신뢰를 높인다.
- 문화반응교사는 인간의 공통성뿐만 아니라 다양성에도 가치를 부여한다.
- 문화반응교사는 어린이 개개인에게 효율적이고 역량을 강화해주는 수업을 제공하는 것이 자신이 해야 할 역할이며 책무라고 믿는다(Irvine·Armento, 2001: 23).

2) 문화반응교수 원리(Content Principles/Instructional Examples, IE)

문화반응교수의 주요 요소 중 세 가지 원리인 내용선정원리,[2] 학생참여원리, 학습평가원리는 다음과 같다(Irvine·Armento, 2001: 25).

▌내용선정의원리(Content Principles/Instructional Examples, IE)

문화반응교수를 적용하고자 할 때 교사는 우선 학습목표를 달성하기 위해 어떤 수업 내용을 선정하고 어떤 자료를 어떻게 활용하여 가르칠 것인가 하는 문제에 직면하게 된다. 이때 도움을 얻을 수 있는 것이 내용선정 원리로서,

- IE 1: 포괄성(Inclusiveness): 학생의 목소리와 문화유산이 드러나게
- IE 2: 대안적 관점(Alternative Perspectives): 다각적인 관점에서 바라보게
- IE 3: 다양성과 공통성(Diversity and Commonalties): 인간의 공통성과 다양성을 알게

---

2 Irvine & Armento(2001: 23)는 내용선정 원리를 내용원리/수업사례로서 Content Principles/ Instructional Examples(IE)라고 하고 있으나 필자는 내용을 살펴보고 나서 이를 내용선정원리로 묶어도 별다른 영향을 미치지 않을 것 같아서 그렇게 사용했으며 원본을 보며 사용할 독자를 위해서 영어 약자로는 IE 그대로 표기하였다.

- IE 4: 학생이 구성하는 사례(Student-Constructed Examples): 학생들의 경험과 사례에서 시작하게 등이 그것이다(Irvine·Armento, 2001: 26-28).

▌학생참여원리(Student Engagement Principles, SE)

- SE 1: 학습목표(purpose) 설정하기; "나는 왜 애써 이것을 배워야 하는가?"
- SE 2: 폭넓고 다양한 학습 모형 제시하기; "내 마음은 복잡하고 고유하다."
- SE 3: 학생의 구어적/문어적 의사소통 패턴 고려하기; "내게 ⋯. 말해볼래?"
- SE 4: 다양한 상호작용 패턴 고려하기; "학습목표를 달성하려면 나는 누구와 활동할까?"
- SE 5: 교실 권력관계를 알려주고 학습 주도권을 학생에게 넘겨주기, 혹은 "내가 그것을 그런 방식으로 해야 하나요?" 등이다(Irvine·Armento, 2001: 30-31).

▌학습평가원리(Learning Assessment Principles, LA)

평가는 성취정도를 나타내고, 수업 시작점을 알게 하며, 많은 정보를 제공한다. 그러므로

- LA 1: 문화반응교수 평가는 다양한 자료와 도구를 이용하여 지속적으로, 그리고 광범한 맥락 속에서 이루어져야 한다.
- LA 2: 평가는 학생과 교사에게 가치 있는 정보를 제공해야 하며 다시 가르치거나 개선해야 할 분야가 무엇인지 보여줘야 한다.
- LA 3 : 평가는 특수한 필요를 지닌 특별한 평가 편의시설이 학생을 위해 제공되어야 한다(Irvine·Armento, 2001: 31-32).

위 문화반응교사의 신념과 문화반응교수 원리를 도식화하면 〈그림 9-1〉과 같다.

그림 9-1 문화반응교수의 원리(Irvine과 Armento, 2001의 내용을 바탕으로 재구성함)

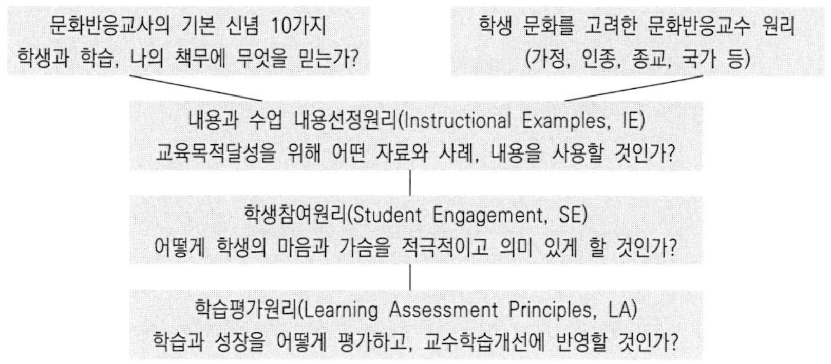

문화반응교사의 기본 신념 10가지
학생과 학습, 나의 책무에 무엇을 믿는가?

학생 문화를 고려한 문화반응교수 원리
(가정, 인종, 종교, 국가 등)

내용과 수업 내용선정원리(Instructional Examples, IE)
교육목적달성을 위해 어떤 자료와 사례, 내용을 사용할 것인가?

학생참여원리(Student Engagement, SE)
어떻게 학생의 마음과 가슴을 적극적이고 의미 있게 할 것인가?

학습평가원리(Learning Assessment Principles, LA)
학습과 성장을 어떻게 평가하고, 교수학습개선에 반영할 것인가?

2. 다문화교육의 목적과 문화반응교수

(1) 다문화교육의 목적

다문화교육과 관련한 교실수업을 보면 다문화교육이 지향하는 목표에 이르지 못할 때가 많다. 수업 대부분이 다른 나라 인사말이나 전통놀이, 음식, 풍습, 예절, 의복, 언어 등을 알아보는 정도이거나 프로그램에 참가하는 것에 그치고 마는 것이다.

James A. Banks(2008)는 다문화교육의 목적을 여섯 가지로 제시하고 있다.

첫째, 개인들로 하여금 다른 문화관점을 통해 자신의 문화를 바라보게 함으로써 자기이해를 증진시키는 것, 둘째, 학생들에게 문화적, 민족적, 언어적 대안(alternatives)들을 가르치는 것, 셋째, 모든 학생이 자문화, 주류문화, 타문화가 공존하는 다문화사회에서 요구하는 지식과 기능, 태도를 습득하도록 하는 것(Banks, 2006b), 넷째, 소수인종, 민족 집단이 그들의 인종적, 신체적, 문화적 특성 때문에 겪는 고통과 차별을 감소시키는 것, 다섯째, 학생들이 전 지구적(global)이고 평평한(flat)(Thomas L. Friedman, 2000; James A. Banks, 2008, 재인용) 테크놀로지 세계에서 살아가는데 필요한 읽기 쓰기 그리고 수리적 능력을 습득하도록 돕는 것, 여섯째, 학생들이 자신이 속한 문화공동체, 국가적 시민공동체, 지역문화, 전 지구적 공동체에서 제구실을 하는 데 필요한 지식 기능, 태도를 다양한 인종·문화·언어·종교 집단의 학생들이 습득하도록 도와주는 것 등이다.

(2) 다문화교육과 문화반응교수

문화반응교수는 미국에서 학생의 다양한 문화적 배경에 따라 학업성취 격차가 나타나는 문제를 해결하기 위한 이론이다. 즉 문화적 차이가 학업성취에 미치는 영향을 최소화하고 누구나 평등한 교육이 실현되도록 하려는 것이다. 그래서 문화반응교수를 모든 이를 위한 교육, 다양한 배경의 학생들의 문화(적 배경)에 섬세하게 감응하기, 사회구조적·정치적 분석과 실천이 따르는 다문화교육(정윤경, 2012: 204)이라고 보기도 한다.

문화반응교수는 다양한 문화적 배경을 지닌 학생들을 대상으로 한 교수전략, 교사의 교육관, 교사와 학생의 역할 등을 포함한다. 교실 수업에 참여하는 학생들은 다양한 문화적 배경을 가진 구성원들이다. 이런 학생들을 대상으로 사회의 조화와 통합을 이루어내기 위한 시민성 함양이 사회과의 과제로 대두된다. 시민성 함양을 위한 사회과 교육이 우리 모두를 대상으로 하듯이 다문화교육의 대상도 우리 모두가 그 범주에 포함되어야 한다. 다문화시민성을 기르는 교수방식은 기존방식으로 가능한지, 기존과는 달라야 하는 건 아닌지도 생각해 보아야 한다. 또한 다문화사회와 구성원을 바라보는 교사의 가치관도 다시 재고해 봐야 한다. 교실은 각자 나름대로 독특한 특성을 갖고 있다. 그래서 교사는 지역, 사회 문화, 학생들을 종합적으로 이해하고 파악하여 교육과정을 재구성하여 가르친다. 상급기관이 제공한 교육과정과 운영지침이 있다고 해도, 이에 대한 지식 기반이 부족하거나 다양한 인종·민족·언어·문화 집단에 대한 분명하고 긍정적인 태도를 지니지 못한 교사가 가르친다면 그 효과는 반감될 수밖에 없을 것이다.

교육과정 운영 교사가 다문화교육에 대해 갖고 있는 관점은 매우 다양하다. 어떤 교사는 다문화교육을 다문화교육 행사에 참여하는 것으로 다 했다고 생각한다. 어떤 교사는 다문화가정 학생의 학업성취를 높이기 위한 노력으로 간주하기도 하며, 어떤 교사는 다른 문화권 의상이나 음식에 관심 갖는 것으로 여기기도 한다.

　　다문화교육에 대한 교사의 이런 다양한 관점은 다문화에 대한 확실치 못한 정의에서도 나타난다. 우리 사회에서 다문화사회는 다양한 문화가 많아지는 사회인지, 다양한 출신국가 사람들이 많아지는 사회인지조차 구분이 안 될 정도이다. 그러다보니 학생들도 다문화교육에 대한 기본적인 이해와 인식이 부족하다. 대부분의 학생들은 국제결혼가정이나 외국인근로자 가정 학생들만 다문화라고 생각하는 경향이 강하다. 이러한 생각이 옳은 것인가를 따져보거나 물음을 제기하지도 않는다. 원래의 '다문화'란 용어는 국제결혼가정이나 외국인근로자 등을 한정지어 칭하려고 한 것이 아니라 다만 문화가 다르다거나 또는 다양하다는 인식을 나타낸 것이다. 다문화는 다양한 문화를 가진 그들이 우리와 다르지 않다는 인간의 공통성을 바탕으로 다양성을 가지고 있음을 의미한다.

　　다문화교육은 교육 대상을 설정하는 일에서부터 실천되어야 한다. 우리나라 다문화인구는 2011년에 이미 전 국민의 2.5%를 넘어섰다. 이런 상황에서 다문화교육의 대상이 국민의 2.5%인가 아니면 97.5%인가 하는 문제는 매우 중요하다. 왜냐하면 교육의 대상이 누구인가에 따라 목적과 내용이 달라질 수밖에 없기 때문이다. 우리나라 교육과정에 다문화교육이 반영된 것은 다문화교육의 대상이 우리 모두임을 천명한 것이다. 더 이상 일부 소수자를 대상으로 하는 다문화교육이 되어서는 안 된다. 다문화교육의 대상이라고 하면 국제결혼가정이나 외국인근로자 가정, 북한이탈주민 가정의 자녀를 생각하는 경우가 많다. 그리하여 프로그램도 다문화가정 학생만을 대상으로 하는 것들이 많은데 이에 대한 반성이 필요하다. 다문화교육은 우리 모두를 대상으로, 공존하며 서로 어울려 살아갈 수 있도록, 다양한 사람과 다양한 문화를 이해하고 존중하며 실천하는 가르침이어야 한다.

　　학교 현장의 다문화교육을 살펴보면 이론은 넘쳐나지만 외국에서 가져오거나 빌려온 것이 대부분이다. 우리나라의 다문화상황에 맞는 자생적 이론이 거의 없다. 교사들은 현장에서 이런 외국의 다문화교육이론을 하나씩 적용하고 실천해 나가면서 우리의 담론과 이론을 만들어나가야 하는 상황에 놓여 있다. 그러므로 우리가 귀를 기울여야 할 곳은 학교 교실의 다문화교육 경험에 관한 이야기이다. 다문화교육의 실천경험에 대한 이야기는 현실을 진단하는데 도움을 줄뿐만 아니라 앞으로 개선해 나아가야 할 방향을 가리켜주기 때문이다. 이 과정에서 교사가 명심해야 할 것은 다문화교육의 실행 방식이다. 다문화교육은 이런 것이라는 지식으로서 보다는 가치이며 태도로서 내면화되고 체화되어야 하는 실천의 바탕이 되어야 한다. 그러므로 다문화교육은 일회적, 일시적이 아니라 지속적으로 매 수업에서 실천되어야 하며, 매 수업마다 다양한 문화에 대한 이해와 존중이 수업의 바탕이자 준거가 되어야 한다.

3. 다문화가정 학생의 이해

(1) 다문화교육에서 교사의 역할

초등학교 다문화교육에서 교사의 역할은 매우 중요하다. 특히 일 년 동안 담임을 맡고 있는 교사의 다문화교육에 대한 관점과 인식이 학생에게 미치는 영향은 학습지도와 생활지도 등 모든 면에서 지대하므로 더욱 그렇다. 그런 의미에서 예비교사나 현직교사를 위한 다문화이해교육은 체계적으로 이루어질 필요성이 충분히 제기된다.

다문화교육 경험이 있는 교사들은 그렇지 않은 교사들보다 다문화교육을 잘 알고 있다는 인식이 높은데, 교사의 다문화적 인식은 다문화가정 학생뿐만 아니라 일반학생들의 태도와 행동에 영향을 미친다(박선미·성민선, 2011: 1). 그러나 교사의 다문화인식이 다문화가정 학생과의 관계를 촉진한 경우에 한해서 학교적응에 긍정적 영향을 미친다는 사실을 볼 때 교사의 인식이 인식에만 머무는 것이 아니라 학생과의 관계 개선을 위해 실질적인 관계 개선을 하는 것이 중요하다(김종백·탁현주, 2011: 161).

교사는 학생의 문화에 관심을 가져야 하며, 학급과 학교, 사회와 국가 등의 문화의미를 고찰할 필요가 있다. '문화'는 우리 일상의 중요한 부분을 차지하고 있기 때문이다. 서구의 개념을 한자어로 번역해서 쓰고 있는 '문화'라는 단어에 대해 우리는 어떠한 의미를 부여하고 있는가? '문화'라는 개념의 탄생을 보았던 서양에서도 '문화'는 근대적 산물이기에 개념적 정의가 확고하지 못한 채 쓰이고 있다(Cuche, 2004; 이은령 옮김, 2009: 5). 그러나 문화라는 말이 가지는 의미의 내포와 외연이 너무나 다양(이혁규, 2005: 227)해서 문화를 한마디로 정의내리기는 곤란하며 그 쓰임도 너무 많다. 사회과 교육에서 주로 사용하는 인류학적 관점의 문화는 '한 사회 혹은 구성 집단의 지식, 신념, 예술, 도덕, 법, 관습 및 그밖에 획득된 능력과 습관 등의 생활 양식 총체(Williams, 1981)'로서 이해되는데, 이러한 인류학적 문화개념은 문화적 차이에 의한 사회적·문화적 갈등을 조명할 수는 있지만 사회적 관계에 영향을 미치는 문화적 기제까지 파헤치기는 어렵다(박선웅 외, 2010: 35).

문화에 대한 본질주의적인 관점 또한 그렇다. 본질주의(essentialism)적이란 인종이나 계급이나 성에 그 고유의 본질이 있다고 보는 입장을 말한다. 예를 들어 흑인에게는 흑인 고유의 특성이 있고, 이것이 백인의 그것과 다르며 여성에게는 남성과 다른 고유의 특성이 본질적으로 존재한다고 보는 입장이다(정윤경, 2010: 10).

문화개념을 정의하기 위해서는 인류학적·본질주의적 문화개념 이외에도 문화를 이렇게 구분하게 하는 기제가 무엇이며 어떻게 문화가 만들어지는지를 살펴보기 위해 기호학적 문화개념을 사용하기도 한다. 문화에 대한 기호학적 접근을 함으로써, 특정한 의미를 발생시키는 기호들의 선택과 배제, 조합을 누가 하는가의 문제, 다시 말해서 사회적인 지배-피지배 관계의 문제가 부각되고, 이를 비판적으로 성찰(박선웅 외, 2010: 36)하려는 것이다.

한편, Bourdieu(1977)는 문화를 설명함에 있어 아비투스(habitus)라는 개념을 제시했는데, 이는 '특정한 양식으로 행동하려고 하는 경험적 경향(생활양식)', '성취동기, 선호, 취향, 감정', '체화된(embodied) 행동', '행위자가 가지고 있는 일종의 세계관 또는 우주관', '기술과 실질적인 사회적 능력', '삶의 기회와 직업적 성공에 대한 열망과 기대' 등으로 요약할 수 있다(Bourdieu, 1977: 72; Smith, 2001에서 재인용, 한국문화사회학회 옮김, 2011: 233). 이런 아비투스가 내재화된 성향체계라고 한다면 그것이 실천되는 것이 문화이다. 문화는 자연스럽게 출신계급의 아비투스를 드러낸다. 사람들은 생활방식과 성향을 통해 계급 사이에 존재하는 사회적 경계를 특징짓고 유지한다(강수정, 2005: 208).

본 연구에서는 Bourdieu가 개념화한 위의 아비투스 개념을 통해 학교의 다문화교육 상황에 맞게 문화를 정의하고자 하였다. 필자는 위 정의를 바탕으로 문화를 "특정한 양식으로 행동하려고 하는 경험적 성향인 생활양식과 사물이나 사상에 대한 생각 기제, 사람이 가지고 있는 가치관, 그리고 사람이 가진 익숙한 능력, 삶을 살아가는 자세" 등으로 보았다. 따라서 여기서 말하는 문화는 교사와 학생이 교실에 존재하면서 수업에 영향을 미치는 생활양식과 생각기제, 가치관, 능력과 자세 등을 통해 의식적 무의식적으로 표현되는 사회·문화적 경험을 포함한 모든 현상과 재생산되는 모든 활동을 말한다. 즉 교실의 수업장면에는 교사와 학생의 다양한 문화가 의식적 무의식적으로 스며들기도 하고 배어나오기도 한다는 것이다. 따라서 교육은 문화를 토대로 문화 속에서 이루어지고, 문화는 교육을 통해 전해진다. 이처럼 교육과 문화는 서로 밀접한 관련이 있다.

예를 들어 교사가 학생의 문화적 행동스타일을 오해하면, 학생의 지적 잠재력을 과소평가하게 되고 그들을 잘못된 위치에 놓고 낙인을 찍으며 잘못 대하게 되는데, 이럴 때 교사는 학생의 인지적 능력, 학업성취, 언어능력을 과소평가할 수 있다(Bennett, 2007; 김옥순 외 역, 2009: 312). 또한 교사가 학생의 학습에 낮은 기대를 가지면 수업에서 단순하고 구체적으로 내용을 나누고 속도를 천천히 하는 한편 추상적이고 개념적인 수업은 제공하지 않을 수 있는데, "학습자의 학습스타일에 대한 교사의 지각이 학습자가 학습하는 것을 방해하는 것이 아니라 교사가 수업의 질을 조절하게 한다(Hilliard, 1992: 373; Bennett, 2007에서 재인용, 김옥순 외 역, 2009: 312)"는 것이다.

소수집단 학생들의 학업실패를 설명하는 것도 지능, 유전적 요인에서 문화적 특성 요인으로 변화하고 있다. 문화적 요인에 관한 설명도 소수문화집단의 문화적 결핍에 무게중심을 두다가 문화 간 차이에 무게중심을 두는 것으로 변해가고 있다. 문화차이가설은 문화단절론으로 발전하였다. 문화단절이란 소수집단 학생들의 가정문화와 학교문화의 불연속성과 차이가 학업실패의 주요 원인이라는 것이다(Tyler et al, 2008; 정윤경, 2012: 192에서 재인용).

특히 주류문화를 체험한 사람들은 소수 사람들이 겪는 문화를 이질적으로 다르게 받아들일 수 있다. 다양한 학생으로 구성된 교실에서 교사는 학생들의 이런 문화적 다름을 어떻게 보아야 할까? 우리나라 교사 중 대부분이 주류문화 속에서 교육을 받았으며 그런 문화에 익숙한 데 교실에서 접하는 소수 학생들의 문화를 어떻게 받아들일까 하는 것은 교육의 질을 결정하는 중요한 요인이 된다.

교사는 수업에서 학생들 간에 실제로 존재하는 '차이'를 볼 수 있어야 하며, 다문화교육 논의에서 상호 차이를 존중하고 관용하자고 선언적 의미로 주장하는 것만으로는 문화적 차이에 상관없이 누구에게나 평등한 교육이 실현될 수 없다(정윤경, 2012: 191).

그러므로 교사는 교실 수업에서 문화를 바라보는 관점이나 생활양식, 학생에 대한 기대감 등에 대한 자기성찰을 통해 다양한 학생들의 문화적 차이를 새롭게 인식하고 이에 반응하는 교육을 하는데 힘써야 한다. 문화 차이에 반응하는 수업은 이제까지 당연하게 여겨왔던 의사소통에 대한 재해석, 동기유발이나 발문, 힌트나 예시 제공에 대해 재검토 등을 필요로 한다.

(2) 다문화가정 학생의 문화 이해

다문화에 대해 처음 접하는 사람들은 언론에서 제기한 문제를 바탕으로 막연하게 다문화가정 자녀는 학업이나 생활전반에 문제를 갖고 있을 것이라 생각한다. 과연 그럴까?

제주특별자치도교육청에서 2007년에 다문화가정 자녀 수를 조사하면서 학업성취나 생활에 문제가 있는 경우를 같이 조사했던 적이 있다. 그 결과를 보니 오히려 학습태도가 더 좋고 생활에 문제가 없다는 경우가 대부분이었다. 즉 일반 학생들처럼, 아니 그보다 오히려 더 잘한다는 이야기도 들었다. 살펴보니 특정종교를 통해 결혼 입국한 부모들은 자녀를 낳고 키움에도 더 정성을 기울이고 외모에서도 전혀 차이가 나지 않는 일본국적의 부모가 많아서 다문화가정인줄도 모를 정도로 학교생활에서의 문제는 없었다.

그러나 현재는 10여 개국 이상의 다양한 국가 출신이 많아지고 상황이 변하고 있어서 주의를 기울여야 한다. 2002년 이후 입국한 대부분 결혼이주여성의 자녀들이 초등학교에 입학할 시기가 되면서 언어사용미숙으로 인한 의사소통 어려움이나 학업성취능력이 부족한 경우도 발견되기 때문에 세심한 교육과 돌봄이 필요하기 때문이다. 매사에 그렇듯이 문제 발생 후 해결보다는 사전예방이 중요하나 학교에 들어와서 발견되는 경우가 많다. 그러므로 다문화가정에서는 유아기에 세심하게 잘 관찰하고 대처해야 하며 학교에서는 문제가 누적되지 않도록 빠른 시일 내 해소할 수 있도록 학생의 문화에 관심을 갖고 세심하게 반응해야 한다.

문화에 대해 필자는 '교사와 학생이 교실에 존재하면서 수업에 영향을 미치는 생활양식과 생각기제, 가치관, 능력과 자세 등을 통해 의식적 무의식적으로 표현되는 사회·문화적 경험을 포함한 모든 현상과 재생산되는 모든 활동'으로 정의한 바 있다. 이런 문화는 학습에 어떤 영향을 미치는가? 연구에 의하면 문화는 학생의 학습양식(learning style)에 영향을 미친다고 했다. '학습 양식은 문화적 행동스타일의 구성요소, 즉 학생의 문화적 사회화 과정에서 발전된 습관, 가치, 경향, 선호도(Hilliard, 1992; Bennett, 2007에서 재인용, 김옥순 외 역, 2009: 311)'에 의해 영향을 받는다는 것이다.

그러므로 교사는 학생들에게 효과적인 학습 환경을 제공하기 위하여 그들 사이에 존재하는 개인차와 문화차이를 인식하고 있어야 한다. 문화와 개인의 학습양식 사이에는 필연적인 상호작용이 있기 때문이다. 학생들의 학습에 영향을 미치는 요인은 매우 다양하다. 그리고 이런 어려움은 극복될 수 있다. 소수집단에게 알맞은 학습양식은 따로 있지 않으며 만약 있다고 하면 이것이 오히려 소수집단학생들의 학습경험을 제한하게 할 수 있다.

또한 교사집단의 문화에도 관심을 기울여야 한다. 교실에는 학교문화, 학생문화, 교사문화가 있다. 한국의 교사 가운데 다문화가정 출신교사가 과연 몇이나 있을까? 아직 다문화역사가 얼마 되지 않았다는 시간적인 제한 외에도 한국사회에서 교사가 된다는 것은 매우 어렵고도 힘든 과정을 거칠 때 비로소 가능한 일이다. 한국사회에서 교사가 되기 위해서는 적절한 가정의 지원과 본인의 노력, 제도권 내의 교육에서 높은 학업성취를 이루어야만 한다. 교사들은 주로 주류문화의 가운데 있었으며, 학교문화에 잘 적응했던 사람들이다. 교사들은 학업실패보다는 학업성취를 많이 경험했던 사람들이다. 대부분의 교사들은 우등생이었다. 그래서 교사는 학업실패 경험 학생들을 대할 때 어려움을 겪는 경향이 많다.

교실에서의 기대가 교사의 문화적 성향으로만 제한되면 다른 문화적 성향으로 배운 학습자들의 성공을 방해할 것이며, 교사가 가장 잘 배웠던 방식으로 가르치면 교사의 문화적 배경을 공유할 수는 있지만 교사와 다른 학습자의 성공을 좌절시킬 것(Bennett, 2007; 김옥순 외 역, 2009: 317)'이라는 우려가 있다. 이처럼 교사의 문화는 학습에 매우 중요하다.

'교사의 태도가 학생의 성취수준에 영향을 미친다'는 가설을 지지하는 연구는 상당히 많다. 교사에게 학생에 대한 허위정보를 제공한 후에 교사의 태도가 학생의 성취수준에 어떻게 영향을 미치는지를 밝혀낸 연구에서는 전체 학생 중 약 20%의 학생들을 임의로 선정한 다음, 지능검사 결과 '대기만성형(bloomers)'으로 나타난 것처럼 조작하고 이 학생들의 명단을 교사에게 알려주었는데, 연구결과 이 학생들은 실제로 다른 학생들보다 더 높은 수준의 학업성취를 나타냈다(Rosenthal & Jacobson, 1968; Bennett, 2007에서 재인용, 김옥순 외 역, 2009: 49)는 것이다.

교사의 문화다양성에 대한 태도는 다문화가정 학생들에 대한 관심, 수용, 기대, 배려라는 네 영역에 걸쳐서 모두 유의미한 영향을 미친다고 하였다. 또한 다문화교육에서 강조하는 문화다양성은 단지 현상기술적인 의미를 넘어서 다양한 문화를 가치 있는 것으로 인정하고 유지해야 한다는 가치판단을 내포하는 개념으로서 다루고 있다(박윤경 외, 2008: 23).

교사의 능력이나 관심의 차이는 학생의 차이를 만들 수 있다. 또한 교사의 한쪽으로 치우친 진보적 또는 보수적 성향은 학급의 차이, 더 나아가 학교의 차이를 만들 수도 있다. 그러므로 문화반응교수는 교사의 이런 성향을 경계하되, 교사의 능력이나 관심이 학생에 대한 높은 기대, 학업성취에 대한 높은 기대로 향해 있어야 한다. 교사는 다양한 문화를 이해하고 존중하는 자세를 갖고 있어야 한다. 교사는 학업에 실패하는 학생, 문제를 일으키는 학생이라고 낙인찍거나 단정하는 사람이 아니라 학업실패요인이나 문제를 일으키는 요인이 무엇인지 찾아내는 사람이어야 한다. 그리고 찾아낸 문제를 해결하기 위해 늘 노력하고 실천하며 성찰하는 교사여야 한다.

4. 문화반응교수를 적용한 다문화교실 수업 사례

다문화학급을 맡은 교사들이 직면하는 문제는 다문화학급에서 수업지도는 어떻게 하는 것이 바람직한가? 하는 것이다. 그러함에도 실제 현장을 보면 교사들은 다문화학급에서도 그냥 일반교실에서와 마찬가지로 수업을 진행하는 경우가 많다. 그러다 보니 예상하지 못했던 문제들이 생겨나는데, 예를 들어 삼일절이나 광복절 등의 계기교육에서 일본출신 다문화가정 학생이 궁지에 몰리거나 삼별초 등의 교육에서 몽고출신 다문화가정 학생이 궁지에 몰리는 경우 등이 그것이다. 이에 다문화학생이 있는 학급에서 문화반응교수를 적용해본 두 교사의 사례를 간략히 정리함으로써 교사 성찰을 돕고자 한다. 문화반응교수 원리는 두 차시의 평소 수업 참관 후에 차례대로 두 교사에게 제시하였다. 먼저 문화반응교사의 신념을 알려주었으며, 다음에 내용선정 원리, 학생참여 원리, 학습평가 원리를 알려주었고, 그 후 8차례의 수업을 참관하였다. 두 교사는 문화반응교수 원리를 어떻게 적용해 나갔을까?

(1) CRT 교사의 기본 신념(Basic Beliefs) 적용 수업 사례

문화반응교수 원리를 제시하기 전 두 교사에게 문화반응교수가 어떤 것일지 물어보았더니, 장교사는 문화반응교수를 하나의 수업형태로 인식했고 김교사는 문화적 환경을 토대로 문화 속에서 배우는 수업으로 생각했다. 교실 수업 적용을 위해 문화반응교사 기본 신념을 인지한 후 김교사와 장교사의 수업 계획과 실천은 다음과 같았다.

1) 김교사의 수업: 개인별 학습목표와 충분한 학습기회에 초점을 둔 수업

문화반응교사의 신념은 학생에 대한 것부터 학습 환경과 자원, 수업의 가장 기본인 학습목표, 교수학습 활동 시 교사가 가져야 할 자세까지 수업전반에 관한 내용으로 이루어져 있었다. 문화반응교사에게 기대되는 신념은 수업자체에 대한 것들이 많은 비중을 차지했다(2012. 9. 12. 김교사 수업일지).

김교사는 이런 생각을 수업에 어떻게 반영할까? 김교사는 문화반응교사의 10가지 신념 중 학생들에게 '충분한 학습기회 제공'과 '개개인의 학습목표 설정'에 관심을 보였다. 필자는 이것은 다문화교육의 목표들 중 하나인 '긍정적 정체성 형성'과 '다양성에 대한 인정과 존중'을 실천하는 방안으로 나타날 것인가 생각하면서 김교사 '신분제의 변화'수업을 참관하였다.

역사 내용을 잘 알고 있는 몇몇 학생들 외에 모든 학생들과 이야기하고 생각해볼 수 있는 기회를 주고 싶어 마이크로 인터뷰를 하는 형식을 생각해보았다. 그리고 수업의 목표는 '신분제의 변화'로 정해져 있지만 학생들이 신분을 고르게 선택하고, 신분제의 변화를 살펴보며 자신의 신분을 지킬 것인지, 바꿀 것인지에 대해 생각해보게 하여 학생 각자 학습 목표를 세우게 하였다. (2012. 9. 12. 김교사 수업일지)

김교사의 수업주제인 '신분
제의 변화'의 주요 수업 활동은
조선시대로 가서 조선시대의 신
분제 중에 자기가 택하고 싶은
신분은 무엇이며, 그것을 택한
이유는 무엇인지를 알아보는 것
이었다. 이 수업을 위해서 김교
사가 준비한 자료는 마이크였다.
학생들은 그동안 배운 조선시대

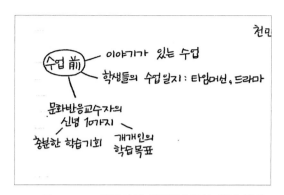

┃ 그림 9-2 ┃ 김교사의 문화반응교사 신념 해석

로 타임머신을 타고 날아갔다. 그리고 신분제 가운데 하나를 선택하고 그 이유를
말했다.

김교사는 반드시 이유를 물어봄으로써 논리적인 생각을 하도록 격려했는데,
학생들은 이 수업에서 진지하게 자신의 신분을 선택하고 선택의 이유에 대해 이야
기했다. 그리고 관심을 가지고 집중하여 들었는데, 비록 초등학생들이지만 자신의
선택에는 분명한 이유가 있었다.

조선시대로 타임머신 타고 가서 선생님이 나한테 뭐 되고 싶으냐고 했는데 나는 천민이
되고 싶다고 했다. 왜냐하면 나는 의적이 되고 싶기 때문이다. (2012. 9. 12. 현** 학습일
지) 나는 상민으로 했는데, 농사가 힘들지만 즐거울 것 같아서다. (2012. 9. 12. 양** 학
습일지) 나는 중인 중에서 역관을 정했다. 세금도 안 내고 부자고 역관이니 다른 나라
언어도 배울 수 있기 때문이다. 하지만 양반과 중인이 안 좋다는 걸 알고 그냥 조용히
살려고 상민을 선택했다. (2012. 9. 12. 노** 학습일지) 나는 중인을 선택했다. 현재 사
회에서는 중인과 비슷한 직업이 많고 내 꿈을 이루기 위해서는 중인이 가장 알맞은 것
같기 때문이다. (2012. 9. 12. 장** 학습일지) 나라에서 공명첩이라는 것을 만들어 상민도
양반이 되게 해주었다. 그런데 상민이 양반이 되고 나서는 상민이 없어졌다. 역시 모든 일
에는 장점과 단점이 있다. (2012. 9. 12. 한** 학습일지) 나는 처음에는 양반을 골랐는데
점점 생각해보니 양반이 아닌 중인, 상민들이 더하고 싶어졌다. 난 그때 생각했다. '조선
후기에는 양반도 그렇게 좋은 것이 없구나.' 그래서 상민도 되고 싶었다. (2012. 9. 12. 고
** 학습일지) 나는 양반 중 문신을 정했다. 왜냐하면 문신은 무신보다 지위가 높고 세금
도 내지 않으며 평생 나라의 녹을 먹으며 떵떵거리며 살 수 있기 때문이다. (2012. 9. 12.

김** 학습일지) 나는 처음에는 양반을 선택했는데 사회동영상과 사회교과서에 있는 만
화를 보니까 양반보다는 나라를 위해서 세금을 내는 제일 평범한 상민이 나아서 나는 그
냥 상민을 선택했다. (2012. 9. 12. 양** 학습일지)

　그런데 이러한 학생들의 이야기를 다 듣고 난 선생님의 다음 이야기가 놀라웠
다. 또 다른 선택의 기회를 학생들에게 준 것이다. 노련한 김교사는 이 수업에서
한 번 선택한 신분을 그냥 끝까지 갖고 가게 하지 않았다. 즉 신분제의 역할에 대해
상세히 설명해주고 나서 이번에는 반전할 수 있는 기회를 준 것이다. 자기가 선택
한 신분이 마음에 들지 않으면 바꿀 수 있도록 30초의 시간을 허락했다. 학생들은
잠시 술렁이고 동요했다. 30초 후, 학생들은 "신분을 바꿀 생각이 있는 사람 있니?"
하는 교사 질문에 여섯 명이 손을 들었다. 단 30초 동안에 신분을 바꿀 것인지 말
것인지를 결정해야 하는 학생들은 매우 심각하였으며 이게 수업에서 벌어지는 만
약이라는 가정상황이 아니라 꼭 실제인 것처럼 생각되었다.

　타임머신을 타고 조선시대로 갔는데 나는 양반을 택하였다. 근데 양반도 어렵다는 걸
알자 바꿔서 중인을 선택하였다. 양반은 지켜야 할 게 너무 많고 상민은 세금을 내야 하
고 천민은 너무 계급이 낮아서 좀 싫었다. 그래서 중인을 선택하였다. 진짜 드라마처럼
조선시대에 간 것 같아서 너무 좋았다. (2012. 9. 12. 송** 학습일지)

　이 수업은 학생들에게 다른 사람들의 다양한 생각을 들을 수 있는 기회를 제
공하였다. 또한 교사에게는 학생들의 경험과 생각 등을 알아보고 들을 수 있는 기
회를 갖게 했다. 그들의 이러한 생각은 오늘 선생님의 수업이 아니었으면 듣지 못
할 이야기였다. 학생들은 그들의 이야기를 하며 참여한 오늘 수업을 매우 재미있게
생각하고 있었다. 학생들은 신분제 수업에서 교사가 의도한 목표에 적절히 도달했
다는 생각이 들었다.

　오늘은 타임머신을 탔다. 나는 천민이 되고 싶다. 왜냐하면 나는 춤추는 맛으로 살기
때문이다. 게다가 신분도 알게 되니 역시 선생님의 수업은 1석 2조였다. 선생님 수업이
정말 재미있고 정말 유익하다. 갈쌤 짱!!! (2012. 9. 12. 고** 학습일지)

타임머신을 타고 신분을 정하고 인터뷰를 하면서 수업을 하니 재미있고 보람 있는 거 같았다. 그리고 사회 수업이 더 재미있어서 좋았다. 이구동성 게임은 못 했지만 신분 정 하고 인터뷰 한 것이 게임보다 더 재미있었다. (2012. 9. 12. 김** 학습일지)

어떤 학생은 김교사가 사용한 마이크에 담임교사 별명인 갈매기쌤을 따서 갈 매마이크라고 이름 붙였다. 학생들의 학습일지에는 온통 갈매마이크로 인터뷰한 것에 대한 즐거움이 나타나 있었다. 또한 다른 사람의 생각을 들은 이야기와 인터 뷰를 하고 싶었는데 기회가 안 와서 못한 섭섭함까지 나타나 있었다.

문화반응교사의 신념을 적용한 첫 수업이었다. 김교사는 '학생 개개인으로 하 여금 필요한 학습자원에 평등하게 접근할 수 있게 하고 그들에게 충분한 학습 기회 를 제공한다'는 것을 반영했다. 그래서 마이크 인터뷰를 통해 될 수 있으면 모든 학생에게 골고루 기회를 주고자 하였다. 학생들이 이야기를 하게 하였고, 이야기를 들었다. '학습목표가 학생 개개인에게 의미 있고, 적절하며, 유익하고, 중요하도록 확실하게 설정한다'는 것도 반영했다.

김교사는 문화반응교사의 신념을 확실하게 이해하였고 수업에 적용하였다. 수 업에서 김교사는 학생의 생각과 그 이유를 발표하도록 하였다. 학생들은 몇 분씩 길게 말은 못했어도 발표 내용에서 그들의 상상을 동원한 의견을 제시하였으며, 또 듣기도 하였다. 그 과정에서 학생들은 자신이 가지고 있던 사전지식이나 경험 같은 것들을 머릿속에 떠올리며 많은 생각을 하였다. 문화반응교사 신념을 알고 실천한 첫 수업에서 김교사는 학생들의 이야기를 많이 들었다. 학생들의 학습일지를 보며 새로운 학생들의 생각을 알았다. 김교사는 문화반응교수에 대한 모든 것을 빨리 알 고 싶어 하였다. 첫 적용 수업에서 문화반응교수의 신념을 실천한 김교사를 보면서 긍정적이고 발전적인 교육활동 변화가 어떻게 나타날 것인지 기대가 되었다.

아직 많은 것을 알지 못하고 짐작하지 못하지만 이번 수업 공개, 문화반응교수에 대 한 앎을 통해 교사인 나 자신, 우리 반 학생, 그 사이에서 벌어지는 교육활동 전반에 긍 정적이고 발전적인 변화가 있으며 이를 계기로 한 발짝 거듭날 수 있으리라 확신합니다. (2012. 9. 12. 김교사 면담 내용)

2) 장교사의 수업: 학생의 사전 지식에 초점을 둔 수업

장교사는 수업일지에서 문화반응수업 전체를 관통하는 것이 다양성이고, 학생생활과의 연관을 중시하였다. 김교사의 해석이 마인드맵으로 나타나 있어서 장교사에게도 마인드맵으로 장교사의 해석을 그려주도록 했는데 〈그림 9-3〉과 같았다. 마인드맵에는 다양성에 방법·개인과 나라의 문화·자료를 그려

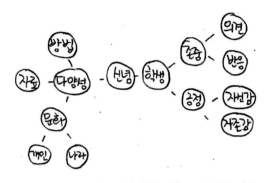

┃ 그림 9-3 ┃ 장교사의 문화반응교사 신념 해석

넣고 학생에게는 의견에 반응을 보임으로서 자신감과 자존감을 포함한 긍정의 힘을 키우는 것으로 해석했다. 문화반응교수 원리를 적용한 첫 수업을 보았다. 문화반응교수 원리에서 교사의 신념까지만 읽은 상태였다.

처음에 문화반응교수 관련 자료를 읽었을 때 혼란스러웠다. 교사가 되기 위해 공부했던 것들, 여러 책에서 배웠던 내용들을 기초로 하고 있어서 문화반응수업이란 무엇인지 정확하게 인지하기 어려웠다. 그래도 내용을 읽으면서 문화반응수업 전체를 관통하는 것이 다양성이고, 이것을 기초로 학습양식이나 내용, 자료 등을 활용해야 한다는 것 정도는 알 수 있었다. 그리고 학생들의 생활과 연관이 되게 해야 한다. (2012. 9. 14. 장교사 수업일지)

학생들을 끌어들이기 위해 우선 학생들이 이미 알고 있는 배경지식을 꺼내 보려 했다. 그런 의도에서 동기유발과정에서 학생들이 알고 있는 남성, 여성 인물을 말해보게 하였다. 상상일기를 쓰게 하였다. 단순히 일기를 쓰는 것이 아니라 그때의 상황을 가상으로 체험해 본다는 생각으로 쓰게 하였다. (2012. 9. 14. 장교사 수업일지)

장교사의 수업주제는 〈조선후기 여성의 삶〉이었다. 장교사는 조선시대 인물 가운데 생각나는 사람의 이름을 말하라고 했다. 그리고 학생들이 말한 이름들을 칠판에 적었다. 왼쪽에는 남자, 오른쪽에는 여자 이름을 썼다. 그리고 나서 남자가 많

은지 여자가 많은지 물었다. 학생들이 "남자가 많아요"하자 그러면 "왜 여자는 적은지, 그리고 그 이유가 무엇인지 생각해 보세요"하고 말했다. 학생들은 "남자를 위대하게 생각했기 때문", "여자를 낮게 대우해서", "성리학 때문"이라고 대답하자 "유교의 영향 때문이죠"하고 장교사는 말했다. 특히 조선 여성들이 겪어야 했던 부당한 점을 고려시대와 비유해서 설명하였다. 남녀유별을 설명하고, 여자의 재혼금지를 기린 열녀문, 은장도, 가마, 바느질, 여자가 글을 알면 집안이 망한다며 금지했다는 것을 설명했다. 이렇게 여자가 받았던 부당한 대우와 함께 삼종지도(三從之道)의 뜻을 설명했다. 여자는 항상 남자를 따라야 하는 수동적인 삶을 살아야 했다고 하며 삼종지도 관련 동영상을 보여주었다. 삼종지도의 내용을 또 설명하며 여자는 남자의 그림자로 살아야 했다며 조선후기 여성들의 삶에 대해 설명했다. 그러면서 허난설헌에 대해 설명했다. 허난설헌의 세 가지 한을 설명하고, 자식을 전염병으로 먼저 보내고, 유언으로 자기 시를 태우라고 한 사실을 설명했다. 허난설헌이 쓴 시의 내용을 묻는 학생에게는 인터넷을 검색해 보도록 하였다. 그 다음 김만덕에 대해 설명했다. 제주도 양인출신 김만덕이 장사로 돈을 번 사실을 드라마 동영상으로 보여주었다. 김만덕의 선행으로 굶주린 사람을 먹여 살렸고, 이로 인해 금강산 여행을 다녀왔다는 사실과 김만덕 전이 있다고 설명한 후 학습지를 나눠주었다. 그리고 학생들에게 학습지에 조선후기 여성 삶을 상상하여 체험한 것처럼 일기를 쓰게 했다.

어릴 적에는 아버지를 따르고, 커서 결혼을 하면 남편을 따르고 늙어서는 아들을 따르는 옛날 여자들이 너무 불쌍하였다. 왜 옛날 여자들은 다 남자들만 따른다는 것인지 난 조금 못 마땅하였다. 내가 만약 옛날 여자라서 남자들을 따르라고 하면 난 절대로 남자들을 안 따를 것이다. 난 이 내용을 배우는 게 역사의 생활을 배우는 것과 같다. (2012. 9. 14. 장** 학습일지)

조선후기 여성들은 정말 불쌍한 것 같다. 왜냐하면 삼종지도를 따라야 하고 밖에 나갈 때는 가마에 타야만 나갈 수 있기 때문이다. 그리고 자신을 납치하려 할 땐 스스로 죽으라고 은장도까지 주고 밖으로 나가라 했기 때문이다. 수업 후 우리가 조선시대 상류층, 상민, 하류층 여자가 되어서 일기를 써봤는데 조선시대 여성들 마음을 알 수 있었던 것 같다. (2012. 9. 14. 고** 학습일지)

장교사는 학생들의 다양한 배경지식을 꺼내게 하려고 애썼다. 문화반응교사의 신념 가운데 염두에 둔 것은 '학습자의 사전 지식, 경험, 기능, 신념을 토대로 수업을 조정함으로써 학습자 개개인의 성장을 극대화하도록 촉진'하는 것이었다. 그래서 다양한 학습자료, 학습내용, 학습양식으로 학생들의 사전지식과 경험을 수업에 활용하고자 하였다. 장교사는 학생들이 알고 있는 인물을 말하게 했고 내용을 설명했으며 상상일기를 쓰게 했다.

"여러분 방학 때 시간표 짜본 적 있죠? 하루를 시간대별로 나누어서 상상일기를 쓰는 거예요"하고 말했다. 그러자 남학생들은 "신분이 정해져 있으면 좋았을 텐데" 혹은 "밥 먹고 낮잠 자고", "노비부리고"하고 말하거나 장난하면서 쉽게 집중하지 못하였다.

남학생들은 여자로서의 삶을 생각해보는 일이 처음일 것이다. 장교사는 남녀의 차이를 실감했다. 학생들은 시간표는 짰으나 어떻게 써야 할지 몰라서 가만있기도 했다. 학생들은 스스로 사례를 구성해야 했다. 학생들은 상상일기를 쓰며 조선시대 여성의 신분을 상류·중류·하류층 가운데 선택하여 하루의 생활을 심정을 느껴 보려 했다. 그러나 잘 되지 않았다. 수업에서 장교사는 학생들의 배경지식이나 경험 등을 꺼내려고 하였으나 학생의 경험을 통한 배경지식이 아니라 기존에 알고 있는 상식적이고 일반적인 내용을 꺼내는 정도였다. 그리고 모두에게 맞는 수업방법에 대해 고민하기 시작했다. 진지하게 수업에 임하지 않는 학생을 보며 초임교사로서의 경험부족을 토로하기도 하였다. 이렇게 문화반응교사의 신념을 적용한 첫 수업은 장교사에게 많은 생각을 하게 하였다.

> 몇몇 아이들은 열심히 했지만 열심히 하지 않는 학생들도 있었다. 장난으로 쓰는 학생들도 있어서 진지하게 하라고 했지만 남자아이들이 쓰기 힘들어 하는 것 같았다. 이런 학생들까지 모두 포용해서 열심히 하게 하는 방법은 없을까라는 생각이 들었다. 아직 내가 경험이 많지 않기에 학생들을 끌어들이는 기술이 많이 부족한 것 같다는 생각도 들었다.
> (2012. 9. 14. 장교사 수업일지)

장교사는 상상일기를 쓰게 하면서 학습자의 신념이나 사전지식 등의 경험을 활용하고자 했으나 제대로 끌어내지 못해 답답해했다. 이는 수업에서 교사 설명이 대부분이었고, 교사가 학생의 사전지식 확인이나 경험을 살펴보려는 노력이 부족함에 기인하는 것으로 보였다. 이를 통해 장교사는 수업에 학생의 사전지식이나 경험, 신념 등을 반영하려면 교사의 신념 외에도 경험과 수업기술, 그 외 다른 요소들이 더 필요하다는 생각을 갖게 되었다고 본다.

(2) CRT 내용선정원리(IE) 적용 수업 사례

문화반응수업 내용선정원리를 보면 교육과정에 학생의 목소리가 들리고 그가 가진 문화유산이 충분하게 포함됨을 강조한다. 또한 다른 사람의 관점을 알 수 있도록 광범한 관점으로 사안으로 바라볼 수 있어야 하며, 모든 인간을 하나로 결합하는 공통성뿐만 아니라 다양성도 강조한다. 그리고 학생이 알고 있는 것으로부터 수업을 시작하여 새로운 지식과 연결하여 학생의 경험을 토대로 사례를 제시할 수 있게 한다. 이런 내용선정원리를 인지한 김교사의 수업을 살펴보았다.

1) 김교사의 수업: 대안적 관점(Alternative Perspectives)

문화반응교수 원리 두 번째 내용선정원리를 적용하는 김교사 수업을 보았다. 김교사는 수업계획 노트에 내용선정원리에서 포괄성, 다양성과 공통성, 대안적 관점, 학생구성 사례를 중시하였다. 여기서는 역사 속 지리수업에서 다문화교육을 실천했던 사례를 적어 본다. 역사 속에서 지리를 바라보

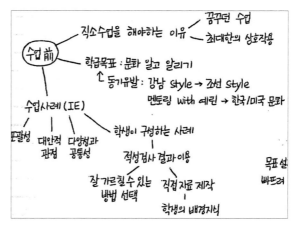

▌**그림 9-4** ▌ 김교사의 내용선정원리 해석마인드맵

는 관점이나 해석은 어떤지 매우 궁금했는데 김교사의 김정호의 대동여지도 관련 수업을 본 것이다. 교과서 실학자들 주장과 활동을 다룬 내용에 지도가 등장했기 때문에 드디어 지도로 수업하는 것을 보게 되었다.

역사적 사실을 알아보는 데 그치지 않고, 학생들의 문화 수용 태도와도 관련지어 생각해보게 하고, 올바른 태도를 기르고자 가르쳤다. 실학자들 활동을 살펴보고, 지리연구 과정을 다양한 관점에서 바라보도록 한국인 입장, 중국인 입장에서 생각하게 했다. (2012. 10. 10. 김교사 수업일지)

김교사는 먼저 혼일강리역대국도지도를 화면에 띄워서 학생들에게 보여주었다. 그리고 나서 질문을 시작했다. "이 지도의 중심에는 무엇이 있는가? 이 지도에는 어느 나라가 중심에 있는가? 왜 중국과 우리나라만 크게 그렸을까? 일본은 어디 있는가? 중국인이 대동여지도를 봤다면 어떤 생각을 했을까?" 이런 질문들로 학생들의 생각과 관심을 끌어내어 말하게 하고 듣게 하면서 입장에 따라 생각이 달라지는 학생들에게 말했다. 역사에서 다문화로 넘어가는 순간이었다.

T: 여러분은 이제까지 역사를 배울 때 항상 우리나라 사람 입장에서 생각을 했어요. 근데 우리나라 역사에 대해서 다른 나라 사람들이 보았을 때에는 우리와 같은 생각을 하고 있다? 안하고 있다?

S: 안하고 있다.

T: 다른 생각을 할 수도 있다는 거예요. 예를 들어서 아까 지도를 보았을 때 우리나라 사람들이 대동여지도를 보았을 때는 '야, 정말 대단하다. 지도 발전에 정말 큰 기여를 한 사람이구나'라고 생각을 했지만 중국 사람이 봤을 때에는 '이제는 좀 위태로운데? 중국이 최고인 줄 알았는데 말이야. 이제는 아니네. 이제 조선을 조심해야겠군. 무조건 도와주면 안 되겠다.' 이런 생각을 할 수도 있겠죠.

T: 선생님이 말해주고 싶은 건, 입장에 따라 여러분의 생각이 다르잖아요. 다른 나라 사람들의 생각도 다 다르겠죠. 그렇다고 나랑 생각이 다르다고 해서 그것을 무조건 무시해야 될까? 아니면 받아들여야 될까?

S: 받아들이고 인정해야 해요.

T: 왜 받아들이고 인정해야 하죠?

Ss 그래야 전쟁이 안 나니까요. 자기입장만 생각하면 안 되니까요.

T: 서로 생각들이 다 다르잖아요. 내가 이해하지는 못하더라도 내가 인정은 해줘야죠. '아, 그렇구나. 그런 생각이구나.' 인정은 해줘야 해요. 우리 반에도 모든 사람의 생각이 다 똑같습니까?

Ss: 아니요.

T: 다른 생각들이 서른두 개?, 아니 선생님까지 합해서 몇 개?

S: 서른세 개. 한 가지 일에 대해서도 생각이 전부 다 달라요. 이걸 보면 우리 생각도 다르고 속해 있는 문화도 다른, 문화는 문화인데 여러 개 있다(그러면서 교사는 칠판에 多문화라고 한자를 섞어서 다문화라고 썼다). 여러분은 다문화하면 무슨 생각이 들어요? 무조건 외국인. 다른 나라라고만 생각했죠? 근데 우리 반에도 다문화가 있었어요. 몇 가지 있었을까?

S: 33개.

T: 김**이꺼 하나만 있는 게 아니라~ 모두 몇 개?

S: 33개.

T: 누구 것까지?

S: 선생님 것.

T: 선생님 것까지 전부 있기 때문에, 그렇죠? 여러분! 다문화에 대한 편견을 버렸으면 좋겠어요.

김교사는 '내가 다 이해하지는 못하더라도 인정은 해야 한다.' 그러면서 '사회 공부를 떠나서 다문화에 대한 인정은 해야 된다'고 다시 한 번 이야기 한 뒤 수업을 마무리했다. 그날 학생들은 수업일지에 새로운 생각들을 써냈다.

오늘은 편견을 깼다. 다른 사람의 (입장이 되어) 생각을 해보는 건데, 이렇게 하니 정말 편견이 깨질 것 같았다. 그래서 다른 것도 생각해 보니 우리나라에(서 볼 때) 이순신은 위인이지만 일본은 원망을 하는 사람인 것이었다. (2012. 10. 10. 김** 학습일지) (괄호 속 내용은 연구자 보충)

오늘은 조선 사람(우리나라 사람)이 아닌 중국 사람의 입장으로 봤다. 나는 '대동여지도를 중국인이 보면?'이라는 문제에서 '우리는 대단하다고 생각하겠지만 중국인은 화나겠지?'라는 생각을 먼저 했다. 하지만 다시 생각해보면 '중국인이 더 좋은 지도를 만들어야 겠다'라는 생각을 했을 것 같기도 하다. 진짜 중국 사람은 뭐라고 생각했을까? (2012. 10. 10. 강** 학습일지)

학생들은 발상의 전환을 통해 관점을 달리하여, 대안적 입장이 되어 바라보는 이 수업을 통해 생각의 힘을 키워나갔다. 또한 관점이 달라지면 해석하는 시각이 달라진다는 것까지 배웠다. 이렇게 학생들은 문화반응수업을 통해서 하나씩 하나씩 편견을 깼다. 아무리 편견은 나쁜 것이라고 말해도, 그렇게 하면 안 된다고 하여도, 그러한 편견 버리는 일을 실천하기란 쉽지 않다. 실제 국제결혼가정 학생의 이야기를 들어 보면 알 수 있다.

> 지나가던 아이들이 나의 외모만 보고 외국인이라고도 하고, 길을 가면 사람들이 자꾸 나를 뚫어지게 쳐다봐요. 나는 그게 부담되고 싫은데 … 그리고 애들이 자꾸 영어를 해보라는데 이런 일들이 귀찮고 차별받는 것 같아 싫어요. (2012. 10. 10. 김** 면담 내용)

그렇지만 이렇게 차별받는 것 같아서 싫다고 해도 그 사실을 털어놓고 이야기를 할 상대는 많지 않았다. 다행히 부모님께는 말씀드릴 수 있다고는 했는데 조언에 쉽게 수긍하는 것 같지도 않았다. 연구자는 가족 외에 다른 교육공동지원체가 있다면 그래도 지지를 받거나 이야기를 털어놓을 수 있지 않을까 생각했다.

한편, 문화반응수업을 하면서 대안적 관점을 생각해보는 활동을 통해 학생들은 쉽게 자기가 가진 생각이 편견이라는 것을 깨닫고 자기의 생각을 객관적인 입장에서 바라보게 되는 것을 알 수 있었다. 이런 편견을 일깨우는 데는 교사 발문 하나로도 가능한 일이어서 교사의 문화다양성에 대한 수용이나 감지능력이 얼마나 중요한지를 알 수 있었다. 그리고 이러한 다문화감수성을 키우는 일은 어떤 교과든지 간에 교사가 마음만 먹으면 할 수 있겠다는 확신도 생겼다.

> 오늘은 실학자들 주장과 활동에 대하여 공부하였는데 중간에 '다문화'이야기가 나왔다. 내 얘기가 나와서 좋았는데 선생님께서는 우리 반에는 33개의 다문화가 있다고 얘기하셨다. 그런 말을 들으니 기분이 좋았다. 나만 다문화가 아니라니까 더 기분이 좋았다. (2012. 10. 10. 김** 학습일지)

> 선생님과 편견에 대하여 알아보았다. 아니 편견을 깨보았다. 더 정확히 말하자면 중국 입장에서 생각해 보는 것을 해보았다. 나는 오늘 이 수업을 통해 선생님으로부터 명언을 얻어냈다. '다른 문화를 이해하진 못하더라도 인정해주자' 뭘까 좀 감동했다. 그리고 또 알아낸 새로운 사실! 우린 모두 '多문화'였다. 모두 생김새가 다르고 피부색도 조금씩 차이가 있기도 하니, 그럴 만도 하지 …. 우리 반 다문화는 1명이 아니라 33명이었던 것이

다. 놀라웠다. (2012. 10. 10. 강** 학습일지)

김** 입장에서 보면 자기만 다문화가 아니라고 해서, 또 선생님이 자기에게 관심을 가져주는 것 같아서 기분이 좋았다고 했다. 이 말은 그동안 자기만 다문화라는 사실이 왠지 억울하였다는 말 같기도 하였다. 이러한 억울함이 문화반응교수의 대안적 관점을 취하는 수업에서 해소되도록 가르칠 수도 있다는 것이다. '다문화가정 학생은 고학년이 될수록 심리사회적 적응에 어려움을 겪는데, 그 요인은 개인적 · 심리적 · 학교 관련 요인이라고 한다. 그러나 또래나 친구관련 · 학교관련요인은 이러한 부적응을 완화시킨다(이영주, 2006)'고 하므로 이러한 수업을 자주 한다면 급우 간에 자연스럽게 좋은 상호관계를 맺을 것으로 본다. 비록 다문화가정 학생이 아니더라도 문화가 달라 오해받는 학생들 간에 이런 대안적 관점취하기 연습은 자주 할수록 관점을 넓히는 데 도움이 될 것이다. 실제 김교사 자신도 "만약에 중국인이 대동여지도를 본다면 어떤 생각을 할까?"라는 대안적 관점을 취하는 질문을 하면서도 그렇게 다양한 생각들이 나올 줄 몰랐다고 하였다.

하나의 질문으로도 학생들의 생각을 전환시킬 수 있으며, 역사적 사실을 넘어 가치관, 의식도 함께 이야기 나눌 수 있음을 느낄 수 있었다. 이것이 예전에 몰랐던 '문화반응교수의 힘'일 것이다. (2012. 10. 10. 김교사 수업일지)

김교사 이야기는 문화반응교수가 다문화교육에 새로운 방안이 될 수 있음을 말해준다. 오늘 수업은, 다문화라는 용어에 대한 오해를 잘 풀어낸 수업이었다.

'지금 우리 사회에는 새로운 교실 구성원으로서의 다문화가정 학생들에 대한 또 하나의 전형화된 이미지가 형성되고 있다. 언론의 영향으로 우리가 일반적으로 그리는 다문화가정 학생들의 이미지는 한국어 능력이 미숙하여 학습에 곤란을 겪고 있으며 이로 인해 학업성취도가 낮은 학생의 이미지이다. 또한 피부색이나 부모의 국적 배경 때문에 교사로부터 차별받고 학생들로부터 따돌림을 받는 모습이다. 이러한 이미지는 다문화가정 학생들에 대한 의도하지 않는 고정관념을 만들어 낼 수 있다(박윤경, 2009).' 우리는 이러한 사실들을 경계하고 두려워해야 한다. 이러한 고정관념은 해가 갈수록 풀기가 힘들어진다. 그러므로 이러한 문제를 빨리 풀기 위한 대안을 모색해야 한다. 학교는 이러한 문제를 재빨리 파악하고 상생과 공존을 위한 해결실마리를 풀어가도록 힘써야 한다.

2) 장교사의 수업: 학생 구성 사례와 다양성(Diversity)

9월 20일 목요일, 문화반응 교수 사례의 수업 내용선정원리를 적용한 장교사 수업을 보았다. 장교사의 수업주제는 〈판소리와 탈놀이, 서민문화〉였는데 초임교사임에도 파격적이게 음악수업과 연계하여 계획하여 실행하였다.

장교사가 해석한 내용선정 원리는 학생이 구성하는 수업사

┃그림 9-5┃ 장교사의 내용선정원리 해석마인드맵

례와 다양성, 포괄성, 대안적 관점이었다. 장교사는 학생이 가진 다양한 자료들을 포괄하고 다양한 생각을 다른 각도에서 생각하고 보고 듣게 하려고 시도했다. 장교사는 판소리를 택해 가사를 바꾸게 했다.

> 판소리에 대해서 학생들이 알고 있는 것이 부채, 북, 소리꾼 정도였는데 이것보다 더 자세히 알고 직접 체험해 보자는 의미에서 '나는 소리꾼'이라는 활동을 넣었다. 판소리에는 3가지 특징이 있는데 직접 개사해 보고 불러보면서 이 세 가지를 알고 방청객이 되었을 때는 추임새를 넣어 같이 즐기는 시간을 갖고 싶었다. (2012. 9. 20. 장교사 수업일지)

장교사는 문화반응교수 원리 중 수업 내용선정원리를 반영한 수업에서, 특히 다양성과 학생이 구성하는 사례에 집중했다. 평소의 강의식 수업에서 벗어나, 학생들이 직접 활동에 참여하는 수업을 진행한 것이다. 장교사가 염두에 둔 다양성은 학생개인을 고유하고 흥미로운 존재로 만들어주는 요인으로 각종 인간적 다양성이 존재한다는 사실을 아는 것이 중요하다는 것으로, 장교사는 학생들에게 모둠토의를 통해 여러 사람의 다양한 의견을 존중하고 이를 들어본 후 학교생활 속 이야기

를 판소리 가사에 실어보게 하였다. 이렇게 다양성과 학생구성사례는 자연스럽게 연결되었다. 학생들은 수업의 주요 활동인 판소리 춘향전 중 사랑가를 개사하여 불러보기에서 모둠별로 의견을 모아 주제를 정하고 개사를 하기 시작했다. 학생들은 이 활동에 매우 열중했는데, 표정이 밝았으며 연습을 매우 열심히 하고, 모둠원 모두가 앞에 나와서 부르는 생활주제 판소리에는 흥미를 갖고 참여하였으며 듣는 자세도 좋았다.

사회 시간에 음악을 접목해서인지 지루해하지 않는 것 같았다. 모둠별로 개사를 해 보라고 했을 때는 시간이 좀 걸렸지만 재미있게 하는 모둠, 실생활에서 겪을 수 있는 일 등을 주제로 열심히 만드는 모습을 보면서 내가 그동안 너무 일방적인 수업을 했던 것 같아서 마음이 뜨끔했다. 그동안 시험에 너무 얽매여 내가 먼저 두려워한 것은 아닌지 생각이 들었다. 수업이 모두 끝난 다음에 학생들에게 수업이 어땠니? 라고 물었을 때 재미있었다고 답한 친구들이 많았다. 하지만 한편으로는 재미있기만 하고 알맹이는 기억하지 못하는 일이 벌어지지는 않을까 하는 걱정스런 마음도 함께 들었다. (2012. 9. 20. 장교사 수업일지)

장교사는 평소 수업에서는 학생들의 질문에 대답할 겨를도 없이 책에 있는 주요 내용을 가르치는데, 늘 시간이 모자랐다. 학생들은 받아 적고, 교사 물음에 응답했지만 스스로 수업의 주체가 되는 경우는 거의 없었다. 그런데 장교사가 학생들의 체험 활동을 넣어 수업을 하였다. 학생들은 흥미와 호기심을 갖고 수업에 바짝 다가앉는 모습을 보였다.

장교사가 조선시대의 문화에 대해 설명한 뒤, 주요 수업활동으로 잡은 것은 판소리 개사하여 부르기였다. 학생들이 낯설어하는 판소리인데다가 가사를 바꾸는 활동이라니. 어렵겠다고 필자가 생각하는 사이에 교사의 시범이 있었다. 화면에는 교사가 판소리 춘향전을 점심전으로 바꾸어 '아니리'를 하고, 사랑가를 점심가로 개사한 가사로 소리를 하였다. 먼저 낭랑한 목소리의 장교사가 먼저 시범 창을 하였다.

"때는 어느 땐고 하니 / 2012년 9월 20일 / 아직 3교시인데 벌써 배가 고프구나!
어제는 스프가 나와서 / 오늘 점심 메뉴 확인하려 일어나니 /
무심히 울리는 종소리가 수업 시간을 알리는구나."
"이리 오너라. 먹고 놀자. / 이리 오너라. 먹고 놀자 /
꼬륵 꼬륵 꼬륵 내 뱃속이야. / 배가 고프구나. 내 위장이야."

학생들은 교사의 판소리 창을 처음 들어보았다. 그런데 가사의 내용이 학생들 마음을 사로잡았나 보다. 장교사는 학생들에게 이러한 방법으로 개사(改辭)를 하라고 했다. 그리고 세 번 정도 시범 창을 하였고 학생들은 따라서 불렀다. 어색해 할 줄 알았는데 이렇게 되자 아무도 어색하지 않는 분위기였다. 학생들은 모둠별로 머리를 맞대고 앉아서 가사를 고쳐 쓰기 시작했다. 모둠마다 관심 있게 고개를 앞으로 내밀어 생각들을 말하고 쓰고, 정리하며 불러보고 하느라 부산해졌다. 어떤 모둠에서는 웃음소리도 나왔다. 그러나 어려운 활동이어서 학생들이 과연 해낼 수 있을까 걱정했다. 그런데 학생들의 생활 경험을 토대로 제시한 교사의 개사 내용이 학생들의 흥미를 끌어 모았는지 모둠 활동들은 매우 진지하였다. 먼저 마친 모둠은 다른 모둠 활동에 방해가 되지 않게 하려고 소리를 낮춰 연습했다. 각 모둠마다 매우 부산한 몇 분을 지냈다. 교사가 시간을 알렸고, 학생들은 각 모둠별로 앞에 나와서 발표를 하였다.

"때는 어느 땐고 하니 / 2012년 9월 19일 / 모둠이름을 정해야 하는데 /
의견이 맞지 않았네. / 오늘은 의견이 잘 맞아서 /
기분이 좋아. / 내가 한턱 쏴야겠구나."
"이리 오너라. 화해하자. / 이리 오너라. 화해하자. /
좋다 좋다 좋다 내 친구들아. / 화해하자. 내 친구들아."

학생들은 자신의 경험이나 생활을 반영하여 개사를 했다. 판소리의 개사 주제는 공부의 고단함, 스트레스를 풀자, 친구들을 돕자, 친구와 싸우지 말자 등 학생들의 생활 속에서 고른 거였다. 장교사는 문화반응교사의 신념을 알고 나서 수업을 계획하여 진행해보니 학생들의 이야기를 들을 수 있었다고 하였다. 그리고 학생들의 웃음과 재미있다는 대답에 용기를 얻는 것 같았다. 그러면서도 그동안 평가를 염두에 두고 했던 수업에 대해 스스로 돌아보면서 수업에서 중요한 것은 학생들의 생활 속 이야기를 듣는 일임을 깨우치고 있었다.

오늘 수업은 평소와 달랐다. 내가 시범을 보일 때 학생들이 웃는 것을 보고 사회 시간에 이렇게 웃는 것이 얼마 만일까 하는 생각이 들었다. 항상 수업을 듣기만 하다가 직접 활동을 해서 활력이 생긴 것 같다는 생각이 들었다. 개사를 한 내용도 각자 열심히 모둠원들과 토의하면서 적고 연습까지 해서 오히려 내가 시험이라는 틀에 갇혀서 중요한 것을 잊지는 않았었나 하는 생각이 들었다. 특히 오늘은 … 학생들의 이야기를 들을 수 있었던 것 같다. (2012. 9. 20. 장교사 수업일지)

문화반응교사의 수업 내용선정원리를 적용한 수업에서 장교사는 학생들의 경험을 토대로 모둠활동에 참여시켰다. 그러자 학생들은 모둠별로 협동했고 서툴지만 열심히 만들어서 불렀다. 그리고 다른 모둠의 생각과 발표모습도 유심히 지켜봤다. 학생들은 오늘 수업에 그들의 이야기를 했으며, 그런 경험에 만족해했다. 장교사는 사회를 늘 시간에 쫓겨 대부분 강의식 수업을 했는데, 이번에 판소리를 음악 시간까지 연계한 수업결과에 대해 놀랐고 학생들도 재미를 느꼈다. 학생들은 수업일지에서 모둠활동을 통해 재미와 함께 협동심을 기를 수 있다고 스스로 평가하였고, 모둠활동을 또 했으면 하는 등의 의견도 나타냈다.

판소리를 배웠는데 내가 직접 하게 될 줄은 정말 몰랐다. 판소리 가사를 직접 지을 때는 정말 막막하였다. 하지만 판소리 가사를 짓는 것도 제법 재미있었다. 가사를 다 지은 뒤에 부르는 것이 힘들었지만 그래도 재미있었다. 주말에 놀고 싶은 마음이 그대로 드러난 판소리였다. (2012. 9. 20. 장** 학습일지) 판소리를 만들어서 재미있었고 사회시간이 음악 시간이랑 읽기 시간까지 이어져서 놀랐다. 모둠원이랑 판소리를 만드니까 더 재미있었던 것 같다. (2012. 9. 20. 김** 학습일지) 오늘 판소리를 모둠원들과 만들 때 크게 싸운 일 없이 웃으며 같이 했던 게 좋았고, 협동심이 길러진 것 같다. 다음에도 모둠원들과 하는 활동이 있었으면 좋겠다. (2012. 9. 20. 강** 학습일지) 판소리 춘향가 가사를 바꿔 부를 때 정말 재미있었다. 모둠활동이라 친구들과 더 친해지고 재미있는 이야기도 하며 즐거운 시간이었다. 친구들이 있어 행복해. (2012. 9. 20. 이** 학습일지)

두 교사는 문화반응교수의 내용선정원리를 읽고 각각 수업에 적용하였다. 그러나 그 해석과 적용은 서로 달랐다. 김교사는 학생구성 사례와 포괄성에 초점을 맞춘 반면에 장교사는 학생구성 사례와 다양성에 초점을 두었다. 두 교사 모두 문화반응교사의 신념과 수업사례, 적용 수업에서 학생들을 수업의 주인공으로 참여시킨 것은 같았는데, 학생들은 수동적으로 교사의 설명을 듣는 것을 벗어나서 수업의 주인공으로 바뀌었다. 그러나 김교사는 포괄성에, 장교사는 다양성에 초점을 두었다고 말했으며, 두 교사 모두 마인드맵에서 보여준 것과 달리 각자 초점을 둔대로 수업을 실천했다. 필자는 그 까닭에 대해서, 같은 내용을 읽고도 각자의 해석이 다를 정도로 내용선정원리에 여러 요소가 들어있기도 하지만 수업 실천에 있어 본인이 중요하다고 생각하는 관점이나 수행능력 등이 다른데 그 원인이 있지 않을까 판단하였다. 왜냐하면 문화반응교수의 다문화교육 활용에서 김교사는 직접 역사수업에서 다문화교육을 실천했지만, 장교사는 다양한 수업자료와 수업방식의 다양화로 다양성을 이해시키려는 노력을 보였기 때문이다.

(3) CRT 학생참여원리(SE) 적용 수업 사례

학습한다는 건 학생이 기존지식을 바탕으로 새로운 지식에 대하여 인지하고 새로운 의미를 만들어낸다는 것을 의미한다. 그러므로 교사는 기존지식과 새로운 지식이 학생에게 의미가 있도록 구성해야 한다. 왜냐하면 아는 것과 배우는 지식사이에는 의미 있는 연결고리가 있어야 하고 그것은 학생참여로 가능하기 때문이다. 학생이 참여한다는 것은 학생이 주체가 됨을 의미한다. 학습은 동기화, 호기심, 관심, 목적으로 촉발되고 학습자의 이전지식 및 기능과 부합할수록 학습자는 잘 배운다. 학생참여 원리를 인지한 김교사 수업이다.

1) 김교사의 수업: 나만의 비법으로 협동 학습하기

전 시간에 준비했던 전문가 학습이 본격적으로 이루어지는 날이다. B학교로 김교사 수업을 보러가면서 학생들이 어떤 학습 자료를 만들어 왔을지 기대가 되었다. 이 날은 학생참여원리와 평가원리가 세 번째로 적용되는 날이다. 그래서 필자는 김교사가 전 시간과 어떻게 연결을 하였는지 궁금했다. 김교사의 오늘 수업주제는 전 시간과 같은 내용이었다. 김교사는 학생참여원리(SE)의 핵심어를 목적, 호기심, 기대, 복합적인 학습 선호, 의사소통 양식, 상호작용, 학습주도권으로 잡고 있었다. 전 시간이 내용선정 및 계획에 해당된다면 이 날은 학생 활동전개와 평가에 신경을 쓴 ① 함께 공부하기 ② 잘 공부했는지 확인하기였다. 핵심발문은 '왜 조선후기 문화를 배울까?'였다. 학생들은 전문가가 되었고 나만의 비법으로 가르치라고

한 김교사의 말을 잘 따랐다. 김교사는 학습목표로 왜 공부하는지 생각하게 했다.

조선후기 서민문화에 관한 내용적 지식과 전문가 학습에 대한 방법적 지식을 동시에 알 수 있도록 하기 위해 가르쳤다. 자신이 잘 알고 있는 문화를 서로 공유하는 모습이 보였다. (2012. 9. 24. 김교사 수업일지)

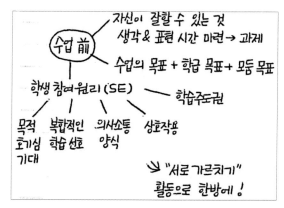

| 그림 9-6 | 김교사의 학생참여원리 해석마인드맵

학생들은 각자 가장 자신 있는 방법을 선택하여 전문가로서 가르칠 준비를 했고, 지시에 따라 모둠을 만들고 전문가 활동을 시작했다. 각자 집에서 만들어온 자료로 자기의 공부 비법들을 전수했다. 모둠활동에서는 서로 진지하게 이야기를 나누는 모습이 보였다. 모두가 열심이었다. 노래에 관심 있는 학생은 노래 만들기, 노래가사 바꾸기를 하였으며 그런 방식으로 가르쳤다. 미술에 자신 있는 사람은 만화를 그려 학습할 내용을 써 넣어서 쉽게 배우도록 가르쳤다. 언어에 재능 있는 학생은 퀴즈문제, 비법단어 만들기 등으로 가르쳤다. 학생들은 다른 사람들이 학습하는 방법을 배웠으며 자기가 아는 방법도 알려주었다. 이렇게 학생마다 재능을 살리니 방법과 내용이 다양했다.

각자가 전문가가 되어 모둠원들을 가르치고 배우니 귀에 쏙쏙 들어와 더 잘 된 거 같다. (양**)/전문가를 체험해서 더욱 머리에 쏙쏙 들어왔다. 가르치는 것도 재밌다. 이참에 장래를 선생님으로 바꿀까? (김**)/전문가가 되어 친구들을 가르쳤다. 내가 준비한 문제들을 친구들이 다 맞혔다. 좀 어렵게 냈는데 말이다. 빨리 다음시간이 왔으면. (강**)(2012. 9. 24. 김교사반 학생들 학습일지)

김교사는 이날 수업에서 학습의 목적을 강조했다. 왜 배우는가 하는 것이었다. 학생들에게 왜 배워야 하는지를 강조하였고 수업에서 배워야 할 것이 무엇인지 설

명해 주었다. 그리고 학생들이 선호하는 자기만의 비법을 모둠원들에게 보여주도록
했다. 학생들은 자기 재능을 살린 학습비법으로 친구들에게 가르쳐주었다. 이를 통
해 학생들은 자연스럽게 다른 사람의 다양함과 서로 다른 재능을 알게 되었고, 장래
진로에 대해 다시 생각해 보게 되었으며, 다른 사람에 대한 생각도 달라져 갔다.

　　문화반응교수의 학생참여원리는 다양한 문화적 배경을 가진 학생을 대상으로
한 학습을 위한 것이어서 그런지 모든 학생이 즐겁게 학습하고 있었다. 다문화가정
학생의 경우도, 이 학생이 우수한 학생이어서 그런지 다른 학생들처럼 학습을 잘하
고 있었다. 심지어 '오늘 문화 알리기를 했다. 내가 다문화여서 그런지 다문화 얘기
만 나오면 기분이 좋았다'라고 학습일지에 쓸 정도로 만족감을 느끼고 있었다.

2) 장교사의 수업: 학생이 선택하여 협동학습하기

　　9월 21일 금요일, 장교사의 문화반응교수 학생참여(SE)원리를 적용한 수업을
보는 날이었다. 장교사는 이날도 평소처럼 전 시간에 배운 판소리 구성요소와 추임
새를 비롯한 내용을 PPT로 화면에 띄우고 정리하였다. 그러나 OX퀴즈만이 아니었
다. 이젠 장교사 수업에서 학생들에게 묻고 답하는 광경도 자주 볼 수 있었다. 수업
을 전개하기 위해 장교사가 칠판에 그림을 그리기 시작했다. 교사가 하나씩 선을
그리고 모양을 나타내는 동안 학생들은 계속 선생님의 손을 따라 보며, 생각들을
쏟아냈다.

- S1 밀짚모자?
- S2 야구모자 그렸다.
- S3 노래부르시나? 손? 아아~ 노래부른다.
- S4 농부가 노래 부르는 것 같다.

| 그림 9-7 | 장교사 생활 그림

　　그림은 모자를 쓴 사람이 노래를 부르는
장면이었다. 이 그림을 통해 장교사는 생활 속의 예술과 문화에 대하여 이야기를
꺼내기 시작했다. 그림을 다 그리고 난 교사가 질문하였다. (그림을 가리키며) "이거
언제하나요?" 하고 질문하자 학생들이 생각을 동원하여 생각나는 대로 이야기를 하
였다. 노래를 언제 부르냐는 질문이었는데 학생들은 "음악시간, 짜증날 때, 콘서트

가서 따라 부를 때, 자기가 하고 싶을 때, 심심할 때, 선생님이 하라고 할 때, 농사할 때 등"이라고 답했다. 이러한 동기 유발 과정을 거친 교사는 생활 속의 그림을 찾아서 외국 사례와 우리나라 사례를 들면서 꺼내 놓았다.

사실 장교사는 역사수업에서 외국의 그림을 꺼내 보여준다는 것은 상상도 못했는데 김홍도의 씨름도 등을 공부하면서 밀레

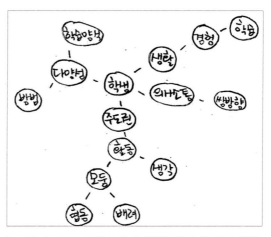

‖ 그림 9-8 ‖ 장교사의 학생참여원리 해석마인드맵

가 그린 만추 그림을 보여주게 된 것은 문화반응교수 덕분이라고 하였다. 지금까지 학습자료는 학생생활관련 자료였는데 종족의 다양성을 반영할 수도 있다는 것을 장교사는 이해하고 있었다. 외국 사람들도 일상생활을 그렸고 우리나라 사람들도 일상생활을 그렸다는 점에서 사람들의 삶에는 공통점이 있음을 보여주려고 했다. 이러한 도입 과정을 거친 후 장교사는 전문가 수업 학습 방법을 안내하기 시작했다.

장교사는 이젠 수업에 학생들의 경험을 담고 학생들을 참여시키려고 한다. 모둠활동에는 서로 배려하고 협동하도록 학생에게 주도권을 주고자 노력했고 또한 학습양식과 방법을 다양하게 하고자 노력했다. 장교사는 문화반응교수 원리를 인지한 후 두 번째 수업에서는 처음으로 해본다는 전문가 학습법을 도입했다.

"우리 오늘은 풍속화 박사가 되는 거야." 이렇게 말을 한 장교사는 각각의 그림을 꺼내어 설명해 주었다. 그리고 나서 신윤복의 그림 5장과 김홍도의 그림 3장을 각 모둠에 나누어 주고, 교사가 준비한 그림 8장 가운데 맘에 드는 하나를 선택하고 나서 이동하도록 하였다. 서당(4명), 무동(3명), 씨름(2명), 월하정인(4명) 쌍검대무(4명) 그림을 학생들이 선택하고 나자 전문가 학습방법을 차례대로 설명했다. "얘들아! '선택하기-이동하기-탐색하기-가르쳐 주기' 단계를 거칠 것이니까 각자 책임감을 갖고 열심히 해 와야 합니다. 내가 모르는 것으로 끝나는 게 아니라 내 친구도 아예 모를 수 있으니 잘해야 된다." 그리고 나서 주의해야 할 점까지 자세히

안내했다. 이동할 때는 조용조용, 박사가 되기 위해서는 열심히 탐색하기, 책임감 갖기, 서로 존중하며 발표하기를 꼭 지키라고 말한 장교사가 박수 한 번 치고 검지 손가락을 입에 대고 세운 후 한손을 들자, 모두 따라하고 조용히 활동을 시작하였다.

사실 전문가 협동 학습을 반신반의하면서 시작하였다. 잘 진행될 수 있을까. 학생들이 전문가 학습 순서를 잘 이해하고 실행할 수 있을까. 여러 가지 걱정들이 있었다. 그런데 설명하면서 한 학생이 '재미있겠다'라는 말을 듣고 '내가 잘못 생각했을 수도 있겠다'라는 생각이 들었다. 수업을 진행하면서 그 생각은 더욱 확실해졌고 내가 생각했던 것 보다 학생들이 너무나도 잘해서 그동안 내가 이 아이들을 과소평가 했었구나 하는 생각이 들었다. (2012. 9. 21. 장교사 수업일지)

전문가 공부를 하고 모둠에 돌아온 학생들이 전문가가 되어서 모둠원들에게 공부를 가르칠 차례가 되었다. 그런데 얼마나 엄숙하고 선생님처럼 격식을 차려서 말하는지 교사도 필자도 놀랐다. 그냥 장난으로 하는 것이 아니라 정말 어느 누구도 장난을 해서는 안 될 것 같은 분위기로 자기가 다른 모둠에서 배워온 자료를 가지고 모둠원들이 다 보이도록 자료를 반듯하게 가슴 앞에 세우고는 경어를 써가면서 가르쳤다. 장교사는 이 수업을 진행하는 동안 학생들의 반응, 발표, 학습하는 활동을 보면서 학생들의 진지함에 놀랐다. 그리고 학생의 능력을 과소평가한 게 아닌가 하는 생각이 들었다.

학생들끼리 순서 정해서 발표를 하고 나름 진지하게 듣는 모습이 정말 인상적이었다. 학생들끼리 이야기 하는 시간을 더 많이 가졌던 수업이었는데 스스로 탐구하고 친구들에게 가르쳐주고 발표하는 활동을, 생각 이상으로 참 잘했다. 발표할 때에도 함부로 말하는 것이 아니라, 모둠장 주도로 순서를 지키면서 전체 발표를 하는 듯이 열심히 발표를 하였다. 그러면서 풍속화 내용을 탐색하기 위해 서로 질문하고 답하는 모습이 보였고 어려운 부분은 힌트를 주거나 알려주기도 했는데, 학생들 능력은 끌어내면 끌어낼수록 참 많다는 것을 느꼈다. (2012. 9. 21. 장교사 수업일지)

학생들은 개개인을 고유하고 흥미로운 존재로 만들어 주는 요인으로서 각종 인간적 다양성이 존재한다는 사실을 아는 것 역시 중요하다. 전문가 학습은 학생들이 전문가처럼 책임 있게 학습함을 강조하지만 다양성도 엿볼 수 있게 한다. 자기가 소속된 집단을 이해하면 확고한 자긍심, 자존감, 자기이해를 가지게 된다. 이런 긍정적인 느낌들은 개인의 정체성 안에 건강한 자아개념과 자긍심을 발달시키는데 필수적인 것이다(Irvine·Armento, 2001: 27). 학생들은 수업에서 이런 경험을 자주할 수 있어야 한다. 이러한 자아개념과 자긍심을 발달시키는 데는 책임을 다하고 자기 일을 다하는 데서 오는 만족감도 포함이 될 것이다. 오늘 장교사 수업은 학생들의 예상 밖의 진지한 활동으로 매우 인상적인 수업이 되었다. 장교사도 수업에서 학생들 경험을 드러내는 일에 신경을 쓰고 있기는 했지만 이 수업으로 새로운 수업방식에도 시도해 볼 힘을 얻었다. 그러면서도 장교사는 방심하지 않고 새로운 성찰을 하였다.

> 학생들이 너무나 훌륭히 전문가 역할을 수행해서 많이 놀랐고 재미있다는 학생들도 많았다. 단지 조금 걱정이 되는 것은 재미만 있을 뿐 그 안에 학습이 일어나지 않으면 어쩌나 하는 것이다. (2012. 9. 21. 장교사 수업일지)

장교사는 수업에서 학생들이 스스로 선택한 풍속화에 대해 공부하고 모둠으로 돌아가서 전문가로서 가르치도록 했다. 학생들은 학습에 집중하였으며 교사의 기대 이상으로 잘 수행했다. 이로써 필자는 문화반응교수 학생참여원리는 다양한 학생들을 수업에 참여시킴으로써, 학습목표달성뿐만 아니라 자아개념과 자긍심을 키우는 데에도 도움이 됨을 알 수 있었다. 이런 사실은 학급에 아직은 소수로 존재하고 있는 다문화가정 학생 개인의 정체성 함양에도 영향을 미칠 수 있는 바 문화반응교수가 다문화교육의 대안이 될 수 있다는 사실을 알 수 있었다.

(4) CRT 학습평가원리(LA) 적용 수업 사례

학습 평가는 학업성취여부를 판단할 수 있는 가장 좋은 요소이다. 평가는 학생뿐만 아니라 교사와 학부모에게도 중요한 정보를 제공해준다. 학생들이 전문적인 학업목표와 사회적 목표를 진정으로 숙달했는지 여부를 어떻게 알 수 있는가?

다양한 교실 환경 속에 있는 학생들을 대상으로 수업을 어디에서부터 시작해야 할지 어떻게 알 수 있을까? 학생들이 학습목표를 향해 얼마나 많이 향상되었는지 어떻게 알 수 있는가? 두 교사는 이런 평가 원리를 어떻게 적용하고 있는지 살펴보았다.

1) 김교사의 평가방법: 전문적이고, 다양하게

김교사는 평소 수업에서 학습지를 나눠 줘서 공부하게 하고 '진진가'라고 부르는 평가를 했는데, 중요하다고 생각되는 내용을 갖고 서술형 문항을 세 개 만들되 두 개는 진짜 사실인 문장을, 하나는 사실이 아니 가짜 문장을, 만들게 한 후 틀린 문장을 찾아내는 방법이었다.

모둠별로 앞에 나와서 또는 제자리에서 문제를 내면 다른 학생들이 틀린 문제를 골라내고 그 이유를 설명하는 방법이다. 또는 이구동성 게임으로 주요어 핵심어를 알고 있는지 확인하기도 했다. 김교사는 전문가 활동에서는 자신이 맡은 부분의 내용을 얼마나 충실히 공부했는지 확인할 수 있는 '내용'의 평가와 전문가 활동방법을 이해하고 책임있게 역할을 수행했는지 점검하는 '방법'의 평가를 강조했으며 그렇게 평가를 했다. 김교사는 학생들에게 평가의 필요성을 먼저 설명하였고, 사회과 학습일지를 학생들에게 주어서 스스로 평가하도록 하였다. 김교사는 전문가 학습지에 학급목표, 모둠목표, 전문가 공부주제, 가르칠 방법, 핵심어, 가르칠 자료를 쓰게 하였다. 학생마다 쓰는 내용은 달랐다. 모둠활동이 중요시 되는 학습에서는 활동에 대한 자기평가 및 동료 간의 상호평가를 강조했다.

모둠활동이 주가 되기 때문에 활동에 대한 자기평가 및 상호평가가 필수적이라고 생각한다. 또한 활동의 방법에 충실했다면 활동 내용, 즉 학습한 내용의 습득 정도도 높기 때문에 활동 내용에 대한 평가도 간과되어서는 안 된다. (2012. 9. 24. 김교사 수업일지)

김교사는 학습지를 모았다가 수업이 끝난 뒤에도 평가를 하였으며, 학업성취에 대해서도 매우 관심을 가지고 있었다. 이러한 김교사의 평가에 대한 관심은 매 수업 시간마다 알찬 계획을 세우고 실천하는데 도움이 되는 것 같았다.

문화반응교사는 수업에 대한 평가를 함에 있어서 지속적이고 맥락적인 상황 속에서 수행하지만 한 가지 더 간과하지 말아야 할 것은 평소의 사소한 자료에 대한 민감성을 키워야 한다. 학생들이 표현하는 것은 작고 미미한 것처럼 보이기도 하지만 그 자료에는 교사의 주의 깊은 관찰과 세심한 지도를 요구하는 것들이 있기 때문이다. 평가는 학생에 대한 관심을 기울이게 할 뿐만 아니라 수업을 진행하기 위한 준거가 되기도 한다. 이는 문화반응수업을 하는 교사로서 학생의 다양성을 인정한다면 수업을 하기 전에 꼭 수행해야 할 절차이다. 왜냐하면 학생들 사이에는 지식과 기능 등에 대한 차이가 반드시 존재하고 있기 마련이며, 이러한 학습격차를 짚어내야 학습의 방식을 결정할 수 있기 때문이다. 문화반응교수의 평가방법을 알고 난 김교사는 수업에 다음의 변화가 있었다고 했다.

> 학생들의 이야기에 귀 기울이게 되었고 훨씬 수용적, 개방적인 태도로 들어줄 수 있게 되었다. 그리고 학생들에게 수업의 주도권을 쥐어주는 데 망설이지 않게 되었고 한 차시에서 학생 중심의 활동을 하는 시간이 더 많아졌다. 또한 그동안 학습내용의 평가가 주를 이루었는데, 문화와 학습내용을 모두 평가할 수 있는 내용의 평가와 문화반응 태도를 평가하는 방법의 평가를 모두 고려하게 되었다. (2012. 9. 25. 김교사 질문응답지)

김교사는 문화반응수업에서 일제히 답변을 하는 것이나, 짝을 이루어서, 혹은 모둠을 구성해서 활동하고 답변하게 하는 방식을 사용하기도 하였다. 또한 성찰을 거듭하여 '전 시간에 배운 수업내용을 알면 일어섰다가 같은 내용을 말하면 앉기' 같은 평가도 했다. 즉 수업 정리단계에서 "전 시간에 배운 수업 내용이 기억나는 사람은 모두 일어서세요"하고 모두 일어서게 한 다음에 한 사람씩 기억나는 것을 말하면 "같은 내용을 생각하고 일어선 사람은 앉으세요"하며 앉게 하는 것이다. 그러면 맨 나중에는 독특한 내용이나 미세한 부분의 기억을 말하는 사람이 서있게 되고 그 내용을 들어보면 생각까지 파악할 수 있는 방법이다.

이런 활동은 모든 학생이 참여할 수 있는 방법으로서 수업 중에도 사용할 수 있지만 평가에서도 활용할 수 있는 것으로서 교사의 성찰이 나날이 좋은 수업을 하도록 이끈다는 것을 실감하게 해주었다. 따라서 학생의 다양성을 감안하고, 이러한 다양성을 드러내거나 나타내게 하여 서로 이해하거나 인정하고, 공유하게 하는 일은 모든 교사가 문화반응교수의 원리를 이해하고 알아야 하는 중요한 이유라고 생각되었다.

2) 장교사의 평가방법: 지속적이고, 특수하게, 환류하며

장교사는 평소 수업에서 늘 학습지에 괄호 넣기나 빈칸 넣기 등을 통해 주요 내용을 아는지 확인하였다. 수업을 시작할 때 반드시 전시에 배운 학습내용을 확인하였다. OX 퀴즈를 사용하거나 PPT 또는 골든벨 판을 사용하였다. 문제를 내서 맞히게 하거나 손을 들어 발표하게 하였다. 그러나 문화반응교수 원리를 반영하면서부터 장교사는 다양한 평가를 하려고 하였다. 수업 내용선정원리를 반영한 수업에서는 다음과 같은 평가계획을 세웠다.

협동학습을 할 때에 가장 걱정되는 점은 무임승차이다. 그래서 평가를 할 때도 상호평가만이 아니라 자기평가도 함께 이루어지도록 하였다. 친구들의 활동모습을 평가해보고 자신의 모습도 되돌아보면서 반성할 수 있을 것이다. (2012. 9. 21. 장교사 수업일지)

평가는 교사가 수업에 따라서 다양하고 광범위하게 수많은 상황과 맥락 속에서 실시하여야 한다. 그래야 학생의 지식과 기능에 대해 좀 더 자세히 알 수 있기 때문이다. 실제로 장교사는 수업 내용에 따라 자기평가와 상호평가, 내용과 방법에 대한 평가 등을 병행하기도 하고, 따로 수행하기도 했다. 즉 미술과 연계한 수업 평가계획은 작품의 결과뿐만 아니라 처음 계획부터 과정 결과에 이르기까지 지속적으로 이루어졌는지, 제대로 만들었는지 맥락적으로도 살펴봐야 한다고 생각하였다. 장교사는 실제 수업에서 이런 평가를 하려고 노력하였다. 그러나 종종 시간이 부족했으며 수업과 평가를 병행하기 어려운 경우도 있었다.

그러나 이러한 시각을 갖는다는 것은 매우 중요하다. 왜냐하면 평가는 수업에 대한 성과를 보여주는 중요한 결과이고 환류 자료이기 때문이다. 한 두 번의 평가를 통해 학생이 얼마나 많이 알고 있는지를 판단하기는 곤란하다. 그래서인지 장교사는 지속적으로 평가를 하면서 매 수업마다 학생들이 알고 있는 것을 확인했다. 수업 시작 전에 전 시간에 배운 내용을 질문해서 학생들이 아는지 모르는지 정보를 계속하여 수집하였다. 그러나 수집한 정보를 바로 수업에 반영하여 수업방식을 바꾸는 것은 아니었다. 다만 배운 것을 상기시키고, 잊지 않도록 다시 강조하여 설명하였다. 이전의 장교사에겐 학생들이 이미 배운 내용을 잊어버리지 않게 하는 것이 매우 중요한 일인 것처럼 보였다. 그러나 문화반응교수 원리를 적용하면서는 학생들에게 강조와 다시 반복 설명하는 일이 줄어들었다. 왜냐하면 내용지식 설명보다는 학생들이 직접 활동하는 학습이 늘어났고 장교사의 성찰이 계속 되기 때문이다. 이러한 장교사의 발전이 참으로 기대된다.

우리 교실에는 다양한 문화를 가진 학생들이 모여 있다. 다문화이해교육은 이런 우리 모두를 대상으로 이루어져야 한다. 다문화가정 학생만이 아니다. 다양한 문화를 가진 우리 모두가 어울려 살아가는 글로벌 세상에서 인류공영을 도모하며 조화롭게 살아가기 위해서는 반드시 필요한 것이 다문화이해교육이다. 그러므로 다문화교육의 내용은 교육과정 속에서 지속적으로 다양하게 이루어져야 한다. 학생의 다양한 문화를 이해하고 존중하여 수업에 반영하는 문화반응교수를 현장에 적용했던 위 사례는 문화반응교수가 다문화교육의 효과적인 방안임을 알려주었다고 본다.

다만 문화반응교수를 실천하는 교사가 주의해야 할 것이 있다. 교실에서 교사가 주로 누구의 문화에 반응하는가에 대한 성찰이다. 교사가 상위그룹학생에게 반응하는지 혹은 하위그룹학생에 반응하는지, 또는 눈에 띄거나 적극 반응하는 학생에게만 반응하는 건 아닌지 생각해 보아야 한다. 문화에 반응하여 수업한다는 것은 학생들이 가진 다양한 문화를 자연스럽게 인정하고 이해한다는 것을 뜻한다. 그러나 학생 문화에 반응한다는 것이 학급 구성원 모두가 가진 다양성을 인정하는 것인지, 아니면 누구의 문화에 주로 반응하고 있는지, 무시되거나 소외되는 문화는 없는지에 대한 교사성찰이 필요하다(장승심, 2013, 211). 특히 다문화학급일수록 더욱 그러하다. 이러한 교사성찰이 다문화학급을 성공적으로 경영하는 요인이 될 것이다.

Chapter **10**

학급 내 상호문화교육 탐색

1. 다문화주의 교수방법의 이론적 근거
2. 다문화주의 교수방법 개선의 현실적 근거
3. 다문화주의에 대한 대안으로서 '상호문화주의'
4. 상호문화교육의 특징과 등장과정
5. 상호문화교육 모형

Chapter **10**

학급 내 상호문화교육 탐색

김 민 호

1. 다문화주의 교수방법의 이론적 근거

교사가 다문화주의 관점에서 학생들을 지도할 때, 일반적으로 부딪치는 주요한 질문은 다음과 같다(Cochran–Smith, 2004: 140-149).

첫째, 다양성에 대한 질문이다. 인구학적으로 다양한 집단의 등장이 왜 학교교육에서 하나의 문제로 등장하는지, 그리고 이 문제에 대한 바람직한 해결책은 무엇인지에 대한 답을 찾는 일이다. 이 질문에 대해서는 교사 교육기관에서는 통상 두 가지 방식으로 해답을 모색해 왔다. 하나는 결핍모델(deficit perspective)의 응답이다. 이 모델은 저소득층, 유색인종, 비영어권 학생을 주류사회라는 용광로(melting–pot) 안에 집어넣어 비록 피부색은 달라도 주류사회의 가치관, 언어 능력을 지닌 동질적인 시민으로 새로 태어나게 하려는 관점이다. 학교 교육과정, 수업, 평가 등에서 그 사회의 학생이면 누구나 따라야 할 하나의 표준적 틀(one–size–fits–all)이 존재한다고 본다. 다른 하나는 문화차이이론, 샐러드 볼 모형(salad bowl model)이다. 이 입장에서는 학생들 자신이 속한 고유한 집단(인종, 민족, 종교 등)의 문화적 차이를 인정하고, 어떤 하나의 표준화된 교육과정, 수업, 평가 방식을 고집하지 않으며, 심지어 집단별로 분리주의적 학교, 교육과정, 수업 및 평가 등을 요구할 수 있다.

둘째, 이데올로기 혹은 사회정의에 대한 질문이다. 민주주의 사회에서 학교교육의 목적, 공교육의 역할은 무엇인지에 대한 답을 찾는 일이다. 기득권을 지닌 주류사회는 모든 학생들을 주류사회의 가치에 동화시키는 것(seamless ideological web), 달리 말해 집단적 또는 공동체적 동일화의 민주주의를 강조한다. 반면에 기득권에서 멀리 떨어진 사람들은 다양성 속의 일치(e pluribus unum)를 추구한다. 문화적 다양성과 마주한 민주주의, 비판적 참여의 민주주의를 주창한다.

셋째, 지식 그 자체에 대한 질문이다. 교사가 다양한 집단을 효과적으로 가르치려면 어떤 지식, 해석적 프레임, 신념, 태도 등이 필요한지, 교사가 지적 기반(the knowledge base)에 대해 무엇을 알 필요가 있는지 등에 대한 질문이다. 이 경우도 교사가 지적 기반을 서구적 전통에서 찾을 수도 있고, 아니면 학생이 놓여 있는 학교 및 지역사회의 문화에 보다 많은 관심을 기울일 수도 있다.

넷째, 교사의 학습활동에 대한 질문이다. 교사는 언제, 어디서, 어떻게 가르치기를 배우는가에 대한 질문이다. 일반적으로는 우선, 교사 양성기관 혹은 연수기관에서의 훈련을 떠올릴 수 있다. 그러나 오늘날과 같은 평생학습사회에서는 교사들로 구성된 '학습공동체(learning communities)' 안에서 교사 스스로 탐구하는 경우도 충분히 가정할 수 있다.

다섯째, 실천에 대한 질문이다. 교사가 다양한 집단을 효과적으로 가르치는 데 필요한 역량과 교수법적 기술은 무엇인지를 묻는 것이다. 지금까지는 기술적 합리성에 바탕을 둔 교사의 역량과 기술을 강조했다면, 다문화주의 사회 안에서는 문화적으로 반응적인 교육과정과 교수법(culturally responsive curriculum and pedagogy)에 주목할 필요가 있다.

여섯째, 성과에 대한 질문이다. 교사훈련의 성과는 무엇인지, 이 성과는 누가, 어떤 목적으로, 어떻게 평가하는지를 확인하는 일이다. 통상적으로는 표준에 근거한 학생들의 높은 학업성취를 유능한 교사의 교육적 실천의 성과로 여기는 경향이 있다. 반면에 교육 성과를 좁은 의미의 점수따기로 제한하는 것을 비판하고, 보다 넓은 의미에서 민주주의 사회의 주요한 가치인 사회정의(social justice)의 실현에서 찾으려는 시도 또한 존재한다.

일곱째, 교사 충원 및 선발에 관한 질문이다. 다문화사회에서 어떤 후보자가 교사로 선발되는 게 적절한지에 대한 질문이다. 지금껏 우리는 서구사회의 보편적 가치를 내면화한 교사를 유능하고 적합한 교사로 평가했다. 하지만 다문화사회에서는 모든 학생들에게 롤 모델을 제공하고 학습기회를 풍요롭게 제공하도록, 학생들의 문화, 인종 및 언어 배경과 유사한 교사 후보자, 고위험 지역에서 성공할 가능성이 높은 후보자를 선발할 수 있다.

끝으로, 내적 일관성에 대한 질문이다. 다문화사회에서 양성하는 교사는 앞의 일곱 가지 질문에 대한 대답에서 내적, 논리적 일관성을 지닐 필요가 있다.

2. 다문화주의 교수방법 개선의 현실적 근거

우리나라의 다문화교육은 결혼이주민이든 외국인노동자나 탈북자든, 이주민과 그 자녀들에 초점을 두어 온 게 사실이다. 이주 문제의 본질을 이주민으로 분류된 사람들의 문제로 바라봤기 때문이다. 제주지역을 중심으로 학교 다문화교육 현장에서 발생하는 주요한 문제점들을 살펴보면 다음과 같다(이하의 사례는 김민호2012; 이안희, 2012에서 발췌하였음).

(1) 결혼이주민 자녀에 대한 사회적 분리

정부는 학교에서 이주민 자녀 대상의 멘토링(교사 멘토링, 대학생 멘토링)을 실시하며 이주민 자녀에 대한 우대정책[1]을 실시하고 있으나, 정작 이주민 자녀 당사자들 중에는 '다문화가정 자녀'로 불리는 것에 대해 민감하게 반응하는 경우가 적지 않다. 자신들의 부모가 이주민이고 인종이나 민족, 문화가 다름을 인정하나, 자신 역

---

1 이주민 자녀에 대한 사회적 분리는 멘토링만이 아니다. 도 교육청 선정 거점형 글로벌 선도학교, 교과부 선정 집중지원형 글로벌 선도학교 운영, 교과부 요청 다문화정책 연구학교 운영 등에서 여러 종류의 프로그램을 운영하며 해당 학교나 이웃 학교의 이주민 자녀들을 특별 교육 프로그램의 대상으로 삼음으로써, 설령 의도하지 않았더라도 이들을 일반학생들로부터 분리시키는 결과를 초래한다. 또한 향후 추진 예정인 제주다문화교육센터의 다문화가정 자녀 대상 한글교실, 제주도교육청의 중도입국 및 외국인가정의 공교육 진입을 위한 전담 코디네이터를 통한 원스톱 서비스, 교과부 지원 다문화가정 학생의 조기 적응을 위한 제주도교육청의 다문화예비학교 운영 등도 이주민 자녀들의 선택 의지와 관계 없이 일방적으로 추진된다면 그와 유사한 결과를 초래할 것이다.

시 한국사회에서 일반학생들과 달리 '다문화가정 자녀'로 분류돼 반강제적인 교육을 받아야 하는 데 대해 당혹해 하고 불안해했다. 몇몇 교사들도 이를 인식하고 있었다. 특히 이주민 자녀들이 초등학교 입학 이전이나 저학년 때와 비교해 고학년이 되면서 이같은 당혹감과 불안감은 더욱 커졌다.

> "희정이가 다문화가정이라는데 아주 민감한 반응을 보여서 조심스럽다. 학교에서는 멘토링이나 여러 가지 다문화관련 조사를 하여 희정이에게 본의 아니게 질문하게 되는 경우가 많다. 다문화가정으로 분류되는 것에 대하여 심한 거부반응이 있다. 예민한 사항이다." (2011. 11. 1. 초등 5년, 여, 문희정의 담임교사)

> "진정 다문화가정 아동 개개인을 위한다는 생각보다는 다문화교육을 위해 끼워 맞춘다는 생각이 든다. 다문화가정 아동 지도로 받는 수당에 대해서도 미안한 마음이 생기기도 한다. 정책적인 측면에 개선이 필요함을 느낀다." (2012. 3. 6. 초등 5년, 남, 강준서의 담임교사)

반면에 이주민 자녀들은 이주민 부모의 공동체모임에 참여하면서 이주민 자녀 또래들 간 동료의식을 느끼고 나아가 한국인 봉사자 언니, 누나들과 상호 교류하며 학교에서의 차별과 심리적 긴장감을 완화하고 있다.

> "봉사자 언니들에서 먼저 다가가 대화를 시작하는 모습에서 적극적으로 변해가는 관계를 느낄 수 있었다. 먼저 자기 의사를 표현하거나 하는 일을 보기가 드물었는데, 자기의 학교 이야기에 대하여 언니들에게 마음을 열고 다가가는 것 같았다." (2011. 11. 6. 연구자 관찰)

> "현지는 언니 및 다른 국제결혼가족 자녀들 및 연구자와 함께 한국의 전통놀이인 '공기놀이'를 하였고, 제주외국인쉼터에서 친교의 시간이 끝날 무렵 부모로부터 받은 필리핀 과자(돼지껍질의 모양과 향이 남)를 맛있게 먹었다." (2011. 9. 25. 연구자 관찰)

(2) 결혼이주민 자녀의 학습 부진

결혼이주민 자녀들은 이주민 부모의 한국어 구사 능력 부족으로 말미암아 학교 학습에서 불리한 여건에 놓여 있다. 특히 학년이 올라가면서 이주민 자녀의 학습 부진은 누적되고 반면에 이주민 부모들의 역량 부족은 상대적으로 더 커진다.

"학교에서 미술과목이나 체육은 좋은데 국어랑 사회는 너무 힘들어요. 무슨 말인지 이해를 잘 못하겠어요." (2011. 12. 1. 초등 3년, 여, 이현지)

"수학과 국어과의 학습 부진으로 힘들어 하고 있다. 어휘수준이 1, 2학년의 아동 수준이어서 학습을 또래 집단들의 이해 수준보다는 다소 떨어지나 차근차근 하나씩 설명해주면 곧잘 따라하곤 한다. 수학의 경우도 개인적으로 시간을 들여서 가르치면 이해를 하기도 한다." (2011. 12. 1. 초등 3년, 여, 이현지의 담임교사)

"노래나 연예인, 의상에 대한 관심이 많아 보이고 연예인 기질이 많아 보인다. 춤과 노래에 능통하다. 그러나 공부에는 관심이 없어 반에서 최하성적이다. 그 중에서도 사회, 과학은 아주 심하다. 유일하게 영어과목만 중하의 성적을 보인다. 심각한 학습 결손으로 앞으로 걱정이 된다." (2011. 12. 1. 초등 5년, 여, 홍연재의 담임교사)

"엄마가 한국어를 잘 모르잖아요. 그래서 큰아빠가 학원을 소개해주셔서 다니는데, 무슨 말인지 이해를 못하겠어요. 학교에서도 무슨 말인지 모르겠고, 학원에서도 무슨 말인지 모르겠고, 힘들어요." (2011 .10. 23. 초등 6년, 여, 박예빈)

그만큼 이주민 부모들의 사교육에 대한 수요가 높아지나 경제적 여유 부족으로 사교육을 못 시켜 애태우는 경우도 적지 않다. 그래서 사춘기의 자녀가 싫어함에도 불구하고 대학생 멘토링을 원하기도 한다.

"○○○(결혼이주여성)는 초등학교 6학년의 큰 딸 희정이의 학교성적표를 가방에서 꺼내며 연구자에게 보여 줄 정도로 자녀의 학교공부에 대한 관심을 표명했다. 연구자는 성적표를 받아 읽고 비교적 괜찮은 성적이라 반응하였으나, ○○○는 돈이 없어 큰 딸을 학원에 보내지 못하는 실정인데, 큰 딸 아이가 대학생 멘토링을 원하지 않아 걱정이라 말했다." (2012. 4. 15. ○○쉼터 영어 미사 전 연구자와의 대화)

(3) 정주민 학생 대상의 상호문화교육 소홀

제주특별자치도교육청은 일선 학교에 일반학생, 교원, 학부모의 다문화이해 및 감수성 제고를 위해 각 학교별로 다문화교육을 실시할 것을 요구하고 있다. 학생은 관련 교과 시간, 창의적 체험활동 시간, 다문화주간 등을 활용하고, 학부모는 학부모회의, 학부모연수, 가정통신문 등을 활용하고, 교원은 직무연수 시간을 활용해 다문화이해교육을 운영할 것을 지시하나, 문서상 실시 결과를 보고하는 등 형식적 사업에 그치는 경우가 많다. 담임교사가 자기반 다문화가정 아동에 대한 별도의 교육 준비도 부담감으로 다가오는 데 일반아동 대상 다문화교육의 실시는 더 말할 나위도 없을 것이다.

"다문화가정 아동에게 교육을 주 몇 회(다문화 멘토링 사업으로 여겨짐) 실시하라고 할 때는 부담감으로 다가왔다. 전문가도 아닌데 다문화교육을 어떻게 해야 하는지 막막함이 온 적도 있다." (2011. 12. 1. 초등 3년, 남, 강지영의 담임교사)

물론 제주특별자치도 직속 제주다문화교육센터에서도 최근 들어 이중언어 강사를 활용해 일반학생 대상으로 다문화체험활동 중심으로 다문화이해교육을 실시하고 있다. 이 사업을 시작한지 얼마 안 돼 이에 대한 평가는 아직 때 이르나, 일단 현재까지의 진행 과정을 살펴볼 때, 한국 사회 내 소수 집단의 문화를 부분적으로 이해하는 데 그치고, 실제적 주류 집단과 소수 집단 간 의사소통과 상호문화 이해에는 많이 다가서지 못하고 있다.

(4) 학교 안팎의 자민족중심주의적 풍토

이주민들과 이들의 자녀 및 그 가족들은 학교만이 아니라 일상의 경험과 학습 과정에서 이주민에 대한 차별을 습득하게 된다.

1) 정주민의 이주민에 대한 고정관념 잔존

▌순혈주의 전통에 따른 이주민에 대한 분리 의식

우리 사회는 아직까지도 국제결혼이주민 자녀들을 타인으로만 보고 한국사람으로 수용하는데 인색하다. 국내거주 외국인 통계를 관장하는 행정안전부 '외국인주민현황 조사'에 의하면 국제결혼이주민 자녀들은 '외국인 주민' 중 '외국계 주민

자녀'로 분류되어 있다.2

매스컴에서도 호기심을 가지고 '그들'에 대한 접근을 할 뿐이지 우리 안에 한 구성원으로 바라보지 않는 경우가 많다. 반면에 그들의 문화적 특수성을 인정하거나 수용하지 않고, 한국인의 문화를 일방적으로 전달하는 상호 모순적 경향을 띤다.

결국 결혼이주민과 그 자녀들을 한국사회에 동화시키되 주류사회 안으로 포함시키지 않고 이들이 '영원한 외국인'으로 남기를 바라는 것이다. 이주민 혹은 이주민의 자녀가 '나는 외국에서 왔지만 한국인이다.' '나의 부모는 외국에서 왔지만 나는 한국인이다.' 라는 생각을 갖게 하기 보다는 '나의 부모가 외국에서 왔기 때문에 나는 일반 한국인과는 다르다.' 라는 생각을 강요하는 셈이다.

이같은 상황에서 일반인의 이주민에 대한 태도는 이중적으로 나타난다. 학교나 집 주변에 이주민 자녀가 있다면 내 아이와 함께 어울리게 할 의향이 있다고 응답하나, 자녀가 성인이 되어 결혼할 때 국제결혼은 반대하겠다고 말하고 있다 (2012. 3. 12. 36세 일반인 남성).

▌이주민의 외모에 대한 차별

결혼이주민 자녀는 법적으로 한국인이다. 하지만 그의 피부색이나 골격 등 독특한 외모 때문에 한국인이기에 앞서 '다문화가정 자녀'로 불린다. 그 결과 이주민 자녀의 정체성은 자신의 외모에 대해 곧, 자신의 인종적, 민족적 특성에 대해 한국사회가 어떻게 인식하느냐에 따라 달라질 수 있다. 특히, 피부색이나 얼굴 생김새, 골격 등을 놓고 한국인과 다르다는 눈짓을 받고 자라면서 자신의 정체성에 혼돈을 맞이한다. '나의 부모는 외국에서 왔지만 나는 한국인이다'라는 생각을 갖게 하기 보다는 '나의 부모가 외국에서 왔기 때문에 나는 일반 한국인과는 다르다'라는 생각을 강요받는다. 이때 외모가 한국인과 비슷한 경우 정체성의 혼돈은 부분적으로 덜 할 수 있다. 제주지역 필리핀계 이주민의 자녀들인 경우 피부색이 정체성 선택에 영향을 미친다. 피부색이 한국인과 유사한 이주민 자녀는 주류문화 우세의 정체성을 보이는 반면 한국인과 피부색이 다른 이주민 자녀들은 균형지향이나 하위문화 우세 혹은 일탈 위험의 정체성을 보였다.

---

2 국제결혼을 한 사람 중 국적을 취득하지 못한 사람은 '결혼이민자'로, 국적을 취득한 사람은 '혼인귀화자'로 분류된다. 외국계 주민 자녀도 외국인 부모, 외국인-한국인 부모, 한국인 부모 세 유형으로 나뉜다.

"외모상으로 눈에 띄어서 다문화가정의 아동임을 알 수 있었다." (2011. 12. 1. 홍연재의 담임교사)

"처음 아동을 맡게 되었을 때 다문화가정 아동임을 전혀 인지할 수 없었다. 학기 초 학교에서 다문화아동 명단을 받게 되어 다문화가정 아동임을 알 수 있었다." (2012. 3. 6. 초등 4년, 남, 강준서의 담임교사)

▍이주민의 사회경제적 지위에 따른 편견

경제적인 능력은 떳떳한 가족구성원으로 그리고 시민으로서 자리매김하는데 필수조건이다. 필리핀 어머니와 한국인 아버지가 어떤 일자리에서 어느 정도의 수입을 얻고 있는지는 이주민 자녀의 정체성의 형성에 영향을 미친다. 특히, 이주민 어머니가 그 자녀가 다니는 어린이집이나 학교에서 교사로 일할 때 그 자녀의 자존감을 커진다.

일반적으로 결혼이주민 가정의 경제 상황은 그다지 좋지 못하다. 어머니들은 대부분 맞벌이를 하고 있거나 직업을 구하기 위해 다방면으로 애쓰고 있다. 그러나 이들의 현재 직업은 무직, 기초생활수급권자, 남편과 함께 농사, 다문화가족지원센터에서 통역사 일을 하고 있다. 전반적으로 이주민 자녀의 어머니의 사회 경제적 지위는 우리 사회에서 중산층으로 간주할 만한 직업은 못된다. 그만큼 이주민 자녀의 정체성 형성에서 자신의 주류사회의 어엿한 한 구성원일 수 있는지에 대한 의심을 남겨놓고 있다.

▍이주민의 출신국적에 대한 서열화

한국인의 외국인에 대한 태도는 그 외국인의 출신 국가의 경제적인 역량과 서구화의 정도, 피부색 등에 따라 다르다. 동남아 지역 국가 출신의 이주민의 경우 미국이나 일본 등 선진국 출신 이주민보다 외모나 사회경제적 지위에 관계없이 낮게 평가한다. 그 결과 동남아 지역이주민 자녀들의 정체성 형성에서 어머니 출신국가가 부정적 영향을 미쳤을 것으로 생각한다.

2) 정주민과 이주민 간 인식의 차이

제주지역 어느 식당을 운영하는 고용주의 부인, 식당에서 일하는 정주민 노동자, 그리고 중국에서 일하러 온 이주노동자 간에 의사소통이나 외국인 노동자 고용에 따른 이해관계의 인식에서 차이가 존재한다. 다음은 이른바 '이주노동자 차별'에 대한 이주노동자, 고용주, 정주민 노동자의 반응이다. 각자 자신의 입장에서만 현상황을 느끼고 있음을 드러낸다.

> 연구자: 한국사람들이 혹 제주사람들이 당신을 차별하지 않고 잘 대해 줍니까?
> 이주노동자: 아니다(차별한다). 한국 사람들 일할 때 내가 쉬고 있으면 사장님은 나 쉬는 거 못 봐요. 왜 쉬냐고 꼭 일시키는 데, 한국 언니들이 쉬고 내가 일할 때는 앉아 있어도 뭐라고 안 해요. 나만 계속 일 시키고 화내요. (2012. 3. 22. 면담. ○○○가든 홀서빙 이주노동자, 46세, 중국 한족 여성)

> 연구자 : 고용주(사장)가 국내 노동자를 바라보는 관점과 외국인 노동자를 바라보는 관점에 차이가 있다고 생각하십니까?
> 정주민 노동자 : 이 부분이 설명하기 애매하다. 한 부분에서는 차이가 있고 한 부분에서는 차이가 없다. 예를 들어 차이가 없다는 부분에서는 사장이 수족관 청소를 하라고 할 때나 현관 앞에 쓰레기가 있어서 주우라고 하는 것은, 내가 일을 오래해보니까, 관습처럼 막내나 제일 늦게 들어온 사람한테 시킨다. 그런데 중국 사람이 어떻게 하다보니까 나이도 제일 어리고 일도 제일 늦게 들어왔다. 그래서 이건 중국 사람(외국인노동자)이라서 일을 시키는 게 아니라, 그냥 사장은 늘 그래왔듯이 시키는 거다. 그러니까 이런 부분에 있어서는 국내 노동자나 외국인 노동자나 똑같이 대하는 거다. 반면 차이가 있는 부분은 아무래도 중국 사람이라 언어소통이 안 되니까 주문을 받아와도 잘 못 알아들으니까 '언니가 나 못 알아듣겠어요. 언니가 가봐요' 이런다. 그래서 내가 결국엔 다시 가서 주문을 받게 되고, 모든 일에 있어서 뒷수습을 다하니까 당연히 이런 부분에서는 차이가 있게 본다. … 일을 잘하긴 하지만 결국 모든 걸 국내 노동자인 우리가 커버하고 마무리도 지어야 하니까 솔직히 임금에 있어서 우리가 조금 더 받고 외국인 노동자는 덜 받아야 한다고 생각한다. (○○○ 가든, 홀서빙 정주민 노동자, 55세, 여성)

> 연구자 : 외국인 노동자가 주인을 어떻게 생각하는 것 같습니까?
> 고용주 부인 : 난 포용해 주려고하는 데 본인은 우리가 자기를 중국 사람이라 무시한다

고 생각하더라고. 사장(남편)은 원래 종업원들한테 똑같이 시키고 지적하고 지시하는 스타일인데 그걸 못 참아 하더라고 … 본인이 중국 사람이니까 무시하고 심부름도 자기만 시킨다고 생각하고 사장이 뭐라고 잔소리하면 그냥 그 앞에서 "네" 하고 대답하면 그걸로 끝인데 계속 말대꾸하니까 자꾸 부딪쳐. 그리고 왜 자기만 자꾸 시키냐고 … 중국 사람이라서가 아니라 제일 나이가 어린 막내라서 아무래도 ○○아~ 하고 불러서 일 시키는데 그걸 중국 사람이니까 자기 막 시키고 무시한다고 대들더라고 … 나도 중간에서 속 터지고 사장은 그만 쓰라고(고용하라고) 하는데 어쩌냐? 사람 없는데 써야지 뭐. 그래서 나도 솔직히 골치 아파. (2012. 3. 12. ○○○가 든 고용주 부인, 59세, 여).

3. 다문화주의에 대한 대안으로서 '상호문화주의'

문화적 다양성을 단지 이주의 상황에 한정하지 않고 사회 전체의 지향점으로 간주하면서 새로운 교육적 대안을 모색했던 압달라-프렛세이(Abdallah-Pretceille, 2012)는 다문화주의와 상호문화주의 철학적 전제를 비교하면서 오늘날 유럽 사회에 적합하고 한국사회에서도 적극 검토할만한 다문화담론으로 상호문화주의를 주창한다. 상호문화주의(inter-culturalism)는 다문화주의(multi-culturalism)와 비교하여 다음과 같은 특징을 지닌다.

우선 다문화주의는 첫째, 소속집단에 우선권을 부여한다. 개인은 집단의 한 요소이다. 개인의 행동은 집단에 의해 정의되고 결정된다. 집단정체성은 개인정체성에 우선한다. 다문화주의는 민족, 종교, 이민, 성 차이를 인정하고, 각 집단을 병치하는 모자이크식 사회로 나아간다. 각 집단은 동질적이고 내적 다양성은 집단의 일체성을 유지하기 위해 무시된다. 개인은 집단 내 동일한 가치와 행동을 공유한다고 본다. 그만큼 규범적이고 강제적이다.

둘째, 다문화주의는 차이를 공간화한다. 특수부락과 같은 민족적 구역을 설정한다. 차이나타운, 그리스타운, 이탈리아타운과 같이 사회학적, 지리학적 공간을 만들어 차이를 에워싼다.

셋째, 다문화주의는 소수집단에 대한 법적 인정을 할당정책, 소수우대정책

(affirmative action) 등으로 나타낸다.

넷째, 다문화주의는 문화적 상대성을 인정한다. 특수성을 지나치게 고려한 나머지 보편성을 무시하고 모든 문화적 활동과 체계가 절대적으로 동등하다고 주장해, 판단 자체가 불가능해지고 규범 간 갈등이 심화되었다.

다섯째, 다문화주의는 공적 장소에서 차이를 표명한다. 차이를 인정하는 가장 좋은 방법은 학교, 대학, 구역, 기관 등 집단적이고 공적인 생활에서 차이를 사회학적으로 가시화하고 재생산하는 것이다.

이같은 다문화주의는 민주주의를 단지 집단의 권리로 축소시키고 시민사회를 와해시킬 위험이 있다. 따라서 시민교육을 통해 민주주의를 강화하고 사회적 응집력을 보장해야 한다.

다문주의에 따른 다문화교육은 '아프리카 미국인', '스페인계', '초창기 미국인' 등을 마치 구별되는 실체처럼 여기고 각 집단에 맞는 다문화교육과정을 만들려고 한다. 이 교육과정의 목표는 교실 내 존재하는 문화적 차이에 가치를 부여한다. 곧 다문화교육은 인종 등에 대한 편견을 인식하게 하고 세상의 상호의존성과 다변화로 인한 사회변화를 이해시키려 한다. 하지만 다문화주의의 논리적 귀결인 학교의 복수주의는 학교 규범 문제를 완전히 해결하지 못하고 단지 축소시킬 뿐이다. 집단의 규모, 사회학적 인류학적 정당성과 상관없이 다양한 집단에 학교를 맞추려고 하는 것이다.

반면에 상호문화적 접근방식은 다음을 전제로 한다.

첫째, 상호문화주의는 전통적 의미의 문화개념을 해체해 문화를 구조나 범주가 아니라 과정으로 분석하고, 문화적 사실을 소속의 표시가 아니라 상황, 맥락, 관계의 징후로 보는 문화성(culturality) 개념을 만들어 낸다. 객관주의적, 구조주의적 관점과 단절하고 주체 자신에 의한 문화 생산에 관심을 기울이고 개인이 자신의 정체성을 확립하기 위해 개발한 전략에 관심을 기울인다.

둘째, 상호문화주의는 개인이나 집단의 특성보다 그들 간의 관계에 주목한다. '나'의 회귀와 행위자의 회귀는 '너'의 회귀를 이끌어낸다. 곧 행위자의 위상과 특징을 상호작용, 상호주관성의 연결망에서 접근한다. 상호문화적 접근은 개인이나 집단의 구조나 특성이 아니라 전략, 조절, 역동성 등에 주목한다. 개인의 정체성은 개인이 없는 상태나 개인 밖에서가 아니라 개인과 함께 정의되어야 한다.

셋째, 상호문화주의는 주체를 정의할 때 보편적인 것과 특수한 것 사이에 불안정한 균형, 긴장을 전제로 한다. 이상한 사람을 만난다는 것을 단지 외국인을 만나는 것이나 여러 가지 특성 중 하나가 이상한 개인을 만나는 것으로 간주하지 않는다.

넷째, 상호문화주의는 문화, 문화적 영역 등에 대해 다문화주의적, 공동체주의적 해석을 거부하고 분열, 일탈, 편법 등에 새로운 가치를 부여한다. 문화의 혼종, 환절, 이질성을 고려한다.

상호문화주의에 따른 상호문화교육에서는 '상호문화'를 마치 역사, 지리, 과학, 수학을 가르치듯이 가르칠 수 없다고 본다. 또한 상호문화교육은 이민자, 아랍인, 중국인, 아시아인, 아프리카인처럼 특정 대상에 따라 실시하는 교육도 아니다. 그럴 경우 프랑스인, 포르투갈인, 아랍인 등에 대해 사실적, 지엽적, 부분적, 편파적인 잘못된 지식에 기인한 고정관념을 강화할 위험이 있기 때문이다. 학교는 학생의 정체성을 단번에 규정하거나 범주화하는 것이 아니라, 그로 하여금 사회적으로 문화적으로 개방된 장소에서 자신의 정체성을 형성하도록 도와주는 것이다.

또 상호문화교육은 문화적 요인만 과대평가하여 다른 요인을 경시하지 않는다. 예를 들어 모든 학업 실패를 문화적 요인으로만 설명하지 않는다. "그들(학업 실패자)은 문화적으로 다르다"고 말하지 않고, "그들은 심리적으로 어려움을 겪는다"거나 "그들은 사회경제적으로, 사회문화적으로 불리하다"고 말해야 한다. 요컨대 상호문화교육은 '이질성의 윤리'를 바탕으로 한다.

4. 상호문화교육의 특징과 등장과정

상호문화교육은 이질적인 문화가 공존하는 사회에서 하나의 교육철학으로 기능한다. 상호문화교육은 "차이에 치중해 원자화된 학교"로 나아가거나 "동질성을 강조해 무기력해진 학교"로 남지 않고(장한업 옮김, 2010: 103-104), 이 두 유형의 학교에 대한 대안으로서 대두했다. 즉 "추상적이고 축소적인 보편주의와 특정 문화를 넘어서는 그 어떤 우월한 요구도 없다고 보는 상대주의 사이에서 보편적인 것을 향한 개방과 차이를 요구할 수 있는 권리를 동시에 인정"하고자 한다(Delors, 1996을 장한업 옮김, 2010: 104에서 재인용). 따라서 상호문화교육은 혼성, 차용, 지리·문화·상징적 경계의 침범과 같은 새로운 형태를 띤 문화변용을 예외나 부차적인 것이 아니라 풍요롭고 중요한 것으로 여긴다. 이제 혼성의 문화가 보편적인 것이 되었다. 하지만 다원성과 동질화의 전통을 함께 고려해야 하므로 상호문화교육은 늘 의미의 모호함을 지니게 된다.

오늘날 우리 사회가 상호문화교육을 필요로 하게 된 이유를 압달라-프렛세이는 다음과 같이 같이 지적하고 있다(장한업 옮김, 2010: 108-109).

- 첫째, 대부분의 사회는 다문화적이고 이런 현상은 가속화될 것이다.
- 둘째, 고유한 특성을 가지고 있는 각 문화는 있는 그대로 존중되어야 한다.
- 셋째, 다문화주의는 잠재적으로 풍요로운 것이다.
- 넷째, 중요한 것은 각 문화의 특수성이 사라지지 않도록 유의함으로써 다문화주의를 향상시킬 수 있는 조치들을 취해 모든 문화들이 상호 교류할 수 있도록 하는 것이다.

상호문화교육은 아동의 다양성에 대해 프랑스 학교가 답하는 과정에서 대두했다. 프랑스는 1789년 시민 혁명 이후 오랜 세월 동안 공화주의 전통에 따라 정교분리의 원칙에 입각해서 오로지 프랑스 시민으로 길러내고자 했다. 아동의 출신문화, 문화적 복수성을 인정하지 않았다. 학교 정책은 동화주의적이었다. 20세기 전반기에 많은 외국 아동들이 이민 과정을 통해 프랑스 학교에 들어오더라도 이들을 프랑스인으로 만드는 데 초점을 두어 왔다.

그러나다 외국에서 들어 온 학생들의 학업실패율을 낮추고, 학교에 빠르게 적응하도록 학생들을 구분하기 시작했다. 1970년 초등학교에 '통합반(CLIN)'과 '통합보충수업(CRI)', 중학교에 '적응반(CLAD)'을 두기 시작했다. 통합반은 7세에서 10세의 아동을 학급당 15명씩 받아들여 그들이 정규수업을 받을 수 있을 때까지 교육을 실시하는 것이고, 통합보충수업은 정규학급에서 공부하는 이민자 가정 학생들에게 프랑스어를 7~8시간 정도 가르치는 것이다. 중학교 적응반은 다양하게 운영되었는데, 프랑스어 수업을 늘리거나, 한 사람의 교사가 모든 과목을 담당하거나, 정규학급에 흩어져 있는 모든 이민자 가정 자녀들을 불러 모아 통합보충수업 형태로 외국어로서의 프랑스어를 보충했다. 정교분리의 원칙에 의거 모든 형태의 구분을 반대해 왔던 프랑스 학교정책의 전통에 비추어 보면 하나의 큰 변혁이었다. 그러나 이민자 가정 자녀들을 인지적 결함을 가진 아이들처럼 여기고, 정규학급에 너무 늦게 또는 제대로 준비되지 않은 상태로 통합시켰기 때문에 많은 비판을 받았다(Kerzil & Vinsonneau, 2004를 장한업 옮김, 2013: 86-88).

출신언어·문화교육(ELCO)은 고용 불황기인 1973년에 프랑스가 몇몇 출신국과 합의해서 만든 정책이다. 이민자들의 귀국을 장려하고 이민자 가정의 문화를 존중하여 학생들이 겪을 수 있는 심리적 어려움을 덜어주자는 취지에서 외국인 학생 대상으로 출신언어·문화교육을 주당 3시간의 각성활동 대신에 실시했다. 외국에서 온 학생이 출신국으로 돌아갈 경우 거기에 다시 잘 통합되도록 준비하는 프로그램이었다. 복수 문화성을 학교 내에서 처음으로 공식 인정한 것이다. 그러나 출신언어·문화교육은 이민자 가정 자녀의 소외감만 가중시켰을 뿐 제대로 통합하는 데 실패했다(앞 책: 88-96).

1978년 이민자 가정만이 아니라 모든 학생을 대상으로 '상호문화적 활동'을 실시해 프랑스 학생들로 하여금 다른 문화에의 개방의 혜택을 누리도록 하자는 정책이 제안되었다. 많은 수의 외국인 학생을 맞이하는 모든 학교는 각성활동 대신에 상호문화적 활동을 실시할 수 있게 하고, 외국 교사는 이민자가정 자녀와 마찬가지로 프랑스 학생에게도 외국의 문화를 존중하고 이 문화가 가져다 줄 풍요로움을 인정하도록 유도하고자 했다. 1981년에는 학교를 단체, 사회적 협력자, 학부모 같은 외부인에게도 개방해야 한다고 주장되었고, 1985년에는 학생들이 개발도상국가 문제에 관심을 가지도록 해야 한다는 공적 제안이 있었다.

이와 같은 상호문화교육의 대두 과정을 정리하면 〈표 10-1〉과 같다.

요컨대 압달라-프레세이가 지적한대로 "우리 시대의 진정한 사안은 이민의 문제가 아니라 다양성과 이질성의 학습의 문제다. 이민의 문제는 이 학습의 여러 형태 가운데 하나일 뿐이다." 그리고 "다양성과 이질성의 윤리는 문화의 학습에 국한되지 않는다. 왜냐하면 타인, 그의 전통, 그의 행동에 대한 지식이 반드시 더 나은 관계를 보장하지 않기 때문이다. 중요한 것은 더 이상 타인을 향한 행동, 타인에 대한 개입이 아니라 타인과 함께 하는 것이다." 또 "관계의 개선은 지식에 의해서가 아니라 타인을 유일하고도 보편적인 존재로 인정함으로써 이루어진다."

표 10-1	새로 맞이한 아동의 다양성에 대한 프랑스 학교의 해답			
대상의 유형	새로 들어온 사람	이민자가정 자녀	이민자가정 자녀	학교가 맞이한 모든 아동
제기된 문제	언어능력 부족	출신국으로 돌아가거나 수용국에 통합	불충분한 정체성 형성과 통합	이민자가정 자녀의 통합상 어려움
교육적 해답	보충교육 (CLIN, CRI, CLAD)	출신언어·문화교육	상호문화교육	
교수법	외국어-프랑스어	프랑스 학교와는 연계되지 않은 상태에서 출신국 교사가 담당하는 교육	능동적 교수법, 과업 교수법, 협력기반 학습, 아동중심 교수법	
신설 연도	1970	1973	1978	

출처: Kerzil & Vinsonneau, 2004를 장한업 옮김, 2013: 104.

5. 상호문화교육 모형

1970년대 이래로 정책적으로 추진된 프랑스 상호문화교육의 전통에 비추어 주요한 교육 분야와 교수법을 소개하면 다음과 같다.

(1) 상호문화적 접근을 적용한 주요한 교육 분야

상호문화적 접근은 언어교육, 학교 교류, 시민교육 등에서 활발하게 논의·전개되었다.

1) 언어교육: 프랑스어와 외국어

유럽회의는 1962년 유럽문화협정을 체결하고 '외국어' 사업을 추진했다. 출신언어·문화교육(1973년 프랑스와 포르투칼 간 합의로 처음 실시)과 지역언어·문화교육(1975년 초등학교 교육과정에 도입)에서 알 수 있듯이, 이 사업 초기엔 언어능력의 습득과 의사소통을 강조했다. 하지만 1980년대 들어 일상생활의 국제화, 유럽의 건설, 이민과 망명, 지역화 유럽 프로그램이 활기를 띠기 시작하면서 외국어-프랑스어 교육을 상호문화의 관점에서 접근하기 시작했다. 언어를 배운다는 것은 문화를 배우는 것으로 수용하기 시작했다. "사회공동체를 움직이는 분류체계를 이해하고 어떤 한 상황이 주어지면 그 상황에서 일어날 일(그 상황 속에서 인물들과 적절한 관계를 유지하기 위해서는 어떻게 해야 하는지)을 예측"할 수 있게 되는 것이다(Porche, 1988을 장한업 옮김, 2010: 121-122에서 재인용). 예컨대 제주어 중 '삼촌'이란 호칭이 가리키는 범주가 표준어의 범주와 사뭇 다르고, 한 동네 안에 동갑끼리 '갑장계'를 조직하는 데서 보듯이 동갑내기가 지닌 사회적 의미 역시 육지와는 다르다.

1990년대에 들어 의사소통 민족지학 연구, 의사소통 인류학 연구 등의 발전으로 언어보다는 의사소통에 대한 관심과 확대 적용, 언어학에 지나치게 의존한 언어교육의 후퇴 등이 나타났다. 문화를 언어가 아닌 의사소통과 관련지었고 그 결과 사회적 행위로서의 의사소통 활동이 다시 중심에 서게 되었다(앞 책: 120-125).

2) 학교교류

여행·접촉·만남이 인종주의, 외국인혐오증, 편견 등을 없애는 데 매우 훌륭한 방법으로 여겨져 왔고, 그만큼 교류활동의 사례가 점증하였고 이제는 보편화되었다. 그러나 교류가 반드시 고정관념과 편견을 줄인다고 보긴 어렵다. 오히려 '살아 본' 경험이 그릇된 생각이나 인상을 강화할 수 있다. 타피아(Tapia, 1973)는 문화적 다양성을 보여주는 벨빌(Bellveille) 지역의 한 학교에 대한 연구에서 적절한 교육과 지도가 없는 상태에서 이뤄진 집단 간 일상적 접촉만으로는 우호적 태도와 의견을 이끌어 낼 수 없다는 결론을 내렸다. 관광·휴식·여가는 그 자체로 나쁘지 않고 학교와는 또 다른 교육의 장이다. 그러나 '이질성의 상업화'에서 비롯한 경험과 행동이 교육과 양성을 완전히 보장하지 않는다. 경험이 유익한 것이 되려면 교육을 동반해야 한다(장한업 옮김, 2010: 126-127). 상호문화교육은 그 개념과 방법을 통해 학생들의 학교 간 교류에 교육적 가치를 부여할 수 있다.

타인을 만나는 것은 단지 '그의 단어들'을 사용하는 것을 의미하지 않는다. 타인을 만나려면 언어를 넘어서서 공감, 의사소통, 집단 간 협상, 관계설정과 같은 능력도 신장시켜야 한다. 학교 간 교류를 단지 언어교육이 아니라 인성교육, 직업교육으로 발전시켜야 한다. 또한 이제까지의 교류는 유사점을 무시하고 차이점만을 박물관 작품 관람하듯이 강조한 경향이 있었다. 차이점은 주어진 것이지만 유사점은 세세한 것, 직관적인 것, 주관적인 것을 넘어서기 위한 인지적 활동과 구성의 결실이다. 상호문화적 관점에서 가장 중요한 것은 상호주관적인 행동이다. 타인에 대한 지식을 확장시키는 게 아니라 타인과 맺고 있는 관계를 발전시키는 것이다. 각자의 정체성을 고립되고 분리된 상태로 놔두지 않고, 의사소통과 관계 속에서 자신의 행동양식을 객관화하고(앞 책: 128-131),

3) 시민교육

다문화사회에서 시민교육은 이질성을 넘어 공동의 가치와 민주주의의 가치를 실현하고, 단일성과 배타성이 아닌 충성의 다원성에 따라 시민적 관계를 형성하고자 한다. 르카(Leca, 1986)는 시민성을 소속의 시민성과 가담의 시민성으로 구분했다. 또 소속의 시민성은 '특수한/일반적' '공동체/사회' '높은/낮은'의 세 축으로 구성했고, 가담의 시민성은 '공적/사적' '복종/자율' '권리의 요구/의무의 인정'이라는 세 축으로 구성했다. 다음은 시민교육에서 상호문화적 접근을 적용한 분야이다(앞 책: 133-142).

▌ 다양성의 인정 조건으로서 무종교성

무종교성은 체제보수주의와 통합 사이에서 다양성을 관리하기 위한 존재론적이고 실용적인 전망이다. 유럽 건설로 정세가 바뀌었고 회원국이 늘어 이슬람교, 동양 종교 등이 확산되면서, 무종교성을 새롭게 논의, 재협상할 필요가 생겼다.

▌ 인권교육

인권을 가르친다는 것은 그 내용과 더불어 가치를 가르치는 것이다. 1978년부터 유럽회의는 여러 차례 세미나를 열어 상호문화학습을 통한 인권교육을 논의했다. '민주주의, 인권, 소수자: 교육적, 문화적 측면' 사업은 좋은 사례다. 인종주의와 비관용을 타파하려는 유럽 청소년운동과 관련된 자료 속에 잘 나와 있다.

▌ 태도와 능력

- 의사소통적 접근방식: 만일 의사소통이 행동에 영향을 준다면, 새로운 형태의 의사소통 방식을 시도할 필요가 있다. 특히 다국적·다문화 집단보다 유사성을

선호하는 공동체 안에서 관계적 차원과 초의사소통적 차원에서 새로운 의사소통 방식이 나타난다.

- 편견과 고정관념: 상호문화교육의 목표는 편견과 고정관념을 뿌리 뽑는 게 아니고 그것을 알아보는 데 있다. 자기성찰적, 상호주관적 방식에 따라 대인관계에서 사회심리적 논리를 이해하는 것이다.

  - 편견(prejudice): 편견은 "감정적 선입견(bias)이 있는 태도(Louis Worth)" 혹은 "이성적 영향에 대해 이상하게 저항하는 비이성적 태도(Ralph Rosnow)" 등으로 정의된다. 예컨대, 유대인은 자기집단만 돌본다거나 돈 이외엔 아무 것도 생각하지 않는다는 편견, 아일랜드 사람들은 술을 많이 마시거나 잘 싸운다는 편견, '진정한 신념'의 옹호자로서 십자군들은 '예수살인자(유대인들)'과 '무슬림들'을 죽였다는 자기정당화 식의 편견, 자존감이 낮은 사람이 불안감과 두려움을 보상하기 위해 힘없는 집단에 대해 적대감을 돌리는 전치된 공격성, 희생양 삼기 등을 들 수 있다. 자민족중심주의(ethnocentrism)가 내부 집단에 초점을 둔 모든 외부집단에 대한 거부라면, 편견은 특정한 집단의 회원자격만을 바탕으로 특정 사람에 대한 거부이다. 편견은 인지적, 감정적, 행동적 수준에서 나타난다. '자기정당화', '권위주의 성격', '좌절' 등은 편견을 초래하는 심리적 요인이고, '사회화 과정', '경제적 경쟁', '사회적 규범' 등은 편견을 일으키는 사회적 힘이다. 오늘날 편견은 한 개 이상의 복합적 원인으로 설명된다(부산대학교 사회과학연구소 역, 2010: 111-129).

  - 고정관념(stereotype): "개별적 차이을 고려하지 않고 집단에 어떤 특성이나 특징을 부여하는 지나치게 단순화된 일반화"로 정의된다. 고정관념은 일상 안에서 한 집단의 자긍심과 사회적 정체성을 강화하며, 여러 세대에 걸쳐 지속, 만연한다. 타민족혐오주의(ethnophaulism), 외부자에 대한 민족적 유머 등은 고정관념을 반영한 것이다.

- 민족중심주의, 중심이동, 감정이입: 타인의 시각으로 자신을 바라보는 능력, 자신과 타인을 이해하는 절차로서 감정이입 등을 통해 학생들이 자신의 경험을 통제하고 과학적 사고를 신장시킨다.

(2) 상호문화교육에서 주요한 교수법

1) 능동적 교수법 선호

능동적 교수법은 교육과정이 아니라 학생을 교육의 중심에 놓는다. 첫째, 교사는 동기를 유발하기 위해 아동의 자발적 관심사로부터 출발한다. 둘째, 발명, 창조, 개혁의 자유를 추구한다. 셋째, 학생의 발달과 관련된 사회적, 정의적 구성요소를 고려한다. 일부 상호문화교육 전문가에 따르면, 능동적 교수법은 "아동들에게 문화가 어떻게 작용하는지 잘 이해시키는 유일한 교수법"이다. "학교는 민족집단의 문화적 활동에 기반이 되는 감정과 신념의 중요성을 학생들에게 인식시킬 수 있어야 한다. 직접적인 경험, 문화 축제, 모의 활동, 역할놀이 등을 통해서 문화적 행동을 적어도 어느 정도까지 이해시킬 수 있을 것이다(CERI, 1989를 장한업 옮김, 2013: 106에서 재인용)."

2) 중대 사건 활용 교수법

상호문화 활동에서는 중대 사건 활용 교수법을 따른다. 이민자가정 자녀를 많이 받아들이는 학교는 상호문화교육을 많이 행하는 학교다. 이 학교에서는 "다문화적 공간에서의 사회화, 다시 말해 다른 문화를 가진 사람들과 교류하고 대화하고 활동하도록 하는 사회성을 경험해 볼 수 있다(CERI, 1989를 장한업 옮김, 2013: 106-107에서 재인용). 교사의 지식을 학생들에게 전수하는 데 초점을 둔 전통적 교수법을 지양하고, 학생들이 각자의 내적 경험을 통한 진정한 '자신에 대한 활동'을 가능케 하며, 감정적이고 실제적인 경험을 통한 지식 습득을 강조하는 교수법을 지향한다. 이 교수법의 단점은 그 성패가 전적으로 학생들의 동기, 욕구, 능력에 달려 있다는 점이다.

3) 다양성 인식활동, 고정관념 넘어서기, 복수성 교육

다양성 인식활동은 "다양성을 정상적인 현실로 인정하게 하는 동시에, 차이를 호기심의 동인, 관심의 원천, 풍요로움의 기회로 여기게" 하는 활동으로 다양성에의 개방이라는 상호문화적 활동의 사전 단계이다. 다양성 인식활동은 고정관념을 겨냥한다. 고정관념은 "현실을 만들어진 범주에 따라 이해하고 경우에 따라서는 우리의 행동을 이 범주에 따라 조절하게 하기 때문에" 때론 유용하다. 교사는 이 일련의 규범들(고정관념)을 배우고 잘 활용하도록 가르쳐야 한다. 반면에 고정관념은 단점도 지닌다. 고정관념 때문에 개인의 행동을 그가 속한 범주로부터 파악할 수 있다고 믿게 된다. 따라서 교사는 학생들이 "고정관념화된 문화적이고 상대적인 특성을 이해함으로써 타인의 인상을 존중하고 그 변화를 수용할 수 있도록" 가르쳐야 한다(De Smet & Rasson, 1993: 31을 장한업 옮김, 2013: 113에서 재인용).

교사는 현실의 관찰과 동화나 속담 같은 전통적 자료 읽기라는 두 가지 수단을 활용할 수 있다. 또 문화 간 비교 연구도 활용할 수 있고, 종종 복수성 교육으로 연결된다. 복수성 교육은 교사에게 많은 투자를 요구한다. 교사는 각 학생의 인지적 특성과 학습방법을 파악해야 하기 때문이다(앞 책: 108).

4) 연극

국제적 교류 프로그램이 상호문화적 만남에 도움이 되는지를 연극을 통해 평가할 수 있다. 연극은 "거울 효과의 경험을 체험하게 하고 스스로 일상적인 현실과 맺고 있는 관계를 변화시키도록 한다." 연극과 같은 허구는 "죄책감이나 위협감을 느끼지 않고 상호문화적 만남을 경험하게 하는 장점"을 지닌다(장한업 옮김, 2010: 132).

Chapter **11**

세계의 음악과 다문화교육

1. 개 관
2. 제주지역 초등학교의 다문화학급 현황
3. 다문화음악수업의 실제: 문화의 '다름'과 '같음'
   그리고 '다문화감수성 함양'
4. 다른 나라의 음악체험활동을 통한 다문화감수성 함양
5. 다문화사회의 상호 '소통' 방법 모색

Chapter 11

세계의 음악과 다문화교육[1]

홍 주 희

1. 개 관

2013년 1월 2일 안전행정부가 발표한 자료에 따르면, 국내에 90일 이상 장기 체류하는 등록 외국인과 근로자, 유학생, 한국국적 귀화자, 외국인 주민 자녀 등을 포함하는 외국인 주민 수는 144만 5,631명으로 작년보다 2.6%(3만 6,054명) 증가했다고 한다. 이는 전체 주민등록 인구(5,094만 8,272명) 대비 2.8%이다('국내 거주 외국인 144.5만 명 ⋯ 작년보다 2.6%↑', 일간스포츠 2013. 07. 02.). 이렇듯 외국인 근로자들이 증가함에 따라 언어와 문화적 다양성을 지닌 다문화사회로 급속히 변모하고 있다. 다문화사회 속에서 문화는 인간과 인간, 인간과 사회, 인간의 다양한 삶의 양식을 총괄적으로 표현하고 반영하면서 사람들 간에 상호 작용할 수 있는 역할을 한다. 특히 세계 여러 지역의 삶과 문화를 깊이 이해하기 위하여 그들의 삶과 문화를 담고 있는 음악을 통해서 사람들 간 소통이 가능하다. 또한 음악 자체는 그 음악을 만든 시대나 문화권의 특성을 담고 있기 때문에 음악을 통하면 그 음악이 생성된 시대와 문화권

---

1 이 원고는 2014년 2학기 제주대학교 교육대학 1학년 전체 학생을 대상으로 한 교과목 다문화교육과 실제의 강의 교재로 작성된 글이다.

을 이해할 수 있다. 이렇듯 음악은 다양한 문화가 공존하는 사회에서 서로 다른 문화를 가진 사람들을 이해하고 그들과 조화롭게 살 수 있는 다문화감수성이 높은 사람을 길러내기 위하여 이 시대에 꼭 필요한 것이다. 다문화적 음악교육은 각 나라 간의 문화적 차이를 인정하면서 세계화 시대에 알맞게 문화적 다양성을 수용하는 방향으로 나가야 한다.

이 수업은 세계 여러 나라의 다양한 악곡 및 음악 활동을 통하여, 음악의 아름다움을 경험하게 하고 달크로즈(Emile Jaques-Dalcroze, 1865~1950)의 신체표현 교수법을 활용하여 음악을 창의적으로 표현하고 감상하여 다양한 문화를 수용할 수 있는 능력을 길러, 생활 속에서 다문화역량을 가지게 하는 것을 목표로 한다.

2. 제주지역 초등학교의 다문화학급 현황

과거 한국의 다문화교육은 다문화가정의 아동을 대상으로 하는 경우가 많았지만 최근에는 한국 사회가 전 국민의 2.8%에 달하는 이주외국인들과 그 자녀들이 공존하고 있는 상황이고 다문화가정 아동만을 위한 교육만으로는 다문화사회를 대비하기 어렵다. 학교 현장에서는 다문화가정 취학 아동이 증가하면서 다문화가족 자녀와 일반학생들을 위한 다문화교육의 필요성이 제기되어 교과과정에서 다문화교육의 내용을 포함하고 있으며, 각 교육청별 다문화아동 지원 사업, 거점학교 및 연구학교 지정을 통한 다문화교육을 운영하고 있다. 또 학교 현장 외에 다문화가족지원센터 및 각 대학의 다문화교육센터, 다문화관련 민간단체 등이 설립되어 다문화교육 관련 연구와 활동, 그리고 다문화교육 프로그램과 다문화교육을 실시하고 있다.

제주지역 백록초등학교에서는 2009년부터 2011년까지 다문화교육 정책 연구학교로 지정되어 운영한 내용을 살펴보면 다음과 같다. 전교생을 대상으로 다문화이해교육을 위한 교육과정을 재구성하여 교수·학습 활동을 전개하고, 교사들의 연수를 강화하는 동시에, 다문화가정과 함께 하는 체험학습을 전개하는 등 생활 속에서 더불어 함께하는 다문화역량을 기르도록 하였다.[2]

---

2 백록초등학교의 다문화교육정책 연구학교 보고서에 관한 내용은 현재 풍천초에 근무하는 강정이 선생님으로부터 제공받은 자료의 일부 내용이다.

한편 제주 다문화교육센터에서는 매해 '다문화축제'를 개최하고 있으며, 제주 다문화교육센터에서 집계한 2014년 다문화학생의 학교급별 현황[3]은 〈표 11−1〉, 〈표 11−2〉와 같다.

표 11-1 학교급별 현황 (2014. 4. 1. 현재, 단위: 명)

구분 (학년별)	유	초등학교							중학교				고등학교				총계
		1	2	3	4	5	6	계	1	2	3	계	1	2	3	계	
국제결혼가정	120	156	117	77	75	50	51	526	36	47	34	117	17	15	10	42	805
외국인가정	10	9	6	4	4	2	4	29	6	1	2	9	1	1	2	4	52
합계	130	165	123	81	79	52	55	555	42	48	36	126	18	16	12	46	857

표 11-2 부(모)의 국적별 현황

구분	중국	중국(한국계)	일본	베트남	필리핀	중앙아시아	미국	대만	남부아시아	러시아	몽골	태국	유럽	인도네시아	아프리카	오세아니아	기타	계
유	32	7	7	40	30	2	1	3	3	1	1	0	0	0	0	0	3	130
초	108	78	69	116	86	15	14	11	11	11	9	5	4	2	1	0	15	555
중	18	16	44	5	24	2	2	4	5	1	1	1	1	0	0	0	2	126
고	4	7	25	0	3	0	1	1	0	2	0	0	1	0	0	1	1	46
계	162	108	145	161	143	19	18	19	19	15	11	6	6	2	1	0	21	857

〈표 11−1〉에서 국제결혼가정과 외국인가정을 합하여 유치원, 초등학교, 중학교, 고등학교의 다문화학생은 초등학교 학생의 수가 월등히 많은 것을 알 수 있다. 이들 다문화학생들의 부모의 국적을 살펴보면 〈표 11−2〉와 같이 중국, 베트남, 일본, 필리핀 순으로 주로 동남아 지역이 압도적으로 많으며, 그 외 미국, 남부아시아, 중앙아시아, 유럽 등의 세계 여러 나라의 국적을 나타내는 것을 알 수 있다. 제주지역 학교현장의 다문화국적의 추세를 전년도와 비교해 보면 〈표 11−3〉과 같이 대부분 그 수가 늘어난 것을 볼 수 있다.

---

3 제주지역 '2014년 다문화학생의 학교급별 현황표'는 2014년 8월 제주다문화센터 담당자의 제공자료이다.

표 11-3   2013년도 부(모)의 국적별 현황

구분	중국	중국(한국계)	일본	베트남	필리핀	중앙아시아	미국	대만	남부아시아	러시아	몽골	태국	유럽	인도네시아	오세아니아	기타	계
계	122	101	136	95	99	10	23	19	6	10	4	6	6	2	1	18	658

특히 〈표 11-3〉 2013년도 부(모)의 국적별 현황과 2014년 현재를 비교 했을 때 베트남과 몽골 국적의 다문화학생이 2배 이상 늘어났으며, 아프리카 국적의 초등학생을 비롯하여 세계 여러 나라의 국적의 학생들이 늘어나고 있는 실정이다. 이러한 추세는 한국 사회에서 일상적인 다문화적 상호작용이 빈번하지 않은 상황에서 문화 간 편견을 줄여주는 역할을 다문화가정의 자녀들과 일반아동들에게 모두 필요한 것이란 사실을 시사해 준다. 따라서 서로 다른 문화를 올바르게 이해하고 서로 다른 문화적 배경을 가진 사람들과 상호작용하면서 지식, 가치관 및 태도를 형성하여 그들과 조화롭게 살아갈 수 있도록 초등학생들의 다문화감수성을 높이기 위한 프로그램 연구가 활발히 진행되어야 할 것이며, 본 장은 제주지역의 학교 현장과 연계할 수 있도록 베트남과 몽골, 아프리카를 중심으로 이루어 진다.

3. 다문화음악수업의 실제: 문화의 '다름'과 '같음' 그리고 '다문화 감수성 함양'

다문화음악교육은 "타자 이해"를 통하여 "자아 개념의 정립 및 자기이해" 등 양자를 증진시키는 인본 교육이다. 이는 자신뿐 아니라 상대방의 입장과 문화를 이해하고자 하는 다문화감수성의 의미와도 일맥상통한다.

(1) 베트남 음악의 이해

베트남에는 54개의 민족이 존재하는데, 대표적 민족인 비엣민족(Viet)을 비롯하여 소수민족집단에 의해 사용되는 악기까지 포함하면 그 악기종류가 100여 종이

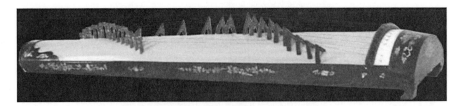

| 그림 11-1 | 단짜인(Dan tranh)

넘는다. 베트남 악기는 현명악기가 주류를 이루는데, 대부분이 중국에서 유입되어 그 구조, 연주법 등이 중국과 비슷하나 베트남 악기만의 독창성 또한 지니고 있다.

단(dan)은 베트남어로 현명악기를 말한다. 이 때문에 현명악기들의 명칭은 대부분 '단'으로 시작된다. 베트남에 기원을 두고 있는 현명악기는 단다이(dan day 루트)·단바우(dan bau 일현악기)·쩡꾸언(trong quan)이 있고, 중국과 중앙아시아 문명에서 유래된 악기로 단짜인(dan tranh)·단니(dan nhi)·단응구엣(dan nguyet) 등이 있다. 베트남은 알파벳을 사용하고 있지만 읽는 방법에는 영어와 차이가 있다. 그래서 외국인들은 '단짜인(dan tranh)'을 '단트란'으로 잘못 지칭하곤 했다. 베트남 악기의 이름은 이런 오해에서 비롯되어 현지인들과는 다르게 읽혀지고 있는 실정이다.[4]

이와 같이 표기의 문제로 오개념이 생길 수 있기에 자국의 음악이 아닌 경우 세심한 주의가 필요하다. 베트남의 단짜인 〈그림 11-1〉과 비슷한 형태의 악기를 통해 다문화의 이해를 증진시킨다.

• 베트남의 단짜인, 한국의 가야금, 중국의 쟁, 일본의 고토의 악기구조의 유사점과 사용된 용도의 유사성의 측면에서 동아시아 문화와의 관련성에 관해 서로 토론해 본다.
• 생활 속의 베트남 음악 찾아보기

---

4 베트남은 알파벳을 사용하지만 영어와 읽는 법이 다르다. 예를 들어 c=꺼, k=꺼, p=뻐, s=써, t=떠, ch=쩌, kh=커, ng=응어, th=터, tr=쩌로 발음한다. 베트남의 유명한 학자 Tran Van Khe도 '트란반케'가 아니라 '짠반케'로 불러야 옳다. 조석연, '베트남 음악의 고찰', 음악과 문화 제10호, 2004, 206쪽.

(2) 몽골음악의 이해

인류의 삶에 노래와 무용, 기악은 불가분의 관계이며, 악기는 기원, 악기의 형체 및 연주방법은 그 음악을 표현하는 수단이다. 2003년에 몽골의 유네스코[5] 무형유산에 등재된 민족악기 모링 호로(Morin Khuur, 2003)는 몽골민족을 대표하는 전통악기이다.

▍그림 11-2 ▍
18세기 모링 호르 /
몽골 국립역사박물관 소장

몽골 유목민들은 인간의 본능적 염원을 모링 호르의 장식 속에 의미 있게 담았다. 땅과 사람을 의미하는 초록색으로 모링 호르의 공명통을 채색하고, 현은 검정색과 하얀색의 말총을 서로 얽어, 고난과 행복의 혼합적 의미를 통해 일생의 역경을 초월한 염원을 표현했다. 이렇게 상징적 의미가 담긴 모링 호르를 활대로 힘차게 마찰시켜, 아름다운 선율을 발현한다. 또한 예언과 주술적인 의미를 포함한다. 이는 9개의 머리와 9개의 꼬리가 달린 설화상의 동물 '유서그칭(yisügchin)'의 설화 속에서 마두금의 소리가 벽사(辟邪)의 의미를 지닌다는 것에서도 확인할 수 있다.

〈그림 11-3〉은 몽골 사람들이 소중히 여기는 말의 흉상을 악기의 머리 부분에 조각한 것으로 몽골 유목문화의 상징을 고스란히 담고 있다. 모링 호르는 몽골 유목민의 생활과 풍습 속에서 악기 이상의 성스러운 상징성을 지니고 있다.[6]

- 악기를 통한 타문화의 이해
- 2003년에 제작된 영화 〈낙타의 눈물(The Story of Weeping Camel)〉

▍그림 11-3 ▍
모링호르의 악기머리

5 유네스코와 유산 http://www.unesco.or.kr/heritage
6 박소현, '한몽교류의 미래지향적 발전방안' 부분 참조 및 수정인용.

4. 다른 나라의 음악체험활동을 통한 다문화감수성 함양

(1) 풍가 알라피아(Funga Alafia): 나이지리아 동요

아프리카 나이지리아의 한 지역에서 오래전부터 불리워 왔던 '풍가 알라피아 (Funga Alafia)'는 환영과 평화, 건강, 감사의 내용을 담고 있다. 아프리카 민요는 여러 사람이 즉흥적으로 각자 자신만의 음을 첨가하며 노래를 부른다. 단순하게 반복되는 가락과 복잡하고 강렬한 리듬의 반복으로 이루어져 있다. 조별로 리듬1과 리듬2로 나누어 주어진 타악기로 리듬반주를 하며, 가락의 반복되는 느낌을 살려 노래 불러본다.

┃그림 11-4┃ 초등학교 음악교과서 6, 「태성출판사」, 23쪽

❈ 나이지리아 조(5명)

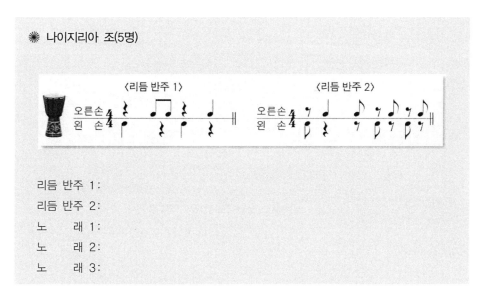

리듬 반주 1:

리듬 반주 2:

노   래 1:

노   래 2:

노   래 3:

❈ 나이지리아 조(5명)

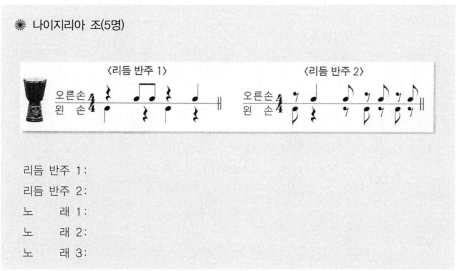

리듬 반주 1:

리듬 반주 2:

노   래 1:

노   래 2:

노   래 3:

(2) 시마마 카(Simama kaa): 탄자니아 동요

탄자니아는 동물의 낙원이라 불리는 세렝게티 국립 공원과 만년설이 덮여 있
는 킬리만자로의 산이 있는 곳이다. '시마마 카'의 노래는 어린이부터 어른까지 전
계층에서 몸을 움직이며, 노래하는 곡이다.

┃ 그림 11-5 ┃ 초등학교 음악교과서 6, 「태성출판사」 22쪽

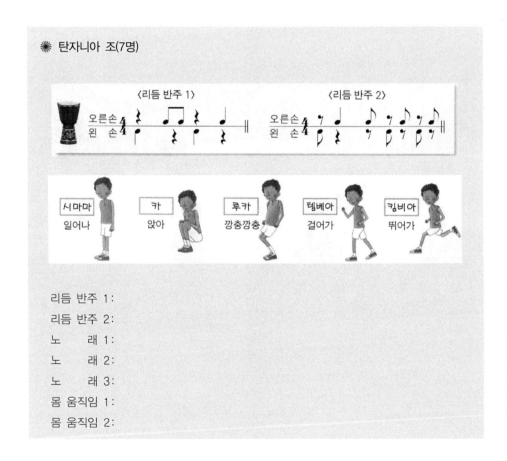

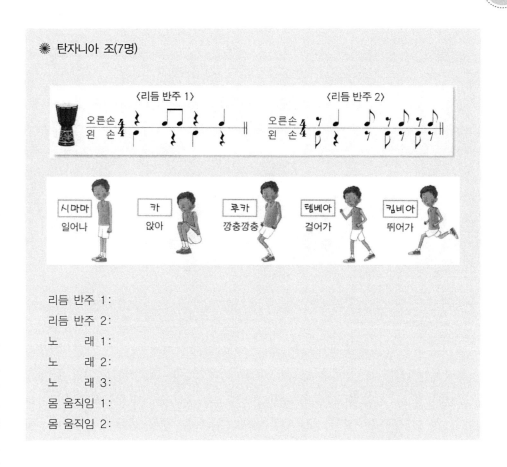

🌸 탄자니아 조(7명)

리듬 반주 1:
리듬 반주 2:
노　　래 1:
노　　래 2:
노　　래 3:
몸 움직임 1:
몸 움직임 2:

5. 다문화사회의 상호 '소통' 방법 모색

　　학교교육에서 다문화교육을 위한 음악교육의 역할이 무엇인지를 살펴보고, 앞으로 다문화적 음악교육이 방법론적 측면에서 어떻게 설정할 것인지를 논의한다.

　　"음악은 만국공통어"라는 말이 있다. 이 말은 극히 상투적일 수도 있다. 그러나 월드뮤직(World Music)을 듣는 것은 어느 한 나라의 민족을 마음으로 느끼고 소통하는 것이다. 중국계 미국인 첼리스트 요요마(YoYoMa)의 실크로드 프로젝트란 음반에 보면, "이 음반을 듣고 당신의 음악과 같다고 느낀다면, 당신은 그들과 소통이 된 것이다"라는 말과 상통한다.

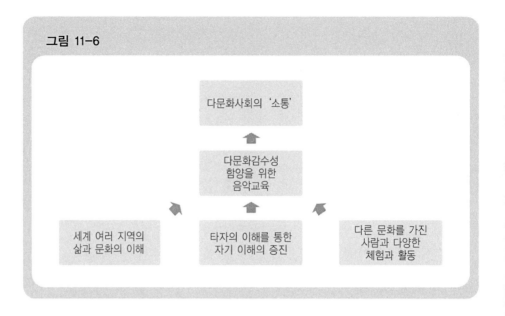

그림 11-6

서로 다른 문화를 올바르게 이해하고 서로 다른 문화적 배경을 가진 사람들과
상호작용하면서 지식, 가치관 및 태도를 형성하여 그들과 조화롭게 살아갈 수 있도
록 초등학생들의 다문화감수성을 높이기 위한 프로그램 연구가 활발히 진행되어야
할 것이다. 다문화감수성 함양을 위한 음악교육 프로그램을 통해 다문화감수성에
어떤 변화가 나타났는가에 대한 연구가 있어야 할 것이며, 장기적인 계획을 세우고,
다문화감수성이 행동으로 나타나는 태도에 대한 연구가 이루어졌으면 한다.

Chapter **12**

다문화수업 구성 및 비평

1. '다양성'과 역사학습

2. 역사 수업 실행: 고려 사람들은
어떻게 살았을까?

3. 역사 수업 성찰: '다양성'을 가르친다는 것

4. 맺음말

Chapter 12

다문화수업 구성 및 비평
- '고려 사람들의 삶' 수업을 통한 '다양성' 학습 성찰 -

류 현 종

1. '다양성'과 역사학습

'다문화사회'와 '다문화교육' 담론이 최근 성행하고 있다. 한국 사회는 이미 지역, 성별, 종교, 언어, 계층, 종족, 민족 배경이 다른 사람들로 구성되어 있다. 하지만 외국 이주민들이 급속히 늘어나면서, 사회통합의 새로운 과제를 안게 되었다. 이 상황에서 '다문화'란 표식을 붙여, '정주자' 혹은 '내국민' 입장에서 시혜적으로 다양한 문화를 인정하고 존중하자는 분위기가 만들어졌다.[1]

다문화사회에서 필요한 사회통합은 국가의 문화와 이상을 접착제로 하여 이질적인 요소를 봉합하는 것이 아니다. "이질적인 존재 집단이 다양성을 유지하면서

---

1 외국인 이주 배경을 지닌 학생들을 '다문화가정' 학생들로 부르며, 보통 학생들과 다른 특별한 교육을 해야 하는 것으로 인식하게 만들었다. 오히려 당사자들은 내국인들이 특별한 시선을 보내는 것을 의아스러워 하거나 부담스러워 했다. 이중언어 강사 연수 대상자인 한 일본 이주민 여성은 자기 아이 반 선생님과 학생들이 독도 문제를 꺼내면서 자신의 아이를 의식했다는 점을 의아해했다. 이 여성은 독도 문제는 일본이 잘못이라는 생각을 가지고 있었으며, 아이와 이 점에 대해 이야기를 나눈 적이 있다고 했다. 단지 '다른' 사람들로 분류하여 경계 짓는 경향을 재고해야 한다는 점을 알려주는 사례이며, 그만큼 다문화상황에 많이 노출되어야 한다는 점을 보여준다.

통일성을 이룬 상태로, 모든 개인들이 성, 인종, 민족, 국적, 종교 등의 차이로 인해 차별받지 않고 기회의 형평성을 보장 받은 상태(김태원, 2010: 398)"이다. 다양성과 통일성의 긴장 관계를 어떻게 조화시킬 것인지가 중요한 문제이다. 여기서 다양성을 인식하고 포용하는 능력이 무엇보다 필요하다.

역사학습은 다양성을 인식하고 포용하는 능력을 함양하는데 중요한 기여를 한다. 우리의 현재 상황을 극복하고 우리와 다른 사람들의 사고 방식과 관심을 이해하게 해주기 때문이다(Levstik & Barton, 2001: 126-127). 우리 자신의 삶이 당연하고 보편적인 존재 방식이라는 편견에서 벗어나게 한다. 다른 시대와 장소의 사람들, 즉 인종, 계급, 성, 신체 능력이 다른 사람들이 살아가는 모습을 이해하는 통찰력을 준다.

다른 시공간의 사람, 현상, 삶을 학습한 것만으로 '다양성' 학습이 마무리 되는 것이 아니다. 역사는 과거의 재현이다. 역사는 과거의 흔적과 기록을 통해 구성된다. 과거 흔적과 기록에 대한 다양한 해석이 가능하다(Seixas, 1996: 766-777). 우리가 보는 과거 모습은 과거 그 자체라기보다는 다양한 관점으로 해석된 과거이다. 따라서 과거 흔적이 원래 그대로였는지, 과거 기록을 누가 왜 썼는지, 그 의미가 무엇인지, 동일한 사건, 삶, 현상을 다룬 다른 기록은 없는지 등의 물음을 던질 수 있다. 이를 통해 다른 관점들로 과거 삶이나 현상을 바라볼 수 있는 기회를 갖게 된다. 이 경험은 학생들의 합리적 판단력을 기르게 한다. 다른 사람들이 주장하는 의미, 가치, 이해를 들어 줄 수 있는 능력을 발달시킨다. 또한, 동등하게 의사소통하는 방법도 배울 수 있게 한다(Levstik & Barton, 2001: 127).

지금까지 '역사'에 방점을 두고 역사학습에서 '다양성' 문제를 살펴보았다. 역사학습은 '학습'이다. 이런 점을 감안할 때 역사는 학생 개인의 삶과 연계되어야 한다. 학생들이 과거와 현재를 관련 맺을 수 있도록 해야 하며, 자신의 삶과 관련 지어 역사를 생각하게 해야 한다. 학생 개인의 다양한 삶에 따라 역사를 '개인화' 혹은 '인격화'할 수 있게 되는 것이다(류현종, 2011: 101-102).

역사를 보다 개인화하려면 문화 배경에 따른 학생들의 학습 스타일을 인정해야 한다. 학습 스타일에 주목한다는 것은 역사학습의 차이를 학생 개개인들의 지적 능력의 차이가 아니라, 학생들이 어떻게 학습에 참여하느냐의 문제로 보는 것이다. 학습 스타일은 다음과 같은 구성요소를 포함한다(Gay, 2002, 류현종, 2011: 103 재인용).

선호하는 내용, 학습 과제를 가지고 작업하는 방식, 아이디어와 사고를 조직하고 전달하는 기법, 과제 수행의 물리적·사회적 배경, 작업·학습·수행 공간의 구조적 배치, 이해와 능력을 받아들이고 처리하는 지각 자극, 학습 동기·유인 체계·보상, 개인 간 상호작용 양식 등이 그것이다.

그렇다면 현행 초등학교 역사학습은 학생들에게 '다양성' 학습을 보장하고 있을까? 긍정적인 답을 할 수 없다. 학생들은 다양한 관점을 찾기보다는 정답을 찾도록 요구 받는다. 과거의 낱낱 사실은 유용한 정보이고 외워야 하는 필수 지식이 된다. 교과서와 국가수준 평가는 이런 표준화된 역사 내용을 공식적 지식으로 자리매김하게 한다. 국가수준 학업성취도 평가는 모두가 공유하는 지식을 가정한다. 모두가 공유하는 지식은 교과서에 실려 있다. 따라서 교과서에 실린 역사 내용을 가르칠 수밖에 없다. 국가수준 교육과정과 평가가 교사의 역사수업 활동을 외적으로 통제하지만, 교사 스스로도 자기 검열을 통해 역사 지식을 제약하게 된다(Cornbleth, 2001: 83-86). 학생들도 역사 정보를 얼마나 많이 가지고 있느냐로 역사 공부를 잘하는지를 가름한다.

학생들의 역사학습의 성격을 규정하는 현행 초등학교 역사 교과서는 '한국사'로 구성되어 있다. 다문화사회에서 요구하는 다양성과 이질성을 확보한다는 면에서 한계가 있다. 내국인 혹은 특정 집단의 관점에서 역사를 서술하기 때문에 이주민이나 소수 집단이 배제될 수밖에 없다. 그렇다고 교육과정의 특정 단원이나 교과서의 특정 쪽 수에 소수 집단을 보여주는 '부가적 접근법'으로 문제를 해결할 수 없다. 학생들이 다양한 문화 집단의 관점에서 사건, 개념, 주제를 볼 수 있도록 교육과정이나 교과서를 구성하는 '변혁적 접근법'이 필요하다(오연주 외, 2011: 38-39).

교과서의 '활동'은 학생들의 '역사하기'를 보장하는 기제이다. 하지만 교과서의 활동은 모두 과거 사실을 확인하는 활동이 대부분이다. 과거와 현재를 관련 맺도록 촉진하는 활동, 자신의 삶과 연계하여 역사를 생각하는 활동, 다른 시공간 사람들의 이야기에 주목하게 하는 활동, 다양한 사람들과의 관계 및 영향을 생각하도록 하는 활동, 역사를 통해 편견을 수정하게 하는 활동, 역사를 참조하여 현재의 쟁점과 문제를 해결하도록 하는 활동은 미약하다(류현종, 2011: 109-114). 교과서에 제시된 역사는 오래된 시간에 갇힌 이야기이며, 현재 삶이나 문제에 무관심하고, 다양한 사람들도 초대하지 않는다(류현종, 2011: 115).

다문화주의 혹은 다양성을 심어주려면 학생들이 적극적으로 역사의 문화적 활용을 고민할 수 있도록 해야 한다. 이를 위해 왜 어떤 목소리만 들리고 다른 목소리는 들리지 않는가? 현재 목적을 위해 어떻게 과거가 조작되는가? 다른 목소리는 어떻게 과거뿐만 아니라 현재로부터 더 잘 이해할 수 있도록 하는가? 어떤 역사적 정보원을 가지고 과거를 반복하지 않도록 경고를 하고, 현 쟁점을 다룰 수 있는가? 와 같은 질문을 해야 한다(Levstik, 1997: 49). 학생들은 가정에 도전하고, 불편한 질문을 제기하며, 주장의 지지를 요구하고, 지원할만한 과거 해석을 할 줄 알아야 한다 (Levstik, 1997: 50).

이 글에서는 지금까지 논의한 역사학습에서 '다양성' 문제를 역사수업을 통해 보다 구체적으로 성찰하고자 한다. 본 연구자가 2012년 5월 14일 4교시와 5월 16일 3교시에 걸쳐, 제주시 I 초등학교 5학년 1반 학생들과 신분제도를 중심으로 '고려 사람들의 삶'을 주제로 직접 실행한 수업을 '다양성' 가르치기의 관점에서 성찰하였다.

당시 담임교사는 20년의 교직 경력을 가지고 대학원에서 사회과교육을 전공하고 있었으며, 역사교육을 통한 '평화'교육을 고민하고 있었다. 교사는 학생들이 사회 현상을 다른 관점에서 볼 수 있도록 격려하고 있었기에 반 분위기는 매우 개방적이고 활발하였다. 반 학생은 모두 25명으로 남자 13명, 여자 12명으로 구성되었다. 신설된 학교라서 인근 몇 개 초등학교에 다니다가 모여서 다양한 학교 문화의 배경을 지녔다.

담임교사가 학기 초에 실시한 사회 교과의 선호도 조사를 살펴보면, 보통 학생들과는 달리, 반 학생들은 사회교과를 좋아하는 것으로 나타났다. 총 응답자 24명(조사 시 학생 1명이 없었음) 중 좋아한다고 답한 학생은 15명(남 9명, 여 6명), 보통이라고 답한 학생은 6명(남 3명, 여 3명), 싫어한다고 답한 학생은 3명(남 1명, 여 2명)이었다. 수업을 참관하고 수업을 실행 해본 결과, 적극적으로 자기 의견을 발표하면서 수업에 참여하는 학생은 15명(남 8명, 여 7명)이었고, 다른 사람의 생각을 들으면서 생각을 정리하는 학생들은 9명(남 5명, 여 4명)이었다. 사회과 선호도와 적극적 수업 참여를 관련시켜 볼 때, 사회과를 좋아한다고 해서 적극적으로 수업에 참여하는 것을 선호하지는 않았다. 남학생 경우, 사회과를 좋아하는 9명 중 2명이 적극적 수업 참여를 선호하지 않았으며, 여학생 경우는 사회과를 좋아하는 4명 중 2명이 적극적 수업 참여를 선호하지 않았다. 사회과를 좋아하지 않으나 적극적 수업 참여를 선호한 남학생과 여학생이 각각 1명씩 있었다.

본 연구자는 우선 사회 교과 선호도, 역사의 개념에 대한 생각, 나와 역사의 관련에 대한 생각, 왕건·궁예·견훤에 대한 느낌 등을 조사한 결과를 바탕으로 학생들의 역사학습 관련 선호도 및 이해도를 살펴보았다. 또한 5월 8일 2교시 수업(후삼국통일의 의의)과 5월 9일 4교시 수업(고려의 기틀을 다지기 위한 노력)을 참관하고 녹화하여 담임교사의 역사교수 스타일과 학생들의 역사학습 스타일을 파악하려 노력하였다. 담임교사와 대화를 통해서 학생의 상황을 파악했으며, 학생들을 수업에 어떻게 참여시킬지 고민을 하였다. 또한 연구자의 수업을 위해서 사전 설문을 실시하여 수업의 관점과 방향을 잡는데 참조하였다.

그러면, 지금부터 2장에서는 연구자의 수업 의도와 학생들의 학습 경험을 기술 및 분석하고, 3장에서는 '다양성'의 관점에서 학생들의 역사학습 경험을 성찰해 보기로 하겠다.

2. 역사 수업 실행: 고려 사람들은 어떻게 살았을까?

(1) 신분에 따라 사람들의 생각과 행동이 다름을 알기

수업은 전 시간에 배운 것을 상기하는 것으로 시작했다. 전 시간에 반 아이들은 담임교사와 최승로의 '시무 28조'를 공부했다. 각 조항을 살펴보면서 최승로의 의도를 살핀 후, 학급을 어떻게 운영 했으면 하는지 담임선생님께 건의하는 사항을 적어오라는 과제를 받았다. 담임교사는 역사를 과거에만 머물게 하지 않고, 학생의 현재에 작동하게 한다. 후삼국의 통일을 배우면서 실질적인 통일의 의미를 남북 통일과 관련지어 생각해보게 하였다. 그리고 고려의 기틀을 다지기 위한 노력의 하나로 배운 시무 28조를 학급 운영과 유추하여 생각해보게 한 것이다.

나는 아이들이 어떤 건의 사항을 냈는지 궁금하여 학생들이 정한 '시무 6조' 내용을 살펴보기로 했다.[2] 학생들 개인 의견이 회의를 통해 시무 6조로 정해졌다고

---

2 1인칭 관점에서 수업을 보다 구체적으로 묘사하기 위해서 2장에서는 '연구자' 대신에 '나'란 용어로 수업자를 나타내었다.

한다. 학생들은 자신들이 밥을 굶어가며 6개 조항을 정했노라고 다소 과장하여 말하기도 하였다. '5학년 1반의 시무 6조'는 다음과 같다.

- 1조: 상과 벌을 분명히 해야 한다(5조법 학급 온도계).
- 2조: 선생님이 학생들에게 친절하게 도와주어야 한다.
- 3조: 수업할 때는 심각하게 즐거울 때는 즐겁게
- 4조: 숙제할 시간을 이틀 주되, 계속 안하면 숙제 양을 늘인다.
- 5조: 수업 시간에 집중을 잘하고 발표를 많이 하게 해야 한다.
- 6조: 학생의 입장에서 가끔 생각해야 한다.

나는 학생들에게 왜 이런 건의를 했는지 물어보았다. 이 질문은 "너희들이 처한 상황에서 불편한 점을 개선하려고 건의 했을 것이다. 그러니 최승로도 자신이 처한 상황에서 건의를 했을 것이다. 최승로가 어떤 위치와 상황에서 건의를 했는지 살펴보아야 한다"는 점을 알려주기 위한 것이었다. 아이들은 담임선생님께서 6개 조항의 내용을 잘 지키시지만 더 잘 지켜달라는 뜻으로 건의했다고 말했다. 담임 선생님을 신뢰하고 있었다. 이 건의 내용은 담임교사가 건의를 하라고 했기에 만들어낸 내용이었다.

나는 이야기를 바꾸어 고려시대로 들어갔다. 만약 고려시대 백성들이 왕에게 건의 했다면 어떤 내용으로 했을지 물었다. 몇 학생이 의견을 말하였다. "잘못을 하지 않았는데 억울하게 지방 관리가 때리지 말게 해달라(상수)." "지방에 있던 세력을 가진 귀족들이 함부로 평민들이나 농민들을 괴롭히지 말아라(현아)." "전쟁에 나가거나 일을 하러 나갔을 때 돈을 줘라(예림)." "죄없이 갇힌 사람들을 풀어주어야 한다(은경)." "평민들도 능력이 있으면 벼슬을 주어야 한다(혜지)." "나라의 중요한 일을 결정할 때 자기네들이 귀족과 관리만 하지 말고 백성들도 같이 참여하자(지훈)." 관리나 귀족의 횡포 근절, 백성들 노역의 대가 지불, 백성들의 정치 참여 기회 확대 등의 대답은 사회적 약자인 백성 입장을 잘 대변하였다.

고려시대의 신분제도에 따른 백성들의 삶을 배우기 전인데도 이미 학생들은 많은 것을 알고 있었다. 물론 고려시대의 삶을 미리 공부한 학생들도 있었을 것이다. 하지만 대부분 학생들은 삼국시대의 신분제도 내용을 활용하였다. 사회 교과서

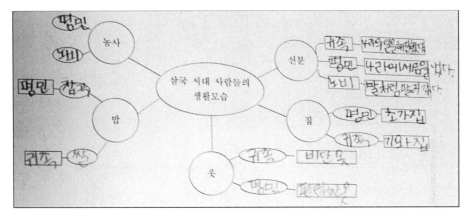

┃ 그림 12-1 ┃ 〈상수〉의 '삼국시대 사람들의 생활모습' 인식 이미지

는 "삼국시대 사람들은 태어날 때부터 귀족, 평민, 노비로 신분이 정해져 있었다 (『사회 5-1』, 37쪽)"[3]는 문장으로 '삼국시대 사람들의 생활모습'에 대한 설명을 시작한다. 그리고 신분에 따라 하는 일, 의식주의 차이를 중심으로 '삼국시대 사람들의 생활모습'을 설명한다. 교과서 내용을 정리하는 학습지 활동을 통해, 〈그림 12-1〉과 같은 형태의 이미지로 학생들은 '신분제도'를 내면화하고 있었다.

다음으로 최승로의 건의 내용과 백성들의 건의 내용이 왜 다른지 물어 보았다. 학생 세 명은 "신분이 다르기 때문에(수호)", "생각이 다르기 때문에(석훈)", "자신들이 원하는 것이 다르니까(보성)"라고 답했다. 나는 두 답변은 한 답변의 영향으로 만들어진 거라면서 그 한 답변이 무엇인지 찾게 했다. 여러 도표를 그려서 답변을 구조화하려 했지만 학생들은 이해하기 힘들어 했다. "~ 때문에 ~와 ~ 하다"의 문장의 빈칸에 들어갈 것이 무엇인지 물었다면 쉽게 이해할 수 있었을 것이다. 결국, "신분이 달랐지요. 그래서 생각도 달랐고, 원하는 것도 달랐어요"라고 정리해주었다.

이 정리 내용은 두 가지 의미를 지닌다. 하나는 최승로와 백성들의 건의 사항이 다를 수밖에 없는 까닭을 알게 해주는 내용이다. 다른 하나는 고려 사람들 삶을 관통하여 볼 수 있게 하는 내용이다. 고려 사람들이 다양한 삶의 모습을 띠고 있다면 바로 신분제도에 기반을 두고 있기 때문이다. 나는 학생들이 고려의 신분제도를

---

3 이 글에서 제시된 교과서는 연구자가 수업할 당시 활용되었던 2007 개정 교육과정에 따른 교과서이다.

네 신분으로 도식화하여 외우기를 바라지 않았다. 구체적인 현상, 삶, 사건들이 신분의 차이에서 비롯되었다는 것을 알게 하고 싶었다. 내가 오랜 시간 칠판에 쓰면서 강조한 탓인지 학생들의 수업 소감문을 살펴보니, 이 내용을 인상 깊게 기억하고 있는 학생들이 몇 명 있었다.

> "… 최승로와 우리반 시무 6조를 비교해 보았다. 일단 두 개 다 다르다는 것이다. 왜 다르냐하면 생각이 다르다고 나왔는데 나도 그렇게 생각하였다. …" (지훈)

> "… 최승로의 시무 28조와 백성들이 왕에게 원하는 것이 다르다는 걸 알았다. 또 최승로와 백성들이 신분이 다르다는 이유로 원하는 것이 다르고 생각이 다르다는 것을 알았다. …" (혜지)

> "… 신분에 따라서 원하는 것과 생각하는 것이 다르다고 약간은 생각했는데 이번 기회에 확실히는 아니지만 87%정도 확신이 들었다." (현주)

> "… 최승로가 성종에게 올린 시무 28조와 백성들이 왕에게 올리는 거의 차이점을 알아냈다. 1. 생각이 다르다. 2. 원하는 것이 다르다. 3. 신분이 다르다. 다 신분이 다르기 때문에 생각이 정말 달랐다. 정말 신기하고 …" (예림)

학생들은 최승로의 시무 28조, 백성들의 건의 사항, 5학년 1반의 시무 6조를 사례로 신분에 따라 생각과 행동이 다르다는 점을 알고 있다고 할 수 있다. 이 일반화가 고려시대의 다른 삶의 모습을 이해하는데 어떻게 작용했을까?

(2) 시와 이야기를 읽으며 고려 사람들의 삶을 느껴보기

나는 다음으로 삼국시대의 신분을 귀족, 평민, 노비라는 점을 되새기며, 고려시대 신분제도를 살펴보자고 했다. 앞서 살펴본 '백성이라면 왕에게 어떤 건의를 했을까'의 활동을 다시 상기 시켰다. 왕에게 건의 했을 때 이미 불편한 점을 알고 건의를 한 것이므로 그 건의한 내용을 거꾸로 생각해보자고 했다. '억울하게 벌을 주지 말자'의 건의 내용을 거꾸로 바꾸어 보면서, "당시 생활이 신분 차이가 엄격했다", "사회가 엄격했다", "귀족들이 아무 이유 없이 노비를 엄하게 다스렸다"는 사실을 찾아냈다. "노비를 물건처럼 다루지 말라"라는 말로 "귀족들이 노비들을 마음대로 재산 취급했다"는 사실을, "성을 만들거나 군대에 갔을 때 돈을 달라"라는 말로 "돈을 받지 않고 노역과 군역을 했다"는 사실을 알아냈다.

그리고 고려시대 생활 모습을 살펴보면서 삼국시대와 같은지 다른지 알아보았으면 좋겠다고 말했다. 나는 설명을 하는 가운데 "구체적인 자료는 제시할 수 없지만 하여튼 여러분이 알고 있는 범위 내에서는 그렇죠"라는 말을 했다. 사료가 중요하며, 삼국시대 삶을 고려시대 삶으로 일반화하는데 위험이 있다는 점을 나 자신과 학생들에게 각인시키고자 하였다.

이제 고려시대 생활로 본격적으로 들어가고자 했다. 처음에 생각한 수업 스토리는 다음과 같다.

> • 지난 시간에 배운 내용 상기하기 → • "고려가 세워졌습니다. 고려 사람들을 ~ 살았습니다." 써보고 발표하기 → • 무신 횡포에 항거한 백성들 살펴보기(고려 무신 정권 성립/망이·망소이 난/만적의 난) → • 이런 일이 벌어진 이유 살펴보기(신분제도 알아보기/삼국시대 신분제도와 차이점 살펴보기) → • 농민의 눈으로 본 고려시대 생활 살펴보기 → • 여성의 눈으로 본 고려시대 생활

원래 수업 스토리를 생각해볼 때, 수업은 상당히 궤도를 이탈해 있었다. 시무 28조에 대한 관심, 백성들의 건의 사항, 신분에 따른 생각과 행동의 차이, 현대 신분과 삼국시대의 신분제도의 차이점 알기 등의 활동으로 시간이 지체 되어서 계획한 내용을 다 소화하지 못하였다. 그래서 농민의 눈으로 고려시대 생활을 알아보는 활동으로 넘어가게 되었다. 『사회과탐구 5−1』(54쪽)의 〈동국이상국집〉에 나온 이규보의 시를 통해 백성의 마음을 읽고 느끼고자 했다.

시 윗부분에 쓰여 진 "〈지배층의 횡포에 힘들어 하는 백성들〉 귀족과 무신의 횡포에 힘겨워했던 백성들의 삶은 그때 지어진 시로 짐작할 수 있다"라고 쓰여진 교과서 내용을 가리고 시를 읽어보자고 했다. 학생들이 시를 고정된 관점으로 해석하게 되기 때문이었다. 낭독을 하면서 어려운 말에 동그라미 치게 했다. '고랑', '김맨다', '검은 얼굴', '왕손', '공자', '업수이', '부귀', '호사', '우리 손에 매였다', '햇곡식', '서리', '조세', '살까지 벗기려노'와 같은 낱말을 풀이했다. 그리고 쉽게 풀이하

여 시를 읽게 했다.

> 고랑에 엎드리어 비 맞으며 김매니
> 거칠고 검은 얼굴 어찌 사람이리
> 왕손 공자들아 업수이 여기지 마라
> 부귀 호사가 우리 손에 매였나니
>
> 햇곡식 푸르러 채 익기 전에
> 관리며 서리들 조세를 매기도다
> 애써 지은 마음은 나라 위함이거늘
> 어찌하여 우리네들 살까지 벗기려노
>
> 〈동국이상국집〉, 이규보의 시

　신분제도와 관련된 단어 '왕손', '공자', '관리', '서리', '조세'들을 살펴보면서 학생들은 이 시의 화자인 '우리'가 농민이라는 것을 금새 찾아내었다. 그리고 '거칠고 검은 얼굴 어찌 사람이리'와 '살까지 벗기려노'와 같은 말에서 비참한 농민의 생활을 이해하는 듯 했다. '살까지 벗기려노'를 학생들은 "자기 욕망을 채운다", "그 만큼 힘들게 한다"식으로 해석하였다. 하지만 "여러분 시 지어봐라 해보면 시 속에 생활하는 모습이 잘 나타나지요? 그러면 이 속에서 한 번 고려시대의 생활모습을 쓴 거니까 이것을 통해서 고려시대 사람들 속으로 한 번 들어가 봐야겠다. 그지?"라는 말을 했기에 아무 단서 없이 시를 자유롭게 해석할 수 있는 기회는 갖지 못했다. 가장 인상 깊은 부분을 찾아 이야기를 나누면서 나름대로 시를 해석해보록 했으면 좋을 듯 했다.

　나는 가르치면서 문득, "고려시대 농민들은 비참했다"는 사실을 주입하고 있는 것은 아닌가 하는 생각이 들었다. 학생들은 농민들이 날마다 비참한 생활을 했다고 느낄 수 있기 때문이다. 과연 웃고 즐거워했던 날은 없었을까? 역사는 주어진 사료를 바탕으로 이야기한다. 비참한 농민들의 삶을 담은 사료만으로 공부했기에 '비참하다'고 생각할 수밖에 없다. 만약 즐겁게 놀이하는 모습을 담은 사료를 보면 학생들은 어떻게 반응할까?

나: 그러면 이 시를 통해서 농사 짓는 사람의 생활을 느낄 수 있겠어요?

학생들: 네.

나: 이 시는 상당히 어떤 생활 모습을 나타내고 있어요?

학생1: 비참함.

학생2: 가난함.

나: 물론 이제... 여러분 즐거운 일도 있고 슬픈 일도 있죠?

학생들: 네.

나: 즐거울 때가 많아 슬플 때가 많아?

학생들: 슬플 때.

나: (다경이를 가르키며) 왜 뭐 때문에?

다경: 몸이 아파요.

나: 왜 몸이 아프지?

다경: 학원에서 늦게까지 공부하고 하니까.

나: 만약에 다경이가 일기장에다 시를 하나 딱 썼다. 몇 년 후에 시를 가지고 아마, 우리 2012년 우리 학생들을 돌아볼 수 있겠지요. 그걸 보았을 때 학생들의 하루는 힘들겠구나 느낄 수 있겠지? 물론 즐거운 일도 있겠지만. 다 즐겁지 않다는 것은 아니지만 우리가 생활이 전반적으로 그렇다는 것이죠.

나는 학생의 예를 통해서 슬플 때만 있는 것이 아니라 즐거울 때도 있다는 점을 설명했다. 그렇지만 '전반적인 삶은 그랬다'로 마무리했다. 두 감정을 단순히 이분하여 생각할 수는 없는 일이다. 당시 정서를 어떤 식으로 표현하고 담아내야 할지 큰 과제를 안았다.

다음으로 시 내용을 구체적으로 풀어낸 이야기를 읽어보았다. 시에서 압축되어 드러난 내용을 보다 넓은 서사적인 맥락에서 구체적으로 느껴보고자 했다. 이야기는 주인공 큰산이, 노비 노미, 자기소에 사는 실이가 등장한다. 조세 걷는 날의 이야기를 담고 있다. 어린 아이를 주인공으로 하여 신분에 따른 사람들의 삶을 전해주고 있어, 학생들이 당시 삶을 쉽게 이해할 수 있는 자료였다. 이야기를 길게 인용해보도록 한다.

❋ 농사짓는 사람, 물건 만드는 사람[4]

가을걷이가 끝난 들판은 썰렁하였다. 군데군데 쌓여 있던 볏단도 모두 옮겨져 텅 빈 들판을 초겨울 바람이 훑으며 지나갔다. 큰산이네가 마당에 볏단을 쌓고 있을 때 향리인 이 호장이 들어섰다.

"올해도 농사짓느라 애 많이 썼구먼. 큰산이네가 부지런해서 그런지 올해 농사가 실하겠어."

이 호장이 큰산이 아버지 등을 두드리며 말을 건넸다.

"실하긴요, 이 쭉정이를 보시고도 그런 말씀을 하십니까. 가을녘에 큰 바람 한번 만나서 영 수확이 말이 아닙니다. 조세 좀 잘 매겨 주십시오."

"이 사람아, 그게 어디 내 마음대로 되는 일인가. 덜 내게는 못해줘도 더 내게는 안 할 터이니 너무 걱정 말게. 그래도 큰산이네는 백정이니 조세가 가벼운 편일세. 저 강 건너 퇴곳 부곡 사람들은 땅도 거친데 조세는 자네보다 더 많이 낸다네."

"에이, 어르신도. 아무리 그래도 명색이 현 사람인 저랑 부곡 사람을 어떻게 같이 놓고 말씀하십니까. 사는 곳이 다른데."

고려시대에는 보통 현이나 리에서 농사짓고 사는 사람들을 '백정'이라고 불렀다. 벼슬한 사람은 머리에 관을 쓰지만, 농부들은 머리에 하얀 수건을 두르기 때문에 그렇게 부른 것이다. 하지만 다 같은 농부라도 향이나 부곡에 사는 사람들은 차별 대우를 받았으며, 조세도 더 많이 내야 했다.

이 호장은 장부에 뭔가를 적더니 큰산이네가 추수한 곡식의 10분의 1을 계산해서 실어 내게 하였다. 이렇게 모인 조세는 주현으로 모여서 강 길을 통해 개경으로 운반될 것이다.

큰산이는 왠지 향리 어르신이 무서워 이 호장이 가고 나서야 방에서 고개를 내밀었다.

"아버지, 그런데 이웃집 노미네는 왜 조세 안 걷고 그냥 가요? 노미네도 농사짓잖아요."

"이놈아, 노미네가 어디 백정이냐? 노비지. 농사짓는다고 다 같은 농사꾼이 아니야. 농사꾼 가운데는 우리 같은 백정이 제일 위에 있는 거야. 그 다음이 향이나 부곡에 사는 사람들이고, 노미네는 겉보기엔 농사꾼이지만 주인집 종이야. 이 호장 댁 마당쇠 같은 노비란 말이야. 마당쇠처럼 주인집에 살면서 시중을 들어야 하는 노비가 있는가 하면 노미네처럼 주인이랑 따로 살면서 주인네 땅 농사지어 주는 노비가 있는 거야. 노비는 조세도 안 내고 군역도 안 져."

"그럼, 노비가 더 좋은 거예요?"

"노비는 몸뚱이도 자기 것이 아니라 주인 것이야. 가축처럼 주인의 재산이라고. 자기 것이 없으니 조세를 안 내는 거지. 뭐가 더 좋으냐?"

---

4 전국역사교사모임, 『행복한 한국사 초등학교 ③ 민족을 다시 통일한 고려』(서울: 휴먼어린이, 2008), pp. 103-105.

아버지에게 면박을 당한 큰산이는 심통이 나서 동구 밖까지 달음질쳐 나왔다. 뒷산 어귀에서 큰산이는 이웃 마을 자기소에 살고 있는 실이를 만났다. 물건을 만들면서 살아가는 기술자들이 모여 사는 마을을 '소'라고 불렀다. 실이가 사는 마을은 도자기를 만들었기 때문에 '자기소'라고 불렀다.

"너희 집에는 조세 걷으러 안 왔니?"

"우린 지난 달에 몇 달 동안 만든 청자를 몽땅 바쳤어."

"우린 곡식으로 바치는데, 너희는 청자를 만드니까 청자로 바치는구나."

"해마다 바쳐야 할 청자가 점점 많아져. 농사지을 시간이 없어서 올해 농사는 영 시원치가 않아. 겨울을 어떻게 나야 할지, 아버지 걱정이 이만 저만이 아니야."

"너희 아버지 솜씨가 좋아서 그런 거잖아. 안 그래?"

"그래서 자꾸 더 많이 바치라고 하나봐. 솜씨가 좋으면 더 잘 살아야 되는 거 아니야? 솜씨 좋은 기술자일수록 더 힘들게 살면 누가 그 기술을 배우려고 하겠어?"

실이가 투덜대는 소리를 듣고 큰산이는 고개를 끄덕였다.

큰산이네 이야기를 읽어보면서 큰산이 친구인 노미와 실이의 신분이 무엇인지 알아보았다. 그리고 교과서를 보면서 큰산이네 이야기의 맥락을 살펴보았다. 이야기 속 사람들의 삶에서 느꼈던 감정에서 벗어나 보다 큰 사회제도 속에서 이들 삶을 생각해보았다. 교과서의 신분제도 설명은 다음과 같다(『사회 5-1』, 68).

☀ 고려시대의 신분제도와 여성의 삶

고려의 신분은 귀족과 중류층, 양인, 천민으로 구성되었다. 고려는 각 신분에 따라 사는 지역에 차별을 두었으며, 집, 음식, 입는 옷도 달랐다.

귀족은 왕족을 비롯하여 고위 관리로 높은 벼슬과 많은 토지를 가지고 고려의 지배층을 이루었다. 귀족 중에는 대대로 관직과 땅을 물려 받아 세력을 키우는 가문도 많았다.

중류층은 궁궐의 실무를 담당하는 관리, 지방 행정을 도와 주는 향리, 하급 장교 등이었다.

고려의 양인들은 주로 농민으로 백성의 대부분을 이루고 있었다. 이들은 농사를 지어 생산한 곡식의 일부분을 세금으로 냈으며 나라에서 하는 일에 동원되었다.

신분제도에서 가장 낮은 계층을 이루는 천민에는 노비를 비롯하여 광대, 뱃사공 등이 있었다.

『사회 5-1』, 68

네 신분을 정리해보고 큰산이네는 '양인', 노미는 '천민' 신분이라는 점을 확인 하였다. 그렇다면 자기소에 살고 있는 실이는 양인인지 천민인지 물어보는 것으로 첫 수업을 마쳤다. 큰산이네 이야기를 살펴보면서, "큰산이네 이야기를 보니까 농 사짓는 사람들의 사정을 잘 알 수 있겠어요. 담임선생님하고 역사책을 쓴 사람에 따라서 역사 내용이 달라진 것을 공부했었죠? 이 책 쓴 사람도 마찬가지로 여러 가 지 자료를 가지고 쓴 거에요. 물론 이게 다 진짜는 아니겠지만 시보다는 조금 그 사정을 알 수 있을 것 같아"라고 말했다. 책을 쓴 지은이의 관점이 들어갔다는 것을 알려주었다. 역사는 역사를 쓴 사람의 관점이 있으므로 모두 진실일 수 없다는 점 을 알려주려 했다.

마지막으로 주목해야 할 점이 있다. 교과서를 벗어나지 못하고 교과서에 머물 러 수업을 진행했다는 사실이다. 이규보의 시와 큰산이네 이야기를 읽으면서 이 텍 스트의 의미를 살피는 컨텍스트로 교과서를 활용하였다. 교과서도 하나의 텍스트 이다. 하지만 나는 시와 이야기의 사회 구조나 배경을 온전히 비추어줄 수 있는 컨 텍스트로 본 것이다. 무미건조한 교과서 내용을 시와 이야기로 생동감 있게 바꾸었 다고 이런 활동이 의미 있다고 할 수 있을까? 미실이네와 같은 사람들의 신분에 대 해 교과서는 어떤 정보도 제공해주고 있지 않는 게 사실이다. 40분 수업 시간을 훨 씬 넘겨서 첫 수업을 마쳤다.

(3) 신분제도의 계층 속에서 다양한 사람들을 바라보기

첫 수업은 더운 날씨에, 그리고 점심시간 바로 다음인 4교시에 이루어져서 학 생들은 많이 힘들어 했다. 평소 활발하게 사회수업에 참여하는 아이들이었지만 이 런 악조건 속에서 평소 수업 태도를 기대하기란 무리이다. 수업 후 학생들의 반응 은 다양했다. 지루하거나 졸렸다고 평하거나(현주, 예림, 나연, 윤지), 재미있다고 평하 기도 했다(서영, 승연, 단비, 혜지, 석훈). 또, 너무 친절한 설명으로 여성의 삶을 배우지 못한 것을 아쉬워하거나(현아), 여성의 삶을 재미있게 배우고 싶다(승연, 단비)고 알뜰 하게 진도를 챙기는 아이들도 있었다. 학생들의 수업 후 소감문을 읽고 두 번째 수 업 준비에 많은 고민을 했다.

우선, 4교시에 배정된 수업 시간을 3교시로 조정하여 학생들이 보다 집중하여 공부할 수 있는 조건을 마련하기로 담임 선생님과 협의했다. 문제는 40분 단위로 이루어지는 수업 시간이다. 초등학교에서 가르쳐본지 5년이 지났고, 대학 수업 시간에 너무 익숙해 있다. 따라서 내가 가르치고 싶은 내용을 시간에 상관없이 가르치려는 욕망이 너무 강했다. 하지만 담임선생님의 수업 시간도 있기 때문에 내 욕심대로 할 수 만은 없었다. 40분, 한 차시 단위로 수업이 운영되고 교과서도 이에 맞추어서 집필되는 것의 문제를 인식하게 되었다. 많은 내용을 40분 내에 가르치라고 요구하니 학생들이 교과서 정보 확인에 그칠 수밖에 없다. 고심 끝에 다음과 같이 수업 스토리를 마련하였다.

> • 고려청자와 오늘 수업 관련 지어보기 → • 최승로 시무 26조 중 신분제도 관련 항목 살펴보기 → • 학생들의 학습 정리 내용을 통해 삼국시대와 고려시대 신분제도 비교하기 → • 학생들의 학습 정리 내용을 통해 노비의 삶 살펴보기(교과서 '평량의 꿈' / '만적의 봉기') → • 실이 이야기를 통해 '소' 사람들의 삶 살펴보기(교과서 '망이·망소이 난') → • 고려시대 문관과 무관의 삶(교과서의 '문신 위주의 정치에 맞선 무신정변') → • 고려시대 여성들의 삶(교과서의 '손변의 재판') → • 학생들의 인식 조사 결과 통해 '오늘날에도 신분제도가 있을까?' 생각해보기 → • 공익광고협의회 공익광고('공정한 기회−전래동화편')를 시청하고 공정한 기회가 있는 사회 생각해보기

나는 '다르게 생각하기'에 초점을 두고 수업 스토리를 구성하였다. '고려청자'를 수업 도입부에 제시하여 고려청자의 아름다움 이면에 자기소 사람들의 노력이 있다는 것을 알아 본다. 최승로 시무 26조 중 교과서나 수업 시간에 다루지 않은 조항을 제시하고, 신분제도(양천제)를 엄격히 지키려 했던 최승로의 입장을 생각해 본다. 고려의 신분제도를 잘 드러내는 그림을 바탕으로 삼국시대와 고려시대의 신분제도 차이점, 노비의 삶, 지역에 따라 차별을 받는 평민(향소부곡민), 문신과 무신의 차별이 있는 지배층, 남성과 여성의 차별 등을 살펴본다. 그 다음, 오늘날에도 신분제도가 있다고 생각하는지에 대한 학생 인식 조사 결과를 통해서 신분제도가 오늘날에 남아 있는지 알아본다. 마지막에는 방자, 콩쥐, 심봉사 이야기로 공정한 기회를 다룬 공익광고를 시청하면서 공정한 기회를 만드는 사회에 대해 생각해본다.

수업을 하려고 '고려 사람들의 삶'이라는 주제를 칠판에 썼다. 다경이는 쉬는

시간에 나에게 '고려 사람들의 삶'하면 무엇이 떠오르는지 물었다. 다경이는 무엇이 떠오르냐고 되물었더니, '농사짓는 것', '방문객'이라고 답했다. '농사짓는 것'을 떠올린 것은 대부분 평민이 농사짓는 사실 때문이며, '방문객'은 코리아를 있게 한 아라비아 상인을 생각하며 말한 것이다.

나와 다경이의 대화 내용으로 수업을 시작했다. 고려 사람들의 삶에 대해 많은 이야기를 할 수 있는데, 우리는 '신분제도'와 관련해 사람들의 생활모습을 살펴본다는 점을 알려주었다. 사실, '고려 사람들의 삶'은

┃ 그림 12-2 ┃
〈다경〉의 '고려 사람들의 삶' 인식 이미지

다양한 차원과 방법으로 들여다볼 수 있다. 신분제도는 고려 사람들 삶의 근간이기에 어떤 차원으로 접근하더라도 이와 연결될 수밖에 없다. 수업 후 '고려 사람들의 삶'이란 제목으로 그림을 그리게 했는데 다경이는 "노비안검법으로 억울하게 노비가 된 사람을 풀어준 그림"을 그렸다. 수업 시간에 배운 내용이 평소 갖고 있는 이미지('농사짓는 것', '방문객')보다 더 인상에 남았던 모양이다.

수업은 고려청자 사진을 가지고 생각해보는 것으로 이어졌다. 학습 자료로 나누어준 고려청자 사진에 생각이나 느낀 점을 써보게 하였다. 청자는 고려의 과학기술을 다룰 때 배우는데, 오늘 신분제도와도 관련 있다고 말했다. 어떤 관련이 있을지 아는 사람은 말해보자고 했다. 지훈이는 "고려청자는 거의 귀족들만 썼다"고 대답하였다. 고려청자를 향유하는 계층을 이야기 했으므로 신분제도와 관련 있는 답변이었다. 나는 고려청자를 생산하는 '자기소' 사람들, 즉 지난 시간에 미처 다루지 못한 실이네 이야기와 연결 짓고 싶었다. 특정 계층의 고통이 있어서 특정 계층이 자기를 아름답게 향유할 수 있다는 사실을 알기 바랐다. 실이네 이야기를 살피고 이를 고려청자와 연관 지어 생각했어야 하나, 그러지 못해 아쉬웠다.

그 다음은 책에 나오지 않는 시무 26조의 조항 하나를 읽고, 최승로가 오래부터 신분제도가 있었으니 이 신분제도를 잘 지키라고 왕에게 건의한 이유를 생각해보았다.

우리나라 양민(良民)·천민(賤民)의 법은 그 유래가 오래입니다. 우리 태조께서 창업(創業)한 초기에는 여러 신하들이 본래부터 노비(奴婢)를 둔 자를 말고 본래부터 (노비가) 없던 자는, 혹 종군(從軍)하여 포로로 얻기도 하고, 혹은 재물로 종을 사기도 하였습니다. 태조께서 일찍이 포로를 석방하여 양민을 만들려고 하였으나, 공신(功臣)의 뜻을 동요시킬까 염려하여 편의(便宜)에 따르도록 허용하였으므로, 60여 년에 이르도록 항소(抗訴)하는 자가 없었습니다. 광종(光宗) 때에 이르러 비로소 노비를 안험(按驗)하여 그 시비(是非)를 가리게 하니, 공신들은 한탄하며 원망하지 않는 이가 없고, 천한 노예들은 뜻을 얻어 존귀(尊貴)한 사람을 능멸하고 반목하여 앞 다투어 본 주인을 허위(날조)로 끌어넣어 모함하는 자를 이루 다 기록할 수 없었습니다. 광종은 스스로 화(禍)의 원인을 만들어 놓고도 능히 막아 단절시키지 못하였으며, 말년에 이르러서는 억울하게 죽이는 일이 매우 많았습니다. ……

『동국통감』 권14, 고려기

예림이는 "최승로는 높은 사람이었으니까 자기 벼슬과 관직 같은 것을 지키려고" 했다고 말했다. 보성이는 "나라가 잘 되려면 농사 같은 것을 해야 하는데, 귀족들만 남으면 농사할 사람이 없어서"라고 덧붙여 이야기했다. 신분제도가 없으면 좋겠는데 최승로는 있어야 한다고 말한 것을 보고, 학생들은 처음에 최승로가 백성들을 위한 마음이 있었다고 생각했는데 생각이 달라졌다고 말하기도 했다. 사료에 어려운 말이 있어 해석하기 어려우나, 중요한 주장은 말해주었으니 천천히 다 읽어보라고 했다.

그 다음 활동은 '삼국시대와 고려시대 신분제도 비교'와 '노비의 삶'이다. 이 내용은 다음 절에서 상세히 기술하기로 한다. '실이가 어떤 삶을 살았는지'에 관한 활동 이야기로 넘어 가기로 하겠다. 신분과 관련된 부분과 마을 이름인 '현, 향, 소, 부곡'에 초점을 두고 공책에 붙인 큰산이네 이야기를 같이 읽으면서 알아보았다. 향, 소, 부곡 마을 사람들이 현과 달리 차별 받았다는 사실을 살펴보고, 교과서 자료에 나온 '망이·망소이 난'으로 옮아갔다.

나: 향이 있고, 소가 있네요. 하여튼 현보다는 차별을 받는 그런 마을인 것 같지? 거기는 도자기를 만들기 때문에 자기소라고 불렀는데 105쪽 보자. 조세를 걷으로 왔을까? 안 왔을까?

아이들: 안 왔어요.

나: 음, 노비는 안 걷지만 여기는 걷는다는 거야.[5] 봐. "우린 곡식으로 바치는데, 너희는 청자를 만드니까 청자로 바치는구나. 해마다 바쳐야 할 청자가 점점 많아져." 청자에 동그라미 쳐보자. 아까 선생님이 처음에 청자 그림 하나 보여줬지. 청자 속에 어떤 이야기가 있는 것 같지. 그지? 우리가 몰랐던 이야기가 있지, 그지? 어?

아이들: 네.

나: "농사지을 시간이 없어서 영 시원치가 않아." 이렇게 이야기 했네. 자, 보세요. 실이가 사는 마을은 어느 마을이었어요?

아이들: 자기소.

나: 응. 소, 소, 소라는 마을이었어요. 근데 실이 아빠는 자기를 만드는 거죠. 그래서 그곳을 자기소라 부르는데. 이것과 관련된 이야기가 아까 읽었던 이야기가 있었어요. 몇 쪽이었죠? (사회책) 72쪽 한 번 보세요. 72쪽에 아까 망이하고 망소이가 있었죠? 아까 상수가 이야기 했죠? 망이하고 망소이. 72쪽 망이하고 망소이가 또 난을 일으켰네. 망이하고 망소이가 어디 사는 사람인가 봅시다. 누가 읽어 볼까요? 가은이 한 번 읽어볼래.

가은: (사회책 72쪽을 읽는다)

망이·망소이의 난

고려시대의 특수 행정 구역 중 하나인 '소'는 나라에 바칠 종이나 숯과 같은 수공품을 만드는 사람들이 사는 곳이었다. 그런데 나라에서는 '소'에 사는 사람들을 그 지역 안에서 살게 하고, 세금을 과하게 걷는 등 일반 백성과 차별하였다. 점점 세금이 늘어나고 차별이 심해지자 이를 참지 못한 공주 명학소의 망이·망소이가 소에 대한 차별을 없앨 것을 주장하여 난을 일으켰다. 난은 거세어져 충청도 곳곳으로 번졌으나 관군과의 싸움에 패하면서 실패로 끝났다.

나: 아, 그렇군요. 망이하고 망소이는 어디? 사는 곳이 명학소에요. 소인데. 이름이 명학이에요. 뭘 만든지는 지금 자료에 나타나지 않아요. 하여튼 뭔가 만적처럼 힘이 들기 때문에 난을 일으킨거겠죠? 왜 힘들었을까? 이 지역 사람들은 왜 힘들었을까? (현주를 가르키며) 여기.

현주: (72쪽 읽으며) 세금을 과하게 걷는 등 일반 백성과 차별했기 때문이었습니다.

---

5 기본적인 세금에는 조세, 공물, 노역이 있다. 실이네는 조세는 안 냈지만 공물을 바치는 것인데 조세를 세금으로 착각하여 설명하였다.

나: 일단은 세금도 걷고 아까 실이 아빠 같은 경우는 자기를 만들었으니까 자기도 가져
　　갔어요.6 또 하나 있어요. 현아.

현아: 자기를 만들려면 자기도 만들어야 되고 밥을 먹으려면 농사를 지어야 돼서 힘들었
　　　을 것 같아요.

나: 그죠. 농사짓는데 힘들고. 여기 나타나지 않지만 이 사람들은 또 다른 마을 사람들과
　　차별을 받았어요. 이사를 못 가요. 이사를 못 가. 그죠? 맘대로 이사를 못 해요. 또
　　하나 뭐가 있을까? 직업도 맘대로 못 가져요. 자기를 만들려면 자기를 만들어야해.
　　그러니까 이 소에 사는 사람들은 다른데 사는 사람들보다 차별 받았겠지? 생각해보
　　면 고려시대에 보면은 마을마다 차별을 받은 것을 알 수 있지? 자, 그 다음에 보자.

　　　교과서에 잘 드러나지 않은 고
려시대의 마을별로 차별이 있다는
내용을 알아보았고, 실이네는 평민
의 신분이지만 천민과 같은 생활을
하였다는 점을 살펴보았다. 그 다음
에는 신분제도의 최상위층인 귀족
층으로 넘어 갔다. 고려시대 신분제
도를 잘 표현하고 있는 그림을 제시
하였다(〈그림 12-3〉). 그리고 제일 위
에 있는 사람이 문신일지 무신일지
물어보았다. 무신은 싸우는 사람, 즉
장군이고, 문신은 정치하는 사람이
라고 간단히 설명하였다. 한 학생은
"지금 싸우고 있지 않으니까 문신"

▌그림 12-3 ▌ 고려의 신분제도
출처: 전국역사교사모임, 『행복한 한국사 초등학교』, 141쪽.

---

6 조세도 내고 공물도 낸 것으로 가르쳤다. "부곡 지역 사람들은 일반 군현의 농민과 같이 농업에
　종사하였다. 그 중에서 향·부곡·장·처에 거주하는 사람들은 국가나 왕실, 사원의 토지를 추가
　로 경작하는 역을 부담하였다. 한편 소의 주민들은 금은·먹·종이·소금 등이나 광산물·해산물
　이나 각종 수공업 제품을 생산하는 역을 부담하였다. 국가에서 이들을 '여러 가지 특별한 역을
　진 사람들'이란 뜻으로 모두 잡척층이라 하였다. 정부는 부곡제라는 지방 제도를 만들어, 이들이
　다른 직업으로 혹은 다른 지역으로 이동하는 일을 제도적으로 제한했다. 출신지 거주지별로 사
　람을 묶어 해당 지역 행정단위의 격을 달리하여 여러 가지의 제약을 두었던 고려시대의 지방 지
　배 방식을 본관제라 하였다(한국역사연구회, 2005: 209)."

이라고 말했으며, 혁재는 "문신과 무신이 있는데 무신을 차별 했어요"라는 말로 '문신'이라는 것을 넌지시 말했다. 사회책을 통해서 문신과 무신의 차별 그리고 무신 정권의 성립을 살펴보았다. 책 속에서 군대 지휘권이 문신에게 있었다는 것을 강감찬과 윤관의 예를 들어 알아보았고, 무신정변이 일어나게 된 직접적인 원인을 수박희를 하는 무신과 술을 마시는 문신을 대비해 놓은 교과서 삽화를 가지고 이야기를 나누었다.

신분제도 〈그림 12−3〉을 보면서 나는 신분제도 내에서도 다양한 사람들이 존재했다는 것을 다시 한 번 확인시켰다. 귀족층에서 문신과 무신이 더 높은 지위를 가지려고 싸웠다. 평민층에서는 자기소에 살던 실이 아빠는 평민이지만 천민이랑 비슷했다는 사실을 들어 동일한 신분 계층 내에서도 차이가 있다는 점을 상기시켰다.

이제 신분제도를 바라보는 또 다른 범주인 성별로 넘어갈 차례였다. 〈그림 12−3〉을 보고, 남자와 여자 중 누구만 그려져 있는지 물어보았다. 아이들은 남자라고 답했다. 나는 왜 이 그림에는 여자가 없느냐고 물었다. 한 학생이 "여자는 벼슬아치를 할 수 없어서"라고 답했다. 그렇다면 평민이라도 여자가 나와야 하는데 왜 나오지 않았냐고 물었다. 한 학생은 "여자가 잘못해서", 또 한 학생은 "여자는 농사를 안하니까"라고 답했다. 이야기를 듣고 있던 혜지는 이상하다는 듯 "고려시대는 남녀 차별이 거의 없었다는데"라고 말했다. 혜지는 고려 때 남녀 차별이 없었다고 했는데 어떻게 생각하는지 학생들에게 물었다. 상수는 "여자의 권리가 늘었다고 해도 남자의 권리가 많았다"고 대답했다.

본격적으로 고려시대의 여성들의 삶을 들여다 보기로 했다. 먼저 지금으로 말하면 부부 사진 같은 것이라고 말하며, 고려 말 관리 부부가 나란히 있는 모습을 그린 초상화를 보여주었다. 옛날 초상화를 보면 주로 남자가 나타나는데 남자와 여자가 같이 나타난 것으로 보아서 무엇을 알 수 있을지 물어보았다. 학생들은 남녀 차별이 없었다고 답했다.

그 다음에 '장가 간다'와 '시집 간다'는 말을 가지고 당시 여성들의 삶을 살펴보았다. 장가 가는 것은 장인의 집, 즉 여자의 집에서 사는 것이고, 시집 가는 것은 시댁, 즉 남자의 집에 사는 것이라는 것을 정리하였다. 지금은 주로 분가하기도 하지만 시댁에서 사는 경우가 많다고 이야기 해주었다. 이에 비해 고려시대에는 '장가 간다'는 말을 많이 썼으며, 결혼하면 여자 집에 남자가 들어가 살았다고 말해주었다. 이 사실로 알 수 있는 것을 묻자, "신분 차별이 없어졌다"는 한 학생의 답변이 돌아왔다. 나는 남자하고 '조금은' 평등했다는 것을 알 수 있다고 말했다. 여기서 내가 '조금은'이란 말을 쓴 것은 마치 고려시대 여성들이 지금 여성처럼 자유롭고 평등하게 살았다고 학생들이 오해할 것에 대한 하나의 완충 장치였다.

다음 사례는 고려시대 재산권 분할에 관한 것이다. 교과서에 나온 손변의 재판 이야기를 가지고 여성의 위치를 살펴보고자 하였다.

✴ 손변의 재판 이야기

고려시대, 손변이라는 사람이 지방의 원님으로 있을 때의 일이다. 어떤 남매가 재산 문제로 재판을 해 달라고 청을 하였다. 남동생은 부모의 유산 중에 자신에게 남겨진 것은 검정옷 한 벌, 검정 갓 하나, 미투리 한 켤레, 종이 한 권뿐이라며 억울하다고 하였다. 남동생은 딸과 아들이 다 같은 자식인데 왜 누님 혼자만 재산을 차지하느냐고 하소연하였고, 누이는 아버지가 세상을 떠날 때 자신에게 재산 전부를 주었다고 말하며 서로 양보하지 않았다.

이야기를 들은 손변은 두 남매를 타일렀다.

"부모의 마음은 어느 자식에게나 다 같은 법이다. 결혼한 딸에게만 많이 주고 어미도 없는 아들에게 인색하게 할 리가 없다. 그대들의 아버지는 앞을 내다보고 이런 생각을 했을 것이다. 만약 재산을 똑같이 나누어 주면 누나가 동생을 사랑하는 마음으로 돌보지 않을까 걱정해서 누나에게 재산을 다 주었고, 아들이 커서 어른이 되면 받은 유산으로 관가에 가서 재판을 신청하면 관가에서 잘 해결해 줄 것이라는 판단을 했을 것이다."

손변의 이야기를 들은 남매는 부모의 마음을 깨닫고 서로 안고 울었다. 손변은 재산을 똑같이 남매에게 나누어 주었다.

『사회5-1』, 68

학생들은 손변의 재판 이야기를 읽고 느낀 점을 책에 적어보았다. 물론 고려시대에 남녀 간의 재산 분배가 공평했다는 것을 알려 주는 읽기 자료이기는 하다. 하지만 학생들이 내 의도와는 다르게 어떻게 이 자료를 읽었을지 살펴보기 위해서였다. 학생들이 책에 쓴 내용을 검사하지 못했지만 수업 후 현아가 들려준 말에서 다르게 읽었을 가능성을 엿볼 수 있었다.

"어, 그 사람이요. 처음에 그 주장만 듣고 판단을 했다고는 믿기지 않을 만큼 정확하게 공평하게 판단을 내려 줬다는 게요, 고려시대의 여성의 삶을 잘 알게 해주는 재판의 내용이었기 때문에 인상 깊었어요."

나는 재산이 공평하게 분배되었으니 당시 "여성이 우리가 생각한 것만큼 힘들지 않았을 것"이라고 말했다. 또한 조선시대에는 재혼을 자유롭게 할 수 없었지만 재혼을 자연스럽게 했다는 것으로 여자의 지위가 높았다는 것을 알 수 있다고 정리하였다. 다시 신분제도 그림으로 돌아가서 여자의 지위가 높았는데 왜 여자가 안 나타난 거냐고 물었다. "평등해도 남자가 대표자니까"라는 답변도 있었고, "여자는 힘이 약해서", "다칠까봐"라는 재밌는 답변도 있었다. 나는 고려시대 여자의 삶이 조선후기보다 자유스러운거지 오늘날 같이 자유스럽다고 생각하면 안 될 것이라고 말로 '고려시대 여성의 삶'에 대한 공부를 마무리하였다.

나: 어허, 맞어. 힘이 약하니까 못 드는 거야. 아, 좋은 말 했네. 책에는 이렇게 나왔지만 이렇게 생각하면 될 것 같애. 흔히 우리가 생각하는 옛날의 여자의 모습은 조선후기 때 만들어진 모습이고, 그것에 비해서 고려시대 때 조금 더 자유스럽다, 그렇게 생각 했으면 좋겠어. 오늘날 같이 자유스럽다 생각하면 안 되고. 아시겠죠? 여전히 그래도 더 남자들이 정치에도 참여했고 그랬던 것을 알 수 있죠, 그죠? 오늘 이야기를 정리를 해봐야 할 것 같애. 여러 가지 이야기가 나왔는데. 이걸 통해서 신분제도 속에서 여성의 모습 봤고, 지역별로 차별 받는 것도 봤고, 문신하고 무신에 대한 것도 봤고.

수업 마지막은 공익광고협의회에서 만든 공익광고 '공정한 기회 – 전래동화 편'을 시청하고 이야기를 나누었다. 이 공익광고에는 심봉사, 콩쥐, 방자가 등장한다. "심봉사가 직업을 가질 기회가 있었다면", "콩쥐가 재능을 펼칠 기회가 있었다면", "방자가 과거 시험을 볼 기회가 있었다면"이란 가정을 세우고, 암행어사 방자, 꽃신 디자이너 콩쥐, 심청상회대표 심봉사가 된 장면을 보여준다. 그리고 "모두가 행복한 사회 공정한 기회에서 시작됩니다"라는 멘트로 끝을 맺는다.

수업 시간이 많이 지나서 공익광고를 보고 난 느낌을 자세히 나누어보지 못했다. 나는 공익광고에서 등장한 중요 단어를 말하게 하였다. 학생들은 '직업', '자유', '재능', '평등한 권리' 등을 이야기 했다. 나는 '기회'라는 단어를 말해주기 바라며 계

속 물었다. 결국 '기회'란 말이 나왔
다. 고려시대 신분제도 상황에서는
사람들이 기회를 갖지 못했다는 것
을 이야기했다. 노비 같은 사람들이
관리가 될 수도 없고 평민은 관리가
될 수 있는 기회는 있지만 현실적으
로 할 수가 없었다고 말했다. "신분
제도를 이야기했을 때 과연 우리가

| 그림 12-4 |
공익광고 '공정한 기회-전래동화 편-'

기회를 가지고 할 수 있는 것을 할 수 있는가를 생각해보면 오늘날 신분제도가 있
는가 없는가를 판단할 수 있을 것 같애"라는 말을 하며 오늘날에 신분제도가 있는
지 없는지 판단해보라고 했다.

수업이 끝난 후, 공익광고를 보고 생각나는 단어를 말하라고 하자 '인종 평등'
이라고 말한 상수 말이 가슴에 남았다. 광고 내용에는 안 나왔던 말이라 수업 시간
에 상수의 성의 없는 답변을 탓하였다. 하지만 '기회'의 범위가 내국인으로만 국한
되어 있는 공익광고 내용을 상수의 '인종 평등'이란 말로 성찰할 수 있었다. 우연인
지는 몰라도, 수업 후 면담에서 더 공부하고 싶은 내용을 묻자 "외국의 상황"이라
고 한 상수의 대답은 여전히 국사에 갇혀 있는 내 수업의 한계를 생각해보는 계기
가 되었다.

(4) 학생들의 생각을 매개로 '고려 사람들의 삶' 생각하기

두 번째 수업에서 학생들의 학습 정리 내용을 가지고 수업을 풀어보았다. 적
극적으로 발표를 하지 않는 학생들이 수업에 참여할 수 있는 방법도 고민해보았다.
첫 수업 후 학생들의 정리 내용을 살펴보던 중 의견이 나누어지는 두 사례를 발견
하였다. 그래서 학생들의 학습 정리 내용으로 '삼국시대와 고려시대 신분제도 비교
하기'와 '노비 삶 살펴보기'를 진행하기로 하였다. 또한 수업 말미에는 학생들의 인
식 조사 결과를 바탕으로 '오늘날에도 신분제도가 있을까'를 고민하기로 했다.

먼저, 삼국시대와 고려시대의 신분제도 비교에 대해서 살펴보자. 두 시대의 신
분제도에 대한 세 사람의 의견을 화면에 보여주고 이야기를 풀어나갔다. 예림이는

삼국시대와 고려시대 신분제가 비슷하다고 썼고, 필성이와 태준이는 신분제도가 다르다고 적었다.

"신분제도에 대하여 잘 알게 되었다. ··· 신분제도가 고려시대와 삼국시대가 비슷하였다." (예림)

"··· 고려의 신분제도에서는 양인, 중류층, 천민, 귀족이었다고 말씀하셨다. 그런데 삼국시대의 신분과는 좀 달랐다. 왜 그럴까? 고구려를 계승한 나라면 신분제도도 같아야 되는 것 아닌가? 그런 점이 조금 궁금하다." (필성)

"천민에는 노비도 포함되어 있는데 왜 신분의 명칭이 달라졌을까? 귀족, 평민, 노비 그대로 사용하면 안 되는 이유라도 있었을까? 고려시대처럼 하니 어느 것이 어느 것인지 헷갈린다. 중류층과 양민 중 어느 것이 더 높고 풍요로운 생활을 했는지도 모르겠다." (태준)

직접 학생들의 이야기를 들어보고 싶었다. 예림이는 "삼국시대는요, 이런 귀족, 평민, 노비로 나누어져 있고요, 고려도요, 일단은 귀족, 평민, 노비로 나누어졌으니까 비슷하다고 생각했어요"라고 발표했다. 필성이와 태준이는 깊이 생각하는 듯 보였지만 보충 설명을 하지 않았다. 다른 학생들에게 신분제도가 차이가 나는지 비슷한지 물어보았다. 아이들의 반응이 없었다. 이 문제를 오래 끌 수 없어서 다른 활동으로 넘어갔다.

예림이처럼 고려시대의 신분제도를 3단계로 나누어 알고 있는 아이들이 몇 명 있었다. 예림이 말대로 귀족, 평민, 노비의 도식을 가지고도 고려시대의 신분제도를 '상중하'로 나누어 이해할 수 있을 것이다. 하지만 고려시대는 중류층이 있고, 노비는 천민층에 속해 있다. 과연 신분제도의 각 단계를 세세하게 아는 것이 불필요할까? 각 시대를 '유사성'을 가지고 살피는 것과 '차이점'을 가지고 살피는 것 중 어느 것이 역사학습에서 더 중요할지 고민이 되었다. 유사성을 가지고 각 시대를 바라보면 삶이나 현상을 탈맥락적으로 볼 수 있기 때문에, 차이점을 드러내는 것이 필요하다는 것이 내 생각이다. 물론, 신분제도의 각 단계를 외운다고 해서 각 시대의 차이를 알 수 있다는 것은 아니다. 태준이의 고민처럼, 중류층이 생겨서 귀족과 양민으로 구별되어야 하는 이유 그리고, '노비'라는 명칭으로 포섭할 수 없는 계층

의 이름이 생긴 이유를 알
고 나서야 가능한 일이다.
어느 범위까지 세세하게 정
보를 제공해야 하는지 고민
을 해야 한다. 학생들이 보
여준 각 시대별 신분제도에
인식은 역사학습에서 '유사
성'과 '차이'의 문제를 생각해
보게 하였다.

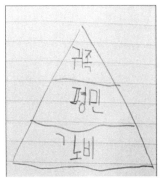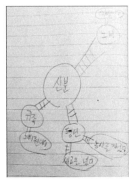

┃ 그림 12-5 ┃
〈승현〉, 〈혁재〉의 고려시대 신분제도 인식 이미지

두 번째로 '노비의 삶'
에 대한 공부는 혜지와 현아의 생각으로 풀어나갔다. 혜지는 죽어도 농민과 노비는
되지 않겠다고 썼는데, 현아는 다른 학생들과는 달리 농민처럼 세금을 내면서 힘들
게 살기보다는 노비가 되는 삶을 택하고 싶다고 했다.

> "… 사회과탐구 54쪽에서 이규보의 〈동국이상국집〉과 '윤여형'의 시를 보니 농민들의
> 잔혹하고, 아주 힘들고 고된 생활을 알 수 있었다. 내가 가상으로 고려시대에 가본다면
> 농부나 노비는 죽어도 안 될 것이다 …" (혜지)

> "… 옛날 노비들은 편했을 것 같다. 농사짓고 심부름만 하면 주인이 먹여주고 재워주
> 니 내가 그 시대의 농사꾼으로 태어났다면 차라리 부모님께 높은 우리 지방 관리의 노비
> 로 들어가면 조세도 안내니까 들어가자고 이야기해서 부모님을 설득할 것 같다." (현아)

현아의 의견을 제시하자 아이들은 술렁거렸다. 현아의 이야기가 듣고 싶었다.
현아는 "어차피 농사꾼으로 살든 노비로 살든 힘든 건 마찬가진데, 차라리 노비로
들어가서 세금도 안 내고 편히 사는 게 좋을 것 같아요"라고 대답하였다. 혜지의
이야기도 들어보았다. 혜지는 "어차피 … 고되기는 한데 그래도 노비는 자기 재산
이 없으니까 땀 흘려 일해야 되잖아요"라고 답했다. 다시 현아에게 의견을 물으니,
"사람이 사는데 밥 먹고 잘 공간만 있으면 되지, 재산은 필요 없을 것 같은데요"라
고 답하였다. 혜지에게 의견을 물었지만 혜지는 고개를 좌우로 돌리면서 부정의 뜻
을 내비쳤다. 혜지에게 생각할 시간을 주기로 하고 다른 학생들의 의견을 듣기로

했다.

많은 학생들이 활발히 의견을 말했다. 거의 현아 의견에 반대하였다. "노비가 … 농사를 짓는다 해도 그걸로 스트레스 받는데 노비로 생활하면 안 좋을 것 같은데 … (지훈)." "평민은 자기 힘으로 밥 먹는 게 낫고 노예는 또 자기네 심부름 시키는 사람이 또 때릴 것이고요, 못하면 또 밥도 막 조금만 주고 밥 달라고 하면 이제 막 때리고 그럴 것 같습니다(석훈)." "일해서 물건 취급당하는 것보다 높은 신분으로 물건 취급을 안 당하는 게 더 좋을 것 같기 때문입니다(승현)." "노비가 되면 가족이랑 떨어져 살 수 있기 때문입니다(은경.)" "잠을 재워주었을 경우에는, 잠을 재워주었을 때 바닥이나 이런 곳에서 재워주게 했을 것 같고요. 또 음식을 먹을 때는 쓰레기 같은 것을 주었을 것 같습니다(혁재)." 등이 그 예이다.

학생들의 의견은 먹는 것보다 자유롭게 사는 것이 중요하다는 의견이었다. 구체적인 증거를 제시하지 않았지만, 노비가 부당한 대우를 받으니 편하지만은 않다는 의견이었다. 현주만이 "만약에 농민이라도 세금을 못 내면 노비가 되기 때문에 스스로 노비가 되는 게 좋을 거라고 생각했기 때문입니다"라고 말하며 현아 의견에 동의했다. 다시 혜지에게 정리한 생각을 말하게 하였다. "농민들은 움직일 자유가 있는데, 노비들은 귀족들의 명령에 따라서 움직여야 하니까 자유가 없어요"라고 말하였다.

많은 학생들이 자기 의견을 말하고 싶어 했지만 시간이 없어 다 들을 수 없었다. 삼국시대와 고려시대 신분제도를 비교할 때와 달리 학생들이 적극적으로 의견을 말했던 이유는 무엇일까? 우선, 삼국시대 신분제도를 통해서 노비의 생활을 이미 알고 있기에 가능했던 것으로 보인다. 신분제도 비교 활동에서는 고려시대 신분제도에 관한 정보가 그리 많지 않기 때문에 답변이 어려웠던 것이다. 또 하나는 노비는 사람의 문제이고, 신분제도는 제도나 시스템의 문제이기에 학생들이 공감할 수 있는 심도의 차이가 있었던 것으로 생각된다.

학습은 노비인 자기 아내 주인을 죽인 평량 이야기(『사회과탐구 5-1』, 52)와 최충헌의 노비였던 만적의 난 이야기(『사회 5-1』, 72)에 대해 살펴보는 것으로 이어졌다. 시간을 횡단하면서 내가 두 이야기를 살펴본 이유는 "노비의 삶이 비참했다"는 것을 알려주고자 함이었다.7 내 의도의 화살은 노비가 되겠다던 현아에게로 향했다.

---

7 여기서 '시간을 횡단'했다는 표현은 교과서에 나온 연대기 순서대로 수업을 이끌지 않았다는 것을 뜻한다. 교과서 순서로 보면, '고려시대의 신분제도와 여성의 삶' → '문신위주의 정치에 맞선

현아는 뜻밖의 답변을 하였고, 내 답변은 궁색해졌다.

> 나: … 현아야 이 이야기를 읽어보면 사람들을 죽이면서까지 자기 아내를 노비에서 벗어
> 나게 했지. 만적도 자기 주인을 없애고 노비문서를 태워서 벗어나고 싶어 했잖아. 노
> 비 생활도 많이 힘들었다고 선생님은 생각하는데. 현아는 어떻게 생각해?
> 현아: (웃으며 생각에 잠긴 듯 가만히 있는다)
> 나: 오죽했으면 사람을 죽였을까하는 생각이 드는데 그래도 사람을 죽이면 안 되나?
> 현아: 만약에요. 주인이요, 노비들에게 그렇게 심하게 학대하지 않으면 괜찮았을 것 같은데.
> 나: 그래요. 근데 그런 것들이 평량도 그렇고 만적이 이렇게 봉기를 하자고 했을 때 많은
> 노비들이 모여서 그렇게 하자고 했던거는 그만큼 힘들었던 거 아니었을까? 하는 생
> 각이 드네. 그지?
> 현아: (고개를 끄덕이며) 네.

나는 현아에게 사람을 죽일 정도면 노비 생활이 힘들다, 그러니 노비가 되고
싶다는 생각은 재고해야 않느냐의 의도로 질문을 했다. 현아는 주인이 심하게 했기
때문에 살인과 난이 일어난 거고, 주인이 학대하지 않으면 괜찮지 않았겠느냐고 말
했다. 나는 노비가 비참하다는 것을 나타내는 자료를 제시했을 뿐, 노비가 즐겁게
생활했던 자료는 제시하지 않았다. 만적이 봉기할 때 많은 사람이 뜻을 같이 했다
는 것은 그래도 전반적으로 힘들었다는 것을 뜻한 것이 아니냐고 반박하였다. 하지
만 이 답변은 첫 수업 때, 농민의 '전반적인 삶은 힘들었다'로 마무리 했던 것과 유
사했다.

해석의 다양성을 추구한다고 생각했지만 여전히 교과서에 의지해서 단일한
해석을 강요하고 있었다. 이에 대해 현아는 증거는 없지만 대안적인 해석 가능성을
보여주었다. 수업을 하기 위해서 내가 접한 자료들에서도 '비참함'의 정서만을 제시
했지, 즐거운 생활과 관련한 내용은 없었다. 신분제도의 불합리성을 말하기 위해서,
다양하게 존재했던 삶들을 '비참'하게 만들지 않았나 싶다. 수업 후 면담에서 현아
의 생각은 바뀌어 있었다. 하지만 "주인이 못 살게 굴 수 있다"고 생각하고 있을

무신정변' → '무신의 횡포에 항거한 백성들' 순으로 배워야 한다. 하지만 내가 살펴보고자 하는
주제에 따라, 교과서 순서를 따르지 않고 필요한 자료와 이야기를 다루었다. 학생들이 사건에 대
한 인과관계를 파악하는데 어느 정도 방해가 되는지는 살펴보지 않았다. 하지만 파편적으로 흐
트러진 사건들을 하나로 묶어서 살펴보는 데는 도움이 되었다고 조심스레 생각해본다.

뿐, 나에게 던져주었던 통찰은 여전히 유효했다.

나: 현아가 써준 글 때문에 아이들하고 많은 이야기를 하게 해주어서 고마워. 현아 생각
    은 좀 바뀌었어 어땠어?
현아: 어, 저는 처음에는요, 노비가 되면 좋을 것 같았는데 그렇게 좋은 것만은 아닌 것
     같았어요.
나: 어떤 이유가 가장 결정적으로 생각을 바꾸게 했어?
현아: 주인이 못살게 굴 수 있다는 거요.
나: 우리가 평량 이야기하고 만적 이야기를 읽었잖아. 읽었을 때 어떤 느낌이 들었어?
현아: 신분이라는 것 때문에 사람을 죽일 수도 있고 반란이 일어날 수 있으니까 함부로
     남을 차별하면 안 되겠다는 생각을 하게 되었어요.

마지막으로 학생들의 생각을 가지고 했던 활동은 "오늘날에도 신분제도가 있
을까?"에 대한 활동이었다. 나는 신분제도 수업을 준비하기 전, "오늘날에도 신분제
도가 있을까?"라는 문항으로 학생들의 인식을 조사하였다. 몇 명의 학생들이 이유
를 들어 오늘날에도 신분제도가 있다고 썼다. 먼저 나연이가 "있다고 생각한다. 왜
냐하면 우리나라나 미국처럼 민주주의 나라도 있지만, 신분이나 계급이 있는 나라
도 있을 것 같기 때문이다"라고 쓴 것을 같이 살펴보았다. 나연이는 신분제도 문제
를 우리나라에 국한하지 않고 다른 나라까지 확장하여 생각하고 있다. 나는 인도의
카스트 제도의 그림을 보여주며 나연이 말이 맞을 수 있다고 말하였다.

다른 아이들의 글을 보면, "있는 것 같다. 왜냐하면 제주도의 도의원도 있고,
국회의원, 대통령이 있기 때문이다(수호)." "오늘날에는 신분제도가 있다 왜냐하면
대통령, 국회의원 등이 있기 때문이다. 대통령, 국회의원은 높은 신분이기 때문이
다(서영)." "있을 것 같다. 정치가나 청와대 사람들이 귀족처럼 나라 일을 하니까(승
연)." "있다고 생각한다. 회사에서 보면 회장-사장-과장(?) 이런 식으로 하기 때문
이다(현주)."라고 적혀 있었다. 높은 관직, 권력 가진 사람들, 위계 있는 직위를 보고
신분제도가 있다고 판단한 경우이다.

또 다른 경우는, "있을 수도 있고, 없을 수도 있는 것 같다. 바로 직업이다. 직
업은 여러 가지가 있는데 청소부는 아무도 되고 싶지 않은 반면 기업을 운영하는

것은 중요시한다(혁재)." "오늘날에는 신분제도가 있다. 오늘날에도 옛날과 같이 부유한 집과 가난한 집이 있기 때문이다(윤지)."가 그 것이다. 직업의 귀천, 빈부의 차이를 신분제도로 판단하고 있었다. 시간이 없어 공익광고 내용을 떠올리며 "우리가 기회가 있어 할 수 있는 것을 할 수 있는가"를 보고 신분제도의 존재 여부를 판단해야 한다는 말로 마무리 하였다.

3. 역사 수업 성찰: '다양성'을 가르친다는 것

(1) 역사학습 내용의 다양성

초등학생들의 역사학습은 다른 시공간 사람들의 삶을 접하면서 다양한 삶을 이해하는 경험을 해야 한다. 이 시기에 다양성을 경험하지 못하면 고정관념과 편견으로 굳어지기 쉽다. 하지만 초등학생들은 올바른 정체성을 갖추어야 하며, 훗날의 비판적 사고를 위해서 역사의 기본 지식을 알아야 한다는 이유로 무미건조한 역사적 사실을 접하고 있다. 대부분 교과서에 실린 역사적 사실이 일반적인 삶 인양 제시되고 있다.

교과서 내용에서 벗어나 초등학생들이 다양한 역사 내용을 학습하게 하려면 우선 교과서에서 배제된 이야기들을 접하게 하는 것이 필요하다. 이는 교과서에 실리지 않은 사실을 부가적으로 알려주는 것을 뜻하지 않는다. 특정 사건이나 사람을 바라보는 새로운 관점을 제시하는 것이다. 교과서에 실린 내용은 교과서 저자가 어떤 주제 의식을 가지고 역사적 사실을 묶어 낸 것이다. 이 과정에서 특정 사실들이 부각될 수밖에 없다. 만약 새로운 역사적 사실이 부각되었다면 특정 주제 의식에 의해서이다.

연구자의 수업은 고려시대의 신분제도와 삶을 다루었다. 한 사람은 계층, 지역, 성별에 따라 다양한 정체성을 지닌다. 이런 다양한 정체성을 신분제도와 관련지어 생각해보려 하였다. 따라서 당시 사회경제적 배경에 따라서 사람의 생각과 행동이 달랐다는 점을 알려주고자 했다. 또한, 신분제도의 계층 속에서도 다양한 사람들이 있다는 것도 알려주려 했다. 즉 귀족층에는 문신과 무신들이, 평민층에는 현과 리에서 사는 사람과, 향, 소, 부곡에 사는 사람들이, 또한 남자와 여자들이 다른 삶을 살고 있다는 점을 보여주었다.

교사의 교수내용이 반드시 학생들의 학습내용과 일치되는 것은 아니다. 학생들의 지식과 경험에 의해서 교수내용은 학습내용으로 전환된다. 다양성을 가르치고자 했던 연구자의 수업 의도가 학생들에게 그대로 전달되지 않았다. 수업이 끝난 후 학생들이 '고려 사람들의 삶'이란 제목으로 그린 그림을 보면 학생들이 어떤 학습내용을 파지하고 있는지 알 수 있다.

표 12-1 '고려 사람들의 삶' 그림에 나타난 신분 및 성별 이미지

성별＼신분	귀족층	중류층	양인	천민	비고
남자	4	-	7	7	2
여자	1	-	3	4	1

* 학생 22명의 그림을 대상으로 분석했으며 그림에 신분이나 성별이 중복되면 중복 표시함.
** 비고는 성별을 나타내나 계층이 드러나지 않는 경우임.

학생들은 고려 사람들의 삶을 '신분제도'를 통해서 드러냈다. 고려 사람들의 삶을 신분제도를 통해서 알아보려고 했던 수업 의도가 강한 영향을 준 것으로 보인다. 따라서 학생들의 그림은 수업 시간에 배운 내용들을 그림으로 옮긴 경우가 많았다. 양인과 천민 신분이 그림에 많이 등장했으며, 세금과 노역으로 고통 받는 사람들로 나타났다. 양인들은 모두 농민의 모습으로 나타났으며, 천민은 노비의 모습으로 등장하였다. 귀족층은 귀족 부부의 산책 모습, 무신들의 훈련 모습이 나타나기는 했으나, 대부분 노비에게 명령하는 사람으로 나타났다. 다른 신분에 비해 중류층은 하나도 나타나지 않았다. 학생들은 고려시대 신분제도를 삼국시대와 같이 '귀족-평민-노비'의 도식으로 보고 있으며, 귀족과 평민의 가운데 있는 중류계층을 명확히 인식하기 어려웠던 것으로 보인다.

수업에서 문신과 무신의 차이, 지역 차이, 성별 차이에 따른 다른 사람들을 보여주었는데도 이에 대한 반응은 뚜렷하게 나타나지 않았다. 귀족 계층의 모습에서 무신의 훈련 모습을 그린 그림 한 사례가 등장하였다. 지역 차를 반영한 그림은 청자를 굽는 모습으로 등장하였다. 성별 차이를 반영한 그림은 손변의 재판 이야기에 나오는 오누이를 그린 그림 두 사례가 나타났다. 여기서 성별 차에 관해 주목할 것이 있다. 모든 신분을 대표하는 사람은 대부분 남자로 나타났다는 것이다. 노비안검법으로 노비 신분에서 벗어난 남녀를 그린 그림이 세 사례가 나타났으며, 손변의 재판 이야기의 오누이를 그린 그림 두 사례가 나타났다. 하지만 이는 교과서 삽화를 그대로 참조했거나 수업시간에 배운 내용을 그대로 옮겨 그린 것에 불과하다.

여러 범주로 볼 때, 고려 사람들이 다양했다는 것을 인식했다면 학생들 그림이 남자 위주로 나타나지 않았을 것이다. 다양성을 인식하고 있는 학생의 그림은 조세 걱정을 하는 양인 여자와 주인집에서 청소를 하는 여자 노비 두 사례로만 나타났다. 연구자가 다양한 사람들을 보여주었다고 생각 했지만 학생들은 다양한 사람들을 학습 '대상'으로 접했지, 학생 자신의 '내용'으로 내면화되지 못했던 것이다.

학생들의 통념들을 두 시간 수업으로 바꿀 수 없다. 무엇보다 학생들이 자기 통념들을 의식적으로 점검하도록 해야 한다. 고려 사람들의 삶을 그린 학생들의 그림에 나타난 사람들을 계층, 지역, 성별로 분석해보고 왜 이런 그림들이 많이 나타났는지 살펴보는 활동이 필요하다. '선—악' 혹은 '강자—약자' 구도로 고려 사람들의 삶을 바라보았고, 약자의 고통에 공감하였기에 양인과 천민이 많이 나타났다고 할 수 있다. 초등학생의 인식 수준으로 현상을 바라보는 경향일 수 있다. 하지만 이분법적 구도에서 벗어나 중간에 무수한 사례들이 존재한다는 것을 보여주어야 다양한 사람들 모습을 인지하게 되는 것이다. 귀족에도 속하지 않고, 평민에도 속하지 않는 '중류층'의 존재는 그래서 학생들의 통념을 깨는 중요한 개념일 수 있다.

지금까지 살펴본 바와 같이, 다양한 삶의 층위를 드러낸다고 해서 초등학생들이 '다양성'을 학습한다고 할 수 없다. 초등학생들이 보기에 다양한 삶의 모습은 다양하고 복잡한 사례일 수 있다. 학생들이 역사를 바라보는 틀이 바뀌지 않은 이상, 이는 단지 배경으로 존재할 수밖에 없다. 다양성의 확보는 역사적 사건이나 사례를 다양하게 제시하는 것으로 이루어지는 것이 아니다. 오히려 역사적 사건이나 사례를 볼 수 있는 다양한 틀에서 비롯된다고 할 수 있다. 그렇지 않고서는 한낱 교사에게 갇힌 다양성에 머물게 된다.

(2) 역사 해석의 다양성

역사가는 사료를 통해 과거를 재현한
다. 엄정한 사료 비판을 통해서 당시 생활
모습을 복원하려고 한다. 사료 자체가 사실
일 수 없다. 역사가의 연구 성과를 학습하
는 초등학생들의 역사학습에는 대체로 '해
석'이 존재하지 않는다. 사료를 접하고 이를
해석해보는 활동이 드물다. '역사하기'를 하
기보다는 정리된 '역사 내용 확인하기'가 대
부분이다. 물론, 초등학생들이 역사가처럼
사고할 수 없다. 역사가들은 자신의 연구
주제에 따라 사료를 발굴한다. 이에 반해
초등학생들은 주어진 사료를 가지고 사고
할 뿐이다. 초등학생들의 사고의 범위는 주
어진 사료의 범위에 국한된다. 사료 해석을
통해서 다양한 과거의 모습을 추론하는 역
사가와 다르다. 초등학생들은 사료 제시의
목적에 맞게 사료를 읽고 해석할 수밖에
없다.

┃ 그림 12-6 ┃
'여자'로 재현된 양인과 노비 그림 사례

연구자의 수업에도 '해석'은 존재하지 않았다. 『동국이상국집』에 나온 이규보
의 시, 평랑 이야기, 손변의 재판, 『동국통감』에 나온 최승로 시무26조의 조항 등
여러 사료를 사용하기는 했다. 하지만 고려 사람들의 삶을 재구성하는데 필요한 단
서가 아니었다. 정해진 역사적 사실을 확인하는 증거였다. 〈지배층의 횡포에 힘들
어 하는 백성들〉과 〈고려시대의 신분제도와 여성의 삶〉의 제목에 포섭된 사료들을
가지고 학습하니, 다양한 해석이 이루어질 수 없다. 사료를 가지고 자유롭게 생각
할 시간을 주지 않고 연구자가 의도한대로 사료를 살펴보았기에 해석할 여지는 더
욱 없었다. 수업 후 평민과 노비의 고통으로 고려 사람들의 삶을 내면화하게 된 것
도 당연하였다.

학생들은 피지배계층의 고통을 담은 사료만을 접했기에 이 사료 내용을 고려 사람들의 삶 인양 받아들였다. 연구자도 수업을 하면서 이 점을 인식했지만, 다른 면을 보여주는 사료를 제시하지 못했기에 '전반적인' 삶이라고 궁색한 답변을 할 수밖에 없었다. 앞서 살펴본 '고려 사람들의 삶'을 담은 그림에서도 '귀족층 부부의 산책'이나 '과거 시험 모습'을 제외하고는 고려 사람들의 일상보다는 신분제도에 관한 인식을 담고 있었다.

교과서 내용은 '고려 사람들의 삶'을 재현하는 하나의 텍스트이다. 교과서 저자의 역사 해석이 담겨있다. 교과서도 하나의 역사 해석이라는 점을 알려줄 필요가 있다. 교과서의 문장 하나가 나오기 위해서 어떤 사료를 가지고 작업을 했는지 체험해보는 것이 중요하다. 다양하게 사건이나 삶을 볼 수 있도록 사료를 제시해줄 필요가 있는 것이다.

초등학생들은 배경 지식이 부족하기 때문에 역사가처럼 사고하기를 바랄 수 없다. 하지만 교사의 안내와 지원 속에서 "왜?"라는 물음을 던지면서 이에 대한 답을 찾아가는 활동을 할 수 있다. 한 학생은 수업 후 면접에서 "그 사람이요. 처음에 그 주장만 듣고 판단했다고는 믿기지 않을 만큼 정확하게 공평하게 판단을 내려줬다 …"는 것 때문에 손변의 재판 이야기가 인상 깊었다고 말했다. 재산을 공평하게 나누었다는 점에서 고려시대의 남녀 지위를 살펴볼 수 있는 사료로 사용하지 않고, 재판관의 지혜에 초점을 두고 해석하였다. 교과서에서는 어떤 관점에서 이 사료를 바라보았고, 이를 어떻게 생각하는지 물으면 교과서 해석 자체도 문제 삼으면서 학생의 무한 해석을 가능하게 할 수 있다. 학생들의 문제 제기와 이를 대응하는 교사의 물음과 사료 제시가 필요하다.

한자로 된 문자 사료의 경우, 초등학생들의 수준에 맞게 번역한다는 것이 문제이다. 사료를 너무 쉽게 번역하다보면 사료에서 읽을 수 있는 내용을 제한하게 된다. 그렇다고 어려운 한자를 그대로 제시할 수 없다. 한자의 해독과 초등학생들의 사료 학습과 관련한 연구를 통해 초등학생 역사학습에 맞는 사료 정선 및 번역 문제를 고민해볼 필요가 있을 것이다.

흔히 초등학교 역사학습에서 '이야기를 읽고 생각과 느낀 점 써보기'와 '상상해서 이야기 만들어 보기' 활동을 많이 한다. 학생들이 보다 감정이입하여 생동감 있게 교과서의 무미건조한 서술을 이해하고자 하는 의도이다. 이야기를 읽는다는 것은 이야기를 구성한 사람의 역사 해석도 수용하는 것이다. 해석의 관점을 무시한 채 단지 생생하게 과거 모습을 살펴보는 것은 의미가 없다. 또한, 역사적 맥락을 생각하지 않고 학생들의 무한 상상을 촉진하는 것도 생각해보아야 한다. 역사적 상 상력이란 역사 탐구 속에서 이루어진다. 사료를 해석하고 역사를 탐구하는 과정에 서 사료의 공백을 메꾸는 작업에서 나타난다. 상상하기는 사료 해석과 역사 탐구 과정에서 이루어져야 역사적 타당성을 얻는 것이다.

초등학생들도 현상을 다르게 보는 자료들을 통해서 역사 해석을 익힐 수 있다. 역사 해석은 한 차시로 정해진 활동 목표 속에서 이루어질 수 있는 것도 아니다. 다양한 관점과 사료를 접하고 지속적으로 의문을 해결해갈 수 있는 학습 구조 속에 서 가능하다. 이 과정 속에서 역사를 개인화하면서 어떤 정서를 지니게 된다. 역사 해석과 역사에 대한 정서는 별개가 아니다. 역사 해석을 배제하고 특정 정서를 심 고자 하는 역사학습 문화를 재고해야 한다. '해석' 없는 역사학습에서 '다양성' 학습 은 기대할 수 없다.

(3) 역사학습 방법의 다양성

교사는 학생의 지식과 경험에 맞추어 가르쳐야 한다고 말한다. 하지만 '학생' 은 학생 일반으로, 학생의 지식과 경험은 교사가 그러리라 여기는 지식과 경험으로 간주된다. 이렇다보니 개별 학생들의 지식과 경험을 바탕으로 한 역사학습의 의미 를 소홀히 할 수밖에 없다. 교사의 교수 스타일에 따라 수업이 진행되기 마련이고 여기에 적응하지 못하는 아이들은 배제되기 쉽다. 일반적으로 질문과 답변으로 이 루어지는 역사수업의 경우, 적극적으로 답변하고 발표하는 학생들을 매개로 수업 이 전개된다. 따라서 답변이나 발표에 소극적인 학생들의 생각들은 무시되거나 학 습을 하지 않는 것으로 생각하기 쉽다.

교사의 교수 스타일에서 벗어나 학생의 학습 스타일에 초점을 두고 역사학습 을 개별화할 필요가 있다. 선호하는 내용, 과제를 수행하는 방식, 아이디어를 조직 하는 방식, 학습 동기, 개인 간 상호작용 양식, 강점을 지니는 표상형식 등을 고려 하여 역사학습을 하도록 배려해야 한다. 이에 따라 학습 결과를 해석하고 개별 학생 들에게 그 의미를 돌려주어야 한다. '수업의 성공'보다는 '다양한 학습의 의미'가 부각된다. 다인수 학급에서 개개 학생들의 학습을 보살피는 것이 현실적으로 쉽지 않다. 공정한 역사학습 기회를 제공해야 한다면 학생을 보살피는 일은 게을리 할 수 없다.

연구자는 학생들의 주제에 대한 사전 인식 조사, 공책에 적힌 수업 내용 및 느낌 점검, 면담 등을 통해서 학생 개개인의 역사학습을 살펴보았다. 특히, 발표나 자기 의견을 적극적으로 말하지 않는 학생들이 학습 후에 공책에 적은 생각을 다음 수업 시간 도입부에서 공유하였다. 수업 시간에 말로 표현하지 않았지만 글로 쓴 생각을 나누게 했으므로 공적 대화에 참여시킨 셈이다. 또한, 학생들의 생각을 기억해두었다가 관련 내용이 나오면 해당 학생을 참여시켜 학습 동기를 부여하였다. 면담을 통해서 학생들의 색다른 수업 이야기를 듣고 학생에게 어떤 학습 내용과 활동을 제공해야 할지 고민하기도 했다. 그리고 연구자 수업을 반성하는 계기로 자주 만났다. 한 예로, "고려시대 때 외국 상황을 알고 싶다"는 한 학생의 이야기를 듣고, '다양성'을 자국사에 제한하여 가르치려 했던 연구자 수업을 되돌아보았다.

지금까지 제시한 방법으로 학생들의 수업 전·후의 인식은 살펴볼 수 있었다. 그렇다면 수업 중에 학생들은 과연 어떤 생각을 가지고 학습을 하고 있을까? 수업을 진행하면서 25명 학생들의 학습 상황을 모두 파악할 수 없다. 몇 명의 수업 참관자의 도움을 받아 관찰 내용과 녹화 영상을 보고 수업 중 학습 상황을 파악할 수 있다. 학생의 내면을 들여다보는데 한계가 있다. 연구자는 학생들의 수업 중 기록을 활용했다. 연구자의 수업을 따르면서 같이 나눈 이야기들, 질문에 대한 자신의 답, 수업 중 생긴 의문들을 정리하도록 했다. 〈표 12-2〉는 한 학생의 기록을 정리하여 제시한 것이다.

기록을 한 학생은 평소에 수업에 적극 참여하거나 자기 생각을 즐겨 발표하지 않는다. 하지만 글쓰기를 통해서 남다른 독특한 생각을 표현하였다. 역사를 "또 다른 세계를 배워가는 것"이라 생각했다. "지금 일어나는 일이 아니더라도 과거의 중요한 부분이기 때문에" 또 다른 세계로 본다고 밝혔다. 학습 기록을 보면, 수업의 흐름을 구조화하여 나타냈다. 글로 생각을 잘 조직하는 강점을 보여준다. 연구자의 수업 활동에 따라 다른 학생들의 반응, 질문에 대한 자신의 답변, 새롭게 안 사실들을 정리하고 있어 수업에서 무엇을 주목하고 인식하였는지 알 수 있다.

역사학습에서 역사가의 의미 못지않게 초등학생들의 의미도 중요하다. 학생들은 다양한 자원을 통해 역사 지식을 형성한다. 이 지식을 가지고 학교에 들어온다.

표 12-2 학생의 수업 중 학습 기록 사례

2012. 5. 16. 수
주제: 고려시대 사람들의 삶
〈프린트물 내용〉
(1) 고려청자 – 고려청자에 관한 학생의 의견
  ○ 고려청자는 귀족만 사용했을 것이다.〈신분제도관련〉
(2) 우리나라 양민(良民)·천민(賤民)의 법은 그
  유래가 오래입니다. 〈학생 의견〉
- 최승로는 높은 사람이기 때문에 자기 입장에서
  쓴 것 같다. / 농사 같은 것을 해야 하는데 귀족
  들은 체면이 있기 때문에
☆ 고려와 삼국의 신분제도에 대한 학생들 의견
- 신라나 고려나 천민이나 양민이 있기 비슷한 것
  같다. / 신라는 골품제고 고려는 천민/양민/중류
  층/귀족 및 왕족이기 때문에 다르다.
☆ 노비가 되기 싫다 / 노비가 되고 싶다 (학생 의견)
- 노비는 재산이니까 매일 땀을 흘려야 하기 때문
  에 노비가 되기 싫다. / 옛날 노비들은 농사나
  심부름을 하면 주인이 먹여주기 때문에 부모님
  을 설득해서 높은 사람의 노비가 되고 싶다.
☆ 천민의 삶 [평량의 이야기]
- 옛날에 있었던 책을 읽기 쉽게 풀었음.
☆ 무신의 횡포에 항거한 백성들
  ○ 만적의 난
- 각자 자신의 주인을 죽이고 노비 문서를 불태울
  것을 약속하였으나 한 사람의 배신으로 봉기는
  실패하였다.
☆ 농사 짓는 사람, 물건 만드는 사람 〈이야기〉
♤ 현 마을에 사는 사람과 부곡 마을에 사는 사람
  들이 차별 대우를 받는 것을 알 수 있고, 노비
  는 재산에 속하기 때문에 조세를 내지 않고, 하
  는 일에 따라 내는 조세도 다를 수 있다는 것을
  알 수 있다.
♤ 망이·망소이의 난
- 마을마다 차별을 받을 수 있다는 것을 알 수 있
  다. 망이·망소이가 살던 행정구역 '소'에 살던
  사람들만 그 지역 안에서만 살게 하고 세금을
  과하게 걷었기 때문

(3) 고려시대 4개의 신분
천민 → 평민 → 중류층 → 왕족 및 귀족
◇ 문신 위주의 정치에 맞선 무신 정변
문벌귀족: 문신과 무신이 있었다. 문반+무반=양반
- 그 당시 고려가 문신에 비해 무신을 낮게 대우
  하였고, 전쟁이 일어나면 군대를 지휘하는 높은
  지위를 문신이 맡고 무신은 그 보다 낮은 지위
  밖에 맡지 못하였기 때문에 무신들이 불만을 품
  게 되었고 문신들의 횡포가 끊이지 않자 반란을
  일으켜 이후 100여년 동안 무신정권 시대가 되
  었다.
◇ 여성의 삶 (그림 자료)
- 남성과 그리 차별을 받지 않았고 대우가 동등
  하였다.
◇ 손변의 재판 이야기
- 이 이야기를 통해 고려 때 여성의 지위가 남성
  보다 낮지 않았다는 것을 알 수 있고, 조선후기
  여성들의 삶과 많이 다르다는 것을 알 수 있다.
(4) '오늘날에는 신분제도가 있을까?'라는 주제에
  대한 학생의 의견
☆ 의견에 대한 까닭: 우리나라나 미국처럼 민주
  주의 나라도 있지만, 신분이나 계급이 있는 나
  라도 있을 것 같기 때문이다.
☆ 영상 (공정한 기회 편)
- 신분제도란 기회를 막을 수 있다는 것을 알 수
  있고, 누구나 기회가 주어지면 더 잘 살 수 있는
  세상이 될 수 있다는 것을 알 수 있다.
☆ 수업을 마치고 난 학생들의 생각
  ○ 고려시대 때는 남녀차별이 없고 재산을 대대로
  물려줬다는 것을 알 수 있었다.
♤ 느낀 점
적으면서 수업을 들으니까 더 이해가 되는 것 같
다. 그리고 많은 것을 알게 되어서 좋았다.

학생들이 역사를 학습하는 스타일 혹은 문화에 주목해야 한다. 역사학습의 문화적 맥락을 들여다보는 일이다. 학생들의 학습 스타일들을 파악하고, 수업 전 인식, 수업 중 인식, 수업 후 인식을 점검하여 학생 개개인들이 역사학습에서 어떤 의미를 구성하는지 문화적 맥락에서 살펴야 한다. 다양한 역사학습 방법을 고려하는 것이 단지 개인이 선호하는 수업모형을 찾는 것에 머물지 않는다. 교실 공간을 넘어 다양한 문화 속에 살고 있는 학생들 간, 학생과 교사 간의 문화 간 의사소통을 촉진하는 과정인 것이다.

4. 맺음말

지금까지 초등학교 5학년 학생을 대상으로 '고려시대 사람들의 삶'이란 주제로 연구자가 실행한 수업을 통해, 초등학생들의 역사학습에 나타난 '다양성'의 문제를 살펴보았다. 수업에서 다양한 삶의 모습을 보여줄지라도 초등학생들의 관점 및 인식 틀이 변하지 않는다면 다양성은 확보될 수 없다. 역사 내용을 구성하는 초등학생들의 주제 의식들을 파악하고 이를 학생들이 점검할 수 있는 기회를 제공해야 '다양성' 학습이 가능하다.

역사학습의 '다양성' 문제에서 역사 해석의 문제도 주목해야 한다. 초등학생들의 인식 수준이나 특정 정체성 함양을 이유로 역사는 해석의 여지가 없는 것으로 제공되기 쉽다. 사료가 제시 되더라도 정해진 제목이나 학습 활동 속에 있기에 다양하게 해석할 기회는 없다. 물론 역사적 배경 지식이 없어 역사가와 같이 정교한 역사 해석은 어렵다. 하지만, 초등학생들이 나름의 질문을 가지고 이에 대한 답을 찾기 위해서 사료를 찾도록 하는 작업을 통해 역사 해석 경험을 할 수 있다.

마지막으로 역사 지식과 경험을 형성하는 문화적 맥락 없이 초등학생들의 역사 의미를 온전히 파악할 수 없다. 초등학생 개개인의 학습 스타일에 주목하고 학생들이 형성하는 의미를 문화 관점에서 살펴보아야 한다. 이 과정을 통해서 '다양성'을 학습하는 학생들은 '다양하게' 학습할 수 있는 기회를 공평하게 보장 받을 수 있는 것이다.

이 글에서는 초등학생들의 역사학습에서 직면하는 '다양성' 문제들을 드러내는데 초점을 두었다. 따라서 계층별, 성별, 지역별 범주로 초등학생들의 '고려시대 사람들의 삶'에 대한 학습 결과는 분석하지 않았다. 또한 다양한 인종 및 종족으로 구성된 교실의 역사학습에 대한 시사도 부족하다. 차후 보다 다문화상황이 노출된 교실 연구에서 이 과제들을 고민해보기로 하겠다.

참고문헌

본 QR코드를 스캔하시면 '다문화교육의 이론과 실제'의
참고문헌을 참고하실 수 있습니다.

찾아보기

ㄱ

가담의 시민성　310

개방적 태도　18

개인정체성　303

개인화　329

결핍모델(deficit perspective)　294

결혼이민자　30, 42, 44, 45, 48, 300

경험적 지식　14

계층　356

계층별　365

계층적 사고　144

고려청자 사진　343

고용허가제　8

고정관념(stereotype)　299, 311

고향　20

공공영역　15

공동어장　161

공식어 교육정책　187

공식적 지식　330

공유제도　156

공유지의 비극　154

공정한 역사학습 기회　362

공화주의 전통　306

관광적 교육과정(tourist curriculum)　6

관주도형 다문화주의　44

교사의 신념　266

교사의 역할　260

교수방식　250

교수 스타일　361

교수자학습　250

교수학습방식　251

교육패러다임　251

교육과정　224

국가　23

국가적 정체성　10

국가주도 모형　22

국적부여 방식　175

국제이해교육　6, 193

권리　150

귀속지위　47

귀화인　100

근대화　143

기여적 접근(the contribution approach)　7

기회의 형평성　329

ㄴ

나무　151

내용선정　255

능동적 교수법   312

ㄷ

다문화가정 자녀   300
다문화가족   31, 43, 44
다문화가족지원법   43, 44
다문화교육 경험   259
다문화교육과정   304
다문화교육에 오개념   4
다문화교육이론   259
다문화교육의 가치   4
다문화교육의 다양성   7
다문화교육의 목적   3
다문화교육의 목표   2
다문화교육의 유형   8
다문화교육의 지역화   21
다문화공간   31, 32, 47, 48
다문화교육 정책 연구학교   317
다문화교육 중점학교   204
다문화사회   30, 31, 36, 43, 44
다문화상황   365
다문화이해교육   248, 299
다문화적 음악교육   317
다문화정책   44, 45
다문화주의   28, 31, 35, 37, 38, 39, 40, 41,
　42, 43, 45, 46, 47, 294, 303
다양성   26, 294, 329, 330, 356, 364
다양성과 이질성의 학습   307
다양성 속의 일치   295
다양성 학습   361
다양한 사람들   347
다양한 정체성   356
다양한 학습의 의미   361
단(dan)   320
단일 문화   36

대안적 관점   255
대안적인 해석   354
돌고래   154
동물 권리   148
동화 모델   41, 45
동화주의   8, 46
디아스포라   32
디자인 원리   159

ㅁ

만국공통어   325
무기력해진 학교   305
무임승차   160
문물교류   90
문화   28, 33, 34, 35, 37, 38, 41, 48, 260
문화 간 비교 연구   313
문화 간 의사소통   364
문화개념   261
문화다양성   252
문화다원주의   35, 41
문화반응교수   248
문화반응교수 원리   255
문화변용   306
문화상대주의   34, 35, 38
문화성(culturality)   304
문화일원론   34
문화적 게토화   17
문화적 권리   39, 40, 44
문화적 배경   251
문화적으로 반응적인 교육과정과 교수법
　295
문화적 상대성   304
문화적 정체성   10
문화적 차이   258
문화차이이론   294

미쉘   35

민권적 다문화주의   8

민족국가   32, 34, 39

민족문화   34

민족정체성   32, 34

민족집단   32

민족학급   194

민주적 습관   24

민주주의   23

민중 지식   14

ㅂ

반차별, 반편견 교육 프로그램   189

반편견교육   6

백두학원   194

백호주의   7

뱅크스 교육과정 개혁 모델   242

Banks의 개념중심의 내용 선정과 조직   239

벌목   151

베넷의 다문화교육과정 개발 절차   233

베넷의 의사결정 모델   231

베트남   319

벨쉬   37

변혁적 접근(the transformation approach)   7

변혁적 접근법   330

별장   20

보전(conservation)   147

보조성   15

보존(preservation)   147

보호구역   145

복수성 교육   312

부가적 접근법   330

불균형 성장   18

비인간(non−human)   144

ㅅ

사료   337

사회적 분리   296

사회정의   295

사회통합   26

산업연수생   8

상호 교육적 관계   24

상호문화교육   305

상호문화적 접근방식   8

상호문화주의   303, 304

새로운 이민자(New Comer)   192

샐러드 볼 모형   294

생활세계   15

생활세계의 식민화   15

서역인   74

서열화   301

성별   347, 356, 365

세계시민의식   23

세계은행(World Bank)   11

세계주의(cosmopolitanism)   10

세계화   28

센터교   194

소속의 시민성   310

소수우대정책(affirmative action)   304

손님   20

송계   161

수업 스토리   336

순혈주의   299

슈왑   232

시마마 카   323

시무 26조   343

시민교육   308

시민권   38, 39, 40, 44, 47

시민사회   23

시민성 함양   258

시장   23
신분   346
신분제도   333, 343, 346, 347, 350, 351, 355, 356
신자유주의적 세계화   13
심층 생태학   149
11세 시험   177

ㅇ

아이즈너   232
아프리카 나이지리아   322
아프리카 민요   322
압달라-프렛세이   303
언어교육   308
역사의 기본 지식   356
역사적 상상력   361
역사 탐구   361
역사하기   330
역사학습 문화   361
역사학습의 문화적 맥락   364
역사 해석   364
연극   313
연대성   16
열녀정씨   135
영 교육과정(null curriculum)   226
영연방이민법   176
예비학교   203
오래된 이민자(Old Comer)   192
오리엔탈리즘   168
오스트롬   159
온정주의   8
외국계 주민 자녀   300
외국인주민   29, 30, 44, 46, 299
요요마(YoYoMa)   325
용광로   294

원(元) 이주민   119, 120
원자화된 학교   305
유사성   351
유일하고도 보편적인 존재   307
음악   316
의사결정 워크시트   233
이데올로기   295
이민족 구역   32
이방인   20
이산(離散)마을   32
이원적 사고   142
이주노동자   36, 42, 44, 48
이질성의 상업화   309
이질성의 윤리   305
인격화   329
인권   23
인종주의   11, 146

ㅈ

자기소   343
자민족중심주의   311
자발적 개방   19
자연과 사회   143
자연의 사회적 구성   146
자유로운 의사소통   14
자존감   301
잠재적 교육과정(latent curriculum)   225
장소에 기반한 정치   18
저출산·고령화 사회   29
적극적 차별 수정 정책   184
정교분리의 원칙   306
정체성   168, 300
정체성 모델   41, 45
제주 강정   19
제주국제자유도시특별법   19

제주다문화교육센터   210, 299
제주 다문화교육 전달체계   208
제주 속담   14
주제 의식   356, 364
준비반   182
중간집단   15
중대 사건 활용 교수법   312
중앙다문화교육센터   201
증거   354
지구적 자본주의   12
지구적 정의   12
지역   356
지역교육과정 편성   244
지역별 범주   365
지역사회   17, 30, 31, 32, 47, 48
지역성   25
지역시민사회기반 모형   22
지역의 지식   20
지역정체성   47, 48
지역 지식   156
지적 기반   295
집단정체성   303

ㅊ

차별   11
차이점   351
참치   154
체계   15
초국적 기업   12
출신언어·문화교육   308

ㅌ

타민족혐오주의   311
타일러   231
타자화   169

탄자니아   323
통혼정책   119
투화전(投化田)   115
트랜스−로컬리티   32
특별반   182
특수학교   182

ㅍ

파울로 프레이리   13
팔관회   92
편견(prejudice)   301, 311
편호(編戶)   105
평화   23
평화 관광   162
표준화된 역사 내용   330
풍가 알라피아(Funga Alafia)   322
프레이저   39

ㅎ

하버마스   15
학교 교류   308
학교 교육과정   225
학생의 문화   260
학생참여   255
학습공동체   295
학습 스타일   329, 361, 364
학습평가   255
학습방식   250
한국 다문화교육 전달체계   201
해상교역   91
해석   361
해석된 과거   329
해석의 다양성   354
헤게모니   23
헤르더   33

현명악기　320

호텔　20

혼인귀화자　300

환경 가능론　143

환경 결정론　143

환경윤리　146

획득지위　47

후기식민주의　168

흑인 영어(Ebonics)　3

A-Z

DaF　183

DaZ　183

ESL, FSL 과정　188

NCLB법　185

PISA　180

SUCCESS 프로그램　190

저자 약력

김 민 호
서울대학교 대학원 교육학 박사(교육사회학전공)
(현) 제주대학교 교육대학 초등교육학전공 교수
　　한국평생교육학회 회장, 한국다문화교육
　　학회 이사

염 미 경
전남대학교 대학원 사회학 박사(인구·지역사
　　회학전공)
(전) 일본 국제동아시아연구센터 연구원, 미국
　　피츠버그대학 사회·도시연구센터 박사후
　　연수학자
(현) 제주대학교 사범대학 사회교육과(일반사회
　　교육전공) 교수

변 종 헌
서울대학교 대학원 교육학 박사(윤리교육전공)
(전) LG연암문화재단 해외연구교수(UT Austin),
　　Duke University 해외연구교수
(현) 제주대학교 교육대학 윤리교육전공 교수

전 영 준
동국대학교 교육대학원 사회학 문학 박사(역사교
　　육전공)
(전) 한국학연구소 편집위원, 제주대학교 탐라
　　문화연구소 부소장
(현) 제주대학교 인문대학 사학과 교수

권 상 철
미국 오하이오 주립대학교 지리학 박사(인문지리
　　전공)
(전) 오하이오 주립대학교 시간강사, 서울시정개
　　발연구원 책임연구원
(현) 제주대학교 사범대학 사회교육과(지리교육
　　전공) 교수

황 석 규
독일 빌레펠트대학교 대학원 사회학 박사
(전) 제주다문화교육센터 책임연구관
(현) 제주대학교 시간강사

오 고 운
제주대학교 대학원 교육학과 박사과정 수료(교
　　육과정전공)
러시아 모스크바 국립사범대학교 대학원 석사
(현) 제주대학교 국제교류본부 한국어과정 한국어
　　강사

장 승 심
제주대학교 대학원 교육학 박사(지리교육전공)
(전) 제주특별자치도교육청 교육연구사, 사계초·
　　영평초 교감
(현) 제주 물메초등학교 교장

홍 주 희
한양대학교 대학원 음악학 박사(음악인류학전공)
(전) 한국문화예술교육진흥원 학교예술강사지원
　　사업 제주지역 위원장
(현) 제주대학교 교육대학 음악교육전공 교수

류 현 종
한국교원대학교 대학원 교육학 박사(사회과교육
　　전공)
(전) 서울교육대학교 및 경인교육대학교 강사,
　　서울영문초등학교 교사
(현) 제주대학교 교육대학 사회과교육전공 교수

다문화교육의 이론과 실제

초판발행   2015년 8월 31일
중판발행   2019년 8월 31일

공저자   김민호 외 9
펴낸이   노 현

편 집   김선민·김효선
기획/마케팅   노 현
표지디자인   김문정
제 작   우인도·고철민

펴낸곳   ㈜ 피와이메이트
            서울특별시 금천구 가산디지털2로 53 한라시그마밸리 210호(가산동)
            등록 2014. 2. 12. 제2018-000080호
전 화   02)733-6771
f a x   02)736-4818
e-mail   pys@pybook.co.kr
homepage   www.pybook.co.kr
ISBN   979-11-85754-35-2   93370

정 가   19,000원

박영스토리는 박영사와 함께하는 브랜드입니다.